Italienisch
ohne Mühe heute

Die Methode für jeden Tag

Italienisch
ohne Mühe heute

VON
GIOVANNA GALDO & ENA MARCHI

DEUTSCHE ÜBERSETZUNG UND BEARBEITUNG VON
Ulrike BUSCH

ÜBERARBEITETE FASSUNG VON
Claudia SCHMIDT

ZEICHNUNGEN VON CRÉACIS

Der Sprachverlag

KÖRNERSTRASSE 12
50823 Köln
DEUTSCHLAND

E-Mail:
Kontakt@assimil.com

ISBN: 978-2-7005-0113-1
© Assimil 2001/2025

Der Assimil-Verlag bietet folgende Sprachkurse an:

Grundkurse Niveau A1–B2 / Reihe "ohne Mühe"

Amerikanisch • Arabisch • Brasilianisch
Bulgarisch • Chinesisch • Chinesische Schrift
Dänisch • Deutsch (als Fremdsprache) • Englisch
Finnisch • Französisch • Griechisch • Hindi
Indonesisch • Italienisch • Japanisch • Kanji-Schrift
Koreanisch • Kroatisch • Latein • Luxemburgisch
Niederländisch • Norwegisch • Persisch • Polnisch
Portugiesisch • Rumänisch • Russisch • Schwedisch
Spanisch • Suaheli • Thai • Tschechisch
Türkisch • Ungarisch • Vietnamesisch

Vertiefungskurse Niveau B2–C1 / Reihe "in der Praxis"

Englisch • Französisch • Italienisch • Russisch • Spanisch

Weitere Sprachkurse in Vorbereitung

... Aktuelles und weitere Infos unter www.AssimilWelt.com

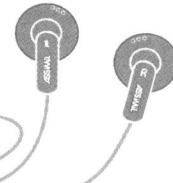

Die Tonaufnahmen

mit den fremdsprachigen Texten aller Lektionen und Verständnisübungen aus diesem Kurs – insgesamt 170 Min. Spieldauer – können Sie im Internet oder bei Ihrem Buchhändler bestellen: **Il nuovo italiano senza sforzo**

4 Audio-CDs ISBN 978-3-89625-146-6
1 MP3-CD ISBN 978-3-89625-123-7

Dieses Buch ist auch zusammen mit der passenden PC-App erhältlich.

ITALIENISCH OHNE MÜHE HEUTE MIT ASSIMIL

Dieser Kurs richtet sich an Lerner, für die Italienisch noch eine vollkommen unbekannte Sprache ist, sowie an Personen mit Vorkenntnissen, die diese gerne auffrischen möchten. Er vermittelt in 105 Lektionen modernes, lebensnahes Italienisch, wie Sie es in Italien hören. Insgesamt erlernen Sie in diesem Kurs ca. 3.000 Vokabeln.
Italienisch ohne Mühe heute präsentiert Ihnen die Sprache so, wie Sie ihr im täglichen Leben begegnen. Durch den lebendigen Kontext werden Sie sich schnell wohl fühlen. Die Assimil-Methode bietet eine natürliche Progression: Lassen Sie sich leiten, und Sie werden sehr bequem Ihr Ziel erreichen. Das Geheimnis der **natürlichen Assimilierung** bei Assimil ist die **Regelmäßigkeit des Lernens**: 15–20 Minuten täglich in Gesellschaft Ihres Kurses, und Sie werden schnell Fortschritte machen.

Haben Sie einmal wenig Zeit, so vermindern Sie die Lerndosis lieber, als dass Sie sie ganz streichen. Sie müssen nicht eine komplette Lektion pro Tag durcharbeiten. Lesen Sie, bevor Sie beginnen, die komplette Einleitung, besonders die Liste der Laute und die Erläuterungen zur Aussprache. Beides ist eine wichtige Ergänzung zu den Tonaufnahmen. Außerdem wird hier beschrieben, wie Sie die vereinfachte Lautschrift lesen. Vor allem in der ersten Zeit Ihres Studiums sollten Sie sich die Liste der Laute möglichst täglich ansehen und diese laut und deutlich nachsprechen.

PASSIVE UND AKTIVE PHASE

Wie alle ASSIMIL-Kurse gliedert sich auch dieser Kurs in eine passive und eine aktive Phase (auch „Zweite Welle"). Bis Lektion 49 lernen Sie zunächst passiv, d. h. Sie sollen nur verstehen, was Sie lesen und hören. Hören Sie häufig die Tonaufnahmen an, machen Sie sich mit der Aussprache vertraut, lesen Sie die Anmerkungen, und absolvieren Sie die Übungen. In dieser Phase bilden Sie noch keine eigenen Sätze. Mit Lektion 50 beginnt die aktive Phase: Sie finden nun am Ende jeder Lektion den Hinweis „Zweite Welle:", gefolgt von einer Lektionsnummer. Nachdem Sie eine Lektion wie gewohnt bearbeitet haben, gehen Sie zurück zu der angegebenen Lektion, wiederholen diese und formulieren dann den deutschen Dialog auf der rechten Buchseite auf Italienisch. Dabei decken Sie die linke Buchseite zu. Dies üben und wiederholen Sie so lange, bis Sie den Text korrekt in die Fremdsprache übersetzen können. Genauso können Sie selbstverständlich auch mit den Übungen verfahren.

INHALT SEITE

Italienisch ohne Mühe heute mit Assimil	V
Passive und aktive Phase	V
Lektionsverzeichnis	VI–VIII
Aufbau der Lektionen	IX
Arbeitsweise	XII
Die Aussprache des Italienischen	XIII

LEKTIONEN SEITE

1 Al telefono / Am Telefon	1
2 Alla stazione / Auf dem Bahnhof	5
3 Chi sono? / Wer sind sie?	9
4 L'arrivo a Milano / Die Ankunft in Mailand	13
5 A Milano / In Mailand	17
6 In Via Verdi / In der Verdi-Straße	21
7 Wiederholung und Anmerkungen	25
8 Benvenuto a casa nostra! / Willkommen bei uns zu Hause	29
9 Come stai? / Wie geht es dir?	33
10 A tavola! / Zu Tisch!	37
11 Che ore sono? / Wie spät ist es?	41
12 Alla SIP / Bei der SIP	45
13 Che bella famiglia! / Was für eine schöne Familie!	49
14 Revisione e note	55
15 All'aereoporto di Napoli / Im Flughafen von Neapel	57
16 All'ufficio del turismo / Im Tourismusbüro	61
17 All'albergo / Im Hotel	65
18 Una camera con vista sul mare / Ein Zimmer mit Blick ...	69
19 Presentazioni / Sich vorstellen	73
20 Progetti di gite / Ausflugspläne	77
21 Revisione e note	81
22 Colazione in terrazza / Frühstück auf der Terrasse	85
23 Un gita sulla costiera amalfitana / Ein Ausflug an ...	89
24 Progetti per la serata / Pläne für den Abend	93
25 Una serata al San Carlo / Ein Abend im San Carlo	97
26 Per le strade di Napoli / Auf den Straßen Neapels	101
27 Come si dice? / Wie sagt man?	105
28 Revisione e note	109
29 Una giornata di Francesca / Ein Tag Francescas	111
30 Una serata piacevole (I) / Ein angenehmer Abend (I)	115
31 Una serata piacevole (II) / Ein angenehmer Abend (II)	121

32	Che distratta! / Wie zerstreut sie ist!	125
33	Un'intervista / Ein Interview	129
34	L'M.L.M.M. / Die B.M.M.E.	135
35	**Revisione e note**	139
36	Che cosa regaliamo a Marco? / Was schenken wir Marco?	143
37	All'ufficio postale / Im Postamt	147
38	Che noia questo traffico! / Wie lästig dieser Verkehr!	151
39	Un acquisto / Ein Kauf	155
40	In un grande magazzino / In einem großen Warenhaus	159
41	Andiamo a fare delle spese! / Gehen wir einkaufen!	163
42	**Revisione e note**	167
43	Un vecchio amico / Ein alter Freund	171
44	Un'offerta di lavoro / Ein Stellenangebot	175
45	Curriculum vitae di M. de S. / Der Lebenslauf von M. de S.	179
46	Finalmente il grande giorno / Endlich der große Tag	185
47	Un colloquio di lavoro / Ein Einstellungsgespräch	189
48	La scuola italiana / Die italienische Schule	193
49	**Revisione e note**	197
50	Andiamo al ristorante / Wir gehen ins Restaurant	201
51	Che cosa mangiamo? / Was essen wir?	205
52	Ci sposiamo! / Wir heiraten!	209
53	Bambini terribili / Schreckliche Kinder	213
54	Un ricetta di Davide / Ein Rezept von Davide	217
55	Gli italiani a tavola / Die Italiener bei Tisch	221
56	**Revisione e note**	227
57	La partenza per le vacanze / Die Fahrt in die Ferien	229
58	Un viaggio in macchina / Eine Reise mit dem Auto	233
59	Arrivo al campeggio / Die Ankunft auf dem Campingplatz	239
60	Una giornata al mare / Ein Tag am Meer	243
61	Una gita in montagna / Ein Ausflug in die Berge	249
62	Le vacanze degli italiani / Die Ferien der Italiener	253
63	**Revisione e note**	259
64	L. e M. consultano le stelle / L. und M. ziehen die Sterne …	263
65	La visita dell'appartamento / Die Besichtigung der …	269
66	Una decisione importante / Eine wichtige Entscheidung	273
67	Progetti di arredamento / Einrichtungspläne	279
68	Problemi domestici / Haushaltsprobleme	283
69	Abitare in Italia / Wohnen in Italien	289
70	**Revisione e note**	293
71	Andiamo in campagna! / Wir fahren aufs Land!	297
72	L'arrivo dai nonni / Die Ankunft bei den Großeltern	303
73	Le novità della fattoria / Die Neuigkeiten des Bauernhofes	307

74 Una scelta ecologica / Eine umweltfreundliche Wahl	311
75 Domani si va a pesca! / Morgen gehen wir angeln!	317
76 Paroline, paroloni, parolacce / Paroline, paroloni …	321
77 Revisione e note	325
78 Dal medico / Beim Arzt	329
79 Un malato immaginario / Ein eingebildeter Kranker	335
80 Una ricetta per star bene / Ein Rezept für das Wohlbefinden	339
81 Un colpo di fulmine / Verliebt	343
82 Come si dice? / Wie sagt man?	349
83 Il sistema sanitario italiano / Das ital. Gesundheitssystem	353
84 Revisione e note	357
85 P. e C. in macchina per… / P. und C. mit dem Auto auf …	361
86 In banca / In der Bank	365
87 Un guasto al motore / Ein Motorschaden	371
88 Al Commissariato di Polizia / Auf dem Polizeikommissariat	375
89 Prendete i mezzi pubblici! / Nehmen Sie die öffentlichen …	379
90 Il sistema politico italiano / Das politische System Italiens	385
91 Revisione e note	389
92 A casa degli amici romani / Bei den römischen Freunden	393
93 Un po' di musica / Ein bisschen Musik	397
94 Cultura, cultura / Kultur, Kultur	401
95 Andiamo al cinema? / Gehen wir ins Kino?	407
96 Sport / Sport	413
97 Quando si usa il congiuntivo? / Wann verwendet man …	417
98 Revisione e note	423
99 Buonasera, dottore! / Guten Abend, Herr Doktor!	427
100 Corrispondenza / Korrespondenz	431
101 Galateo italiano / Italienisches Anstandsbuch	437
102 Ancora corrispondenza / Weitere Korrespondenz	443
103 Come si dice? / Wie sagt man?	447
104 Al telefono / Am Telefon	453
105 Arrivederci! / Auf Wiedersehen!	457

ANHÄNGE	**SEITE**
Grammatikalischer Index	463
Grammatikalischer Anhang	464
Literaturhinweise	479
Persönliche Notizen	483
Aussprachetabelle (Kurzübersicht)	485

IX

AUFBAU DER LEKTIONEN

A. Lektionstext
Links finden Sie den fremdsprachigen Lektionstext. Jedes mehrsilbige Wort besitzt eine Silbe, die betont wird; diese ist fett gedruckt. Diese betonten Silben geben einem Satz seinen Rhythmus. Eingekreiste Ziffern am Satzende im italienischen Dialog verweisen auf die Anmerkungen (siehe Punkt C.).

Rechts sehen Sie die deutsche (sinngemäße) Übersetzung. Um Ihnen vor allem am Anfang das Verständnis zu erleichtern, finden Sie dort, wo es nötig ist, auch die wörtliche Übersetzung einzelner Wörter oder Satzteile in runden Klammern (...). Dagegen sind Satzteile oder Ausdrücke im Deutschen, die im italienischen Text nicht vorhanden sind, jedoch für das Verständnis oder die syntaktische Korrektheit des Deutschen wichtig sind, in eckige Klammern [...] eingeschlossen.

B. Vereinfachte Lautschrift (Pronuncia)
Unter dem Lektionstext finden Sie einen mit **Pronuncia** („Aussprache") überschriebenen Absatz, der den Lektionstext in vereinfachter ASSIMIL-Lautschrift wiedergibt. Es handelt sich um eine speziell von ASSIMIL entwickelte Phonetik für „deutsche Zungen", die Ihnen die Aussprache des Italienischen erleichtern soll. Auf der letzten Buchseite finden Sie eine Kurzübersicht für die Laute, für die Aussprachebesonderheiten gelten.

Betonte Silben sind **fett** gedruckt. Bis Lektion 6 wird jeweils der gesamte Dialog in vereinfachter Lautschrift wiedergegeben, ab Lektion 8 nur noch die neuen und schwierig auszusprechenden Ausdrücke und Wörter.

C. Anmerkungen
Eingekreiste Zahlen im italienischen Lektionstext verweisen auf die Anmerkungen, die grundsätzlich auf der gleichen Buchdoppelseite zu finden sind. Das erspart Ihnen umständliches Hin- und Herblättern. Die Anmerkungen enthalten in Kürze wichtige Informationen zum Verständnis des jeweiligen Satzes, eines Satzteils oder eines Wortes. Es kann sich hierbei um Erläuterungen zur Grammatik, ergänzenden Wortschatz, Synonyme und Antonyme zu bestimmten Wörtern und gelegentlich landeskundliche Details handeln.

D. Verständnisübung mit Lösung
Die 1. Übung jeder Lektion ist eine aus wenigen italienischen Sätzen bestehende Verständnisübung, in der das Vokabular der aktuellen Lektion und der vorhergehenden Lektionen aufgegriffen und in einen anderen Kontext eingebettet wird. Anhand dieser Übung können Sie feststellen, ob Sie den bisher kennengelernten Wortschatz verstanden und assimiliert – also verinnerlicht – haben.

Die Lösung zu dieser Übung finden Sie in Form der deutschen Übersetzung der Übungssätze auf der gegenüberliegenden Buchseite.

E. Lückentextübung mit Lösung
Die 2. Übung jeder Lektion ist eine Lückentextübung, die auch auf dem bislang erlernten Vokabular basiert. Hier sollen Sie auf der Grundlage der deutschen Sätze in die darunter stehenden italienischen Sätze fehlende Wörter einsetzen.

Jeder Punkt in den Lücken steht für einen Buchstaben. Die Lösung zu dieser Übung, d. h. die Wörter, die Sie einsetzen müssen, finden Sie auf der gegenüberliegenden rechten Buchseite.

F. Motivationshinweise
Gelegentlich finden Sie kleine Absätze in Kursivschrift, die dazu dienen sollen, Sie zu ermuntern und zu motivieren, Sie also sozusagen „bei Laune zu halten". Sie enthalten wichtige Tipps für das effektive Lernen und für Situationen, in denen Sie auf Schwierigkeiten stoßen oder sich demotiviert fühlen.

G. Wiederholungslektionen
In jeder 7. Lektion wird in systematischer Form die Grammatik der vergangenen sechs Lektionen wiederholt, vertieft und anhand von Beispielen erläutert. In diesen Lektionen finden Sie u. a. Konjugations-, Deklinations- und Wortschatzlisten, die Sie vielleicht in den Lektionen vermisst haben.

H. Tonaufnahmen

Sie können zwar mit dem Buch alleine lernen, wir empfehlen Ihnen dennoch dringend, die Tonaufnahmen auf vier Audio-CDs oder einer MP3-CD zu erwerben. Sie enthalten sämtliche Lektionstexte sowie die italienischen Texte der Verständnisübungen. Professionelle Sprecherinnen und Sprecher gewährleisten eine hohe Authentizität in Aussprache, Betonung und Satzmelodie.

Zu Beginn werden alle Texte besonders langsam gesprochen, dann wird das Sprechtempo progressiv gesteigert. Die Wiederholungslektionen sind nicht auf den Tonaufnahmen enthalten.

Die Stimmen, die Sie auf den Aufnahmen hören, wurden frei aus verschiedenen Regionen Italiens ausgewählt. Die vereinfachte Lautschrift, die wir angeben, repräsentiert hingegen die „Standard-Aussprache" des italienischen Fernsehens.

I. Illustrationen

Schenken Sie schließlich auch unseren Illustrationen ein bisschen Aufmerksamkeit. Jede Karikatur steht in Zusammenhang mit einem Satz aus der jeweiligen Lektion, den Sie sich vielleicht besser merken können, wenn Sie ihn mit einem Bild bzw. einer Situation verbinden.

XII

ARBEITSWEISE

1. Hören Sie sich die Lektion zunächst mehrmals auf den Tonaufnahmen an. Vergleichen Sie die Aussprache mit der Phonetik unter dem Lektionstext.
2. Lesen Sie den italienischen Dialog Satz für Satz mit, aber machen Sie sich vorerst keinen Stress mit der Aussprache.
3. Vergleichen Sie den italienischen Text mit der Übersetzung auf der rechten Seite.
4. Lesen Sie zu jedem Satz, zu dem es eine Anmerkung gibt, diese durch.
5. Lesen Sie jeden Satz so oft laut, bis Sie ihn wiederholen können, ohne ins Buch zu sehen, aber achten Sie darauf, nicht auswendig zu lernen!
6. Wenn Sie den Lektionstext verstanden, sich mit der Aussprache vertraut gemacht und die Anmerkungen gelesen haben, arbeiten Sie die Übungen durch. Versuchen Sie dabei, nicht auf die Lösungen zu sehen.
7. Gehen Sie erst zur nächsten Lektion über, wenn Sie die Texte der aktuellen Lektion gut verstehen und die Lektion Ihnen keine größeren Schwierigkeiten mehr bereitet.

DIE AUSSPRACHE DES ITALIENISCHEN

„Das Italienische ist eine Sprache, die singt." Wie oft haben Sie das schon gehört oder sogar selbst gesagt? Und es ist in der Tat wahr. Aber woher kommt diese Musikalität, die der italienischen Sprache eigen ist? Hauptsächlich von der Betonung und von der Satzmelodie. Der angenehme Klang rührt aber auch vom großen Anteil der Vokale im Verhältnis zu den Konsonanten her.

Betonung

Sagen wir zuerst einmal, die **Betonung** kann im Italienischen auf jeder Silbe eines Wortes liegen. Meist liegt sie auf der vorletzten Silbe, wie in den Wörtern **sett*i*mana** „Woche", **par*o*la** „Wort", **pian*i*sta** „Pianist". Es gibt Wörter, bei denen die Betonung auf der drittletzten Silbe liegt, wie **st*u*pido** „dumm", **diff*i*cile** „schwierig". Es gibt auch einige – allerdings sehr wenige – bei denen die Betonung auf der viertletzten Silbe liegt, wie **m*e*ritano** „sie verdienen". Und schließlich gibt es Wörter, bei denen die Betonung auf der letzten Silbe liegt, wie **caffè** „Kaffee", **novità** „Neuigkeit", und nur dann ist die Betonung durch den Akzent im Schriftbild gekennzeichnet.

In der Lautschrift kennzeichnet die **fettgedruckte Silbe** immer die **betonte Silbe**.

Weiterhin bleibt zu sagen, dass all die „kleinen Wörter" (Geschlechtswörter, Verhältniswörter, persönliche Fürwörter, Bindewörter) so ausgesprochen werden müssen, als bildeten sie ein einziges Wort mit demjenigen, das ihnen folgt. So sprechen Sie z. B. **il telefono** aus, als wäre es [*iltel**ä**fono*] „das Telefon", und **della casa** „vom Haus, des Hauses" so, als wäre es [*dälla**ka**sa*]. In der vereinfachten Lautschrift erinnern wir Sie durch einen Bindestrich daran, und zwar durchgehend in den ersten sechs Lektionen, und hin und wieder in den folgenden. Aus demselben Grund finden Sie die Wörter, die durch einen Apostroph voneinander getrennt sind, so geschrieben, als bestünden sie aus einem Wort. So wird z. B. **l'amore** „die Liebe" in der vereinfachten Lautschrift [*am**o**re*] geschrieben.

Der Tonfall des Satzes

Das zweite Element, das dem italienischen Satz seinen eigentümlichen Rhythmus gibt, ist der **Tonfall des Satzes**, d. h., es gibt Wörter, die im Satz stärker hervortreten als andere. Nehmen wir ein Beispiel: **Quando parti per Milano?** Man spricht diesen Satz folgendermaßen aus:

Quando parti per Milano?
[**kuan**do **par**ti pär-mi**la**no]
„Wann fährst du nach Mailand?"

Wobei man in Wirklichkeit nur zwei Betonungen setzt, und indem man – noch einmal – die anderen Wörter so ausspricht, als bildeten sie ein einziges Wort mit demjenigen, das ihnen folgt. Am Ende dieser Lektion finden Sie zahlreiche Beispiele für das, was gerade gesagt wurde. Diese Beispiele sind auch auf den Tonaufnahmen enthalten.

Aber vor allem darf man nicht vergessen, dass ein wesentliches Element jeder Sprache die **Satzmelodie** ist. Jede Sprache hat ihre eigene Satzmelodie: Die des Italienischen ist weder die des Deutschen noch die des Englischen oder die des Französischen, und es ist ebenso wichtig, sie zu respektieren, wie die einzelnen Laute richtig auszusprechen. Dafür können wir Ihnen nur empfehlen, die Tonaufnahmen sorgfältig anzuhören und sich zu bemühen, die Satzmelodie und den Rhythmus des italienischen Satzes so getreu wie möglich nachzuahmen.

Was die Laute des Italienischen betrifft, so stellen diese keine großen Schwierigkeiten bezüglich ihrer Schreibweise dar. Hier finden Sie einige hilfreiche Hinweise zur Aussprache.

Der Klang der Vokale (Selbstlaute)
Zunächst einmal: Ein Laut wird immer so geschrieben, wie er gesprochen wird, und umgekehrt. Der Klang eines Vokals ändert sich nie, selbst dann nicht, wenn ihm ein anderer Vokal folgt: Der eine wie der andere behält seinen Klang bei, und zwei aufeinanderfolgende Vokale werden nie zu einem einzigen Laut. So wird z. B. das Wort **Europa**, dessen Diphthong (Doppellaut) **eu** im Deutschen wie [*oi*] ausgesprochen wird, italienisch [*e-u*] ausgesprochen. Der Diphthong **ei**, z. B. in **sei** „du bist", wird nicht – wie im Deutschen – [*ai*] (z. B. in „**Ei**mer"), sondern [*e-i*] ausgesprochen. Das heißt also, die beiden Laute eines Diphthongs werden nacheinander so ausgesprochen, als stünden sie einzeln, wobei jedoch sehr darauf zu achten ist, dass der Übergang vom ersten zum zweiten Laut „nahtlos" erfolgt, ohne dass die Stimme vor dem zweiten Laut neu ansetzt.

Die Vokale **e** und **o** können einen offenen oder einen geschlossenen Klang haben, dies wird jedoch nicht durch das geschriebene Wort angezeigt. Achtung: Das Akzentzeichen auf einem **e** oder **a** am Ende eines Wortes, wie z. B. in **caffè** oder **novità**, kennzeichnet ausschließlich die Betonung.

Das Wort **verde** „grün" kann in Rom [**wä**rd*ê*] und in Mailand [**we**rd*ê*] ausgesprochen werden, ohne dass es Verständnisschwierigkeiten gäbe. Ebenso wird **buono** „gut" in Rom mit einem offenen **o** (wie in „B**o**ttich") und Neapel mit einem geschlossenen **o** (wie in „B**o**ot") ausgesprochen.

In der vereinfachten Lautschrift zeigen wir Ihnen immer die Standard-Aussprache, d. h., die des Fernsehens. Das auslautende **e** – dargestellt durch [*ê*] – wird nicht so ausgesprochen wie das auslautende **e** in „End**e**", sondern immer wie das erste **e** von „Sz**e**ne".

Konsonanten (Mitlaute) und Konsonantengruppen

Das **h** wird nicht ausgesprochen: Es ist nur ein Zeichen, das man nach einem **c** oder einem **g**, dem ein **e** oder ein **i** folgt, einsetzt, wie z. B. in folgenden Wörtern:

chi / che „wer / was", ausgesprochen [*ki / ke*];
ghirlanda „Girlande", [*gir**lan**da*];
Spaghetti [*ßpa**gät**ti*].

In diesem Fall haben das **c** und das **g** einen harten Klang, der identisch ist mit dem in Wörtern wie:

casa „Haus", ausgesprochen [***ka**sa*];
vagone „Waggon", [*wa**go**nê*];
curioso „neugierig", [*kuri**o**so*],

also immer dann, wenn ihnen ein **a**, **o** oder **u** folgt.

Wenn dagegen kein **h** steht, werden das **c** und das **g** vor einem **e** oder einem **i** [*tsch*] (wie in „Ma**tsch**") bzw. [*dsch^*] (wie in „**Dsch**ungel") ausgesprochen:

certo „sicher", ausgesprochen [***tschär**to*],
giro „Drehung" [***dsch^i**ro*].

Folgt der Lautgruppe **ci** oder **gi** ein weiterer Vokal, so wird das **i** nicht ausgesprochen:

ciao „hallo", ausgesprochen [*tschao*];
buongiorno „guten Tag", [*buon**dsch^or**no*];
giusto „richtig", [***dsch^uß**to*].

Die Lautgruppe **sc** wird [*ßk*] ausgesprochen, wenn ihr ein **a**, **o** oder **u** folgt:

scompartimento „Abteil" [*ßkomparti**men**to*];
scatola „Schachtel", [***ßka**tola*];
scuro „dunkel", [***ßku**ro*].

Dagegen wird sie wie [*sch*] in „**Sch**ule" ausgesprochen, wenn ihr ein **e** oder ein **i** folgt:

scende „er geht hinunter" [***sch**ändê*]
sci „Ski", ausgesprochen [*schi*].

Folgt der Lautgruppe **sci** ein weiterer Vokal, wird das **i** nicht ausgesprochen:

sciopero „Streik", ausgesprochen [***sch**opero*]
scialle „Schal", ausgesprochen [***sch**allê*].

Dem **q** folgen immer ein **u** und ein weiterer Vokal. Beide Vokale werden wie folgt ausgesprochen:

quinto „fünfter", ausgesprochen [***ku**into*];
quale „welcher", ausgesprochen [***ku**alê*].

Die Lautgruppe **gl** wird wie im Deutschen ausgesprochen, wenn ihr ein **a**, **o** oder **u** folgt:

gloria „Ruhm",
globo „Kugel",
inglese „englisch".

Folgt ihr ein **i**, wird es ähnlich ausgesprochen wie das weiche **l** in „Familie"; in der Darstellung der Aussprache finden Sie es als [*lj*] wieder, z. B.

figli „Kinder", ausgesprochen [*fi**lj**i*];
scegli „du wählst aus", [*schä**lj**i*].

Noch einmal: Um all dies richtig auszusprechen, empfehlen wir Ihnen, sich die Tonaufnahmen gut anzuhören.

Achtung: Folgt der Gruppe **gli** ein weiterer Vokal, hört man das **i** kaum (es dient hier sozusagen nur dazu, den weichen Klang zu erzeugen):

aglio „Knoblauch", ausgesprochen [*a**lj**o*];
famiglia „Familie", [*fami**lj**a*].

Eine Ausnahme von dieser Regel stellt eine ganz kleine Anzahl von Lehnwörtern dar, bei denen die Gruppe **gli** nicht weich ausgesprochen wird:

glicerina „Glyzerin",
glicemia „Glykämie",
glicine „Glyzinie".

Beachten Sie die Kurzübersicht zur Aussprache auf Seite 493.

XVII

Die doppelten Konsonanten
Sie werden anders ausgesprochen als die einfachen Konsonanten.

Dieser Unterschied ist um so wichtiger, da er oft einen Bedeutungsunterschied erzeugt. Hier einige Beispiele:

polo „Pol" ≠ **pollo** „Huhn";
pena „Mühe" ≠ **penna** „Schreibstift";
casa „Haus" ≠ **cassa** „Kasse"

Um Sie daran zu erinnern, die Aussprache der doppelten Konsonanten hervorzuheben, werden Sie in der vereinfachten Lautschrift auch zwei Konsonanten vorfinden: [*pollo*], [*pänna*], [*kassa*].

Satzmelodie und Satzbetonung
Und nun eine Reihe von Sätzen, die Sie nicht lernen, sondern nur anhören und mehrmals wiederholen sollen, wobei Sie versuchen sollten, den Rhythmus und die Satzmelodie „herauszuhören"; hierbei können Ihnen ganz entscheidend die Tonaufnahmen helfen. Die über die Sätze gesetzten Balken – die Sie später in der vereinfachten Lautschrift nicht mehr vorfinden werden – kennzeichnen die Satzbetonung, also die Stellen im Satz, auf denen die Stimme etwas verweilt und die mit besonderem Nachdruck gesprochen werden. Beachten Sie in diesem Zusammenhang vor allem die Fragesätze.

Che bella giornata!
[*ke-**bäl**la dsch^**or**nata*]
„Was für ein schöner Tag!"

Studia l'italiano anche Lei?
[***ßtu**dia-lital**ja**no-ankê-**läi***]
„Lernen auch Sie Italienisch?"

Com'è buono questo caffè!
[*komä-**buo**no **kuäß**to-kaf**fä***]
„Wie gut dieser Kaffee ist!"

Che noia!   Non ho niente da fare!
[*ke-**no**ja, non-o-**njän**tê da-**fa**rê*]
„Wie langweilig! Ich habe nichts zu tun!"

XVIII

Che cosa fai di bello?
[*ke-ko*sa fai-di-*bäl*lo]
„Was machst du Schönes?"

Vado a casa di Lucia.
[*wa*do a-*ka*sa di-lu*tschi*a]
„Ich gehe zu Lucia."

Che persona simpatica!
[ke-pär*ßo*na ßim*pa*tika]
„Was für ein sympathischer Mensch!"

Qual è la Sua professione?
[kualä la-*ßu*a profäß*ßjo*nê]
„Was ist Ihr Beruf?"

Sono già le undici!
[ßono-*dsch^a* le-*un*ditschi]
„Es ist schon elf Uhr!"

Ma che dici? Non capisco niente!
[ma-ke-*di*tschi, non-ka*piß*ko *njän*tê]
„Aber was sagst du? Ich verstehe nichts!"

È tanto tempo che non ci vediamo!
[ä-*tan*to-*täm*po ke-non-tschi-we*dja*mo]
„Wir haben uns schon so lange nicht mehr gesehen!"

L'hai visto anche tu?
[lai-*wiß*to ankê-*tu*]
„Hast du es auch gesehen?"

Mi piacerebbe tanto tornare in Italia!
[mi-piatsche*räb*bê-*tan*to tornarê in-*i*talia]
„Ich würde so gern wieder nach Italien fahren!"

Non ho nessun impegno.
[*non-o neß**un**-imp**än**jo*]
„Ich habe keine Verpflichtung."

Andiamo a cena insieme?
[*and**j**amo a-**tsche**na inß**jä**me*]
„Gehen wir zusammen zu Abend essen?"

C'e un tabaccaio da queste parti?
[*tschä-un-tabak**kai**o da-**kuäß**te-**par**ti*]
„Gibt es in dieser Gegend einen Tabakwarenhändler?"

Ho proprio voglia di fare un bel viaggio!
[*o-**pro**prio **woll**ja di-**fa**re un-**bäl**-wi**ad**dsch^o*]
„Ich habe wirklich Lust, eine schöne Reise zu machen!"

Starten Sie mit Lektion 1 auf der nächsten Seite ▶▶▶

Buon divertimento!
Viel Spaß!

1 • uno [*uno*]

> ▶ **Prima (1°) lezione** [*prima lätßjonê*]

Al telefono

1	– **Pron**to!
2	Vor**rei** par**la**re con **Da**vide, per fa**vo**re. ①
3	– **Da**vide non è a **ca**sa. ②
4	Io **so**no Fran**ces**ca.
5	Chi **è**?
6	– **So**no **Mar**co.
7	**Cia**o, Fran**ces**ca! **Co**me **va**?
8	– **Be**ne, **gra**zie, e **tu**?
9	– Be**nis**simo!
10	– **Sei** a Mi**la**no? ③
11	– **No**, non **so**no a Milano, **so**no a **Ro**ma.
12	Ar**ri**vo a Milano do**ma**ni mat**ti**na.
13	– Be**nis**simo! A do**ma**ni, al**lo**ra.
14	– D'ac**cor**do! Arrive**der**ci!

(AUSSPRACHE)

[al-teläfono **1** pronto! **2** worräi-parlarê kon-dawidê, pär-faworê. **3** dawidê non-ä a-kasa. **4** io-ßono frantschäßka. **5** ki-ä? **6** ßono marko. **7** tschao frantschäßka, kome-wa? **8** bänê, gratßjê, e-tu? **9** benißßimo! **10** ßäi-a-milano? **11** no, non-ßono a-milano, ßono-a-roma. **12** arriwo-a-milano domani-mattina. **13** benißßimo! a-domani, allora. **14** dakkordo! arriwedärtschi!]

Zur Aussprache des italienischen r
Wie schafft man es, das italienische **r** zu rollen? Zunächst einmal sprechen Sie es nicht im Rachen aus, sondern im Mundraum: Üben Sie, die Zungenspitze stark am Gaumen **vibrieren** zu lassen, und zwar direkt hinter den Schneidezähnen. Sie werden sehen: Das ist gar nicht so schwer. Sehen Sie sich zu Beginn immer wieder auf der letzten Buchseite die Beschreibungen der Laute an, für die Aussprachebesonderheiten gelten.

Erste Lektion

Am Telefon

1 – Hallo! (fertig)
2   Ich möchte gern (mit) Davide sprechen, bitte.
3 – Davide ist nicht zu Hause.
4   Hier ist (ich bin) Francesca.
5   Wer ist [da]?
6 – Hier ist (ich bin) Marco.
7   Hallo, Francesca. Wie geht['s]?
8 – Gut, danke, und dir (du)?
9 – Sehr gut!
10 – Bist du in Mailand?
11 – Nein, ich bin nicht in Mailand, ich bin in Rom.
12   Ich komme morgen früh in Mailand an.
13 – Sehr gut! Bis morgen, also.
14 – In Ordnung! Auf Wiedersehen!

(ANMERKUNGEN)

① Im Italienischen werden die Personalpronomina (persönlichen Fürwörter) im Nominativ (1. Fall) nur bei einem Vergleich oder zur Hervorhebung gebraucht: **Carlo è di Padova; io, invece, sono di Venezia.** „Carlo ist aus Padua; ich dagegen bin aus Venedig." Aber: **Sei di Modena? – No, sono di Parma.** „Bist du aus Modena? – Nein, ich bin aus Parma." In der Übersetzung steht das Pronomen immer, da im Deutschen keine Möglichkeit besteht, es auszulassen.

② Ein Verb (Tätigkeitswort) wird verneint, indem ihm **non** vorangestellt wird. Beachten Sie den Unterschied zwischen **non** „nicht" und **no** „nein"!

③ Um eine Frage zu bilden, genügt bei Entscheidungsfragen, also immer dann, wenn die Antwort „Ja" oder „Nein" lauten muss, das Fragezeichen am Ende des Satzes. Der Aussagesatz selbst wird also nicht verändert. Der einzige Unterschied zwischen **Marco è di Roma.** „Marco ist aus Rom." und **Marco è di Roma?** „Ist Marco aus Rom?" besteht in der Satzmelodie. Hören Sie sich die Tonaufnahmen genau an und versuchen Sie, die Satzmelodie so präzise wie möglich nachzuahmen!

15	– **Sei** di Mi**la**no?
16	– **No**, non **so**no di Mi**la**no, **so**no di **Ro**ma.
17	**Mar**co è di **Ro**ma.
18	Fran**ces**ca e **Da**vide **so**no di Mi**la**no. ④
19	– **Sie**te di Fi**ren**ze?
20	– **No**, non **sia**mo di Fi**ren**ze, **sia**mo di Bo**log**na.

(AUSSPRACHE)

[**15** ßäi-di-mi**la**no? **16** no, non-**ß**ono di-mi**la**no, **ß**ono-di-**ro**ma. **17** mar**ko**-ä-di-**ro**ma. **18** frant**schäß**ka e-da**wi**dê **ß**ono-di-mi**la**no. **19** **ßjä**te-di-fi**ränt**ßê? **20** no, non-**ßja**mo di-fi**ränt**ßê, **ßja**mo di-bo**lon**ja.]

(ÜBUNG 1: Verstehen Sie diese Sätze?)

❶ Pronto! Vorrei parlare con Davide. ❷ Non siamo di Bologna. ❸ Siete di Firenze? ❹ Davide non è a casa. ❺ Come va? – Bene, grazie, e tu?

(ÜBUNG 2: Setzen Sie die fehlenden Wörter ein!)

❶ Marco ist aus Rom.

Marco . di Roma.

❷ Marco ist nicht aus Mailand.

Marco . . . . di Milano.

❸ Wir sind aus Florenz.

. . . . . di Firenze.

❹ Wir sind nicht aus Rom.

. . . . di Roma.

❺ Bist du in Mailand?

. . . a Milano?

quattro [*kuattro*] • 4

15 – Bist du aus (von) Mailand?
16 – Ich bin nicht aus (von) Mailand,
 ich bin aus (von) Rom.
17 Marco ist aus (von) Rom.
18 Francesca und Davide sind aus (von) Mailand.
19 – Seid ihr aus (von) Florenz?
20 – Nein, wir sind nicht aus (von) Florenz,
 wir sind aus (von) Bologna.

(ANMERKUNGEN)

④ **Io sono di Roma, Francesca e Davide sono di Milano.** „Ich bin aus Rom, Francesca und Davide sind aus Mailand." Die Tatsache, dass man in der 1. Person Singular (Einzahl) und in der 3. Person Plural (Mehrzahl) dieselbe Form des Verbs vorfindet, sollte Sie nicht irritieren: Man kann jeweils dem Zusammenhang entnehmen, ob es sich um „ich bin" oder um „sie sind" handelt.

(LÖSUNG DER 1. ÜBUNG: Haben Sie (gut) verstanden?)

❶ Hallo! Ich möchte gern Davide sprechen. ❷ Wir sind nicht aus Bologna. ❸ Seid ihr aus Florenz? ❹ Davide ist nicht zu Hause. ❺ Wie geht's? – Gut, danke, und dir?

Versuchen Sie, ganz entspannt ins Italienische „hineinzukommen": Lesen Sie den Text, wiederholen Sie ihn Satz für Satz laut und achten Sie auf den typischen Rhythmus der Sätze.

LEKTION 1

5 • cinque [*tschink*uê]

⑥ Nein, ich bin nicht in Mailand.

No, ... a Milano.

⑦ Davide und Francesca sind in Mailand.

Davide e Francesca .... . Milano.

⑧ Davide und Francesca sind nicht in Rom.

Davide e Francesca ... . Roma.

▶ **Seconda (2°) lezione** [*ßekon*da *lätßjo*nê]

Alla stazione

1 – Buon**gior**no, signo**ri**na. ①
Vor**rei** un bi**glie**tto di se**con**da **clas**se per Mi**la**no.
2 E un'informa**zio**ne, per corte**si**a: ②
questo **tre**no ha un va**go**ne-risto**ran**te?
3 – No, non ce l'ha. ③
4 – **Mar**co, hai un gior**na**le per il **viag**gio?
5 – Sì, ce l'ho, e ho **an**che **u**na ri**vis**ta.

(PRONUNCIA) [*pronun*tscha]

[**al**la-stat**ß**jonê. **1** buon**dsch^or**no, ßinjo**ri**na. wor**räi** un-bil**jät**to di-ße**kon**da-klaßßê pär-**mi**lano. **2** e-un-informat**ß**jonê, pär-kor**tê**sia: **kuäß**to-**trä**no a-un-wa**go**nê-rißto**ran**tê? **3** no, non-tschê-**la**. **4 mar**ko, ai-un-dsch^or**na**lê pär-il-**wiaddsch**^o? **5** ßi, tschê-**lo**, e-o-**an**kê **u**na-ri**wiß**ta.]

sei [ßäi] • 6

⑨ Hallo, Marco! – Wie geht es dir? – Gut, danke!

.... Marco! – .... va? – Bene, ...!

LÖSUNG DER 2. ÜBUNG: Die fehlenden Wörter.

① è ② non è ③ Siamo ④ Non siamo ⑤ Sei ⑥ non sono ⑦ sono a
⑧ non sono a ⑨ Ciao – Come – grazie

Zweite Lektion

Auf dem Bahnhof

|1| – Guten Tag, ([mein] Fräulein). Ich hätte gern eine Fahrkarte zweiter Klasse nach (für) Mailand.
|2| Und eine Auskunft, bitte: Hat dieser Zug einen Speisewagen?
|3| – Nein, er hat keinen.
|4| – Marco, hast du eine Zeitung für die Reise?
|5| – Ja, ich habe eine, und ich habe auch eine Zeitschrift.

(ANMERKUNGEN)

① **Buongiorno, signorina:** Es ist üblich, bei der Anrede die angesprochene Person mit **signorina, signora** bzw. **signore** zu bezeichnen, was etwa „mein Fräulein", „gnädige Frau" bzw. „mein Herr" entspricht.

② **un'informazione:** Steht der Artikel (das Geschlechtswort) **una** vor einem Wort, das mit einem Vokal (Selbstlaut) beginnt, so wird das auslautende **-a** apostrophiert.

③ **ce l'ho, ce l'hai, ce l'ha** usw. sind in der Umgangssprache sehr häufig gebrauchte Formen. **Ce** hat in diesem Zusammenhang keine selbstständige Bedeutung. Es ist als Teil einer feststehenden Redewendung hier unübersetzbar. Auch hier ersetzt der Apostroph einen Vokal, da das **h** nicht gesprochen wird.

LEKTION 2

7 • sette [ßättê]

6 – **Mar**co ha un **pos**to in **u**no scomparti**men**to per fuma**to**ri. ④
7 Ha un pac**chet**to di siga**ret**te, ma non ha un accen**di**no.
8 – **Scu**si, Lei ha da ac**cen**dere? ⑤
9 – Sì, **cer**to.
10 – **I**o non ho da ac**cen**dere.
11 – Tu hai **u**na ri**vis**ta.
12 – Lui ha un accen**di**no; lei non ha un gior**na**le.
13 – Noi ab**bia**mo un'a**mi**ca a Mi**la**no; voi a**ve**te un a**mi**co a **Ro**ma.
14 – **Lo**ro **han**no **u**na va**li**gia.
15 – **Scu**si, si**gno**re, ha **u**na siga**ret**ta?
16 – No, non ce l'ho.

(PRONUNCIA)

[**6** marko a-un-poßto in-uno-ßkompartimänto pär-fumatori. **7** a-un-pakkätto-di-ßigarättê ma-non-a-un-attschändino. **8** ßkusi, läi-a-da-attschändêrê? **9** ßi, tschärto. **10** io-non-o-da-attschändêrê. **11** tu-ai-una-riwißta. **12** lui-a-un-attschändino; läi-non-a un-dsch^ornalê. **13** noi-abbjamo-un-amika-a-milano, woi-awetê un-amiko-a-roma. **14** loro-anno una-walidsch^a. **15** ßkusi, ßinjorê, a-una-ßigarätta? **16** no, non-tsche-lo.]

*Das italienische **h** ist stumm: Sprechen Sie es also in den Präsensformen, d. h. den Gegenwartsformen, des Verbs **avere** „haben" nicht aus!*

ÜBUNG 1: Verstehen Sie diese Sätze?

❶ Marco ha un giornale e una rivista. ❷ Vorrei un'informazione, per cortesia. ❸ Abbiamo un posto in uno scompartimento per fumatori. ❹ Scusi, ha da accendere? ❺ Hai una sigaretta?

otto [*otto*] • 8

6 – Marco hat einen Platz in einem Raucherabteil (Abteil für Raucher).
7 – Er hat ein Päckchen (von) Zigaretten, aber er hat kein (nicht ein) Feuerzeug.
8 – Entschuldigen Sie, haben Sie Feuer (zum Anzünden)?
9 – Ja, sicher.
10 – Ich habe kein Feuer (nicht zum Anzünden).
11 – Du hast eine Zeitschrift.
12 – Er hat ein Feuerzeug; sie hat keine Zeitung.
13 – Wir haben eine Freundin in Mailand; ihr habt einen Freund in Rom.
14 – Sie (3. Person Plural) haben einen Koffer.
15 – Entschuldigen Sie, [mein] Herr, haben Sie eine Zigarette?
16 – Nein, ich habe keine.

(ANMERKUNGEN)

④ Vor maskulinen (männlichen) Substantiven, die mit einem **s** beginnen, dem ein Konsonant folgt, oder die mit einem **z** beginnen, lautet der unbestimmte Artikel **uno**: **uno scompartimento**.

⑤ Die Höflichkeitsform wird mit dem femininen (weiblichen) Personalpronomen **Lei** und der 3. Person Singular gebildet. Setzen Sie das Verb beim Siezen also immer in die 3. Person!

(LÖSUNG DER 1. ÜBUNG: Haben Sie (gut) verstanden?)

❶ Marco hat eine Zeitung und eine Zeitschrift. ❷ Ich hätte gern eine Auskunft, bitte. ❸ Wir haben einen Platz in einem Raucherabteil. ❹ Entschuldigen Sie, haben Sie Feuer? ❺ Hast du eine Zigarette?

LEKTION 2

9 • **nove** [*nowê*]

> **ÜBUNG 2: Setzen Sie die fehlenden Wörter ein!**

① Hat dieser Zug einen Speisewagen?

Questo treno . . . . vagone-ristorante?

② Wir haben eine Freundin in Florenz.

. . . . 'amica a Firenze.

③ Hast du Feuer?

Hai . . . . ?

> ▶ **Terza (3°) lezione** [*tärtßa lätßjonê*]

Chi sono?

1 – Fran**ces**ca e **Da**vide Bram**bil**la **a**bitano a Mi**la**no, in **Vi**a **Ver**di **no**ve. ① ②
2 **Da**vide è avvo**ca**to e la**vo**ra al tribu**na**le di Mi**la**no.
3 Fran**ces**ca è **me**dico e la**vo**ra all'Ospedale di **Ses**to San Gio**van**ni. ③
4 **Mar**co, in**ve**ce, ha **u**na **lau**rea in **chi**mica, ma non la**vo**ra an**co**ra.
5 Va a Mi**la**no per un col**lo**quio di la**vo**ro in un'in**dus**tria **chi**mica.
6 – **Do**ve la**vo**ri, **Mar**co?
7 – Non la**vo**ro an**co**ra.

(PRONUNCIA)

[*ki-ßono? 1 frantschäßka-e-dawidê-brambilla abitano-a-milano, in-wia-wärdi nowê. 2 dawidê-ä-awwokato e-lawora al-tribunalê-di-milano. 3 frantschäßka-ä-mediko e-lawora alloßpedalê di-ßäßto-ßan-dsch^owanni. 4 marko, inwetschê, a-una-laurea in-kimika, ma-non-lawora-ankora. 5 wa-a-milano pär-un-kollokuio-di-laworo in-un-indußtria kimika. 6 dowê-lawori, marko? 7 non-laworo-ankora.*]

dieci [diätschi] • 10

④ Sind Sie aus Mailand, [mein] Fräulein?

   Lei . di Milano, ... ?

⑤ Sie (3. Person Plural) haben einen Freund in Rom.

   . . . . . un amico . Roma.

LÖSUNG DER 2. ÜBUNG: Die fehlenden Wörter.

❶ ha un ❷ Abbiamo un ❸ da accendere ❹ è – signorina
❺ Hanno – a

Dritte Lektion

Wer sind sie?

|1| – Francesca und Davide Brambilla wohnen in Mailand, in [der] Verdi-Straße neun.
|2| Davide ist Rechtsanwalt und arbeitet beim (am) Gericht von Mailand.
|3| Francesca ist Ärztin (Arzt) und arbeitet im (am) Sesto-San-Giovanni-Krankenhaus (von sechster Sankt Johann).
|4| Marco dagegen hat einen Hochschulabschluss in Chemie, aber er arbeitet noch nicht.
|5| Er geht nach Mailand wegen eines Einstellungsgesprächs (für ein Gespräch der Arbeit) in einem chemischen Industrieunternehmen.
|6| – Wo arbeitest du, Marco?
|7| – Ich arbeite noch nicht.

(ANMERKUNGEN)

① Beachten Sie den Gebrauch der Präpositionen (Verhältniswörter): **a Milano** „in Mailand", **in Via Verdi** „in der Verdi-Straße".

② Der bestimmte Artikel entfällt bei Straßennamen: **in via Verdi** „in der Verdi-Straße".

③ Im Italienischen gibt es die Berufsbezeichnung „Ärztin" nicht; so kann **medico** sowohl „Arzt" als auch „Ärztin" bedeuten.

11 • undici [*unditschi*]

8 – Lei lavora a Milano, signora Brambilla?
9 – Dove abitate?
10 – Abitiamo in Via Manzoni, al numero quattro.
11 – Loro lavorano a Milano, noi, invece, lavoriamo a Roma.
12 – Marco desidera lavorare a Milano. ④

(PRONUNCIA)

[**8** *läi-lawora a-milano, ßinjora-brambilla?* **9** *dowê-abitatê?* **10** *abitjamo in-wia-mandsoni, al-numero-kuattro.* **11** *loro laworano-a-milano, noi, inwetschê, laworiamo-a-roma.* **12** *marko desidera-laworarê-a-milano.*]

Zur Aussprache der doppelten Konsonanten
Einen doppelten Konsonanten spricht man nicht genauso aus wie einen einfachen Konsonanten, sondern mit doppelter Stärke! Diese Regelung ist wohlbegründet, denn **la Nona di Beethoven** *(Beethoven Neunte) ist nicht* **la nonna di Beethoven** *(Beethovens Großmutter)! Durch ungenaue Aussprache können manchmal Missverständnisse entstehen.*

ÜBUNG 1: Verstehen Sie diese Sätze?

❶ Arrivo domani a Bologna. ❷ Lui lavora a Milano, ma abita a Monza. ❸ Dove lavorate? ❹ Lavoriamo all'Ospedale di Milano. ❺ Davide e Francesca abitano a Roma? ❻ No, abitano a Milano. ❼ Vorrei un giornale e un pacchetto di sigarette. ❽ Marco ha una laurea in chimica.

ÜBUNG 2: Setzen Sie die fehlenden Wörter ein!

❶ Wo wohnt ihr?

　Dove . . . . ?

❷ Wir wohnen in [der] Manzoni-Straße.

　. . . . . in . . . Manzoni.

dodici [*doditschi*] • **12**

8 – Sie arbeiten in Mailand, Frau Brambilla?
9 – Wo wohnt ihr?
10 – Wir wohnen in [der] Manzoni-Straße, (an der) Nummer vier.
11 – Sie (3. Person Plural) arbeiten in Mailand; wir dagegen arbeiten in Rom.
12 – Marco möchte in Mailand arbeiten.

(ANMERKUNGEN)

④ **lavorare, abitare, arrivare** usw. sind Verben, die der 1. Konjugationsgruppe angehören (Infinitiv auf **-are**).

LÖSUNG DER 1. ÜBUNG: Haben Sie (gut) verstanden?

❶ Ich komme morgen in Bologna an. ❷ Er arbeitet in Mailand, aber er wohnt in Monza. ❸ Wo arbeitet ihr? ❹ Wir arbeiten im Krankenhaus von Mailand. ❺ Davide und Francesca wohnen in Rom? ❻ Nein, sie wohnen in Mailand. ❼ Ich hätte gern eine Zeitung und ein Päckchen Zigaretten. ❽ Marco hat einen Hochschulabschluss in Chemie.

❸ Wo arbeiten Sie, [gnädige] Frau?

Dove . . . . . . , signora?

❹ Ich hätte gern eine Auskunft, bitte.

. . . . . . un'informazione, ...

LEKTION 3

13 • tredici [trǟditschi]

⑤ Ich bin in Mailand wegen eines Einstellungsgesprächs.

. . . . . Milano per un . . . . di lavoro.

⑥ Ich möchte in einem chemischen Industriewerk arbeiten.

Desidero . . . . in . . ' . . . . chimica.

▶ **Quarta (4°) lezione** [kuarta lätßjonê]

L'arrivo a Milano

1 – **Sia**mo in o**ra**rio? do**man**da una si**gno**ra a **Mar**co.
2 – **Cre**do di sì. **Ec**co la sta**zio**ne di Mi**la**no. ①
3 – La si**gno**ra ha **quat**tro va**li**gie e un om**brel**lo.
4 – Fac**chi**no! Fac**chi**no!
5 – Che **gua**io: **og**gi i fac**chi**ni **so**no in **scio**pero. ②
6 – **Mar**co ai**u**ta la si**gno**ra a por**ta**re le va**li**gie. **Por**ta **an**che l'om**brel**lo!
7 – **Gra**zie **mil**le, si**gno**re, Lei è **pro**prio gen**ti**le.
8 – Il **tre**no è in o**ra**rio.

(PRONUNCIA)

[larriwo-a-milano. *1* ßjamo-in-orario? domanda una-ßinjora a-marko. *2* kredo-di-ßi. äkko-la-ßtatßjonê di-milano. *3* la-ßinjora a-kuattro-walidsch^ê e-un-ombrällo. *4* fakkino! *5* ke-guaio: oddsch^i-i-fakkini ßono-in-schopêro. *6* marko-ajuta-la-ßinjora a-portarê-le-walidsch^ê. porta-ankê lombrällo! *7* gratßjê-millê, ßinjorê, lai-ä-proprio-dsch^äntilê. *8* il-träno-ä-in-orario.]

LÖSUNG DER 2. ÜBUNG: Die fehlenden Wörter.

❶ abitate ❷ Abitiamo – Via ❸ lavora ❹ Vorrei – per favore ❺ Sono a – colloquio ❻ lavorare – un'industria

Bei Ihrer nächsten Lernsitzung erwartet Sie schon die 4. Lektion. Einige kleine Sätze können Sie vielleicht schon verstehen. Fahren Sie fort, wie wir es Ihnen empfohlen haben: täglich 15-20 Minuten in Gesellschaft Ihres Sprachkurses.

Vierte Lektion

Die Ankunft in Mailand

1 – Sind wir pünktlich (in Zeit)? fragt eine Dame Marco.
2 – Ich glaube (von) ja. Da [ist ja] der Bahnhof von Mailand.
3 – Die Dame hat vier Koffer und einen Schirm.
4 – Gepäckträger! Gepäckträger!
5 – Was für (welch) Unglück: Heute streiken die Gepäckträger (sind in Streik).
6 – Marco hilft der Dame, die Koffer zu tragen. Er trägt auch den Schirm!
7 – Tausend Dank, [mein] Herr, Sie sind wirklich freundlich.
8 – Der Zug ist pünktlich (in Zeit).

ANMERKUNGEN

① **Ecco** ist eine Redewendung, die nur in Ausrufen gebraucht wird: **Ecco la stazione!** „Hier ist ja der Bahnhof!"

② **oggi i facchini sono in sciopero:** Steht ein Adverb (Umstandswort) am Anfang des Satzes, so steht im Gegensatz zum Deutschen das Prädikat (die Satzaussage) nach dem Subjekt (Satzgegenstand).

Zur Aussprache der Buchstabenfolge gli
Dieser Laut könnte Ihnen einige Schwierigkeiten bereiten: Sprechen Sie ihn etwa so aus wie das weiche l in „Familie"; passen Sie die Zunge dabei dem Gaumen an. In der vereinfachten Lautschrift wird dieser Laut durch [lj] dargestellt. Dies ist natürlich nur eine ungefähre Annäherung an den Laut ... Halten Sie sich daher an die Tonaufnahmen!

LEKTION 4

9 I **tre**ni ar**ri**vano a Mi**la**no.
10 – La sig**no**ra do**man**da l'**o**ra.
11 Le sig**no**re **por**tano le va**li**gie.
12 – Il control**lo**re do**man**da il big**liet**to.
13 I control**lo**ri **guar**dano i big**liet**ti.
14 – **Ec**co la sta**zio**ne di Mi**la**no.
15 Le sta**zio**ni di Mi**la**no e di **Ro**ma **han**no un **traf**fico in**ten**so.
16 – Lo scomparti**men**to di **Mar**co è il **nu**mero **cin**que.
17 Gli scomparti**men**ti **so**no **pie**ni. ③
18 – La sig**no**ra non **tro**va l'om**brel**lo.
19 Le sig**no**re non **tro**vano gli om**brel**li.

(PRONUNCIA)

[**9** *i-trä*ni-arr*ri*wano-a-mi*la*no. **10** la-ßin*jo*ra-do*man*da-*lo*ra. **11** le-ßin*jo*rê *por*tano-le-wa*li*dsch^ê. **12** il-kontrol*lo*rê-do*man*da-il-bil*jät*to. **13** i-kontrol*lo*ri *guar*dano-i-bil*jät*ti. **14** *äk*ko-la-*ßtat*ß*jo*nê di-mi*la*no. **15** le-ßtatßjo*ni* di-mi*la*no-e-di-*ro*ma *an*no-un-*traf*fiko-in*tän*so. **16** lo-ßkomparti*män*to-di-*mar*ko ä-il-*nu*mero-tschin*ku*ê. **17** lji-ßkomparti*män*ti *ßo*no-*pje*ni. **18** la-ßin*jo*ra non-*tro*wa lom*bräl*lo. **19** le-ßin*jo*rê non-*tro*wano lji-om*bräl*li.]

Sehen Sie sich immer die vereinfachte Lautschrift an: Im Augenblick ist sie unerlässlich, um Ihnen zu helfen, das Italienische korrekt auszusprechen (selbstverständlich ist sie weniger unerlässlich für diejenigen, die die Tonaufnahmen haben). Bald werden Sie sie nur noch brauchen, um Ihre Aussprache in Zweifelsfällen zu kontrollieren.

(ÜBUNG 1: **Verstehen Sie diese Sätze?**)

❶ Il treno è in orario? – Credo di sì. ❷ I facchini sono in sciopero. Che guaio! ❸ Lo scompartimento numero cinque è pieno. ❹ L'amico di Davide abita a Roma. ❺ Pronto! La signora Brambilla è a casa?

sedici [ßeditschi] • 16

| 9 | Die Züge kommen in Mailand an.
| 10 | – Die Dame fragt [nach der] Uhrzeit (fragt die Stunde).
| 11 | Die Damen tragen die Koffer.
| 12 | – Der Schaffner verlangt die [Fahr]Karte.
| 13 | Die Schaffner prüfen die [Fahr]Karten.
| 14 | – Hier [ist] der Bahnhof von Mailand.
| 15 | Die Bahnhöfe von Mailand und Rom haben einen starken Verkehr.
| 16 | – Das Abteil von Marco hat (ist) die Nummer fünf.
| 17 | Die Abteile sind voll.
| 18 | – Die Dame findet den Schirm nicht.
| 19 | Die Damen finden die Schirme nicht.

(ANMERKUNGEN)

③ Den bestimmten Artikel **lo** verwendet man vor maskulinen Wörtern, die mit einem **s** beginnen, dem ein Konsonant (Mitlaut) folgt, oder die mit **z** beginnen: **lo zio** „der Onkel". Er steht ebenso vor vokalisch anlautenden Wörtern, wobei dann das **o** durch einen Apostroph ersetzt wird: **l'operaio** „der Arbeiter". Im Plural steht in beiden Fällen der Artikel **gli**: **gli zii, gli operai**.

LÖSUNG DER 1. ÜBUNG: Haben Sie (gut) verstanden?

❶ Ist der Zug pünktlich? – Ich glaube ja. ❷ Die Gepäckträger streiken. Was für ein Unglück! ❸ Das Abteil Nummer fünf ist voll. ❹ Der Freund von Davide wohnt in Rom. ❺ Hallo! Ist Frau Brambilla zu Hause?

17 • **diciassette** [ditschas**sät**tê]

ÜBUNG 2: Setzen Sie die fehlenden Wörter ein!

① Marco trägt die Koffer.

Marco . . . . **.**

② Hier [ist] der Bahnhof von Mailand.

. . . . la . . . . di Milano.

③ Die Abteile sind voll.

. . . . sono pieni.

④ Wo ist der Schirm?

Dov'è . ' . . . . ?

▶ **Quinta (5°) lezione** [**kuin**ta lät**ß**jonê]

A Milano

1	– **Mar**co **en**tra in un **bar**. ①
2	– Un caf**fè** ri**stret**to, per fa**vo**re! ②
3	**Scu**si, qual è l'**au**tobus per an**da**re a **via Ver**di?
4	– Il trenta**set**te. Op**pu**re la metropoli**ta**na, **li**nea B, ma è **mol**to affol**la**ta a quest'**o**ra.

PRONUNCIA

[a milano. **1** marko-**än**tra in-un-**bar**. **2** un-kaffä-ri**ß**trätto, pär-fa**wo**rê! **3** **ß**kusi, kualä-**lau**tobuß per-andarê-a-**wia**-**wär**di? **4** il-tränta**ß**ättê. op**pu**rê la-metropoli**ta**na, **li**nea-bi, ma-ä-**mol**to-affol**la**ta-a-kuäß**to**ra.]

ANMERKUNGEN

① Achtung: falscher Freund! Was die Italiener unter **bar** verstehen, entspricht nicht dem, was wir in Deutschland mit „Bar" meinen. Eine Bar in Italien ist ein kleines Café, wo man das Bestellte an der Theke zu sich nimmt oder dies zu einem kleinen Aufpreis an einem Tisch verzehren kann. Eine deutsche Bar nennt man auf Italienisch **un locale**.

⑤ Der Schaffner verlangt die Fahrkarten.

.. controllore domanda . biglietti.

⑥ Sie sind wirklich freundlich, [mein] Herr!

Lei . . . . gentile, signore!

LÖSUNG DER 2. ÜBUNG: Die fehlenden Wörter.

① porta le valigie ② Ecco – stazione ③ Gli scompartimenti
④ l'ombrello ⑤ Il – i ⑥ è proprio

Fünfte Lektion

In Mailand

1 – Marco geht (tritt ein) in ein Café.
2 – Einen starken Kaffee, bitte.
3 Entschuldigen Sie, welcher ist der Autobus zur Verdi-Straße (für gehen in die Verdi-Straße)?
4 – Der Siebenunddreißig[er]. Oder die Untergrundbahn, Linie B, aber um diese Zeit (zu dieser Stunde) ist sie sehr überfüllt.

② Das Gegenteil, der **caffè lungo**, ist ein dünner Kaffee bzw. doppelter Espresso, den Deutsche wahrscheinlich noch als stark empfinden. In einem Land wie Italien, in dem der Kaffee ein alltägliches soziales Ritual darstellt (v. a. im Süden), gibt es viele Kaffee-Variationen: vom **caffè macchiato** „befleckter Kaffee" (ein Kaffee mit etwas Milch) über den **caffel(l)atte** „Milchkaffee" und den **caffè corretto** „verbesserter Kaffee" (Kaffee mit einem Schuss Cognac oder Schnaps) bis zum berühmten **cappuccino**, ein sehr starker Kaffee, dem man eine Tasse aufgeschäumte Milch zugibt; danach kann man noch etwas Kakaopulver auf den Schaum streuen.

5	– Il **tem**po è **bel**lo e **Mar**co de**ci**de di **pren**dere l'**au**tobus. ③
6	È una **buo**na i**de**a! L'**au**tobus non è **trop**po **pie**no.
7	**Scen**de **do**po **die**ci mi**nu**ti da**van**ti al pa**laz**zo **do**ve **a**bitano Fran**ces**ca e **Da**vide. ④
8	– **Pren**di un caf**fè**?
9	– No, **pren**do un cappuc**ci**no.
10	– Pren**de**te il **ta**xi?
11	– No, è **trop**po **ca**ro, pren**dia**mo l'**au**tobus.
12	– La si**gno**ra **Lo**ri **pren**de il **ta**xi.
13	I si**gno**ri **Lo**ri **pren**dono il **ta**xi. ⑤
14	– **Que**sta si**gno**ra è napole**ta**na.
15	**Que**sto si**gno**re, in**ve**ce, è ro**ma**no. ⑥

(PRONUNCIA)

[5 il-*täm*po-ä-*bäl*lo e-*mar*ko-de*tschi*dê-di-*prän*dêrê-*lau*tobuß. 6 ä-una-*buo*na-i*däa*! *lau*tobuß-non-ä-*trop*po-*pjä*no. 7 *schän*dê *do*po-*di*ê*tschi*-minuti da*wan*ti-al-palatt*ßo dowê*-abitano frant*schäß*ka e-da*wi*dê. 8 *prän*di-un-kaf*fä*? 9 no, *prän*do-un-kapput*tschi*no. 10 prän*de*tê-il-*ta*xi? 11 no, ä-*trop*po-*ka*ro, prän*dja*mo-*lau*tobuß. 12 la-*ßin*jora-*lo*ri-*prän*dê-il-*ta*xi. 13 i-*ßin*jori-*lo*ri-*prän*dono-il-*ta*xi. 14 ku*äß*ta-*ßin*jora-ä-napole*ta*na. 15 ku*äß*to-*ßin*jorê, inwet*schê*, ä-*ro*mano.]

*Das italienische **s** am Wortanfang wird stimmlos ausgesprochen, wie das „ß" in „heiß" (in der vereinfachten Lautschrift erscheint es daher als [ß]): **sono** [ßono] „ich bin"; **siamo** [ßjamo] „wir sind". Genauso wird es in Wörtern wie **stupido** [ßtupido] „dumm", **sporco** [ßporko] „schmutzig", **scarpa** [ßkarpa] „Schuh" ausgesprochen. Stimmhaft wie das s in „singen" (in der vereinfachten Lautschrift [s]) wird es zwischen zwei Vokalen ausgesprochen, z.B. **mese** [mesê] „Monat", **cosa** [kosa] „Sache", **riso** [riso] „Reis".*

venti [*wänti*] • 20

5 – Das Wetter ist schön, und Marco beschließt, den Autobus zu nehmen (beschließt von nehmen).
6 [Das] ist eine gute Idee! Der Autobus ist nicht zu voll.
7 Er steigt nach zehn Minuten vor dem Gebäude aus, in dem (wo) Francesca und Davide wohnen.
8 – Nimmst du einen Kaffee?
9 – Nein, ich nehme einen Cappuccino.
10 – Nehmt ihr das Taxi?
11 – Nein, [das] ist zu teuer, wir nehmen den Autobus.
12 – Frau Lori nimmt das Taxi.
13 Die Loris nehmen das Taxi.
14 – Diese Dame kommt aus Neapel (ist Neapolitanerin).
15 Dieser Herr dagegen kommt aus Rom (ist Römer).

(ANMERKUNGEN)

③ **prendere** „nehmen", **scendere** „aussteigen", **vedere** „sehen" usw. gehören den Verben der 2. Gruppe an (Infinitiv auf **-ere**).

④ **un palazzo di quattro piani** „ein Gebäude mit vier Etagen", aber auch: **un palazzo del Rinascimento** „ein Renaissancepalast".

⑤ Vor den Wörtern **signore**, **signora** und **signorina** steht der bestimmte Artikel auch dann, wenn ihnen der Familienname folgt: **La signorina Palumbo non è a casa.** „Fräulein Palumbo ist nicht zu Hause." Beachten Sie auch, dass es im Fall eines Ehepaares immer heißt **i signori Fioretti** anstatt **il signore e la signora Fioretti**.

⑥ Im Italienischen wird kein Unterschied gemacht zwischen der geografischen Herkunft einer Person (**Marco è romano** „Marco kommt aus Rom", wörtlich „Marco ist römisch") und der einer Sache (**un palazzo romano** „ein römischer Palast").

ESERCIZIO 1: Capite queste frasi?

[esärtschitßio uno: kapitê kuäßtê frasi?]

① Non prendiamo quest'autobus, è troppo affollato. ② Vorrei un caffè ristretto. ③ Marco scende davanti al palazzo di Francesca e Davide. ④ Questo taxi e molto caro! ⑤ Oggi il tempo è bello.

ESERCIZIO 2: Inserite le parole mancanti

[esärtschitßio duê: inßeritê le parolê mankanti]

① Herr und Frau Lori nehmen das Flugzeug.

I .... Lori .... l'aereo.

② Gnädige Frau, wo steigen Sie aus?

Signora, dove ...... ?

③ Nehmt ihr den Zug? – Nein, wir nehmen das Flugzeug

.... il treno? – .. , ... l'aereo.

▶ **Sesta (6°) lezione** [ßäßta lätßjonê]

In Via Verdi

1 – Via Verdi è una strada molto bella, ma un po' rumorosa. ①
2   L'appartamento di Francesca e Davide è al quinto piano.
3   Marco chiama l'ascensore, ma ... l'ascensore è rotto!

(PRONUNCIA)

[in-wia-wärdi. **1** wia-wärdi ä-una-ßtrada molto-bälla ma-un-po-rumorosa. **2** lappartamänto di-frantschäßka-e-dawidê ä-al-kuinto-pjano. **3** marko kjama-laschänßorê, ma laschänßorê-ä-rotto!]

ventidue [wäntiduê] • 22

> SOLUZIONE DELL'ESERCIZIO 1: Avete capito correttamente?

[ßolut**ßj**onê däl-esär**tsch**itßio uno: a**w**etê ka**p**ito korretta**men**tê]

❶ Diesen Autobus nehmen wir nicht, er ist zu überfüllt. ❷ Ich hätte gern einen starken Kaffee. ❸ Marco steigt vor dem Gebäude von Francesca und Davide aus. ❹ Dieses Taxi ist sehr teuer! ❺ Heute ist das Wetter schön.

❹ Nimmst du einen Kaffee? – Nein, ich nehme einen Cappuccino.

. . . . . . un caffè? – No, ... un cappuccino.

❺ Der Zug kommt pünktlich an.

. . treno . . . . . . in . . . .

> SOLUZIONE DELL'ESERCIZIO 2: Le parole mancanti.

[ßolut**ßj**onê däl-esär**tsch**itßio **du**ê: le pa**r**olê man**kan**ti.]

❶ signori – prendono ❷ scende ❸ Prendete – No, prendiamo ❹ Prendi – prendo ❺ Il – arriva – orario

---

Sechste Lektion

In der Verdi-Straße

| 1 | – [Die] Verdi-Straße ist eine sehr schöne Straße, aber ein bisschen laut.
| 2 | Die Wohnung von Francesca und Davide ist im fünften Stock (auf der fünften Ebene).
| 3 | Marco ruft den Aufzug, aber ... der Aufzug ist kaputt!

(ANMERKUNGEN)

① **un po'** „ein bisschen" ist die Kurzform von **un poco** und wird in der Umgangssprache vorgezogen.

4 – Accidenti! Com'è pesante questa valigia!
  Ah, ecco la porta.
5 – Benvenuto, Marco, accomodati! ②
6 – Le strade sono affollate.
  I negozi sono aperti.
7 Questo negozio è chiuso.
8 – La valigia di Marco è pesante.
  Le valigie sono pesanti.
9 – L'appartamento è grande e comodo.
  Gli appartamenti sono grandi e comodi.

(PRONUNCIA)

[**4** attschidänti! komä-pesantê kuäßta-walidsch^a! ah, äkko-la-porta. **5** bänwenuto, marko, akkomodati! **6** le-ßtradê-ßono-affollatê. i-negotßi ßono-apärti. **7** kuäßto-negotßio ä-kjuso. **8** la-walidsch^a-di-marko ä-pesantê. le-walidsch^ê ßono-pesanti. **9** lappartamänto ä-grandê e-kommodo. lji-appartamänti ßono-grandi e-komodi.]

Das z wird in vielen Wörtern, wie stazione [ßtatßjone] „Bahnhof", pizza [pittßa], ragazzo [ragattßo] „Junge", wie [tß] ausgesprochen, also genau wie das „z" in „Zug". Im Allgemeinen wird es auch in Wörtern mit den Endungen -zione: emozione [ämotßjone] „Erregung", -ezza: bellezza [bellättßa] „Schönheit" und -izia: pigrizia [pigritßia] „Faulheit" wie [tß] ausgesprochen. In anderen Wörtern lautet es [ds], z. B. in zona [dsona] „Zone", mezzo [mäddso] „halb".

Lerntipp: Für einen Italienischlerner ist es immer etwas schwierig, die richtige Aussprache zu treffen. Deshalb gibt es die vereinfachte Lautschrift ... und darüber hinaus haben Sie ja noch die Tonaufnahmen!

ESERCIZIO 1: Capite queste frasi?

❶ A quest'ora la metropolitana è affollata. ❷ Marco ha una valigia pesante. ❸ Accidenti, l'ascensore è rotto! ❹ Benvenuto, Marco, accomodati! ❺ Com'è grande quest'appartamento!

ventiquattro [*wäntikuattro*] • 24

④ – Verflixt! Wie schwer dieser Koffer ist!
  Ah, da [ist ja] die Tür.
⑤ – Willkommen, Marco, komm herein!
⑥ – Die Straßen sind überfüllt.
  Die Geschäfte sind geöffnet.
⑦ Dieses Geschäft ist geschlossen.
⑧ – Der Koffer von Marco ist schwer.
  Die Koffer sind schwer.
⑨ – Die Wohnung ist groß und gemütlich.
  Die Wohnungen sind groß und gemütlich.

(ANMERKUNGEN)

② **accomodati** (bzw. **accomodatevi,** wenn man sich in der Duzform an mehrere Personen wendet, und **si accomodi** in der Siezform) ist ein Ausdruck der Höflichkeit, der sehr häufig gebraucht wird. Je nach Zusammenhang kann er bedeuten „komm herein", „setz dich doch", „mach es dir bequem" ... Sie werden diesen Ausdruck häufig hören.

Vielleicht haben Sie den Eindruck, dass in diesen ersten Lektionen viel wiederholt wird. Dies ist aber der ideale Weg, Ihnen die Grundstrukturen der italienischen Sprache auf eine möglichst klare Art zu vermitteln. Die Wiederholung ist der Schlüssel zu Ihrem Lernerfolg!

SOLUZIONE DELL'ESERCIZIO 1: Avete capito correttamente?

❶ Um diese Zeit ist die Untergrundbahn überfüllt. ❷ Marco hat einen schweren Koffer. ❸ Verflixt, der Aufzug ist kaputt! ❹ Willkommen, Marco, komm herein! ❺ Wie groß diese Wohnung ist!

25 • venticinque [*wäntitschinkuê*]

> **ESERCIZIO 2: Inserite le parole mancanti**

① Dieser Herr ist Italiener.

..... signore è ....

② Um diese Zeit sind die Geschäfte geschlossen.

A quest'ora i ...... sono ....

③ Die Koffer von Frau Lori sind sehr schwer.

.. valigie della signora Lori .... molto

....

④ [Die] Verdi-Straße ist eine schöne Straße von Mailand.

... Verdi è ... bella .... Milano.

> ▶ **Settima (7°) lezione** [*ßättima lätßjonê*]

REVISIONE E NOTE

Wiederholung und Anmerkungen

Nun haben Sie also das Ende des ersten Lektionsblocks erreicht und einen guten ersten Einstieg ins Italienische geschafft. Versuchen wir einmal zusammenzufassen, was Sie bisher gelernt haben. Lesen Sie zuerst noch einmal die folgenden Anmerkungen: 1. Lektion: ①, ②, ③; 2.: ②, ③, ④; 4.: ②; 5.: ③; 6.: ②.

Wie Sie sicher schon festgestellt haben, stellt die Aussprache des Italienischen kein großes Problem dar. Die Lektion 0 auf den Tonaufnahmen und die Anmerkungen zu einigen Besonderheiten, die Sie in diesen sechs Lektionen vorgefunden haben, haben Ihnen schon einen umfassenden Überblick über die Eigenheiten der Aussprache und der Rechtschreibung des Italienischen gegeben. Gehen wir also im Folgenden auf die wichtigsten Punkte aus den ersten sechs Lektionen etwas ausführlicher ein.

1. Alphabet

Zunächst das Alphabet. Einige Buchstaben werden beim Buchstabieren anders als im Deutschen ausgesprochen:

⑤ In Mailand ist die Busfahrkarte nicht sehr teuer.

A Milano . . . . dell'autobus

non è . . . .

⑥ Die Wohnung von Davide ist groß und gemütlich.

. 'appartamento . . Davide è . . . . . .

e . . . .

SOLUZIONE DELL'ESERCIZIO 2: Le parole mancanti.

❶ Questo – italiano ❷ negozi – chiusi ❸ Le – sono – pesanti
❹ Via – una – strada di ❺ il biglietto – molto caro ❻ L – di – grande
– comodo

Siebte Lektion

a, b [bi], **c** [tschi], **d** [di], **e** [ä], **f** [äffe], **g** [dsch^i], **h** [akka], **i,
l** [älle], **m** [ämme], **n** [änne], **o, p** [pi], **q** [ku], **r** [ärre], **s** [ässe],
t [ti], **u, v** [wi], **z** [dsäta].

Im italienischen Alphabet gibt es die Buchstaben **j, k, w, x, y**
nicht; es enthält also fünfzehn Konsonanten, fünf Vokale und ein
„Zeichen", das **h**, das nur dazu dient, dem **c** und dem **g** vor dem
i und dem **e** den harten Klang zu geben: **chi, che, Spaghetti.**

Vergessen Sie nicht, dass die Vokale auch dann alle ausgesprochen werden, wenn mehrere aufeinanderfolgen. Üben Sie, das folgende Wort auszusprechen: **Aiuto!** [a*ju*to] „Hilfe!".

2. Hilfsverben „essere" (sein) und „avere" (haben)

Hier ist die Präsenskonjugation des Indikativs (Wirklichkeitsform) der Verben **essere** „sein" und **avere** „haben", die wie im Deutschen Hilfsverben sein können, also zur Bildung der zusammengesetzten Zeiten gebraucht werden. Die Personalpronomen (in Klammern) werden nur benutzt, wenn die jeweilige Person besonders betont werden soll.

27 • ventisette [wäntißättê]

	essere		**avere**	
(io)	sono	„ich bin"	ho	„ich habe"
(tu)	sei	„du bist"	hai	„du hast"
(lui/lei)	è	„er/sie ist"	ha	„er/sie hat"
(noi)	siamo	„wir sind"	abbiamo	„wir haben"
(voi)	siete	„ihr seid"	avete	„ihr habt"
(loro)	sono	„sie sind"	hanno	„sie haben"

3. Artikel

Es gibt im Italienischen (aussprachebedingt) mehr Artikel (s. u.) als im Deutschen, aber es ist nicht schwierig, sie richtig anzuwenden:

Den bestimmten Artikel **il** und den unbestimmten Artikel **un** gebraucht man vor maskulinen Wörtern im Singular, die mit einem Konsonanten beginnen; der Plural des Artikels **il** ist **i**: **un biglietto** „eine Fahrkarte", **il biglietto** „die Fahrkarte", **i biglietti** „die Fahrkarten".

Die maskulinen Substantive, die mit einem **s** beginnen, dem ein Konsonant folgt oder mit einem **z** beginnen, haben den bestimmten Artikel **lo** und den unbestimmten Artikel **uno**. Dasselbe gilt für Wörter, die mit einem Vokal beginnen; in diesem Fall wird **lo** jedoch zu **l'** und **uno** zu **un** (ohne Apostroph!). Der Plural von **lo** ist **gli**. Also: **uno scompartimento** „ein Abteil", **lo scompartimento** „das Abteil", **gli scompartimenti** „die Abteile"; **un amico** „ein Freund", **l'amico** „der Freund", **gli amici** „die Freunde".

Den bestimmten Artikel **la** und den unbestimmten Artikel **una** verwendet man vor allen femininen Substantiven im Singular; vor den Wörtern, die mit einem Vokal beginnen, entfällt jedoch das **a**, und es wird in beiden Fällen apostrophiert. Der Plural von **la** ist immer **le**. Also: **una casa** „ein Haus", **la casa** „das Haus", **le case** „die Häuser"; **un'ora** „eine Stunde", **l'ora** „die Stunde", **le ore** „die Stunden". Beachten Sie, dass **gli** und **le** nie apostrophiert werden und dass sich das grammatische Geschlecht nicht immer mit dem im Deutschen verwendeten deckt!

4. Substantive

Im Allgemeinen enden die maskulinen Wörter im Singular auf -**o** und im Plural auf -**i**: **il treno** „der Zug", **i treni** „die Züge", und die femininen Wörter enden im Singular auf -**a** und im Plural auf

-e: **la signora** „die Dame", **le signore** „die Damen". Aber es gibt auch eine große Anzahl von maskulinen sowie femininen Wörtern, die im Singular auf **-e** und im Plural auf **-i** enden. Um ihr Geschlecht erkennen und die Adjektive dementsprechend angleichen zu können, muss man daher ihren Artikel betrachten. Ein einfaches Beispiel: **la signora** „die Dame", **il signore** „der Herr"; Plural: **le signore** „die Damen", **i signori** „die Herren".

5. Adjektive

Das Italienische hat zwei Gruppen von Adjektiven. Zur ersten Gruppe gehören Adjektive wie **caro** „lieb; teuer", **comodo** „bequem" usw., die vier Formen haben: **caro** ist Maskulinum Singular, **cara** ist Femininum Singular, **cari** ist Maskulinum Plural und **care** Femininum Plural.

Die Adjektive der zweiten Gruppe, z. B. **grande** „groß", **pesante** „schwer", haben nur zwei Formen: eine für das Maskulinum und das Femininum Singular, **grande**, und eine andere für das Maskulinum und das Femininum Plural, **grandi**.

6. Floskeln und Redewendungen

Hier nun einige Redewendungen, die Sie im Laufe der ersten sechs Lektionen angetroffen haben. Lesen Sie sie noch einmal laut. Wenn Ihnen die Bedeutung nicht ganz klar sein sollte, finden Sie im Anschluss die deutsche Übersetzung.

> **Ciao, come va?**
> **Pronto? Sono Marco.**
> **Vorrei un'informazione, per favore.**
> **Che guaio!**
> **Accidenti!**
> **Grazie mille!**
> **Credo di sì.**
> **Accomodati!**

Hallo, wie geht's? – Hallo (am Telefon)? Hier ist Marco. – Ich hätte gern eine Auskunft, bitte. – Was für ein Unglück! – Verflixt! – Tausend Dank! – Ich glaube ja. – Mach es dir bequem!

Versuchen Sie, sich möglichst täglich mit Ihrer Fremdsprache zu beschäftigen. So werden Sie beständig Fortschritte machen!

LEKTION 7

▶ Ottava (8°) lezione [ottawa lätßjonê]

Benvenuto a casa nostra!

1 – Ciao **Mar**co! Benve**nu**to a **ca**sa **nos**tra! ①
2   **So**no **mol**to con**ten**to di ve**der**ti.
3 – Anch'**io**! ②
4 – Ma acco**mo**dati ... **Ques**ta è la **tu**a **ca**mera da **let**to, ③
5   e **quel**la in **fon**do al corri**do**io è la **stan**za da **bag**no. ④
6   **Met**ti qui la **tu**a va**li**gia e **vie**ni con me in cu**ci**na, ti pre**pa**ro un caf**fè**.
7 – Che ca**ri**na la **vos**tra **ca**sa!
8 – Sì, non è **ma**le, è abbas**tan**za **co**moda.
9   **Ve**di, **ques**to è il **nos**tro sog**gior**no, e **quel**lo è il **mio stu**dio.

CHE BUONO QUESTO CAFFÈ!

PRONUNCIA

[*1* bänwênuto-a-kasa-noßtra! *2* ... kontänto di-wedärti. *3* ankio! *4* ... akkomodati. kuäßta-ä-la-tua-kamera-da-lätto. *5* kuälla-in-fondo al-korridojo ... ßtantßa-da-banjo. *6* mätti kui la-tua ... wjeni kon-me in kutschina ... un kaffä. *7* ke-karina la-woßtra-kasa! *8* non-ä-malê ... abbaßtantßa komoda. *9* ... ßoddsch^orno ... il-mio-ßtudio.]

trenta [tränta] • 30

Achte Lektion

Willkommen bei uns zu Hause! (in unserem Haus)

1 – Hallo, Marco! Willkommen bei uns zu Hause!
2   Ich freue mich sehr (bin sehr froh), dich zu sehen.
3 – Ich auch!
4 – Aber komm doch herein ... Dies ist dein Schlafzimmer (Zimmer von Bett),
5   und das da am Ende des Flurs ist das Badezimmer.
6   Stell deinen Koffer hierhin, und komm mit mir in die Küche, ich mache (bereite) dir einen Kaffee.
7 – Wie hübsch euer Haus [ist]!
8 – Ja, es ist nicht schlecht, es ist ziemlich (genug) bequem.
9   Siehst du, dies ist unser Wohnzimmer (Aufenthalt), und das da ist mein Arbeitszimmer.

(ANMERKUNGEN)

① **a casa mia** „bei mir zu Hause", **a casa tua** „bei dir zu Hause", **a casa di Paolo** „bei Paolo" usw. Beachten Sie die Stellung des Possessivpronomens (besitzanzeigendes Fürwort), das in der Regel dem zugehörigen Substantiv nachgestellt wird. Beachten Sie auch die verschiedenen Bedeutungen des Wortes **casa**: Im Allgemeinen bezeichnet **casa** das „Zuhause", und – wie Sie in dieser Unterhaltung gesehen haben – gebraucht man es oft anstelle von **appartamento** „Wohnung".

② **anche Carlo** „Carlo auch"; **anche noi** „wir auch" usw. **Anche** geht dem Wort, auf das es sich bezieht, immer voran.

③ Mit der Befehlsform und dem Infinitiv bildet das Personalpronomen ein einziges Wort, indem es an diese Formen angehängt wird: **vederti, accomodati**.

④ **questo** (feminin: **questa**) gebraucht man für Dinge, die sich in der Nähe des Sprechers befinden; **quello** (feminin: **quella**) verwendet man für Dinge, die sich weiter entfernt von ihm befinden.

10 – Davide mostra a Marco il suo appartamento.
11 Francesca e Davide sono molto contenti: il loro nuovo appartamento è proprio carino.
12 – Questa è la vostra camera da letto, e quello è il vostro bagno.
13 – Che buono questo caffè!

(PRONUNCIA)

[*10* il-**ßuo**-appartam**än**to *11* kont**än**ti: il-**loro**-**nuo**wo *13* ke-**buo**no ku**äß**to-kaff**ä**!]

Von dieser Lektion an werden wir damit beginnen, bestimmte Wörter in der vereinfachten Lautschrift wegzulassen. Es sind entweder Wörter, die Sie schon kennen, oder solche, die kein Problem beim Lesen und Aussprechen darstellen.

ESERCIZIO 1: Capite queste frasi?

❶ Sono molto contento di vederti. ❷ Questo è il soggiorno e quello in fondo al corridoio è il mio studio. ❸ Benvenuto a casa mia. Accomodati! ❹ Che carina la vostra casa! – Sì, non è male. ❺ Quello è l'autobus per andare a via Verdi.

ESERCIZIO 2: Inserite le parole mancanti

❶ Francesca zeigt Isabella ihre Wohnung.

Francesca . . . . . . a Isabella . . . . . appartamento.

❷ Dies ist unser Schlafzimmer, und das ist mein Arbeitszimmer.

. . . . . . è . . . . camera da letto e . . . . . . è . . . . . studio.

10 – Davide zeigt Marco seine Wohnung.
11 Francesca und Davide sind sehr froh: Ihre neue Wohnung ist wirklich hübsch.
12 – Dies ist euer Schlafzimmer, und das da ist euer Bad.
13 – Wie gut dieser Kaffee [ist]!

Sie haben gerade mit dem zweiten Lektionsblock begonnen. Wiederholen Sie weiterhin bereits durchgearbeitete Lektionen und arbeiten Sie möglichst täglich mit Ihrem Kurs. Wenn Sie einmal wenig Zeit haben, so hören Sie sich Ihre aktuelle Lektion einfach nur einige Male auf den Tonaufnahmen an.

Mitunter sind typische Wendungen in der deutschen Übersetzung in runden Klammern wörtlich übersetzt; in den Übungen haben wir die wörtliche Übersetzung jedoch weggelassen, um den Text nicht zu überfrachten. Sie sind sowieso einfach zu verstehen und erscheinen Ihnen sicher schon fast selbstverständlich.

SOLUZIONE DELL'ESERCIZIO 1: Avete capito correttamente?

❶ Ich freue mich sehr, dich zu sehen. ❷ Dies ist das Wohnzimmer, und das da am Ende des Flurs ist mein Arbeitszimmer. ❸ Willkommen bei mir zu Hause. Komm herein! ❹ Wie schön euer Haus ist! – Ja, es ist nicht schlecht. ❺ Das da ist der Autobus zur Verdi-Straße.

❸ Stell deinen Koffer hierhin!

Metti qui .. ... valigia!

❹ Ihre (3. Person Plural) Wohnung ist wirklich hübsch!

.. .. appartamento è .... carino!

❺ Die Koffer der Dame sind schwer.

.. .. della signora sono ....

SOLUZIONE DELL'ESERCIZIO 2: Le parole mancanti.

❶ mostra – il suo ❷ Questa – la nostra – quello – il mio ❸ la tua
❹ Il loro – proprio ❺ Le valigie – pesanti

▶ **Nona (9°) lezione** [*nona*]

Come stai?

1 – **Co**me **stan**no Frances**ca** e i bam**bi**ni?
2 – **Be**ne, **tor**nano a **ca**sa fra **po**co.
3 Toh, **sen**to arrivare l'ascen**so**re, a**pria**mo la **por**ta. ① ②
4 – **Sal**ve **Mar**co, sei già qui! **Co**me **stai**? ③
5 – Ciao, Ro**ber**to, ciao, **Li**sa, **co**me **sta**te?
6 – Noi **stia**mo **be**ne, ma sai, il **nos**tro gattino non sta af**fat**to **be**ne, ha il raffred**do**re ...
7 – Oh, poverino! Bambini, se a**pri**te la **mi**a valigia, ci tro**va**te un re**ga**lo per **voi**!
8 – Ev**vi**va!
9 – **Da**vide **of**fre un aperitivo a **Mar**co.
10 – **Li**sa, per fa**vo**re, **a**pri la fi**nes**tra!

(PRONUNCIA)

[*komê-ßtai* **1** *komê-ßtan*no ... *bambini* **2** *tornano a-kasa-fra-poko* **3** *to, ßänto-laschänßorê* **4** *ßalwê* ... *ßäi-dsch^a-kui* **5** *robärto* ... *lisa* ... *ßtatê* **6** *noi ßtjamo* ... *ßai* ... *gattino non-ßta affatto* ... *raffreddorê* **7** *powerino* ... *tschi-trowatê un-regalo pär-woi* **8** *ewwiwa* **9** *un-aperitiwo* **10** *finäßtra*]

Neunte Lektion

Wie geht es dir? (Wie stehst du?)

1 – Wie geht es Francesca und den Kindern (stehen Francesca und die Kinder)?
2 – Gut, sie kommen (kehren) bald nach Hause zurück.
3 Halt, ich höre den Aufzug ankommen, öffnen wir die Tür.
4 – Grüß dich, Marco, du bist schon hier! Wie geht es dir (stehst du)?
5 – Grüß dich, Roberto, grüß dich, Lisa, wie geht es euch (steht ihr)?
6 – Uns geht es gut (wir stehen gut), aber weißt du, unserem Kätzchen geht es gar nicht gut (unser Kätzchen steht nicht gut), es hat eine (die) Erkältung ...
7 – Oh, [das] Arme! Kinder, wenn ihr meinen Koffer öffnet, findet ihr da ein Geschenk für euch!
8 – Hurra!
9 – Davide bietet Marco einen Aperitif an.
10 – Lisa, bitte öffne das Fenster!

(ANMERKUNGEN)

① **Sento uno strano rumore.** „Ich höre ein eigenartiges Geräusch." Aber auch: **Sento della tenerezza per lei.** „Ich empfinde Zärtlichkeit für sie."

② **toh**, auch **to'**: ein Wort aus der Umgangssprache, das so viel bedeutet wie „Halt!", „Sieh da!", „Nimm!", „Hier (ist) ...".

③ Sie werden noch andere Anwendungsmöglichkeiten des Verbs **stare** kennenlernen. Es kann je nach Sinnzusammenhang „sein, sich befinden, bleiben, stehen" bedeuten. Beachten Sie im Moment nur seinen Gebrauch im Sinne von „sich fühlen": **Sto bene.** „Ich fühle mich gut. / Mir geht es gut."

11 – **Og**gi sto **be**ne, non **so**no più raffre**dda**to.
12 – **Da**vide e Fran**ces**ca **of**frono ospitalità a **Mar**co per **u**na setti**ma**na. ④

(PRONUNCIA)

[*11 oddsch^i ßto-bänê, non-ßono-pju-raffrêddato 12 oßpitalita ... pär-una-ßettimana*]

ESERCIZIO 1: Capite queste frasi?

❶ Ciao Isabella, come stai? ❷ Non sto affatto bene, sono raffreddata. – Oh, poverina! ❸ Francesca è a casa? – No, ma torna fra poco. ❹ To', quello è il mio amico Carlo! ❺ Offrite un caffè a Marco!

ESERCIZIO 2: Inserite le parole mancanti

❶ Lisa, Roberto, macht die Tür auf, bitte!

Lisa, Roberto, ... la porta,

. . . . !

❷ Hörst du kein eigenartiges Geräusch?

Non . . . . strano rumore?

❸ Wie geht es Francesca und den Kindern?

. . . . Francesca e . bambini?

❹ Uns geht es gut, aber unserer Katze geht es nicht gut.

Noi . . . . . . bene, ma . . . .

gatto non . . . bene.

|11| – Heute geht es mir gut (stehe ich gut), ich bin nicht mehr erkältet.
|12| – Davide und Francesca gewähren (bieten an) Marco für eine Woche Gastfreundschaft.

(ANMERKUNGEN)

④ Verben wie **aprire** „öffnen", **offrire** „anbieten", **sentire** „fühlen, hören" (Infinitiv auf **-ire**) gehören der dritten Konjugationsgruppe an.

Würden wir alles sofort vollständig erklären, würden die Anmerkungen zu lang und ausschweifend. Wenn Sie auf Wörter oder Strukturen stoßen, die Sie nicht komplett verstehen, seien Sie geduldig. Die Erklärung wird auf jeden Fall an einer anderen Stelle kommen. Sie können Stellen, an denen Sie Probleme haben, auch markieren und später noch einmal zu diesen Stellen zurückkehren und überprüfen, ob sich Ihre Frage inzwischen geklärt hat.

SOLUZIONE DELL'ESERCIZIO 1: Avete capito correttamente?

❶ Hallo Isabella, wie geht es dir? ❷ Mir geht es heute nicht gut, ich bin erkältet. – Oh, du Ärmste! ❸ Ist Francesca zu Hause? – Nein, aber sie kommt bald zurück. ❹ Hier, das ist mein Freund Carlo! ❺ Bietet Marco einen Kaffee an!

❺ Davide und Francesca gewähren Marco für eine Woche Gastfreundschaft.

Davide e Francesca . . . . ospitalità . Marco . . . una . . . .

SOLUZIONE DELL'ESERCIZIO 2: Le parole mancanti.

❶ aprite – per favore ❷ senti – uno ❸ Come stanno – i ❹ stiamo – il nostro – sta ❺ offrono – a – per – settimana

▶ Decima (10°) lezione [dätschima]

A tavola!

1 – A **ta**vola, il **pran**zo è **pron**to! **Ec**co le **mie** speciali**tà**. ①
2 – **Qua**li **so**no le **tue** speciali**tà**? ②
3 – Ri**sot**to e coto**let**te **al**la mila**ne**se, natural**men**te!
4 – Mag**ni**fico! **So**no i mi**ei** pi**at**ti prefe**ri**ti!
5 – Ed **ec**co un'**ot**tima bot**ti**glia di Bar**be**ra. ③
6 – Sai, **Da**vide, ap**prez**zo **mol**to **an**che le **tue** speciali**tà**: i tu**oi vi**ni **so**no **sem**pre eccel**len**ti!
7 – Fran**ces**ca pre**pa**ra le **sue** speciali**tà**: **so**no i pi**at**ti **ti**pici di Mi**la**no.
8 – **Qua**li **so**no i **vos**tri pi**at**ti prefe**ri**ti?
9 – I **nos**tri pi**at**ti prefe**ri**ti **so**no le la**sa**gne **al**la bolo**gne**se e gli spa**ghet**ti **al**la Carbo**na**ra. ④

(PRONUNCIA)

[a-tawola 1 il-prantßo-ä-pronto! äkko-le-miê-ßpetschalita 2 kuali ... le tuê 3 risotto e kotolättê-alla-milanesê naturalmäntê 4 manjifiko ... i mjäi pjatti preferiti 5 äd-äkko un-ottima-bottilja-di-barbera 6 apprättßo ... i-tuoi ... ßämprê ättschellänti 7 le ßuê ... tipitschi 9 lasanjê ... bolonjesê ... ßpagätti]

---

*Sprechen Sie alle Vokale deutlich aus? Diese Lektion bietet Ihnen eine gute Gelegenheit, dies zu üben: **i miei, i tuoi, i suoi** usw. Achtung: Vergessen Sie nicht, dass dagegen in den Gruppen **eia, già, glia, scia** usw. das **i** nicht ausgesprochen wird, sofern die Betonung nicht gerade auf das **i** fällt, wie im Wort **farmacia** „Apotheke", das [farmatschia] ausgesprochen wird.*

Zehnte Lektion

Zu Tisch!

1 – Zu Tisch, das Mittagessen ist fertig! Hier [sind] meine Spezialitäten.
2 – Welches sind deine Spezialitäten?
3 – Risotto und Schnitzel nach Mailänder Art natürlich!
4 – Hervorragend! Das sind meine Lieblingsgerichte (Teller bevorzugte)!
5 – Und hier eine sehr gute Flasche (von) Barbera.
6 – Weißt du, Davide, ich schätze auch deine Spezialitäten sehr: Deine Weine sind immer vorzüglich!
7 – Francesca bereitet ihre Spezialitäten zu: Es sind die typischen Gerichte von Mailand.
8 – Welches sind eure Lieblingsgerichte?
9 – Unsere Lieblingsgerichte sind (die) Lasagne nach Bologneser Art und (die) Spaghetti „alla carbonara".

(ANMERKUNGEN)

① **la specialità,** Plural: **le specialità; il caffè,** Plural: **caffè.** Substantive, die den Akzent auf der letzten Silbe haben, sind unveränderlich.

② **quale** „welcher/welche" (Singular): **Quale di queste bottiglie preferisci?** „Welche dieser Flaschen ziehst du vor?" **Quale di questi appartamenti preferisci?** „Welche dieser Wohnungen ziehst du vor?" **Quali** „welche" (Plural): **Quali di queste specialità preferisci?** „Welche dieser Spezialitäten ziehst du vor?" **Quali di questi piatti preferisci?** „Welche dieser Gerichte ziehst du vor?"

③ Vom lateinischen „optimus" abgeleitet ist das Adjektiv (Eigenschaftswort) **ottimo.** Man benutzt es häufig anstelle von **eccellente** „ausgezeichnet": **Ottimo questo vino!** „Dieser Wein ist ausgezeichnet!" Das Gegenteil von **ottimo** ist **pessimo** „sehr schlecht".

④ **spaghetti alla carbonara** (nach Köhler Art) werden serviert mit einer Sauce aus gerührten Eiern, frittiertem Speck (ursprünglich aus Schweinebäckchen) und geriebenem Käse und schwarzem Pfeffer.

10 – Bambini, non mangiate le **vos**tre tagliatelle così rumorosamente!
11 – Il **lo**ro **os**pite ap**prez**za la cucina milanese. ⑤
12 – **Car**lo e Isa**bel**la aspet**tano** i **lo**ro ami**ci** a **ce**na.
13 – La mattina **Da**vide prepara la colazione per i su**oi** bambini.

(PRONUNCIA)

[**10** mandsch^atê ... taljatällê kosi rumorosamäntê **11** oßpitê ... kutschina **12** isabälla aßpättano i-**lo**ro-ami**tschi**-a-**tsche**na **13** mattina ... kolatßjonê ... i-ßu**oi**]

ESERCIZIO 1: Capite queste frasi?

❶ Quali sono le tue specialità? ❷ I tuoi vini sono ottimi. ❸ Carlo e Isabella aspettano i loro amici a cena. ❹ Magnifico! Sono i nostri piatti preferiti! ❺ Qual è il pranzo di oggi? – Lasagne e cotolette. ❻ Davide prepara la colazione per i suoi bambini.

ESERCIZIO 2: Inserite le parole mancanti

❶ Welche sind deine Koffer? – Es sind die am Ende des Flurs.

..... sono .. ... valigie? – Sono ...... in fondo al ....

❷ Dies sind die Mailänder Spezialitäten.

..... sono le .... di Milano.

❸ Dies sind seine Kinder.

..... sono . .... bambini.

❹ Meine Gäste schätzen die Mailänder Küche.

..... ospiti .... la cucina ....

quaranta [kuaranta] • 40

10 – Kinder, esst eure Tagliatelle nicht so geräuschvoll!
11 – Ihr Gast schätzt die Mailänder Küche.
12 – Carlo und Isabella erwarten ihre Freunde zu(m) Abendessen.
13 – Am Morgen bereitet Davide das Frühstück für seine Kinder zu.

(ANMERKUNGEN)

⑤ **ospite** „Gast". Früher und in formellen Kontexten hat das Wort auch die Bedeutung „Gastgeber". Das Wort bezeichnet heute nur noch den Gast, während der Gastgeber **padrone di casa** „Hausbesitzer" genannt wird.

SOLUZIONE DELL'ESERCIZIO 1: Avete capito correttamente?

❶ Welches sind deine Spezialitäten? ❷ Deine Weine sind hervorragend. ❸ Carlo und Isabella erwarten ihre Freunde zum Abendessen. ❹ Wunderbar! Dies sind unsere Lieblingsgerichte! ❺ Was gibt es heute zum Mittagessen (ist das Mittagessen von heute)? – Lasagne und Koteletts. ❻ Davide bereitet das Frühstück für seine Kinder zu.

❺ Davide und Francesca erwarten ihren Gast zum Mittagessen.

Davide e Francesca . . . .
ospite per il . . . .

SOLUZIONE DELL'ESERCIZIO 2: Le parole mancanti.

❶ Quali – le tue – quelle – corridoio ❷ Queste – specialità ❸ Quelli – i suoi ❹ I miei – apprezzano – milanese ❺ aspettano il loro – pranzo

LEZIONE 10

41 · quarantuno

> ▶ **Undicesima (11°) lezione** [*unditschäsima*]

Che ore sono?

1 — I **nos**tri **a**mici fi**nis**cono di pran**za**re.
2 — **Scu**sa, Fran**ces**ca, che **o**re **so**no?
3 — **So**no le **du**e e un **quar**to.
4 — **Mar**co, prefe**ris**ci **fa**re la **sies**ta o **fa**re **quat**tro **chiac**chiere con **no**i? ① ②
5 — È **ve**ro, **Da**vide, **no**i ro**ma**ni prefe**ria**mo **fa**re la **sies**ta **do**po **pran**zo, ma **og**gi prefe**ris**co la **vos**tra compa**gni**a. ③
6 I**nol**tre, **al**le tre e **mez**za ho il **mi**o appunta**men**to di la**vo**ro.
7 E **vo**i, a che **o**ra fi**ni**te di lavo**ra**re?
8 — Io fi**nis**co **ver**so le sei, ma Fran**ces**ca sta**se**ra fi**nis**ce **tar**di: il **suo tur**no in ospe**da**le **du**ra **fi**no a mezza**not**te. ④

A CHE ORA FINITE DI LAVORARE?

(PRONUNCIA)

[ke-orê-ßono **1** finißkono ... prantßarê **2** ßkusa **3** le-duê e-un kuarto **4** preferischi ... kjakkiêrê kon-noi **5** ä-wero ... preferiamo ... preferißko ... kompanjia **6** allê-tre-e-mäddsa ... appuntamänto **7** a-ke-ora **8** finißko wärßo-le-ßäi ... ßtaßera finischê ... turno in-oßpedalê dura fino-a-mäddsanottê]

Elfte Lektion

Wie spät ist es?

1 – Unsere Freunde beenden das Essen (von mittagessen).
2 – Entschuldige, Francesca, wie spät ist es?
3 – Es ist Viertel nach zwei (sind die zwei und ein Viertel).
4 – Marco, ziehst du [es] vor, einen (den) Mittagsschlaf zu halten oder ein bisschen mit uns zu plaudern?
5 – Es ist wahr, Davide, wir Römer ziehen [es] vor, nach [dem] Essen einen (den) Mittagsschlaf zu halten, aber heute ziehe ich eure Gesellschaft vor.
6 Außerdem, um halb vier (drei und [ein] halb) habe ich meinen Termin (Verabredung von Arbeit).
7 Und ihr, um wie viel Uhr hört ihr auf zu arbeiten?
8 – Ich höre gegen sechs auf, aber Francesca hört heute Abend spät auf: Ihre Schicht (Turnus) im Krankenhaus dauert bis Mitternacht.

ANMERKUNGEN

① Beachten Sie diese Redewendung: **fare quattro chiacchiere**, wörtlich „vier Schwätzchen machen", ebenso wie **fare quattro passi** „einige Schritte gehen, ein bisschen spazieren gehen", wörtlich „vier Schritte machen".

② Hier macht Davide sich auf nette Weise über seinen Freund lustig, aber es stimmt: Die Norditaliener haben sehr viele Vorurteile gegenüber den Süditalienern. Sie glauben z. B., dass die Römer faul, die Sizilianer eifersüchtig, die Neapolitaner betrügerisch sind usw. Das sind Vorurteile, die sich ewig halten, obwohl sich vieles geändert hat!

③ **È strano!** „Das ist eigenartig!" **È impossibile!** „Das ist unmöglich!" Ebenso (weiter unten): **È presto** „Es ist früh." **È tardi.** „Es ist spät." usw. Beachten Sie, dass das Subjekt in den unpersönlichen Wendungen nicht ausgedrückt wird.

④ **stasera** „heute Abend" ist die Kurzform von **questa sera**, was wörtlich „dieser Abend" heißt.

9	– **Scu**si, signo**ri**na, che **o**re **so**no?
10	– È **cir**ca l'**u**na e **mez**za.
11	– **Scu**sa, Gio**van**na, che **o**ra è? ⑤
12	– È **pres**to per cenare, **so**no le **ot**to **me**no un **quar**to.
13	– A che **o**ra **par**te il **tre**no per Fi**ren**ze?
14	– **Al**le di**ciot**to e venti**cin**que.
15	– Do**ma**ni fi**nis**co di lavo**ra**re a mezzo**gior**no e **par**to per Mi**la**no all'**u**na e **ven**ti. ⑥

(PRONUNCIA)

[*10 luna-e-mäddsa 11 dsch^owanna, ke-ora-ä 12 tschenarê ... le-otto meno-un-kuarto 14 ditschotto e-wäntitschinkuê 15 mäddsodsch^orno ... alluna*]

ESERCIZIO 1: Capite queste frasi?

❶ Preferisci fare la siesta o fare quattro chiacchiere con noi?
❷ Domani finiamo di lavorare alle quattro e mezza. ❸ Il mio treno parte alle diciassette e venti e arriva a Pescara a mezzanotte. ❹ Oggi il suo turno in ospedale finisce presto.

ESERCIZIO 2: Inserite le parole mancanti

❶ Wie spät ist es?

Che . . . . ? / . . . ore . . . . ?

❷ Es ist 1:30 (halb zwei). Es ist 13:30 (dreizehn dreißig).

. l' . . . e . . . . Sono le tredici . . . .

❸ Es ist 9:45 (Viertel vor zehn). Es ist 9:45 (neun funfundvierzig).

. . . . le dieci . . . . . . quarto. Sono . . . . quarantacinque.

❹ Es ist Mitternacht. Es ist 24:00 (vierundzwanzig) [Uhr].

È . . . . Sono le . . . .

9	– Entschuldigen Sie, Fräulein, wie spät ist es?
10	– Es ist ungefähr halb zwei (eins und halb).
11	– Entschuldige, Giovanna, wie spät ist es?
12	– Es ist früh, um zu Abend zu essen, es ist (sind) Viertel vor acht (acht weniger ein Viertel).
13	– Um wie viel Uhr fährt der Zug nach Florenz ab?
14	– Um achtzehn [Uhr] (und) fünfundzwanzig.
15	– Morgen höre ich mittags (am Mittag) auf zu arbeiten, und ich fahre um ein [Uhr] (und) zwanzig nach Mailand.

(**ANMERKUNGEN**)

⑤ **Che ora è?** wörtl.: „welche Stunde ist", **Che ore sono?** wörtl.: „welche Stunden sind". – Zwei Arten, nach derselben Sache zu fragen.

⑥ **finire** und **preferire** (Infinitiv auf **-ire**) haben in den drei Personen des Singulars und in der 3. Person Plural das Suffix **-isc-**. Weitere Verben der dritten Gruppe (so z. B. **capire** „verstehen"; **spedire** „senden"; **stabilire** „festlegen" haben ebenfalls diese kleine „Eigenheit". Sie finden die vollständige Konjugation dieser Verben im Anhang am Ende dieses Buches.

⑤ Es ist 6 / 18:20.

. . . . le . . . / diciotto . . . .

⑥ Es ist Mittag / 12:10.

È . . . . / Sono . . dodici . . . .

SOLUZIONE DELL'ESERCIZIO 1: Avete capito correttamente?

❶ Ziehst du es vor, einen Mittagsschlaf zu machen oder mit uns zu plaudern? ❷ Morgen hören wir um halb fünf (vier und [ein] halb) auf zu arbeiten. ❸ Mein Zug fährt um siebzehn [Uhr] zwanzig ab und kommt um Mitternacht in Pescara an. ❹ Heute hört ihre Schicht im Krankenhaus früh auf.

SOLUZIONE DELL'ESERCIZIO 2: Le parole mancanti.

❶ ora è – Che – sono ❷ È – una – mezza – e trenta ❸ Sono – meno un – le nove e ❹ mezzanotte – ventiquattro ❺ sei – e venti ❻ mezzogiorno – le – e dieci

ESERCIZIO 3: Mettete le parole che mancano.

① Um wie viel Uhr hörst du auf zu arbeiten?

A ... ora .... di lavorare?

② Bevorzugt ihr (die) Lasagne oder (die) Tagliatelle?

.... le lasagne . le tagliatelle?

③ Entschuldige, Marco, wie spät ist es? – Es ist früh, um zu Abend zu essen, es ist Viertel vor sieben.

....., Marco, che ore .... ? – È ...... per cenare, ... sette .... .. quarto.

▶ **Dodicesima (12°) lezione** [doditschäsima]

Alla SIP

1 – **Mar**co ha **vo**glia di chia**ma**re la **sua** a**mi**ca Lo**ren**za. ①
2 **Cer**ca **u**na ca**bi**na tele**fo**nica. **Pro**prio lì da**van**ti **ve**de la SIP. ② ③
3 – Vor**rei fa**re un'**in**terurbana.
4 – **Na**zionale o **in**ternazionale?

(PRONUNCIA)

[ßip **1** wolja ... kjamarê ... loräntßa **2** tschärka ... kabina-telefonika ... li-dawanti wedê **3** uninterurbana **4** internatßjonalê]

Lerntipp: Sie sind noch in der passiven Phase des Lernens: Versuchen Sie momentan vor allem, den Klang und die Satzmelodie des Italienischen nachzuahmen. Wiederholen Sie die Sätze der Dialoge immer laut – stellen Sie sich vor, Sie sind Schauspieler und stehen auf einer Bühne ...

④ Heute ziehe ich es vor, nach dem Mittagessen einen Mittagsschlaf zu halten.

Oggi .... fare la siesta dopo ....

SOLUZIONE DELL'ESERCIZIO 3: Le parole che mancano.

① che – finisci ② Preferite – o ③ Scusa – sono – presto – sono le – meno un ④ preferisco – pranzo

---

Zwölfte Lektion

Bei der SIP

1 – Marco hat Lust, seine Freundin Lorenza anzurufen.
2 Er sucht eine Telefonzelle. Gerade da vorne sieht er die SIP.
3 – Ich möchte ein Ferngespräch führen.
4 – National oder international?

ANMERKUNGEN

① **Amico/amica** bezeichnet eine/n „Freund/Freundin". „Fester Freund / feste Freundin" heißt **fidanzato/fidanzata**; dieser Begriff wird auch im Sinne von „Verlobter/Verlobte" verwendet. In der Umgangssprache kann man auch **il mio ragazzo / la mia ragazza** – wörtlich „mein Junge / mein Mädchen" – sagen.

② **Giuseppe è proprio simpatico!** „Giuseppe ist wirklich sympathisch!" **Dov'è la mia valigia? – Ma è proprio qui, non la vedi?** „Wo ist mein Koffer? – Aber er ist doch hier, siehst du ihn nicht?" **Proprio:** dieses Wort ist schwer zu übersetzen; es wird jedoch sehr häufig gebraucht. Beachten Sie seine verschiedenen Anwendungsmöglichkeiten, wo immer Ihnen dieses Wort begegnet.

③ Telefonzellen fand man damals in Italien nicht in den Postämtern, sondern in den Büros der **SIP**, der damaligen italienischen Telefongesellschaft. Heute existieren diese Telefonzellen nicht mehr und man ruft jemanden eher mit dem „Handy", **il cellulare**, an.

5 – **Na**zionale, **de**vo telefo**na**re a **Ro**ma.
In **qua**le ca**bi**na **pos**so an**da**re?
6 – Si acco**mo**di in **quel**la là in **fon**do,
la **un**dici.
7 Co**no**sce il pre**fis**so di **Ro**ma? È **ze**ro **sei** (06).
8 – Sì, sì, **gra**zie, lo co**nos**co. ④

9 – **Do**po la telefo**na**ta:
10 – **Scu**si, **quan**to **pa**go?
11 – **So**no **ven**ti **scat**ti, fa **due** [**eu**ro].
12 – E **voi** che **co**sa cer**ca**te? ⑤
13 – Cer**chia**mo un e**len**co del te**le**fono.
14 – Non co**no**sci il **mio nu**mero di te**le**fono?
È **fa**cile: 32.15.06.
15 – **Scu**sa, hai un get**to**ne? **De**vo **fa**re **u**na
telefo**na**ta. ⑥
16 – **Io** non ce l'ho, ma in **tut**te le ca**bi**ne tro**vi u**na **mac**china che distribu**isce** i get**to**ni. ⑦

(PRONUNCIA)

[**5** däwo ... in-**kua**lê ... anda**rê 6** ßi ak**ko**modi in-**kuäl**la la in-**fon**do
7 ko**no**schê .. pre**fiß**ßo ... **dsä**ro ßäj **8** ko**noß**ko **10 kuan**to-**pa**go
11 ßkatti ... **due** ä-**u**ro **12** ke-**ko**sa-tschär**ka**tê **13** tschär**kja**mo-un-e**län**ko **14** non-ko**nos**ci ä-**fat**schi**lê 15** dsch^**ät**to**nê 16** non-tsche-**lo** ... in **tut**tê ... **mak**kina ... dißtribu**i**schê]

ESERCIZIO 1: Capite queste frasi?

❶ Conosce il prefisso di Milano? È 02. ❷ È libera questa cabina? – No. Ma quella là è libera. – Quale? – Quella in fondo, la numero cinque. ❸ Lei cerca una cabina telefonica? È proprio qui davanti. ❹ Quanto pago? – Fa tremila euro. ❺ Vorrei quindici gettoni: devo fare un'interurbana.

5 – National, ich muss nach Rom telefonieren. In welche Kabine kann ich gehen?
6 – Begeben Sie sich in die da unten (im Boden), die Elf.
7 Kennen Sie die Vorwahl von Rom? Es ist null sechs.
8 – Ja, ja, danke, ich kenne sie.

9 – Nach dem Gespräch:
10 – Entschuldigen Sie, wie viel bezahle ich?
11 – Es sind zwanzig Einheiten, [das] macht zwei [Euro].
12 – Und ihr, was sucht ihr?
13 – Wir suchen ein Telefonverzeichnis.
14 – Du kennst meine Telefonnummer nicht? Sie ist einfach: 32.15.06.
15 – Entschuldige, hast du einen Gettone? Ich muss telefonieren (machen ein Telefonat).
16 – Ich habe keinen, aber in allen Kabinen findest du eine Maschine, die die Gettoni verteilt.

(ANMERKUNGEN)

④ Infinitiv: **conoscere** „kennen". Dies ist ein regelmäßiges Verb, aber Vorsicht bei der Aussprache der Gruppe **-sc-**, die vor **a**, **o** und **u** wie ßk und vor **e** und **i** wie [sch] ausgesprochen wird. Also: **conosco** [konoßko], und **conoscete** [konoschetê].

⑤ In den Verben auf -care (**cercare**) und -gare (**pagare**) behalten das **c** und das **g** ihren harten Klang. Das bedeutet, dass ihnen ein **h** folgt, wenn sie vor **e** und **i** stehen. Also: **cerco, cerchi, cerca, cerchiamo, cercate, cercano**.

⑥ **gettone**, eine spezielle Münze, wurde damals in den Fernsprechautomaten geworfen und entsprach dem Wert einer Telefoneinheit.

⑦ **distribuire** „aus-/verteilen" wird wie **finire** „beenden" konjugiert: Man fügt – außer in der 1. und 2. Person Plural – das Suffix **-isc-** ein.

(SOLUZIONE DELL'ESERCIZIO 1: Avete capito correttamente?)

❶ Kennen Sie die Vorwahlnummer von Mailand? Es ist (die) 02. ❷ Ist diese Kabine frei? – Nein, aber die da ist frei. – Welche? – Die dort hinten, die Nummer fünf. ❸ Sie suchen eine Telefonzelle? Sie ist genau hier vorn. ❹ Wie viel bezahle ich? – Das macht dreitausend Euro. ❺ Ich hätte gern fünfzehn Gettoni: Ich muss ein Ferngespräch führen.

LEKTION 12

ESERCIZIO 2: Inserite le parole mancanti

❶ Wie viel müssen wir bezahlen (bezahlen wir)?
– Zwei Euro.

Quanto . . . . ? – . . . euro.

❷ Was suchst du? – Ich suche die Vorwahlnummer von Venedig.

Che cosa . . . . . . ? – . . . . . il . . . .
di Venezia.

❸ Ich muss Giovanna um drei Uhr anrufen.

Devo . . . . Giovanna . . . . tre.

❹ Kennt ihr die typischen Gerichte von Mailand?
– Ja, wir kennen sie.

. . . . i piatti . . . . . . di Milano?
– Si, li . . . .

❺ Dieses Telefonverzeichnis hier ist alt. Das da ist neu.

. . . . . . elenco è vecchio. . . . . è nuovo.

▶ **Tredicesima (13°) lezione** [treditschäsima]

Che bella famiglia!

1 – **Ve**di, **mam**ma, **ques**to è il **mi**o **com**pito per do**ma**ni: „La **mi**a fa**mi**glia".

2 „**I**o mi **chia**mo Ro**ber**to Bram**bil**la e ho **sei an**ni.

(PRONUNCIA)

[ke-**bäl**la-fa**mi**lja **1 mam**ma ... **kom**pito **2** mi **kja**mo ... Bram**bil**la ... **an**ni]

6 Ich habe Lust, Francesca anzurufen.

Ho ...... di fare una .... a Francesca.

SOLUZIONE DELL'ESERCIZIO 2: Le parole mancanti.

❶ paghiamo – Due ❷ cerchi – Cerco – prefisso ❸ chiamare – alle
❹ Conoscete – tipici – conosciamo ❺ Questo – Quello ❻ voglia –
telefonata

Dreizehnte Lektion

Was [für eine] schöne Familie!

1 – Siehst du, Mama, dies ist meine [Haus-]Aufgabe für morgen: „Meine Familie".
2 „Ich heiße (nenne mich) Roberto Brambilla, und ich bin sechs Jahre alt (habe sechs Jahre).

3	**Mi**o **pa**dre si **chia**ma **Da**vide e co**no**sce un **sac**co di **sto**rie diver**ten**ti.
4	**Mi**a **ma**dre si **chia**ma Fran**ces**ca ed è bel**lis**sima. ①
5	**Mi**a so**rel**la si **chia**ma **Li**sa ed ha **so**lo **quat**tro **an**ni.
6	**I**o e **mi**a so**rel**la liti**ghia**mo **spes**so.
7	Ho **due** cugini: **Gior**gio e **Chia**ra.
8	**So**no i **fi**gli di **mi**o **zi**o **An**ni**ba**le e di **mi**a **zi**a **Bri**gida. ②
9	**Mi**o **zi**o **An**nibale è il più sim**pa**tico di **tut**ti i mi**ei zi**i.
10	I mi**ei non**ni prefe**ri**ti **so**no i geni**to**ri di **mi**o **pa**dre.
11	**Han**no **u**na **gran**de **ca**sa in campa**gna**.
12	**Mi**o **non**no ha **an**che un ca**val**lo che si **chia**ma **Pla**cido.
13	**Mi**a **non**na pre**pa**ra **sem**pre la **tor**ta di **me**le che è proprio la **mi**a **tor**ta prefe**ri**ta." ③

(PRONUNCIA)

[**3** padrê ßi-**kja**ma ... kono**s**chê un-**ßak**ko ... diwär**tän**ti **4** madrê ... bel**liß**ßima **5** ßo**räl**la ... ed-a **6** liti**gja**mo **7** ku**dsch^i**ni: **dsch^or**dsch^o e **kja**ra **8** filji ... **dsi**o anni**ba**lê ... **dsi**a bri**dsch^i**da **9** ßim**pa**tiko ... **dsi**i **10 non**ni ... **dsch^eni**tori **11 gran**dê ... kam**pan**ja **12** ka**wal**lo ... pla**tschi**do **13** me**lê**]

(ANMERKUNGEN)

① Folgt der Konjunktion (dem Bindewort) **e** „und" ein Wort, das mit einem Vokal beginnt, stellt man eine Verbindung her, indem man dem **e** ein **d** hinzufügt: **ed**.

③ Mein Vater heißt (nennt sich) Davide und kennt eine Menge (einen Sack) amüsanter Geschichten.
④ Meine Mutter heißt Francesca und ist sehr schön.
⑤ Meine Schwester heißt Lisa und ist erst vier Jahre alt (hat nur vier Jahre).
⑥ Ich und meine Schwester streiten oft.
⑦ Ich habe zwei Cousins: Giorgio und Chiara.
⑧ Es sind die Kinder meines Onkels Annibale und meiner Tante Brigida.
⑨ Mein Onkel Annibale ist der sympathischste aller meiner Onkel.
⑩ Meine Lieblingsgroßeltern (Großeltern bevorzugten) sind die Eltern meines Vaters.
⑪ Sie haben ein großes Haus auf [dem] Land.
⑫ Mein Großvater hat auch ein Pferd, das (sich) Placido heißt (nennt).
⑬ Meine Großmutter bereitet immer (den) Apfelkuchen zu, der wirklich mein Lieblingskuchen ist.

② **Ho tre figli: Umberto, Nuccio e Teresa.** Ebenso: **Sai che Carlo e Vera aspettano un figlio?** „Weißt du, dass Carlo und Vera ein Kind erwarten?" Das Wort **figlio** verwendet man allgemein für „Kind" (das Wort **bambino** bezeichnet ein Kind unter zehn Jahren, das eigene ebenso wie das anderer Menschen.)

③ Das italienische Wort **torta** bezeichnet sowohl die deutsche „Torte" als auch einen „Kuchen". Da Torten in Italien hauptsächlich zu Geburtstagen und Hochzeiten serviert werden, ist wahrscheinlich „ein Stück Kuchen" gemeint, wenn man Ihnen **un pezzo di torta** außerhalb dieser Anlässe anbietet.

14 – Io mi **chia**mo Giu**sep**pe **Ros**si, e Lei?
15 – Mi **chia**mo Raffaele Es**po**sito.
16 – **Co**me si **chia**ma **tu**o fra**tel**lo?
17 – Si **chia**ma Ro**ber**to.

(PRONUNCIA)

[*14 dsch^usäppê 15 raffaelê äßposito 16 fratällo*]

ESERCIZIO 1: Capite queste frasi?

❶ Mio padre si chiama Davide e conosce un sacco di storie divertenti. ❷ E Lei, signora, come si chiama? ❸ Mi chiamo Francesca Brambilla. Sono medico, lavoro all'ospedale di Monza. ❹ La mia torta preferita è la torta di mele. ❺ I miei nonni abitano in campagna. ❻ Io e mia sorella litighiamo spesso.

ESERCIZIO 2: Inserite le parole mancanti

❶ Meine Schwester heißt Lisa und ist nur vier Jahre alt.

... sorella .. .. Lisa ed .. solo quattro ..... .

❷ Mein Onkel Annibale ist der sympathischste aller meiner Onkel.

.... Annibale è il ... simpatico di ..... i .... zii.

❸ Wie heißt dein Bruder?

Come si chiama ... . ?

❹ Ich heiße Rossi. Ich vengo aus Mailand.

.. .. Rossi. .... Milano.

|14| – Ich heiße (nenne mich) Giuseppe Rossi, und Sie?
|15| – Ich heiße Raffaele Esposito.
|16| – Wie heißt dein Bruder?
|17| – Er heißt Roberto.

SOLUZIONE DELL'ESERCIZIO 1: Avete capito correttamente?

❶ Mein Vater heißt Davide und kennt eine Menge amüsanter Geschichten. ❷ Und Sie, gnädige Frau, wie heißen Sie? ❸ Ich heiße Francesca Brambilla. Ich bin Ärztin, ich arbeite im Krankenhaus von Monza. ❹ Mein Lieblingskuchen ist der Apfelkuchen. ❺ Meine Großeltern wohnen auf dem Land. ❻ Meine Schwester und ich streiten oft.

❺ Meine Oma bereitet immer meinen Lieblingskuchen zu.

... . prepara sempre .. .... torta
....

❻ Meine Cousins Michele und Chiara sind die Kinder meines Onkels Annibale und meiner Tante Brigida.

. .... cugini Michele e Chiara sono .
..... di ... zio Annibale e di ... ...
Brigida.

SOLUZIONE DELL'ESERCIZIO 2: Le parole mancanti.

❶ Mia – si chiama – ha – anni ❷ Mio zio – più – tutti – miei ❸ tuo fratello ❹ Mi chiamo – Sono di ❺ Mia nonna – la mia – preferita ❻ I miei – i figli – mio – mia zia

▶ Quattordicesima (14°) lezione [kuattorditschäsima]

REVISIONE E NOTE

Wiederholen Sie die folgenden Anmerkungen: 8. Lektion: ③; 9.: ①, ②; 11.: ③, ④; 12.: ④, ⑤.

1. Possessivpronomina

... **suoi, mie, tuo, nostri, loro** ... Sie haben viele verschiedene Possessivpronomina im Laufe dieser Lektionen angetroffen: hier die vollständige Liste und einige Anmerkungen, die Ihnen deren Anwendung erleichtern werden.

maskulin		feminin	
Singular	Plural	Singular	Plural
il mio	i miei	la mia	le mie
il tuo	i tuoi	la tua	le tue
il suo	i suoi	la sua	le sue
il nostro	i nostri	la nostra	le nostre
il vostro	i vostri	la vostra	le vostre
il loro	i loro	la loro	le loro

Wie Sie sehen, ist **loro** das einzige Possessivpronomen, das immer unverändert bleibt.

Sie haben sicher bemerkt, dass vor dem Possessivpronomen immer der Artikel steht: Vergessen Sie also nicht, ihn zu setzen! Es gibt nur eine einzige Ausnahme: die Verwandtschaftsbezeichnungen im Singular, also z. B. **mia madre**, **mio padre**, **mia sorella** usw., aber **i miei fratelli**, **le mie sorelle** usw.

2. Regelmäßige Verben der 1., 2. und 3. Gruppe

Es gibt drei verschiedene Konjugationsgruppen für regelmäßige Verben auf Italienisch. Wir haben bereits Beispiele aus allen drei Gruppen getroffen. Hier finden Sie die vollständige Konjugation im Indikativ Präsens: Sie können sie einfacher vergleichen und sich die Gemeinsamkeiten sowie die Unterschiede besser einprägen.

Vierzehnte Lektion

	parl-ARE	prend-ERE	part-IRE
	„reden"	„nehmen"	„abfahren"
(io)	parl-o	prend-o	part-o
(tu)	parl-i	prend-i	part-i
(lui-lei)	parl-a	prend-e	part-e
(noi)	parl-iamo	prend-iamo	part-iamo
(voi)	parl-ate	prend-ete	part-ite
(loro)	parl-ano	prend-ono	part-ono

3. Uhrzeit

Che ora è? Che ore sono?
Wie antwortet man auf diese Frage? Sehen Sie nicht nach der Sonne, sondern auf Ihre Uhr: Ist es z. B. 14.00 Uhr, sagen Sie: **Sono le due.** „Es ist zwei (Uhr)"; wörtlich „sind die zwei". Der weibliche Artikel im Plural und das Verb **essere** in der 3. Person Plural erklären sich dadurch, dass man sich auf das weibliche **ore** bezieht. Um 12.00 Uhr sagen Sie: **È mezzogiorno.** „Es ist Mittag." 24.00 Uhr: **È mezzanotte.** „Es ist Mitternacht." 13.00 Uhr: **È l'una.** „Es ist eins." Dies sind die einzigen Fälle, in denen das Verb im Singular steht. Aber der Sprecher im Radio oder die Flugbegleiter am Flughafen werden eher sagen: **Sono le quattordici**, **le dodici**, **le tredici** usw.

Ebenso werden Sie sagen: **Pranziamo a mezzogiorno o all'una?** „Essen wir um 12 Uhr oder um eins?" und **Il treno parte alle quindici e sette.** „Der Zug fährt um fünfzehn Uhr sieben."

4. Floskeln und Redewendungen

Lesen Sie die folgenden Sätze noch einmal laut: Es sind einige Redewendungen der gesprochenen Sprache, die Sie im Laufe der letzten sechs Lektionen vorgefunden haben.

> Benvenuto a casa mia!
> Che buono questo caffè!
> Come stai? – Bene, grazie!
> Evviva!
> Poverino!
> Non è male questa casa!

Ottimo questo vino!
Hai voglia di fare quattro chiacchiere?
Ho voglia di fare quattro passi.
Scusi, che ore sono?
Si accomodi in questa cabina.
Qual'è il tuo numero di telefono?
Quanto pago?
Mi chiamo Raffaele Esposito, e lei?

▶ Quindicesima (15°) lezione [kuinditschäsima]

All'aereoporto di Napoli

1 — Signore e signori, sorvoliamo in questo momento la città di Napoli.
2 Il tempo è bello e la temperatura esterna è di ventuno gradi.
3 Il comandante del volo New-York – Napoli AZ005 (a zeta zero zero cinque) augura a tutti i passeggeri un felice soggiorno.
4 L'ufficiale della dogana controlla i documenti dei passeggeri e i loro bagagli. ①
5 Un servizio di pullman assicura il collegamento con il centro della città. ②
6 La stazione dei pullman si trova a destra dell'uscita principale.
7 Il prossimo parte alle undici e trenta.

(PRONUNCIA)

[all-aeroporto 1 momänto... tschitta 2 temperatura 3 komandantê ... augura ... paßßêddsch^äri ... felitschê ßoddsch^orno 4 luffi-tschalê ... kontrolla ... dokumänti ... bagalji 5 ßärwitßio ... pullman aßßikura ... kollegamänto ... tschäntro 6 dälluschita printschipalê]

Willkommen bei mir zu Hause! – Wie gut dieser Kaffee ist! – Wie geht es dir? – Gut, danke. – Hurra! – Der Ärmste! – Dieses Haus ist nicht schlecht! – Dieser Wein ist sehr gut! – Hast du Lust, ein bisschen zu plaudern? – Ich habe Lust, ein bisschen spazieren zu gehen. – Entschuldigen Sie, wie spät ist es? – Begeben Sie sich [bitte] in diese Kabine. – Wie lautet deine Telefonnummer (Was ist deine Telefonnummer)? – Wie viel muss ich bezahlen (bezahle ich)? – Ich heiße (nenne mich) Raffaele Esposito, und Sie?

Fünfzehnte Lektion

Im Flughafen von Neapel

1 – [Meine] Damen und Herren, wir überfliegen in diesem Augenblick die Stadt (von) Neapel.
2 Das Wetter ist schön, und die Außentemperatur beträgt (ist von) einundzwanzig Grad.
3 Der Kapitän des Fluges New York – Neapel AZ005 wünscht allen Passagieren einen angenehmen (glücklichen) Aufenthalt.
4 Der Zollbeamte (Offizier von Zoll) kontrolliert die Papiere der Passagiere und ihr Gepäck.
5 Ein (Reise-)Bus sichert die Verbindung mit dem Stadtzentrum.
6 Die Bushaltestelle befindet sich rechts vom Hauptausgang.
7 Der nächste fährt um elf [Uhr] (und) dreißig ab.

(ANMERKUNGEN)

① Achten Sie immer auf das Geschlecht der Substantive, das oft nicht mit dem Deutschen übereinstimmt: **la dogana** „der Zoll".

② **pullman** ist – wie leicht zu erkennen ist – kein italienisches Wort; aber im Italienischen gibt es viele Fremdwörter, die meist aus dem Englischen übernommen wurden (z. B. „babysitter, sandwich, speaker, toast" usw.). All diese Fremdwörter bleiben im Plural unverändert; daher heißt es: **il film, i film; lo sport, gli sport** usw.

8 – I passeggeri scendono la scaletta dell'aereo.

9 La voce dello speaker annuncia gli orari degli arrivi e delle partenze. ①

10 I turisti della Comunità Europea non hanno bisogno del passaporto per viaggiare in Europa:

11 hanno bisogno solamente della carta d'identità.

(PRONUNCIA)

[**8** schändono ... ßkalätta dellaäreo **9** wotschê dello ßpikär annuntscha ... partäntßê **10** turißti ... komunita europäa ... bisonjo **11** didentita]

Denken Sie daran, all die „kleinen Wörter" so auszusprechen, als ob sie ein einziges Wort mit dem nachfolgenden bilden.

ESERCIZIO 1: Capite queste frasi?

❶ Lo speaker annuncia gli orari degli arrivi e delle partenze. ❷ La dogana è a destra dell'uscita. ❸ Un servizio di pullman assicura il collegamento con il centro della città. ❹ Non ho bisogno del passaporto: ho la carta d'identità. ❺ A che ora parte il prossimo pullman per l'aereoporto?

ESERCIZIO 2: Inserite le parole mancanti

❶ Unser Haus befindet sich rechts vom Bahnhof.

.. nostra casa è . destra ..... stazione.

❷ Brauchst du ein Taxi? – Nein, ich nehme den Autobus.

Hai .... un taxi? – No, ... l'autobus.

8 – Die Passagiere steigen die Flugzeugtreppe hinab.
9 Die Stimme des Sprechers kündigt die Ankunfts- und Abfahrtszeiten an.
10 Die Touristen der Europäischen Gemeinschaft brauchen keinen Reisepass, um in Europa zu verreisen:
11 Sie brauchen nur den Personalausweis.

SOLUZIONE DELL'ESERCIZIO 1: Avete capito correttamente?

❶ Der Sprecher kündigt die Ankunfts- und Abfahrtszeiten an. ❷ Der Zoll ist rechts vom Ausgang. ❸ Ein Bus-Service sichert die Verbindung mit dem Stadtzentrum. ❹ Ich brauche den Reisepass nicht: Ich habe den Personalausweis. ❺ Um wie viel Uhr fährt der nächste Bus zum Flughafen ab?

❸ Ich kenne die Zeiten der Züge nach Neapel nicht

Non conosco … orari … treni per Napoli.

❹ Der Flugkapitän wünscht allen Passagieren einen angenehmen (glücklichen) Aufenthalt.

Il comandante …. 'aereo augura a tutti . passeggeri un …… soggiorno.

LEKTION 15

⑤ Der Zollbeamte (Offizier von Zoll) kontrolliert ihr Gepäck und ihre Papiere.

. 'ufficiale . . . . . dogana controlla .
. . . . bagagli e . . . .

Lerntipp: Es ist wichtig, dass Sie stets die „Spielregeln" befolgen: Lesen Sie zunächst die Sätze des italienischen Textes sowie die Übersetzung und die Anmerkungen. Wenn Sie den Sinn gut verstanden haben, lesen Sie jeden Satz erneut laut und versuchen Sie unmittelbar danach, ihn zu wiederholen.

▶ **Sedicesima (16°) lezione** [ßeditschäsima]

All'ufficio del turismo

1 – Arci**bal**do e Pe**ne**lope Ford, **u**na **cop**pia di tu**ri**sti ameri**ca**ni, ar**ri**vano in **pull**man al **ter**minal dell'Alitalia, al **cen**tro di **Na**poli.
2 **Chie**dono all'impie**ga**ta del **ter**minal dov'è l'ufficio del tu**ris**mo. ①
3 – È a **due** mi**nu**ti da qui, pren**de**te la **pri**ma a si**nis**tra.
4 – All'**uf**ficio del tu**ris**mo, i si**gno**ri Ford **van**no **al**lo spor**tel**lo „Informa**zio**ni".
5 – Ab**bia**mo bi**so**gno di un bu**on** al**ber**go. ②
6 – An**da**te all'al**ber**go „Mare**chia**ro": è un **ot**timo al**ber**go, ed è vi**ci**no al **ma**re.

(PRONUNCIA)

[alluffitscho däl-turißmo **1** artschibaldo ... penelope **2** kjedono allimpiegata ... dowä **3** minuti **4** allo ßportällo informatßjoni **5** buon albärgo **6** andatê ... maräkjaro]

SOLUZIONE DELL'ESERCIZIO 2: Le parole mancanti.

❶ La – a – della ❷ bisogno di – prendo ❸ gli – dei ❹ dell – i – felice ❺ L – della – i loro – i loro documenti

---

Hören Sie sich die Tonaufnahmen immer aufmerksam an und beachten Sie beim Nachsprechen die typische Satzmelodie. Wenn Sie die PC-App besitzen, nehmen Sie Ihre Aussprache ruhig auf.

Sechzehnte Lektion

Im Tourismusbüro (Büro des Tourismus)

1 – A. und P. Ford, ein amerikanisches Touristenehepaar (ein Ehepaar amerikanischer Touristen), kommen mit dem (im) (Reise-)Bus am Terminal der Alitalia, im Zentrum Neapels, an.

2 Sie fragen die Angestellte des Terminals, wo das Tourismusbüro (Büro des Tourismus) ist.

3 – Es ist zwei Minuten von hier, nehmen Sie (nehmt) die erste links.

4 – Im Tourismusbüro gehen die Fords zum Informationsschalter (zum Schalter „Informationen").

5 – Wir brauchen (haben Bedarf von) ein gutes Hotel.

6 – Gehen Sie (Geht) ins Hotel „Klares Meer": [Es] ist ein sehr gutes Hotel, und [es] ist nah am Meer.

ANMERKUNGEN

① **chiedere** „fragen" wird häufiger gebraucht als **domandare**; beide Verben sind aber gleichbedeutend.

② Ebenso: **un buon ristorante, un buon vino, un buon amico** usw.: Das **o** entfällt vor einem männlichen Wort im Singular aus Gründen des Wohlklangs.

7	Il posteggio dei taxi è davanti alla Galleria Umberto I (primo). ③
8	– Il tassista chiede ai signori Ford l'indirizzo dell'albergo. ④
9	– Andiamo in via Mergellina numero sedici.
10	– Io vado in Italia per le prossime vacanze, e tu dove vai?
11	– Il signor Tonini va alle Terme di Castellamare, a venti chilometri da Napoli. ⑤
12	– Agli sportelli dell'ufficio del turismo gli impiegati sono molto gentili.

(PRONUNCIA)

[7 poßtäddsch^o ... umbärto 8 kjedê ... lindirittßo 9 andjamo ... märdsch^ällina 10 wakantßê ... wai 11 kilomätri 12 alji ... dsch^äntili]

DOVE VAI PER LE PROSSIME VACANZE ?

(ESERCIZIO 1: Capite queste frasi?)

① Scusi, dov'è l'ufficio del turismo? – A cinque minuti da qui. ② Avete bisogno di un buon albergo? ③ Dove vai per le prossime vacanze? ④ Il posteggio dei taxi è davanti alla Galleria. ⑤ Il tassista chiede ai signori Ford qual è l'indirizzo dell'albergo.

| 7 | Der Taxistand ist vor der Galerie Umberto I.
| 8 | – Der Taxifahrer fragt die Fords nach der (fragt die) Adresse des Hotels.
| 9 | – Wir fahren (gehen) in [die] Mergellina-Straße Nummer sechzehn.
| 10 | – Ich fahre in den (für die) nächsten Ferien nach Italien, und du, wohin fährst (gehst) du?
| 11 | – Herr Tonini fährt (geht) zu den Thermen von Castellamare, zwanzig Kilometer von Neapel entfernt.
| 12 | – An den Schaltern des Tourismusbüros sind die Angestellten sehr freundlich.

(ANMERKUNGEN)

③ Die Galleria ist eine überdachte Passage, im 20. Jahrhundert konstruiert, sie ist eins der ersten Beispiele für Geschäftsgalerien. Es gibt sie in mehreren italienischen Städten, z. B. in Rom und Mailand. Mit ihren berühmten Cafés sind sie wichtige Treffpunkte.

④ Wörter, die maskulin sind, erkennt man gewöhnlich, weil sie im Singular auf **-o** enden. Es gibt aber auch Wörter, die auf **-a** enden und trotzdem männlich sind, wie **tassista** „Taxifahrer", **turista** „Tourist", **artista** „Künstler", **giornalista** „Journalist", **pianista** „Klavierspieler" usw. Deren Pluralform wird trotzdem mit **-i** gebildet: **un tassista, due tassisti.**

⑤ **il signor Brambilla, il dottor Moroncini, il professor Rossi, l'ingegner Piperno:** In all diesen Fällen entfällt das **-e** am Ende des Titels ebenfalls aus Gründen des Wohlklangs.

SOLUZIONE DELL'ESERCIZIO 1: Avete capito correttamente?

❶ Entschuldigen Sie, wo ist das Tourismusbüro? – Fünf Minuten von hier. ❷ Brauchen Sie ein gutes Hotel? ❸ Wohin fährst du in den nächsten Ferien? ❹ Der Taxistand ist vor der Galerie. ❺ Der Taxifahrer fragt die Fords, wie (welche) die Adresse des Hotels ist.

ESERCIZIO 2: Inserite le parole mancanti

① Ich fahre mit dem Bus zum Flughafen.

. . . . 'aereoporto . . pullman.

② Wohin geht ihr? – Wir gehen in die Hotelbar (Bar des Hotels).

Dove . . . . . . ? – . . . . bar . . . . 'albergo.

③ Herr und Frau Ford gehen zu den Thermen von Castellamare.

I . . . . Ford . . . . Terme di Castellamare.

▶ **Diciassettesima (17°) lezione** [ditschaßättesima]

All'albergo

1	– Buon**gior**no, si**gno**ri. De**si**derano **u**na **ca**mera **dop**pia o **du**e **sin**gole? ①
2	– **U**na **dop**pia con **ba**gno.
3	– Ab**bia**mo **u**na **ca**mera **li**bera al **ter**zo **pia**no. **Fi**no a **quan**do de**si**derano re**sta**re?
4	– Res**tia**mo **u**na setti**ma**na, **fi**no al venti**du**e **mag**gio. **Quan**to **cos**ta la **ca**mera? ②

(PRONUNCIA)

[**1** de**si**derano ... **dop**pia ... **ßin**gole **3** **kuan**do **4** **ßät**ti**ma**na ... **mad**dsch^o ... **kuan**to]

(ANMERKUNGEN)

① Beim Siezen im Singular wird immer das weibliche Pronomen **lei** verwendet. Das Pronomen der 3. Person Plural **loro**, das dem deutschen „Sie" entspricht, benutzt man heutzutage fast ausschließlich in höchstformellen Kontexten, vor allem in der Gastronomie und Hotellerie. Ansonsten wird, wenn man sich an mehrere Personen wendet, eher **voi** (2. Person Plural) gebraucht. Sie sollten diese letzte Lösung wählen.

❹ Geh zum Informationsschalter und frag die Angestellten!

   .. .. sportello „Informazioni" e

   .... impiegati!

❺ Herr Tonini ist ein guter Journalist.

   Il ...... Tonini è un buon ....

SOLUZIONE DELL'ESERCIZIO 2: Le parole mancanti.

❶ Vado – all – in ❷ andate – Andiamo al – dell ❸ signori – vanno alle ❹ Vai allo – chiedi agli ❺ signor – giornalista

Siebzehnte Lektion

Im Hotel

[1] – Guten Tag, [meine] Herrschaften. Wünschen Sie ein Doppelzimmer oder zwei Einzelzimmer (einzelne)?
[2] – Ein Doppel[zimmer] mit Bad.
[3] – Wir haben ein freies Zimmer im dritten Stock (auf der dritten Ebene). Bis wann möchten Sie bleiben?
[4] – Wir bleiben eine Woche, bis zum zweiundzwanzig[sten] Mai. Wie viel kostet das Zimmer?

② Im Italienischen wird das Datum nicht wie im Deutschen mit den Ordnungs-, sondern mit den Grundzahlen angegeben; daher: **il quindici maggio** „der fünfzehn Mai". Die Ordnungszahl wird nur für den Ersten eines Monats benutzt: **il primo maggio** „der erste Mai".

LEKTION 17

5 – Sessantamila lire (novanta euro) al giorno. Se loro invece preferiscono la mezza pensione, sono cinquantamila lire (sessanta euro) al giorno, a persona. ③

6 – Va bene la mezza pensione. Quali sono gli orari dei pasti?

7 – È possibile fare colazione fino alle dieci. ④

8 Per la cena il servizio comincia alle diciannove e finisce alle venti e trenta.

9 – Qual è un buon mese per visitare Napoli?

10 – Marzo, aprile, maggio o giugno. Ma anche a settembre e ottobre il tempo è bello. ⑤

11 È meglio evitare luglio e agosto, perché fa troppo caldo.

12 A novembre, dicembre, gennaio e febbraio spesso piove, e anche se non fa molto freddo, il clima è umido. ⑥

13 – Che giorno è oggi?

14 – Oggi è il quindici.

(PRONUNCIA)

[5 ßättanta ... inwetschê ... penßjonê ... tschinkuanta 8 tschena ... ßerwitßio komintscha ... finischê ... **wän**ti ... **trän**ta 9 mesê 10 martßo ... dsch^unjo ... ankê ... ßettämbrê ... ottobrê ... tämpo 11 mäljo ewitarê luljo 12 nowämbrê, ditschämbrê, dsch^ännajo ... fäbbrajo]

ESERCIZIO 1: Capite queste frasi?

❶ Desiderano una doppia o due singole, signori?
❷ Preferisce la mezza pensione o la pensione completa?
❸ Fino a che ora è aperto il ristorante? – Fino alle dieci. ❹ A Napoli fa freddo a maggio? – No, non fa freddo, il tempo è già bello. ❺ Quanto costa un biglietto di prima classe per Napoli?

5 – Siebizigtausend Lire (neunzig Euro) pro Tag. Wenn Sie dagegen Halbpension bevorzugen, sind es fünfzigtausend Lire (sechzig Euro) pro Tag, pro Person.
6 – Wir nehmen ([es] geht gut) die Halbpension. Wann (Welche) sind die Essenszeiten?
7 – Es ist möglich, bis zehn [Uhr] zu frühstücken.
8   Für das Abendessen beginnt der Service um neunzehn [Uhr] und endet um zwanzig [Uhr] (und) dreißig.
9 – Wann (welcher) ist ein guter Monat, um (für) Neapel zu besuchen/besichtigen?
10 – März, April, Mai und (oder) Juni. Aber auch im September und Oktober ist das Wetter schön.
11 Es ist besser, den Juli und den August zu meiden, weil es zu heiß ist (macht zuviel warm/heiß).
12 Im November, Dezember, Januar und Februar regnet es oft, und auch wenn es nicht sehr kalt ist (macht), ist das Klima feucht.
13 – Welcher Tag ist heute?
14 – Heute ist der fünfzehn[te].

(ANMERKUNGEN)

③ In italienischen Hotels mit Halbpension kann man sich oft darauf einigen, statt des Abendessens das Mittagessen dort einzunehmen.

④ **È possibile fare colazione** oder **È facile parlare italiano!** „Es ist einfach, Italienisch zu sprechen!" In diesen Sätzen gibt es KEIN Wort, das dem deutschen „zu" entspricht. Wir kennen eine ähnliche Satzstruktur im Deutschen: „Italienisch sprechen ist einfach!" **Parlare italiano è facile!**

⑤ Man kann auch sagen **in novembre**, aber **a novembre** zieht man gewöhnlich vor.

⑥ Das Gegenteil von **umido** „feucht" ist **secco** „trocken".

SOLUZIONE DELL'ESERCIZIO 1: Avete capito correttamente?

❶ Wünschen Sie ein Doppelzimmer oder zwei Einzelzimmer, meine Herrschaften? ❷ Bevorzugen Sie Halbpension oder Vollpension? ❸ Bis wie viel Uhr ist das Restaurant geöffnet? – Bis zehn Uhr. ❹ Ist es im Mai kalt in Neapel? – Nein, es ist nicht kalt, das Wetter ist schon schön. ❺ Wie viel kostet eine Fahrkarte erster Klasse nach Neapel?

ESERCIZIO 2: Inserite le parole mancanti

❶ Es ist besser, Neapel im Mai zu besuchen als im Juli.

. . . . visitare Napoli . . . . che

. . . .

❷ Welcher Tag ist heute? – Heute ist der 15.

Che giorno . . . . . ? – Oggi . . . 15.

❸ Wünschen Sie einen Kaffee, gnädige Frau?

. . . . un caffè, signora?

❹ Mein Herr, bevorzugen Sie einen Kaffee oder einen Cappuccino?

Signore, ... un caffè o un cappuccino?

▶ **Diciottesima (18°) lezione** [ditschottäsima]

Una camera con vista sul mare

1 – **Ec**co la **vos**tra **ca**mera, si**gno**ri.
2   **A**pro **su**bito le per**sia**ne e vi **mos**tro il pano**ra**ma. ①
3 – Oh, che mera**vi**glia! **Guar**da, **ca**ro, che **splen**dido **ma**re! ②
4   E **quel**la lag**giù** che cos'è?

(PRONUNCIA)

[2 ßubito 3 ke-merawilja ... ßpländido 4 laddsch^u ... ke-kosä]

(ANMERKUNGEN)

① **persiana:** südländische Fensterläden mit verstellbaren Lamellen, die vor der Sonneneinstrahlung schützen und trotzdem die Luft hereinlassen.

⑤ Wie viel Zeit bleiben Sie in Neapel, meine Herrschaften?

Quanto tempo .... a Napoli, signori?

SOLUZIONE DELL'ESERCIZIO 2: Le parole mancanti.

① È meglio – a maggio – a luglio ② è oggi – è il ③ desidera
④ preferisce ⑤ restano

Achtzehnte Lektion

Ein Zimmer mit Blick (Sicht) aufs Meer

1 – Hier ist ihr Zimmer, [meine] Herrschaften.
2   Ich öffne sofort die Fensterläden und zeige Ihnen die Aussicht.
3 – Oh, wie wunderbar (was [für ein] Wunder)! Sieh, Liebling, was [für ein] schönes Meer!
4   Und das da unten, was ist [das]?

② Beim Duzen wird der Imperativ (die Befehlsform) für Verben der 1. Gruppe (Infinitiv auf **-are**) auf **-a,** für Verben der anderen beiden Gruppen auf **-i** gebildet: **Guarda!** „Sieh mal!" **Ascolta!** „Hör mal!/Hör doch!" **Prendi la valiglia!** „Nimm den Koffer!" **Apri la finestra!** „Mach das Fenster auf!" Man benutzt die 2. Person Singular des Indikativ Präsens. Wenn man mehrere Personen anspricht, benutzt man die 2. Person Plural: **Guardate! Ascoltate! Prendete! Aprite!**

5 – Ma è l'isola di Capri, signora.
6 – Che bello! È proprio come nelle cartoline!
7 – Qui sulla terrazza ci sono due sedie a sdraio, se avete voglia di prendere il sole.
8 – E nel frigorifero c'è qualcosa di fresco? ③
9 – Certo, signora, ci sono delle birre, dei succhi di frutta e c'è anche una bottiglia di champagne. ④
10 Se avete bisogno della cameriera, suonate.
11 Il campanello è qui sul comodino, accanto al telefono.
12 – Nella stanza da bagno c'è la doccia, ma non c'è la vasca.
13 – Ci sono degli asciugamani puliti? ⑤
14 – Sul lavandino c'è un pezzo di sapone.
15 – Sui letti ci sono due coperte, e nell'armadio ci sono anche altri due cuscini.

(PRONUNCIA)

[**5** l*i*sola **6** ke b*ä*llo **7** tärra*tt*ßa tschi-*ß*ono ... *ß*ediê ... sdra*j*o ... *ß*olê **8** tsche-kual*ko*sa ... frä*ß*ko **9** tsch*är*to ... birrê ... *ß*ukki ... fru*tt*a **10** kameri*ä*ra, *ß*uonatê **11** kampan*ä*llo ... kui *ß*ul-ko*mo*dino a*kk*anto **14** pä*tt*ßo ... *ß*aponê **15** nellarm*a*dio ... ku*sch*ini]

ESERCIZIO 1: Capite queste frasi?

❶ Vorrei una camera singola con vista sul mare, se è possibile. ❷ Guarda che meraviglia! È proprio come nelle cartoline. ❸ C'è qualcosa di fresco nel frigorifero? ❹ Ci sono delle birre e dei succhi di frutta. ❺ Per favore, chiama la cameriera: ho bisogno di un asciugamano pulito.

5 – Aber [das] ist die Insel Capri, [gnädige] Frau.
6 – Wie schön! Es ist genauso wie auf (in) den Ansichtskarten!
7 – Hier auf der Terrasse (da) sind zwei Liegestühle (Stühle zu Liegen), wenn Sie Lust haben, sich zu sonnen (die Sonne zu nehmen) ...
8 – Und im Kühlschrank, ist da etwas Frisches (von Frische)?
9 – Sicher, [gnädige] Frau, da sind Bier, Fruchtsäfte, und da ist auch eine Flasche (von) Champagner.
10 Wenn Sie das Zimmermädchen brauchen, klingeln Sie.
11 Die Klingel ist hier auf dem Nachttisch, neben dem Telefon.
12 – Im Badezimmer gibt es eine (die) Dusche, aber es gibt keine [Bade-]Wanne.
13 – Gibt es (Da sind) saubere Handtücher?
14 – Auf dem Waschbecken (da) ist ein Stück Seife.
15 – Auf den Betten (da) sind zwei Decken, und im Schrank (da) sind auch zwei weitere Kissen.

(ANMERKUNGEN)

③ **qualcosa** und **qualche cosa** „etwas". Es gibt keinen Unterschied zwischen diesen beiden Formen, aber man bevorzugt **qualcosa**.

④ Achtung: **C'è un autobus alle dieci e mezza.** „Es gibt einen Bus um 10 Uhr 30." Aber: **Ci sono tre piatti diversi.** „Es gibt drei verschiedene Gerichte." **C'è** und **ci sono** richten sich danach, ob das Objekt im Singular oder Plural steht!

⑤ Beachten Sie, dass die Formen **c'è** und **ci sono** im Fragesatz nicht geändert werden (was sich ändert, ist nur die Betonung!): **C'è una camera libera? – Sì, c'è una camera doppia.** „Gibt es hier ein freies Zimmer? – Ja, es gibt ein Doppelzimmer."

SOLUZIONE DELL'ESERCIZIO 1: Avete capito correttamente?

❶ Ich hätte gern ein Einzelzimmer mit Blick aufs Meer, wenn es möglich ist. ❷ Sieh, wie wunderbar! Es ist genauso wie auf den Karten. ❸ Ist da etwas Frisches im Kühlschrank? ❹ Da sind Bier (Biere) und Fruchtsäfte. ❺ Bitte, ruf das Zimmermädchen: Ich brauche ein sauberes Handtuch.

ESERCIZIO 2: Inserite le parole mancanti

① Die Klingel ist auf dem Nachttisch.

Il .... è ... comodino.

② Ist eine Badewanne im Badezimmer?

. ' . la vasca .... stanza .. bagno?

③ Im Kühlschrank sind Fruchtsäfte.

... frigorifero .. .... dei succhi .. frutta.

④ Genau vor der Galerie ist ein Taxistand.

.... davanti .... Galleria . ' . un posteggio di ..... .

⑤ Im Schrank sind zwei weitere (andere) Decken.

.... 'armadio .. .. due coperte.

▶ Diciannovesima (19°) lezione [ditschannowäsima]

Presentazioni

1 – Allora Penelope, sei pronta? Vieni al bar con me?

2 – Vengo, vengo, sono pronta fra un minuto. ①

3 – Il signore e la signora Ford prendono un aperitivo al bar dell'albergo.

(PRONUNCIA)

[*1* penelope, ßäi **pron**ta *2* **wän**go *3* **prän**dono]

SOLUZIONE DELL'ESERCIZIO 2: Le parole mancanti.

❶ campanello – sul ❷ C'è – nella – da ❸ Nel – ci sono – di ❹ Proprio – alla – c'è – taxi ❺ Nell – ci sono altre

Die charakteristische „Musik" des italienischen Satzes hängt – wie bereits erwähnt – von der Betonung ab: Achten Sie daher beim Nachsprechen darauf, sie immer richtig zu setzen!

Neunzehnte Lektion

Sich vorstellen (Vorstellungen)

1 – Nun, Penelope, bist du fertig? Kommst du mit mir zur Bar?
2 – Ich komme, ich komme, ich bin in einer Minute fertig.
3 – Herr und Frau Ford nehmen einen Aperitif in der Bar des Hotels.

(ANMERKUNGEN)

① **Parto fra tre ore.** „Ich fahre in drei Stunden ab." Sie können auch sagen: **Parto tra tre ore.** Das ist dasselbe. **Fra** (oder **tra**) zeigt in diesem Satz einen zeitlichen Bezug an.

| 4 | Ci **so**no **an**che **al**tri tu**ri**sti stra**ni**eri, **tut**ti **mol**to fe**li**ci di **es**sere in va**can**za a **Na**poli. ②
| 5 | Ci **so**no i si**gno**ri Du**pont**: **so**no fran**ce**si, **ven**gono dal sud **del**la **Fran**cia. **A**bitano vi**ci**no a Mar**si**glia.
| 6 | La signo**ri**na Schultz è te**des**ca, **vie**ne da Franco**for**te.
| 7 | – **Mol**to **lie**to di **fa**re la **su**a cono**scen**za! ③
| 8 | Il **mio no**me è Arci**bal**do Ford, e **ques**ta è **mi**a **mo**glie Penelope.
| 9 | **Sia**mo ameri**ca**ni, ve**nia**mo **dal**la Cali**for**nia. Abi**tia**mo non lon**ta**no da San **Die**go.
| 10 | – Pia**ce**re! Ca**mil**lo Gon**za**les. **So**no spa**gno**lo, **ven**go da Barcel**lo**na. ③
| 11 | – **An**che voi ve**ni**te **da**gli **Sta**ti U**ni**ti?
| 12 | – No, noi **sia**mo in**gle**si, ve**nia**mo **dal**lo **York**shire.

(PRONUNCIA)

[**4** tschi-ßono ankê ... wakantßa **5** frantschesi, wängono ... frantscha ... witschino ... marßillja **6** tedäßka ... wjenê ... frankofortê **7** konoschäntßa **8** moljê **9** ßan-djägo **10** piatscherê kamillo ... wängo **12** inglesi ... jorkscheia]

ESERCIZIO 1: Capite queste frasi?

❶ Vieni al bar con me? – Sì, vengo volentieri, ma sono pronta solo fra dieci minuti. ❷ C'è una signorina tedesca e ci sono anche due signori spagnoli. ❸ Ho voglia di prendere due settimane di vacanza. ❹ Venite anche voi dal sud della Francia? – No, noi veniamo da Parigi. ❺ Molto lieto di fare la sua conoscenza!

| 4 | Da sind auch andere ausländische Touristen, alle sehr glücklich [darüber], in Neapel Urlaub zu machen (in Urlaub zu sein).
| 5 | Da sind die Duponts: Sie sind Franzosen, sie kommen aus dem (von die) Süden Frankreichs. Sie wohnen in der Nähe von Marseille.
| 6 | Fräulein Schultz ist Deutsche, sie kommt aus Frankfurt.
| 7 | – Sehr erfreut, Ihre Bekanntschaft zu machen!
| 8 | Mein Name ist Arcibaldo Ford, und dies ist meine Frau Penelope.
| 9 | Wir sind Amerikaner, wir kommen aus Kalifornien. Wir wohnen nicht weit von San Diego.
| 10 | – Angenehm! Camillo Gonzales. Ich bin Spanier, ich komme aus Barcelona.
| 11 | – Kommen Sie auch aus den Vereinigten Staaten?
| 12 | – Nein, wir sind Engländer, wir kommen aus Yorkshire.

(ANMERKUNGEN)

② **Ho voglia di prendere due settimane di vacanza.** „Ich habe Lust, zwei Wochen Urlaub zu nehmen." **Dove vai in vacanza?** Wohin fährst du in Urlaub?" **Vado volentieri in vacanza a Parigi.** „Ich mache gern Urlaub in Paris." Aber: **le vacanze di Natale** „die Weihnachtsferien".

③ **Piacere!** „Erfreut!" (wörtlich „der Gefallen"). Als Mann kann man auch **Molto lieto!** „Sehr froh!", als Frau **Molto lieta!** sagen, was unserem „Ich freue mich sehr!" entspricht. Dies sind die üblichsten Formen, seine Freude auszudrücken, wenn man sich jemandem vorgestellt hat bzw. vorgestellt wurde. Sehr förmlich kann man auch sagen **Piacere di fare la sua conoscenza.** (Gefallen von machen die Seine Bekanntschaft). Beachten Sie das Possessivpronomen **sua**, das der 3. Person Singular angeglichen ist.

SOLUZIONE DELL'ESERCIZIO 1: Avete capito correttamente?

❶ Kommst du mit mir zur Bar? – Ja, ich komme gern, aber ich bin erst in zehn Minuten fertig. ❷ Da ist ein deutsches Fräulein, und da sind auch zwei spanische Herren. ❸ Ich habe Lust, zwei Wochen Urlaub zu nehmen. ❹ Kommt ihr auch aus dem Süden Frankreichs? – Nein, wir kommen aus Paris. ❺ Sehr erfreut, Ihre Bekanntschaft zu machen!

ESERCIZIO 2: Inserite le parole mancanti

① Woher kommen Sie? – Wir kommen aus den Vereinigten Staaten.

.. dove ...... ? – ....
Stati Uniti.

② Und Sie, [mein] Fräulein, woher kommen Sie? – Ich komme aus Deutschland.

E ... , signorina, .. dove viene? –
.... Germania.

③ Wir kommen aus dem Süden Frankreichs. Wir wohnen in der Nähe von Marseille.

Veniamo ... sud ..... Francia.
Abitiamo .... Marsiglia.

④ Der Flughafen ist weit vom Stadtzentrum [entfernt].

L'aereoporto è .... centro
..... città.

▶ **Ventesima (20°) lezione** [wäntäsima]

Progetti di gite

1 – Pro**gram**ma **del**le **gi**te riser**va**te ai si**gno**ri cli**en**ti dell'al**ber**go Mare**chia**ro:

2 „Lune**dì** 18 (dici**ot**to) **mag**gio: **gi**ta in **pull**man ad A**mal**fi (cos**tie**ra amalfi**ta**na). Par**ten**za dall'al**ber**go **al**le 8 (**ot**to). ①

(PRONUNCIA)

[pro**dsch^ät**ti di dsch^i**tê 1 program**ma ... kli**än**ti **2** lune**dì** ... ko**ßtjä**ra]

⑤ Herr Gonzales ist sehr glücklich, in Neapel in [den] Ferien zu sein.

Il ..... Gonzales è ..... felice .. essere in .... a Napoli.

SOLUZIONE DELL'ESERCIZIO 2: Le parole mancanti.
❶ Da – venite – Veniamo dagli ❷ lei – da – Vengo – dalla ❸ dal – della – vicino a ❹ lontano dal – della ❺ signor – molto – di – vacanza

Zwanzigste Lektion

Ausflugspläne

1 – Ausflugsprogramme [sind] den (Herrschaften) Gästen des Hotels Marechiaro vorbehalten:
2 Montag, achtzehn[ter] Mai: Busausflug nach Amalfi (Küste von Amalfi): Abfahrt vom Hotel um 8 [Uhr].

(ANMERKUNGEN)

① **a Amalfi** wird zu **ad Amalfi:** Man fügt ein **-d** hinzu, um eine Verbindung herzustellen (genauso wie bei **e** „und"): **Carlo ed Isabella.**

3	**Sos**ta a Sor**ren**to e a Posi**ta**no. Ri**tor**no pre**vis**to per le 17.30 (dicias**set**te **tren**ta).
4	Mercole**dì** 20 (**ven**ti) **mag**gio: **gi**ta a Pom**pei**. **Vi**sita gui**da**ta **de**gli **sca**vi archeo**lo**gici. ②
5	**Sos**ta a **Tor**re del **Gre**co: **vi**sita di un laborato**ri**o di lavora**zi**one del co**ral**lo."
6	– Signo**ri**na Schultz, **vie**ne **an**che lei a Pom**pei** mercole**dì** **pros**simo?
7	– No, pur**trop**po ri**par**to per la Ger**ma**nia marte**dì**. **So**no in **I**talia già da **die**ci **gior**ni.
8	– E lei, si**gnor** Gonzalez, da **quan**do è a **Na**poli? ③
9	– **So**no qui da **sa**bato **scor**so, ri**par**to fra **due** o tre **gior**ni per Barcel**lo**na, probabil**men**te dome**ni**ca 24 (venti**quat**tro).
10	– Arci**bal**do, **ca**ro, noi res**tia**mo **so**lo **fi**no a vener**dì**:
11	Ho paura di non a**ve**re il **tem**po di ve**de**re **tut**to!
12	– Ma no. Pe**ne**lope, stai tran**quil**la: **fi**no a giove**dì** **se**ra ci **so**no anco**ra** sei **gior**ni! ④ ⑤

(PRONUNCIA)

[*3 ßorrän̂to 4 märkolêdi ... pompäi. wisita guidata ... ßkawi arkeolodsch^itschi 5 laworatßjonê ... korallo 7 purtroppo ... dsch^ärmania ... martêdì 8 kuando 9 ßabato ßkorßo ... bartschêllona, probabilmäntê domenika 10 wenerdi 11 paura 12 trankuilla ... dsch^owêdì*]

| 3 | Aufenthalt in Sorrento und in Positano. Rückfahrt (Rückkehr) vorgesehen für 17 [Uhr] 30.
| 4 | Mittwoch, zwanzig[ster] Mai: Ausflug nach Pompei: Besichtigung mit Führung (Besichtigung geführte) der archäologischen Ausgrabungen.
| 5 | Aufenthalt in Torre del Greco: Besichtigung einer Werkstatt für die (von) Bearbeitung von (der) Koralle[n].
| 6 | – Fräulein Schultz, kommen auch Sie nächsten Mittwoch nach Pompei [mit]?
| 7 | – Nein, leider fahre ich Dienstag nach Deutschland zurück. Ich bin schon seit zehn Tagen in Italien.
| 8 | – Und Sie, Herr Gonzalez, seit wann sind Sie in Neapel?
| 9 | – Ich bin seit [dem] letzten Samstag hier, ich fahre in zwei oder drei Tagen nach (für) Barcelona zurück, wahrscheinlich [am] Sonntag, [den] vierundzwanzig[sten].
| 10 | – Arcibaldo, Liebling, wir bleiben nur bis zu[m] Freitag:
| 11 | Ich habe Angst, nicht die Zeit zu haben, alles zu sehen!
| 12 | – Aber nein, Penelope, beruhige dich (bleib ruhig): Bis Donnerstagabend sind es noch sechs Tage!

(ANMERKUNGEN)

② Im Singular **archeologico**; die meisten Wörter mit der Endung **-co** enden im Plural auf **-ci**, z. B **simpatico** „sympathisch": **simpatici**; **amico** „Freund": **amici**. Aber es gibt auch manche, die im Plural auf **-chi** enden: **tedesco** „deutsch": **tedeschi**; **franco** „aufrichtig": **franchi**. Dasselbe gilt für die Wörter auf **-go**, wie z. B. **psicologo** „Psychologe": **psicologhi**; **chirurgo** „Chirurg": **chirurghi**.

③ Wir machen Sie noch einmal darauf aufmerksam: **Lei** benutzt man als Höflichkeitsform bei Frauen wie bei Männern.

④ Beachten Sie die folgenden Redewendungen: **Stai calmo!** „Bleib ruhig!"; **Stai fermo!** „Beweg dich nicht!"; **Stai attento!** „Pass auf!".

⑤ Alle Wochentage sind männlich, man sagt daher: **il lunedì è antipatico, e il sabato è simpatico.** „Der Montag ist unsympathisch, und der Samstag ist sympathisch"; nur **la domenica** „der Sonntag" ist weiblich: **une bella domenica** „ein schöner Sonntag".

ESERCIZIO 1: Capite queste frasi?

① Viene anche lei alla gita di mercoledì prossimo? ② No, purtroppo riparto martedì a mezzogiorno. ③ Da quando sei a Roma? ④ Già da tre settimane, resto solo fino a domenica prossima. ⑤ Stai tranquillo: c'è ancora il tempo di visitare gli scavi archeologici.

ESERCIZIO 2: Inserite le parole mancanti

① Und Sie, gnädige Frau, bis wann bleiben Sie?

E ... signora, ... quando ..... ?

② Ich habe Angst, nicht die Zeit zu haben, alles zu sehen!

Ho .... non avere il tempo .. vedere ..... !

③ Seit wann sind Sie in Neapel, Fräulein?

.. quando . . Napoli, signorina?

④ Diese Ausflüge sind den Gästen des Hotels vorbehalten.

Queste .... riservate .. clienti .... 'albergo.

▶ **Ventunesima (21°) lezione** [wäntunäsima]

REVISIONE E NOTE

Lesen Sie noch einmal die folgenden Anmerkungen: 15. Lektion: ①; 16. Lektion: ④; 17. Lektion: ①, ④: 18. Lektion: ②, ③; 19. Lektion: ②; 20. Lektion: ②, ③.

SOLUZIONE DELL'ESERCIZIO 1: Avete capito correttamente?

❶ Kommen auch Sie zum Ausflug nächsten Mittwoch? ❷ Nein, leider fahre ich Dienstag(zu)mittag ab. ❸ Seit wann bist du in Rom? ❹ Schon seit drei Wochen, ich bleibe nur bis zu[m] nächsten Sonntag. ❺ Beruhige dich: Es ist noch (die) Zeit, die archäologischen Ausgrabungen zu besichtigen.

❺ Ich bin seit der letzten Woche hier.

Sono . . . . . . settimana . . . .

SOLUZIONE DELL'ESERCIZIO 2: Le parole mancanti.

❶ lei – fino a – resta ❷ paura di – di – tutto ❸ Da – è a ❹ gite sono – ai – dell ❺ qui dalla – scorsa

---

Einundzwanzigste Lektion

1. Präpositionen + Artikel

Di, a, da, in, su, con, per, tra (fra): Dies sind die italienischen Präpositionen. Wenn einer der ersten fünf Präpositionen ein bestimmter Artikel folgt, verschmelzen beide zu einem Wort.

Die Regel zur Bildung dieser Artikelpräpositionen ist ziemlich einfach. Sie haben diese sicher schon teilweise verinnerlicht.

a + il = al	di + il = del	da + il = dal
a + i = ai	di + i = dei	da + i = dai
a + lo = allo	di + lo = dello	da + lo = dallo
a + l' = all'	di + l' = dell'	da + l' = dall'
a + gli = agli	di + gli = degli	da + gli = dagli
a + la = alla	di + la = della	da + la = dalla
a + l' = all'	di + l' = dell'	da + l' = dall'
a + le = alle	di + le = delle	da + le = dalle

in + il = nel	su + il = sul
in + i = nei	su + i = sui
in + lo = nello	su + lo = sullo
in + l' = nell'	su + l' = sull'
in + gli = negli	su + gli = sugli
in + la = nella	su + la = sulla
in + l' = nell'	su + l' = sull'
in + le = nelle	su + le = sulle

Beachten Sie, dass **in** und **di** die einzigen Präpositionen sind, die sich leicht ändern, wenn sie mit einem Artikel zusammentreffen. Bei den anderen ist das Schema ziemlich einfach. Man muss nur daran denken, diese Zusammenziehung auch wirklich immer durchzuführen, d. h. sie wie ein Wort auszusprechen und zu schreiben: **della**, **nello**, **sugli** usw. **Con** kann auch mit Artikeln verschmelzen, allerdings nur mit **il** (**col**) und **i** (**coi**).

2. Präpositionen

In jeder Sprache stellt die Anwendung der Präpositionen ein Problem für den Lernenden dar. Jede Sprache benutzt ihre Präpositionen auf ihre eigene Art! Alles, was zu tun ist, ist daher, sie so aufzunehmen, wie man sie antrifft, ohne nach „Universalregeln" zu suchen ... selbst für diejenigen, die zu „funktionieren" scheinen, gibt es immer Ausnahmen!

Bisher haben Sie schon einige Anwendungsmöglichkeiten gesehen, und es werden Ihnen noch weitere in den nächsten Lektionen begegnen. Lesen Sie vorerst noch einmal die folgenden Sätze, mit denen wir versuchen möchten, Ihnen bestimmte Anwendungsmöglichkeiten der Präpositionen zusammenfassend aufzuzeigen.

di ufficiale della dogana
    È un amico di Davide.

a	Francesca e Davide abitano a Milano. I signori Ford vanno a Napoli. Chiedono un'informazione all'impiegata. Il pullman parte alle tre. A novembre piove spesso. La camera costa 20 euro al giorno.
in	I signori Ford sono in Italia. Nel frigorifero ci sono dei succhi di frutta.
da	I signori Dupont vengono dalla Francia. Da quanto tempo è in Italia? Sono qui da tre giorni.
su	Il campanello è sul comodino.
fra	Riparto fra due giorni.
per	Riparto per Barcellona.

3. andare, venire

Hier nun die vollständige Konjugation des Indikativ Präsens der Verben **andare** „gehen" und **venire** „kommen".

	andare	venire
(io)	vado	vengo
(tu)	vai	vieni
(lui/lei)	va	viene
(noi)	andiamo	veniamo
(voi)	andate	venite
(loro)	vanno	vengono

4. Floskeln und Redewendungen

Lesen Sie, wie gewohnt, laut die folgenden Wendungen der gesprochenen Sprache, die Sie im Laufe der letzten sechs Lektionen angetroffen haben.

È un ottimo albergo.
Dove vai in vacanza?
Vorrei una singola con bagno.
Quanto costa?
Che meraviglia!
Sei pronto? – Fra un minuto.
Molto lieto di fare la sua conoscenza! Piacere!
Oggi facciamo una gita a Pompei.
Purtroppo riparto domani.
Ho paura! – Stai tranquillo!

Das ist ein sehr gutes Hotel. – Wohin fährst du in Urlaub? – Ich hätte gern ein Einzelzimmer mit Bad. – Wie viel kostet es? – Wie wunderbar! – Bist du fertig? – In einer Minute. – Sehr erfreut, Ihre Bekanntschaft zu machen! Angenehm! – Heute machen wir einen Ausflug nach Pompei. – Leider fahre ich morgen zurück. – Ich habe Angst! – Beruhige dich!

▶ Ventiduesima (22°) lezione [wäntiduäsima]

Colazione in terrazza

1 – Permesso? Posso entrare?
2 – Avanti, prego! Può mettere il vassoio lì sul tavolo. ①
3 – Non possiamo fare colazione in terrazza, stamattina?
4 – Certo, cara, ... ma non c'è troppo sole?
5 – Possono aprire la tenda, se vogliono, signori.
6 – Quanti cucchiaini di zucchero vuoi nel tè?
7 – Poco zucchero, ma molto latte, per favore.
8 – Arcibaldo, non puoi mangiare tanti cornetti!
9 – Certo che posso! Ho molta fame e poi ho bisogno di molte energie per affrontare queste vacanze così faticose!
10 Dunque mangio molte brioche con molto burro e molta marmellata! ②

(PRONUNCIA)

[1 entrarê 2 mättêrê ... waßßojo 3 kolatßjonê ... tärrattßa 5 woljono 6 kukkjaini ... dsukkêro wuoi 8 mandsch^arê ... kornätti 9 bisonjo ... änärdsch^iê 10 mandsch^o ... briosch]

Beschäftigen Sie sich regelmäßig mit Ihrer neuen Sprache? Dafür reichen 15-30 Minuten Italienisch pro Tag. In einigen Wochen werden Sie zur „Aktiven Phase" übergehen, d.h. Sie werden mit dem selbstständigen Sprechen beginnen. Bis dahin reicht es, wenn Sie die Texte beim Anhören und Lesen verstehen und sich mit der Aussprache des Italienischen vertraut machen.

Zweiundzwanzigste Lektion

Frühstück auf der (in) Terrasse

1 – Gestatten (Erlaubnis)? Darf (kann) ich eintreten?
2 – Kommen Sie herein (vorwärts), bitte! Sie können das Tablett dort auf den Tisch stellen.
3 – Können wir heute Morgen nicht auf der (in) Terrasse frühstücken (Frühstück machen)?
4 – Sicher, Liebling, ... aber ist da nicht zu viel Sonne?
5 – Sie können den Vorhang öffnen, wenn Sie wollen, [meine] Herrschaften.
6 – Wie viele Löffel (von) Zucker möchtest du in den Tee?
7 – Wenig Zucker, aber viel Milch, bitte.
8 – Arcibaldo, du kannst nicht so viele Croissants essen!
9 – Sicher kann ich (sicher, dass ich kann)! Ich habe großen (viel) Hunger, und dann brauche ich viel Kraft (viele Kräfte), um diesen so anstrengenden Ferien entgegenzutreten!
10 Also esse ich viele Croissants mit viel Butter und viel Marmelade!

ANMERKUNGEN

① **Permesso** benutzt man, wenn man um Erlaubnis zum Eintreten bittet (Büro, Eisenbahnabteil usw.). Die Antwort lautet **Avanti!** oder **Prego!** oder **Avanti prego!**

② Im Italienischen gibt es viele regionale Wörter. Das „Croissant" nennt man in Norditalien **la brioche**, im Süden ist **il cornetto** geläufiger.

11 – Stai at**ten**to, la cioccolata è **mol**to **cal**da!
12 – Ho **tan**ta **vo**glia di un bu**on** caffè italiano.
13 – **Mio** marito **man**gia dav**ve**ro **trop**po!
14 – **Quan**ti **gior**ni potete restare a **Na**poli?
15 – **Sia**mo **mol**to felici di **es**sere qui, ma pur**trop**po pos**sia**mo restare **so**lo **po**chi **gior**ni. ③

(PRONUNCIA)

[*11* tschokko*lata* *12* wol*ja* *14* dsch^or*ni* *15* po*ki*]

ESERCIZIO 1: Capite queste frasi?

❶ Permesso? – Avanti, prego! ❷ Quanti cucchiaini di zucchero vuoi? ❸ Stai attento, il tè è molto caldo! ❹ Ho voglia di un buon caffè. ❺ Ho bisogno di molte energie.

ESERCIZIO 2: Inserite le parole mancanti

❶ Ich nehme den Tee mit wenig Zucker und viel Milch.

. . . . . il tè con . . . . zucchero e
. . . . . latte.

❷ Ich esse immer viele Hörnchen zum Frühstück.

Mangio . . . . cornetti a colazione.

❸ Ich kann nur wenige Tage hierbleiben.

. . . . restare . . . solamente . . . . .
giorni.

❹ Du kannst nicht so viel Marmelade essen!

Non . . . . mangiare . . . . . marmellata!

❺ Herr Gonzales kann viele Tage in Italien bleiben.

. . signor Gonzales . . . restare . . Italia
. . . . . giorni.

[11] – Pass auf (Sei achtsam), die Schokolade ist sehr heiß!
[12] – Ich habe so viel Lust auf (von) einen guten italienischen Kaffee.
[13] – Mein Mann isst wirklich zu viel!
[14] – Wie viele Tage könnt ihr in Neapel bleiben?
[15] – Wir sind sehr glücklich, hier zu sein, aber leider können wir nur wenige Tage bleiben.

(ANMERKUNGEN)

③ **molto** „sehr, viel, groß" ist wie im Deutschen unveränderlich, wenn es ein Adjektiv verstärkt (**Chiara è molto stanca.** „Chiara ist sehr müde.") und wenn es (als Adverb) ein Verb definiert: **Marco fuma molto.** „Marco raucht viel." **Mangiamo molto.** „Wir essen viel." Wird **molto** selbst zum Adjektiv, passt es sich in Geschlecht und Zahl (Genus und Numerus) dem Bezugswort an: **Ho molti amici e molte amiche.** „Ich habe viele Freunde und viele Freundinnen." **Ho molta sete.** „Ich habe großen Durst." **Ho molta voglia di ...** „Ich habe große Lust zu ..." Dieselben Regeln gelten für **poco** „wenig, klein", **tanto** „so sehr, sehr viel, sehr groß", **troppo** „zu sehr, zu viel, zu groß" und **quanto** „wie sehr, wie viel, wie groß".

SOLUZIONE DELL'ESERCIZIO 1: Avete capito correttamente?

❶ Gestatten Sie? – Herein, bitte! ❷ Wie viele Teelöffel Zucker möchtest du? ❸ Pass auf, der Tee ist sehr heiß! ❹ Ich habe Lust auf einen guten Kaffee. ❺ Ich brauche viel Kraft.

SOLUZIONE DELL'ESERCIZIO 2: Le parole mancanti.

❶ Prendo – poco – molto ❷ sempre molti ❸ Posso – qui – pochi ❹ puoi – tanta ❺ Il – può – in – molti

▶ Ventitreesima (23°) lezione [wäntitreäsima]

Una gita sulla costiera amalfitana

1 – A che **o**ra dob**bia**mo par**ti**re, Arci**bal**do?
2 – **Tut**ti i parteci**pan**ti **al**la **gi**ta **de**vono **es**sere **nel**la hall dell'al**ber**go **al**le **ot**to.
3 – **Di**o **mi**o, com'è **tar**di! Non **de**vo dimenti**ca**re di **pren**dere la **mac**china foto**gra**fica.
4 – **Cer**to, **ca**ra, ma fai **pres**to, non fac**cia**mo aspet**ta**re gli **al**tri ...
5 – Il **pull**man fa **u**na **pri**ma **sos**ta ad A**mal**fi. La **gui**da con**si**glia:
6 – Do**ve**te assoluta**men**te visi**ta**re la catte**dra**le: è stu**pen**da.
7 E **fa**te un **gi**ro per i **vi**coli: **so**no un e**sem**pio di architet**tu**ra **a**raba in I**ta**lia.
8 E non dimenti**ca**te di en**tra**re in un ne**go**zio di ce**ra**miche:
9 ad A**mal**fi ci **so**no **mol**ti artigi**a**ni e **fan**no **tut**ti **del**le **co**se deli**zio**se: **piat**ti, bic**chie**ri, **broc**che ...
10 – Pe**ne**lope! **De**vi **pro**prio com**pra**re **tut**ti **ques**ti **va**si?

(PRONUNCIA)

[**1** dob**bj**amo **2** partêt**sch**i**pan**ti ... **de**wono **3** dio mio ... dimäntikarê ... **mak**kina fotografika **4** fai ... fat**tscha**mo **6** dowetê ... kattêdralê ... ßtupända **7** dsch^iro ... wikoli ... esämpio ... arkitättura **8** dimäntikatê ... negotßio ... tscheramikê **9** artidsch^ani ... kosê delitßjosê: pjatti, bikkjeri, brokkê]

Dreiundzwanzigste Lektion

Ein Ausflug an die Küste von Amalfi (amalfische Küste)

1 – Um wie viel Uhr müssen wir abfahren, Arcibaldo?
2 – Alle (die) Teilnehmer an dem Ausflug müssen um acht [Uhr] in der Halle des Hotels sein.
3 – Mein Gott, wie spät es ist! Ich darf (muss) nicht vergessen, den Fotoapparat [mit]zunehmen.
4 – Sicher, Liebling, aber mach schnell, wir wollen die anderen nicht warten lassen (nicht wir machen warten die anderen) ...
5 – Der Reisebus macht einen ersten Halt in Amalfi. Der Reiseleiter (Führer) rät:
6 – Sie müssen unbedingt die Kathedrale besichtigen: Sie ist wunderschön (herrlich/wunderbar).
7 Und machen Sie einen Rundgang durch die Gassen: Sie sind ein Beispiel arabischer Architektur in Italien.
8 Und vergessen Sie nicht, in ein Keramikgeschäft zu gehen (einzutreten):
9 In Amalfi gibt es viele Handwerker, und sie machen alle hübsche (entzückende) Dinge: Teller, Gläser, Krüge ...
10 – Penelope! Musst du wirklich alle diese Vasen kaufen?

11 Il **pull**man **de**ve ripar**ti**re. Ci **so**no an**co**ra un **sac**co di **co**se da ve**de**re e **sia**mo già in ri**tar**do... ①

12 – Ho fi**ni**to con gli ac**quis**ti, **ca**ro. **Fac**cio **so**lo un'**ul**tima fotografia e **ven**go!

(PRONUNCIA)

[**12** ak**kuiß**ti ... **fatt**scho]

ESERCIZIO 1: Capite queste frasi?

❶ Fate presto, il pullman deve partire! ❷ Ci sono un sacco di cose da vedere ad Amalfi. ❸ Facciamo un giro per la città? ❹ Devi proprio fare tutti questi acquisti? ❺ Ci sono molti artigiani che fanno vasi, piatti, brocche e bicchieri. ❻ Non dovete dimenticare la macchina fotografica.

ESERCIZIO 2: Inserite le parole mancanti

❶ Müssen Sie wirklich morgen abfahren, Fräulein?

. . . . proprio partire . . . . . . , signorina?

❷ Ja, ich muss Montag in Paris sein.

Sì, . . . essere . Parigi . . . .

❸ Ich mache nur ein letztes Foto!

. . . . . . solo un' . . . . . . fotografia!

❹ Halten wir an (Machen wir einen Halt), Liebling. Die Kinder haben Lust zu trinken.

. . . . una sosta, ... , i bambini hanno . . . . . . di bere.

11 Der Reisebus muss zurückfahren. Es gibt (da sind) noch eine Menge (ein Sack) Dinge zu sehen, und wir haben (sind) schon (in) Verspätung ...

12 – Ich habe die Einkäufe (mit den Einkäufen) beendet, Liebling. Ich mache nur eine letzte Fotografie und komme!

(ANMERKUNGEN)

① Beachten Sie den Gebrauch von **da**: **C'è qualcosa da mangiare?** „Gibt es etwas zu essen?", **Non c'è niente da fare!** „Es gibt nichts zu tun!", **Che cosa hai da dire?** „Was hast du zu sagen?"

SOLUZIONE DELL'ESERCIZIO 1: Avete capito correttamente?

❶ Macht schnell, der Reisebus muss abfahren! ❷ Es gibt in Amalfi eine Menge Dinge zu sehen. ❸ Machen wir einen Rundgang durch die Stadt? ❹ Musst du wirklich alle diese Einkäufe tätigen? ❺ Da sind viele Handwerker, die Vasen, Teller, Krüge und Gläser machen. ❻ Sie dürfen den Fotoapparat nicht vergessen.

❺ Sie (3. Person Plural) müssen unbedingt nach Neapel fahren: Da gibt es so viele Dinge zu sehen!

. . . . . . assolutamente andare a Napoli:

. . sono . . . . . cose . . vedere!

SOLUZIONE DELL'ESERCIZIO 2: Le parole mancanti.

❶ Deve – domani ❷ devo – a – lunedì ❸ Faccio – ultima ❹ Facciamo – caro – voglia ❺ Dovete – ci – tante – da

LEKTION 23

▶ **Ventiquattresima (24°) lezione** [wäntikuatträsima]

Progetti per la serata

1 – Prima di lasciare Napoli voglio assolutamente mangiare la vera pizza napoletana.
2 – Anch'io! Possiamo andare insieme, se vuole.
3 – Con piacere! Forse possiamo invitare anche i signori Dupont.
4 – Volete venire a mangiare la pizza con noi stasera (= questa sera)? ①
5 – Grazie, ma stasera andiamo al San Carlo a vedere la „Traviata". ②
6 – E tu, Arcibaldo, che cosa vuoi fare? Vogliamo andare all'Opera anche noi?
7 – Per carità, Penelope, non sopporto la musica lirica!
8 Ho voglia, piuttosto, di andare a mangiare un gelato in un caffè sul lungomare. ③
9 – Se volete assaggiare la pizza tradizionale, chiedete quella con aglio, origano e pomodoro.
10 – Hai voglia di fare una passeggiata?
11 – Perché no!
12 – I Dupont vogliono sentire la soprano che stasera interpreta la „Traviata". ④

(PRONUNCIA)

[1 *lascharê ... woljo ... pittßa* 2 *ankio ... inßjämê* 3 *kon piatscherê* 5 *gratßjê* 9 *aßßadsch^arê ... kjedetê* **kuälla** *... alljo* 10 *paßßêdsch^ata* 12 *ßäntirê*]

Vierundzwanzigste Lektion

Pläne für den Abend

1 – Bevor [wir] Neapel verlassen, will ich unbedingt die echte napolitanische Pizza essen.
2 – Ich auch! Wir können zusammen gehen, wenn Sie möchten.
3 – Sehr gern (Mit Vergnügen)! Vielleicht können wir auch die Duponts einladen.
4 – Möchten Sie heute Abend zum Pizza-Essen mit uns kommen?
5 – Danke, aber heute Abend gehen wir zum San Carlo, um „La Traviata" zu sehen.
6 – Und du, Arcibaldo, was möchtest du machen? Wollen auch wir in die Oper gehen?
7 – Um Gottes willen (für Barmherzigkeit), Penelope, ich ertrage (die) lyrische Musik nicht!
8   Ich habe vielmehr Lust, in einem Café auf der Meerespromenade ein Eis essen zu gehen.
9 – Wenn Sie die traditionelle Pizza probieren wollen, verlangen Sie die mit Knoblauch, Oregano und Tomate.
10 – Hast du Lust, einen Spaziergang zu machen?
11 – Warum nicht!
12 – Die Duponts wollen den Sopran hören, der heute Abend die „Traviata" (Verirrte/Verführte) interpretiert.

(ANMERKUNGEN)

① Nach einem Verb der Bewegung wird ein nachfolgender Infinitiv mit der Präposition **a** angeschlossen (entspricht „um zu"): **Venite a prendere un gelato?** „Kommt ihr mit ein Eis essen?" **Andiamo a fare una passeggiata?** „Gehen wir einen Spaziergang machen?" **Scendo a comprare le sigarette.** „Ich gehe hinunter, um Zigaretten zu holen."

② **La Traviata:** Oper des Komponisten Giuseppe Verdi (1813-1901).

③ Ebenso: **lungolago** ist eine Promenade entlang eines Seeufers, **lungofiume** eine Straße entlang eines Flusses.

④ **un tenore** „ein Tenor"; **un basso** „ein Bass".

13 – **So**no **pro**prio **stan**ca! Ho **vo**glia **so**lo di an**da**re a dor**mi**re.

(PRONUNCIA)

[*13 ßtanka*]

ESERCIZIO 1: Capite queste frasi?

① Vuole venire all'Opera con noi? – Grazie, con piacere!
② Vuoi anche tu un caffè? – Per carità, non sopporto il caffè!
③ Assaggiate la vera pizza napoletana, quella con aglio, origano e pomodoro. ④ Ho proprio voglia di sentire la „Traviata". ⑤ Viene a fare una passeggiata? – Perché no!

ESERCIZIO 2: Inserite le parole mancanti

① Herr und Frau Dupont wollen die Traviata hören (gehen).

. . . . Dupont . . . . andare . sentire la Traviata.

② Ich habe Lust, einen Spaziergang auf der Promenade zu machen.

. . . . andare . fare una . . . . sul lungomare.

③ Möchten Sie (Plural) mit uns ins Café gehen?

. . . . . . venire . . bar con noi?

④ Was willst du morgen machen? – Ich will unbedingt nach Amalfi fahren.

. . . . fare domani? – . . . . . . assolutamente . . . . Amalfi.

13 – Ich bin wirklich müde! Ich habe nur Lust, schlafen zu gehen.

SOLUZIONE DELL'ESERCIZIO 1: Avete capito correttamente?

① Möchten Sie mit uns zur Oper kommen? – Danke, sehr gern! ② Möchtest auch du einen Kaffee? – Um Gottes willen, ich ertrage keinen Kaffee! ③ Probiert die echte napolitanische Pizza, die mit Knoblauch, Oregano und Tomate. ④ Ich habe wirklich Lust, die „Traviata" zu hören. ⑤ Kommen Sie mit, einen Spaziergang machen? – Warum nicht!

⑤ Ich habe Lust, zu schlafen. Ich bin sehr müde.

. . . . di dormire. Sono . . . . .
. . . .

SOLUZIONE DELL'ESERCIZIO 2: Le parole mancanti.

① I signori – vogliono – a ② Ho voglia di – a – passeggiata ③ Volete – al ④ Che cosa vuoi – Voglio – andare ad ⑤ Ho voglia – molto stanca

LEZIONE 24

Venticinquesima (25°) lezione [wäntitschinkuäsima]

Una serata al San Carlo

1 – Esce questa sera, signora Dupont?
2 – Sì, esco con mio marito, andiamo a teatro. ①
3 – La maschera accompagna Pierre e Christine ai loro posti, in settima fila. ②
4 – Se mi dai il tuo cappotto, cara, lo porto al guardaroba.
5 – È una serata di gala: tutte le signore sono in abito da sera e i signori in smoking.
6 C'è moltissima gente: la platea, i palchi e la galleria sono stracolmi. ③
7 Fra il pubblico ci sono anche molti giornalisti. ④
8 – Scusi, signore, mi dà un attimo il suo programma? ⑤

PRONUNCIA

[1 äschê 2 äßko ... teatro 3 maßkêra akkompanja 4 dai ... kappotto ... guardaroba 5 ßmoking 6 dsch^äntê ... platäa ... palki ... ßtrakolmi 7 pubbliko 8 attimo]

Fünfundzwanzigste Lektion

Ein Abend im San Carlo

1 – Gehen Sie heute (diesen) Abend aus, Frau Dupont?
2 – Ja, ich gehe mit meinem Mann aus, wir gehen in[s] Theater.
3 – Die Platzanweiserin begleitet Pierre und Christine zu ihren Plätzen in der siebten Reihe.
4 – Wenn du mir deinen Mantel gibst, Liebling, bringe (trage) ich ihn zur Garderobe.
5 – Es ist ein Galaabend: Alle (die) Damen tragen (sind in) ein Abendkleid und die Herren (in) [einen] Smoking.
6   Da sind sehr viele Leute: Das Parkett, die Logen und die Galerie sind überfüllt.
7   Unter dem Publikum (da) sind auch viele Journalisten.
8 – Entschuldigen Sie, [mein] Herr, geben Sie mir [bitte für] einen Augenblick Ihr Programm?

(ANMERKUNGEN)

① Ebenso: **a casa** „zu/nach Hause", **a scuola** „in der/die Schule", **a letto** „im/ins Bett". In all diesen Fällen steht nie ein Artikel, sondern immer nur die Präposition **a.**

② Früher waren es die Schauspieler selbst, die maskiert die Zuschauer empfingen; eine Spur dieser alten Tradition ist in dem Wort **maschera** erhalten geblieben.

③ **È gente povera, ma onesta!** „Es sind arme, aber ehrliche Leute!" **Oggi c'è poca gente!** „Heute sind wenig Leute hier!" **La gente** ist ein feminines Wort, das immer im Singular steht; daher müssen dazugehörige Adjektive immer eine feminine Singularendung aufweisen!

④ **fra** (oder **tra**) heißt übersetzt – je nach Textzusammenhang – „unter" oder „zwischen": **C'è un dottore fra i presenti?** „Ist ein Arzt unter den Anwesenden?" **Tra Napoli e Roma ci sono due o tre ore di treno.** „Zwischen Neapel und Rom liegen zwei oder drei Zugstunden." Zeitlich heißt **fra/tra** „in(nerhalb von)": **fra un'ora** „in 1 Stunde".

⑤ Vergessen Sie nicht den Akzent auf **dà** „er/sie/es gibt"!

9 – Si**len**zio, per fa**vo**re! Non **da**te fas**ti**dio!
10 – Non esage**ria**mo! Do **so**lo il pro**gram**ma a**lla** si**gno**ra.
11 – Fra il **pri**mo e il se**con**do **at**to c'è un **bre**ve inter**val**lo. ④
12 – Us**cia**mo a fu**ma**re **u**na siga**ret**ta nel fo**yer**? ⑥
13 – Volen**tie**ri. ⑦
14 – **A**lla **fi**ne **del**lo spet**ta**colo gli spetta**to**ri ap**plau**dono:
15   i can**tan**ti **es**cono **mol**te **vol**te sul palco**sce**nico a ringra**zia**re il **pub**blico.

(PRONUNCIA)

[9 ßiläntßio 10 non esadsch^eriamo 11 ßekondo atto ... intärwallo 12 uschamo ... foaje 13 wolentjäri 14 ßpettakolo ... applaudono 15 kantanti äßkono ... palkoschäniko ... ringratßjarê]

ESERCIZIO 1: Capite queste frasi?

① La maschera accompagna gli spettatori ai loro posti. ② Silenzio, bambini, non date fastidio al signore! ③ C'è un breve intervallo, usciamo a fumare una sigaretta? ④ Se mi dai il tuo cappotto, lo porto al guardaroba. ⑤ Fra quelle signore in abito da sera c'è la mia amica Ida. ⑥ Il teatro è completo: la platea, i palchi e la galleria sono stracolmi.

ESERCIZIO 2: Inserite le parole mancanti

① Also, du gehst heute Abend aus?

Allora, ...   stasera?

② Nein, ich gehe nicht aus, es ist nutzlos, darauf zu bestehen.

No, ... , .   inutile insistere.

9 – Ruhe, bitte! Stören Sie nicht (geben Sie keinen Ärger)!
10 – Übertreiben wir nicht! Ich gebe nur der Dame das Programm.
11 – Zwischen dem ersten und dem zweiten Akt gibt es (da ist) eine kurze Pause.
12 – Gehen wir hinaus, eine Zigarette im Foyer rauchen?
13 – Gern.
14 – Am Ende des Schauspiels applaudieren die Zuschauer:
15 Die Sänger gehen oft auf die Bühne hinaus, um dem Publikum zu danken.

(ANMERKUNGEN)

⑥ Es gibt das italienische Wort **ridotto,** aber das französische „foyer" wird bevorzugt.

⑦ **Volentieri!** können Sie sehr oft anstelle von **Sì!** benutzen. Wenn Sie zu irgendetwas keine Lust haben, können Sie höflich antworten: **No, ma grazie lo stesso!** „Nein, aber trotzdem danke". In manchen Situationen kann folgender Satz sehr hilfreich sein: **No, ed è inutile insistere.** „Nein, und es ist unnötig darauf zu beharren."

SOLUZIONE DELL'ESERCIZIO 1: Avete capito correttamente?

❶ Die Platzanweiserin begleitet die Zuschauer zu ihren Plätzen.
❷ Ruhe, Kinder, ärgert den Herrn nicht! ❸ Es ist eine kurze Pause, gehen wir hinaus, um eine Zigarette zu rauchen? ❹ Wenn du mir deinen Mantel gibst, bringe ich ihn zur Garderobe. ❺ Unter diesen Damen im Abendkleid ist meine Freundin Ida. ❻ Das Theater ist voll [besetzt]: Das Parkett, die Logen und die Galerie sind überfüllt.

❸ Zwischen dem ersten und dem zweiten Akt gehen die Zuschauer hinaus, um eine Zigarette zu rauchen.

. . . / . . . il primo e il . . . . atto . . . spettatori . . . . fumare una sigaretta.

LEKTION 25

❹ Es sind viele Leute im Theater heute Abend!

C'è .... a teatro .... !

❺ Geben Sie mir einen Augenblick Ihr Programm, gnädige Frau?

Mi .. un attimo .. ... programma, signora?

▶ **Ventiseiesima (26°) lezione** [wäntißäiäsima]

Per le strade di Napoli

| 1 | – **Scu**si, sa do**v'è** un tabac**ca**io?
| 2 | – È **pro**prio qui vi**ci**no, di **fron**te **al**la fer**ma**ta dell'**au**tobus.
| 3 | Ma non so se è a**per**to a ques**t'o**ra.
| 4 | – Sa**pe**te se quell'**au**tobus va a Po**sil**lipo?
| 5 | – Non lo sap**pia**mo, **sia**mo stra**nie**ri **an**che noi.
| 6 | – Che ne **di**te di an**da**re a **fa**re **del**le **spe**se **ques**to pome**rig**gio? ①
| 7 | – Per**ché** no! Dob**bia**mo com**pra**re dei re**ga**li per i **nos**tri a**mi**ci.
| 8 | – Pos**sia**mo an**da**re a **Vi**a dei **Mil**le. Ci **so**no **tan**ti bei ne**go**zi! ②

(PRONUNCIA)

[*1* dowä ... tabakkaio 3 kuäßtora 6 pomêriddsch^o 8 bäi negotßi]

(ANMERKUNGEN)

① **Che cosa fai stasera? Che fai stasera? Cosa fai stasera?** „Was machst du heute Abend?" Die erste ist die korrekte Form, aber in der Umgangssprache werden hauptsächlich die beiden letzten Varianten verwendet.

centodue • 102

⑥ Unter dem Publikum sind auch viele Journalisten.

... / ... il pubblico ci .... anche .....
giornalisti.

SOLUZIONE DELL'ESERCIZIO 2: Le parole mancanti.

❶ esci ❷ non esco – è ❸ Fra/Tra – secondo – gli – escono a
❹ molta gente – stasera ❺ dà – il suo ❻ Fra/Tra – sono – molti

---

Sechsundzwanzigste Lektion

Auf den Straßen Neapels

1 – Entschuldigen Sie, wissen Sie, wo ein Tabakwarenhändler ist?
2 – Es ist gerade hier in der Nähe (nah), gegenüber der Autobushaltestelle.
3   Aber ich weiß nicht, ob es um diese Zeit geöffnet ist.
4 – Wissen Sie, ob dieser Autobus nach Posillipo fährt?
5 – Das wissen wir nicht, wir sind auch fremd.
6 – Was sagt ihr zu einem Einkaufsbummel (zu gehen, um Ausgaben zu machen) heute Nachmittag?
7 – Warum nicht! Wir müssen Geschenke für unsere Freunde kaufen.
8 – Wir können in [die] Via dei Mille gehen. Da sind so viele schöne Geschäfte!

② **bello/belli** verhält sich wie der bestimmte Artikel: Es wird vor einem Vokal im Singular zu **bell'** (bzw. im Plural zu **begli**) und vor einem Konsonanten zu **bel** (bzw. **bei**), bleibt aber **bello** (bzw. wird zu **begli**) vor **sc, sp, st, x, z, gn, ps**: **un bell'atleta / due begli atleti, un bel bambino, bei bambini**, aber **bello spectacolo** und **begli spectacoli**. Die weibliche Form **bella/belle** wird nur im Singular vor Vokalen zur **bell'**: **la bell'attrice**, aber **belle attrici**. Das Gleiche gilt für **quello/quella** „der dort/die dort", wenn sie einem Adjektiv entsprechen.

LEKTION 26

9 – Vorrei vedere quel cammeo che è in vetrina. E anche quegli orecchini di corallo. ③ ④
10 – Quali dice, signora?
11 – Quelli di corallo rosso, dietro quelli di perle.
12 – Che belle scarpe ci sono in questo negozio!
13 – Posso vedere quelle nere? No, non quelle lì, quelle altre. ⑤
14 – Che dici? Non capisco!
15 – Dico appunto che in questa strada c'è un rumore infernale!

(PRONUNCIA)

[**9** kammäo ... ankê kuälji oräkkini ... korallo **10** kuali ditschê **11** kuälli ... diätro **14** ke ditschi **15** diko appunto ... infärnalê]

ESERCIZIO 1: Capite queste frasi?

❶ Che dici? Non capisco! ❷ Scusi, sa dov'è un tabaccaio? ❸ Vorrei vedere quelle scarpe nere che sono in vetrina, per favore. ❹ Che ne dici di andare a teatro stasera? ❺ Ci sono tanti bei cammei in questo negozio.

9 – Ich möchte die Kamee sehen, die im Schaufenster ist. Und auch die Ohrringe da aus Koralle.
10 – Welche sagen Sie, [gnädige] Frau?
11 – Die da aus roter Koralle, hinter den Perlenohrringen (denen aus Perlen).
12 – Was [für] schöne Schuhe in diesem Geschäft (da) sind!
13 – Kann ich auch die schwarzen da sehen? Nein, nicht die da, die anderen dort.
14 – Was sagst du? Ich verstehe nicht!
15 – Ich sage gerade, dass (da) in dieser Straße ein höllischer Lärm ist!

(ANMERKUNGEN)

③ Ebenso: **di lana** „aus Wolle", **di seta** „aus Seide", **di cuoio** „aus Leder", **d'oro** „aus Gold" usw.

④ Ein **cammeo** „Kamee" ist eine Gravur, die als erhabenes Relief aus einem Schmuckstein hergestellt ist. Diese Figuren werden hauptsächlich in Antiquitäten- und Touristenläden verkauft.

⑤ **Non voglio quel cappello, voglio quello con il fiore!** „Ich will nicht diesen Hut da, ich möchte den mit der Blume!" In diesem Satz wird das erste **quello** zu **quel**, weil ihm das Substantiv **cappello** folgt und es daher Adjektiv ist. Das zweite dagegen verändert seine Form nicht, weil es das Wort **cappello** ersetzt und daher ein Pronomen ist. **Quello** verwendet man auch in Ausdrücken wie: **Prendo quello rosso.** „Ich nehme den roten da." **Preferisco quello più piccolo.** „Ich ziehe den kleinen da vor." In diesen beiden Fällen kann man aber auch sagen **il rosso, il più piccolo. Vorrei quello d'argento.** „Ich möchte den aus Silber."

SOLUZIONE DELL'ESERCIZIO 1: Avete capito correttamente?

❶ Was sagst du? Ich verstehe nicht! ❷ Entschuldigen Sie, wissen Sie, wo ein Tabakwarenhändler ist? ❸ Ich möchte diese schwarzen Schuhe sehen, die im Schaufenster sind, bitte. ❹ Was hältst du (sagst du) davon, heute Abend ins Theater zu gehen? ❺ Es sind so viele schöne Kameen in diesem Geschäft.

ESERCIZIO 2: Inserite le parole mancanti

❶ Wissen Sie (Singular), ob hier in der Nähe eine Bank ist?

.. se . ' . una banca ... . ?

❷ Diese Ohrringe da sind wirklich schön!

...... orecchini sono proprio ..... !

❸ Weißt du, ob dieser Autobus da nach Posillipo fährt? – Nein, der da fährt nach Mergellina.

... se ..... 'autobus va a Posillipo?
– No, ... va a Mergellina.

▶ **Ventisettesima (27°) lezione** [wäntißättäsima]

Come si dice? ①

1 – Fate attenzione a questi modi di dire:
2   In italiano si dice, per esempio:
3 – Faccio colazione presto la mattina e poi faccio una doccia.
4 – Ad una ragazza si può dire:
5 – Vieni a fare un giro con la mia macchina?
6 – E se lei risponde:
7 – Non posso, ho molto da fare ...
8 – Non fa niente, possiamo andare un'altra volta.

(PRONUNCIA)

[*1* attäntßjonê *2* pär-esämpio *4* ragattßa *5* dsch^iro *7* njäntê]

④ Was sagt er? – Ich weiß nicht. Ich verstehe nicht[s].

Che cosa . . . . ? – Non . . .

Non . . . .

⑤ Kann ich diese Schuhe sehen? Nein, nicht diese da, die schwarzen.

. . . . . vedere . . . . . . scarpe? No, non

. . . . . . , . . nere.

SOLUZIONE DELL'ESERCIZIO 2: Le parole mancanti.

❶ Sa – c'è – qui vicino ❷ Quegli – belli ❸ Sai – quell – quello
❹ dice – so – capisco ❺ Posso – quelle – quelle – le

Siebenundzwanzigste Lektion

Wie sagt man?

1 – Achten Sie auf diese Redensarten (Arten zu sagen):
2   Im Italienischen sagt man zum Beispiel:
3 – Ich frühstücke (mache Frühstück) früh am Morgen und dann dusche ich (mache ich eine Dusche).
4 – Zu einem Mädchen kann man sagen:
5 – Kommst du [mit], eine Runde mit meinem Auto fahren?
6 – Und wenn sie antwortet:
7 – Ich kann nicht, ich habe viel zu tun ...
8 – Das macht nichts, wir können ein anderes Mal fahren (gehen).

ANMERKUNGEN

① **Come si fa un buon risotto?** „Wie macht man ein gutes Risotto?" **Come si fanno gli spaghetti alla carbonara?** „Wie macht man Spaghetti alla Carbonara?" Die unpersönlichen Formen **si fa / si fanno** richten sich danach, ob das Objekt im Singular oder im Plural steht.

| 9 | – In italiano si dà del tu ad un amico,
| 10 | ma si dà del lei ad una persona che non si conosce.
| 11 | – In Italia si danno molte mance, più o meno come nel resto del mondo:
| 12 | si dà la mancia al tassista, al portiere, al cameriere del ristorante e a quello del bar.
| 13 | Ad un amico si può dire:
| 14 | – Che facciamo stasera?
| 15 | – Possiamo andare al cinema o a teatro.
| 16 | – Andiamo in macchina o a piedi? ②
| 17 | – È una bella serata, possiamo fare quattro passi.

(PRONUNCIA)

[11 mantschê ... pju 12 mantscha 15 tschinêma 16 pjedi]

ESERCIZIO 1: Capite queste frasi?

❶ In italiano si dà del tu ad un amico, ❷ ma si dà del lei ad una persona che non si conosce. ❸ Facciamo quattro passi? ❹ Ma no, restiamo qui e facciamo quattro chiacchiere. ❺ Come si dice in italiano "foyer"? ❻ Si dice ridotto, ma si preferisce la parola francese.

ESERCIZIO 2: Inserite le parole mancanti

❶ Um wie viel Uhr nehmen Sie Ihr Frühstück [ein], mein Herr?

A . . . ora . . colazione, signore?

❷ Kommst du, eine Runde mit meinem Auto fahren?

Vieni . fare . . . . . . con la mia . . . . ?

9 – Im Italienischen duzt man einen Freund (gibt man vom du),
10 aber man siezt (gibt vom Sie an) eine Person, die man nicht kennt.
11 – In Italien gibt man viele Trinkgelder, mehr oder weniger wie in der übrigen Welt (im Rest der Welt):
12 Man gibt dem Taxifahrer, dem Portier, dem Kellner im Restaurant (des Restaurants) und dem [in] der Bar Trinkgeld.
13 (Zu) einem Freund kann man sagen:
14 – Was machen wir heute Abend?
15 – Wir können ins Kino oder ins Theater gehen.
16 – Fahren (gehen) wir mit dem Auto, oder [gehen wir] zu Fuß?
17 – Es ist ein schöner Abend, wir können ein paar (vier) Schritte gehen.

(ANMERKUNGEN)

② Achten Sie auf den Unterschied zwischen **a piedi** „zu Fuß" und **in piedi** „stehend".

SOLUZIONE DELL'ESERCIZIO 1: Avete capito correttamente?

❶ Im Italienischen duzt man einen Freund, ❷ aber man siezt eine Person, die man nicht kennt. ❸ Gehen wir ein paar Schritte? ❹ Aber nein, bleiben wir hier und plaudern wir ein bisschen. ❺ Wie sagt man Foyer auf Italienisch? ❻ Man sagt „ridotto", aber man zieht das französische Wort vor.

❸ Ich kann nicht, ich habe viel zu tun. – Das macht nichts.

   Non ..... , ho .... fare.

   – ... fa ....

❹ In Italien gibt man viele Trinkgelder.

   In Italia .. .. mance.

▶ Ventottesima (28°) lezione [wäntottäsima]

REVISIONE E NOTE

Lesen Sie noch einmal die folgenden Anmerkungen: 22. Lektion: ③; 23.: ①; 24.: ①; 25.: ③, ④; 26.: ①, ②; 27.: ①.

1. Unregelmäßige Verben

Sie haben in den letzten sechs Lektionen die gebräuchlichsten unregelmäßigen Verben des Italienischen kennengelernt. Wir wissen, dass ein unregelmäßiges Verb eine ziemlich unsympathische Angelegenheit für einen Ausländer ist, der den „Launen" eines solchen Verbs ausgesetzt ist. Wie kann man diese Angelegenheit „in den Griff" bekommen? Es geht nicht darum, diese Verbformen auswendig zu lernen, sondern darum, sie anzuwenden, so wie Sie es schon in den Dialogen der Lektionen getan haben. Lesen Sie zunächst noch einmal die vollständige Konjugation des Indikativs Präsens dieser Verben.

	fare	**dire**	**dare**
	„machen"	„sagen"	„geben"
(io)	faccio	dico	do
(tu)	fai	dici	dai
(lui/lei)	fa	dice	dà
(noi)	facciamo	diciamo	diamo
(voi)	fate	dite	date
(loro)	fanno	dicono	danno

⑤ Kann man die Kathedrale besichtigen?

.. ... visitare la cattedrale?

SOLUZIONE DELL'ESERCIZIO 2: Le parole mancanti.

❶ che – fa ❷ a – un giro – macchina ❸ posso – molto da – Non – niente ❹ si danno molte ❺ Si può

Achtundzwanzigste Lektion

	volere "wollen"	potere "können"	dovere "müssen"
(io)	voglio	posso	devo
(tu)	vuoi	puoi	devi
(lui/lei)	vuole	può	deve
(noi)	vogliamo	possiamo	dobbiamo
(voi)	volete	potete	dovete
(loro)	vogliono	possono	devono

	sapere "wissen"	uscire "ausgehen, aussteigen"
(io)	so	esco
(tu)	sai	esci
(lui/lei)	sa	esce
(noi)	sappiamo	usciamo
(voi)	sapete	uscite
(loro)	sanno	escono

2. Ortsbestimmungen

Hier noch einmal einige Ortsbestimmungen, die „problematisch" sein könnten:

davanti alla banca „vor der Bank"
di fronte all'albergo „gegenüber dem Hotel"
accanto al letto „neben dem Bett"
vicino alla stazione „in der Nähe des Bahnhofs"
lontano dal centro „weit vom Zentrum [entfernt]"

LEKTION 28

3. Superlativ

Die gebräuchlichste Art, den italienischen Superlativ zu bilden, ist, das Suffix **-issimo** anzuhängen, wie Sie es schon gesehen haben: **simpatico, simpaticissimo**; **forte, fortissimo** usw. Aber es gibt noch andere Möglichkeiten, auch wenn deren Anwendung begrenzt ist. Man kann z. B. anstelle von **ricchissimo** auch **straricco** sagen oder anstelle von **rapidissimo** sagt man auch **ultrarapido**. Gerne werden auch die Superlativformen von Quantitätsadjektiven gebraucht: **poco, pochissimo**; **tanto, tantissimo**; **molto, moltissimo**. In der Standardsprache ist **tanto** der unregelmäßige Superlativ von **molto**, diese Regel wird in der Umgangssprache aber immer wieder gerne ignoriert.

4. Floskeln und Redewendungen

Lesen Sie die folgenden Sätze noch einmal laut: Es sind einige der Redewendungen der Umgangssprache, die Sie im Laufe der letzten sechs Lektionen kennengelernt haben.

> **Permesso? – Avanti, prego!**
> **Ho molta fame.**
> **Ho tanta voglia di un caffè.**
> **Fai attenzione!**
> **Com'è tardi! Fate presto!**

▶ **Ventinovesima (29°) lezione** [wäntinowäsima]

Una giornata di Francesca

1	– **Pron**to? Sei tu, **I**da?
2	– Sì, **so**no **i**o. Ciao, Fran**ces**ca, **co**me va?
3	– Non c'è **ma**le. Hai **du**e mi**nu**ti?
4	– **Cer**to, as**pet**ta un **at**timo: **spen**go la **ra**dio e ac**cen**do **u**na siga**ret**ta. ①

(PRONUNCIA)

[*4 ßpängo ... attschändo*]

Vieni a fare un giro? – Con piacere!
Che ne dici di andare a teatro?
Per carità! Sono stanchissimo!
Silenzio, per favore!
Non date fastidio agli altri!
Non esageriamo!
È proprio qui vicino.
Che belle scarpe!
Non fa niente.

Gestatten Sie? – Herein, bitte! – Ich habe großen Hunger. – Ich habe so viel Lust auf einen Kaffee. – Pass auf! – Wie spät es ist! Beeilt euch! – Kommst du mit, eine Runde drehen? – Sehr gern! – Was hältst du davon, ins Theater zu gehen? – Um Gottes willen! Ich bin sehr müde! – Ruhe, bitte! – Ärgert die anderen nicht! – Übertreiben wir nicht! – Es ist gerade hier in der Nähe. – Was für schöne Schuhe! – Das macht nichts.

Sie haben schon fast die 30. Lektion erreicht. Die Dinge werden nun langsam komplizierter, könnten Sie nun sagen, und hätten damit nicht ganz unrecht. Aber wenn Sie weiterhin regelmäßig ungefähr eine halbe Stunde pro Tag lernen und oft bereits Kennengelerntes wiederholen, werden Sie angenehm überrascht sein, dass die Schwierigkeiten Stück für Stück verschwinden.

Neunundzwanzigste Lektion

Ein Tag Francescas

1 – Hallo? Bist du [es], Ida?
2 – Ja, ich bin [es]. Hallo, Francesca, wie geht['s]?
3 – Nicht schlecht (es ist da nicht schlecht). Hast du zwei Minuten [Zeit]?
4 – Sicher, warte einen Augenblick: Ich mache das Radio aus und zünde eine Zigarette an.

(ANMERKUNGEN)

① Zum Verb **spegnere**: Sehen Sie sich das Präsens dieses Verbs an: **(io) spengo, (tu) spegni, (lui) spegna, (noi) spegniamo, (voi) spegnete, (loro) spengono**.

5 **Ec**comi qua. All**o**ra: che hai **fat**to* in **ques**ti **ul**timi **gior**ni?

6 – Bah, le **so**lite **co**se: i bam**bi**ni, la **ca**sa, il la**vo**ro... ②

7 – Sei an**da**ta in ospe**da**le stamat**ti**na? ③

8 – Sì, **co**me al **so**lito, e **pri**ma ho accompa**gna**to i bam**bi**ni a scuola.

9 Per di più **Li**sa ha **fat**to un **sac**co di ca**pric**ci per an**da**re all'**a**silo, ④

10 ed è en**tra**ta **so**lo **quan**do è arri**va**to Fede**ri**co, il **suo** a**mi**co del cu**o**re!

11 **Al**la **fi**ne del **mio tur**no in ospe**da**le ho **fat**to un po' di **spe**sa: ⑤

12 **so**no pas**sa**ta dal macel**la**io e dal salu**mie**re e poi **an**che in lavande**ri**a a riti**ra**re un ves**ti**to. ⑥

13 **Ie**ri **se**ra in**ve**ce ho pas**sa**to una se**ra**ta pia**ce**vole...

(PRONUNCIA)

[**5** äkkomi kua ... allora ... fatto ... ultimi **8** akkompanjato ... ßkuola **9** kaprittschi ... asilo **10** entrata ... kuorê **11** ßpesa **12** matschêllajo ... ßalumjärê ... lawandêria **13** inwetschê ... piatschewole]

Sie ahnen es sicher schon: Die unregelmäßigen Verben, die Sie in den letzen Lektionen kennengelernt haben, haben auch unregelmäßige Vergangenheitsformen. Die Formen des Partizips Perfekt markieren wir mit einem Sternchen *, und jedes Mal, wenn Sie eine solche Form zum ersten Mal sehen, finden Sie das Verb am Ende der ANMERKUNGEN noch einmal aufgeführt.

| 5 | Da bin ich (da mich hier). Nun: Was hast du in diesen letzten Tagen gemacht?
| 6 | – Ach, immer dieselben Dinge: die Kinder, das Haus, die Arbeit ...
| 7 | – Bist du heute Morgen in[s] Krankenhaus gegangen?
| 8 | – Ja, wie immer, und vorher habe ich die Kinder zu[r] Schule begleitet.
| 9 | Darüber hinaus war Lisa sehr bockig, als sie in den Kindergarten gehen sollte (hat Lisa eine Menge Trotz gemacht, für in den Kindergarten zu gehen),
| 10 | Und sie ist erst hineingegangen, als Federico ankam, ihr Herzensfreund (Freund des Herzens)!
| 11 | Am Ende meines Rundgangs im Krankenhaus habe ich ein bisschen eingekauft (ein bisschen Ausgaben gemacht):
| 12 | Ich bin beim Fleischer vorbeigegangen und beim Wursthändler und dann auch bei der Wäscherei, um ein Kleid(ungsstück) abzuholen.
| 13 | Gestern (Abend) dagegen habe ich einen angenehmen Abend verbracht ...

(ANMERKUNGEN)

② **la solita vita** „immer dasselbe Leben", **i soliti amici** „dieselben Freunde wie immer / die gewohnten Freunde", **il solito posto** „der übliche Ort". Das Adjektiv **solito** wird Ihnen oft begegnen. Beachten Sie, dass es im Allgemeinen dem Substantiv, auf das es sich bezieht, vorangeht.

③ **and-ARE** (1. Gruppe), Partizip Perfekt: **and-ATO;** genauso: **entr-ARE – entr-ATO; parl-ARE – parl-ATO** usw.

④ Achtung: **asilo** hat hier nicht die wörtliche Bedeutung „Asyl", sondern ist die gebräuchliche Bezeichnung für „Kindergarten".

⑤ **fare la spesa** „Lebensmittel einkaufen", **fare spese** bzw. **fare compre** „einkaufen" (allgemein).

⑥ Hier sehen Sie eine spezielle Anwendung der Präposition **da**: **Vado dal medico.** „Ich gehe zum Arzt." Ebenso: **Sono da Marco.** „Ich bin bei Marco." Geht man zu einer Person oder ist man bei einer Person, benutzt man die Präposition **da**, im Gegensatz zu Orten: **Vado al cinema.** „Ich gehe ins Kino." **Sono al cinema.** „Ich bin im Kino."

* **fatto:** Partizip Perfekt von **fare** „machen".

LEKTION 29

ESERCIZIO 1: Capite queste frasi?

❶ Come va? – Non c'è male. ❷ Pronto? Sei tu? – Sì, sono io. ❸ Che hai fatto in questi ultimi giorni? – Bah, le solite cose. ❹ Ho fatto un po' di spesa: sono andata dal macellaio e dal salumiere. ❺ Ieri sera invece ho passato una serata piacevole. ❻ Aspetta un attimo: spengo la radio e accendo una sigaretta.

ESERCIZIO 2: Inserite le parole mancanti

❶ Meine Tochter hat sehr gebockt (eine Menge Trotz gemacht).

... figlia .. .. un sacco .. capricci.

❷ Ihr Herzensfreund ist mit (in) Verspätung angekommen.

.. suo amico del cuore . ... in ritardo.

❸ Ich bin gegen Mittag beim Fleischer vorbeigegangen.

.... passata ... macellaio verso ....

❹ Was hast du gestern Abend gemacht?

Che ... . ieri sera?

▶ **Trentesima (30°) lezione** [träntäsima]

Una serata piacevole (I) ①

1 – Che **co**sa a**ve**te **fat**to di **bel**lo?

(PRONUNCIA)
[piatschewole]

centosedici • 116

SOLUZIONE DELL'ESERCIZIO 1: Avete capito correttamente?

① Wie geht's? – Nicht schlecht. ② Hallo? Bist du es? – Ja, ich bin es. ③ Was hast du in diesen letzten Tagen gemacht? – Ach, immer dieselben Dinge. ④ Ich habe ein bisschen Lebensmittel eingekauft: Ich bin zum Fleischer und zum Wursthändler gegangen. ⑤ Gestern Abend dagegen habe ich einen angenehmen Abend verbracht. ⑥ Warte einen Augenblick: Ich schalte das Radio aus und zünde eine Zigarette an.

⑤ Heute Morgen bin ich arbeiten gegangen, wie immer.

Stamattina . . . . lavorare,

come al . . . .

SOLUZIONE DELL'ESERCIZIO 2: Le parole mancanti.

① Mia – ha fatto – di ② Il – è arrivato ③ Sono – dal – mezzogiorno
④ hai fatto ⑤ sono andato a – solito

Dreißigste Lektion

Ein angenehmer Abend (I)

1 – Was habt ihr Schönes gemacht?

(ANMERKUNGEN)

① **una sera** „ein Abend" (als Zeitangabe); **una serata** „ein Abend" (in seinem Verlauf). Ebenso: **un giorno** „ein Tag" – **una giornata**.

LEKTION 30

2 – Abbiamo invitato qui da noi degli amici per festeggiare il nuovo lavoro di Marco. ②
3   Ti ricordi di Marco, il nostro amico romano?
4   L'hai conosciuto quando siamo andate a Roma l'anno scorso. ③ ④
5   Ho telefonato anche a te, ma...
6 – Oh, figurati, ieri sono andata in giro tutta la giornata! ⑤
7   E chi è venuto?
8 – Sono venuti Laura e Paolo, Chiara e Marcello e Caterina.
9   Abbiamo chiacchierato e riso* molto. Abbiamo anche bevuto* un pò.
10   Marcello e Davide come al solito hanno raccontato un sacco di barzellette

PRONUNCIA

[2 fäßtêddsch^arê 4 konoschuto ... ßkorßo 6 dsch^ornata 8 laura ... paolo ... kjara 9 kjakkjêrato ... riso 10 bardsêllättê]

centodiciotto • **118**

|2| – Wir haben hier bei uns einige Freunde eingeladen, um Marcos neue Arbeitsstelle zu feiern.
|3| Erinnerst du dich an Marco, unseren Freund aus Rom (römischen Freund)?
|4| Du hast ihn kennengelernt, als wir letztes Jahr nach Rom gefahren sind.
|5| Ich habe auch dich angerufen, aber ...
|6| – Oh, stell dir vor, gestern bin ich den ganzen Tag unterwegs gewesen (in Runde gegangen)!
|7| Und wer ist gekommen?
|8| – Es sind Laura (und) Paolo, Chiara (und) Marcello und Caterina gekommen.
|9| Wir haben viel geplaudert und gelacht. Wir haben auch ein bisschen getrunken.
|10| Marcello und Davide haben wie immer eine Menge Witze erzählt,

(ANMERKUNGEN)

② Ebenso: **da me** "bei mir", **da loro** "bei ihnen", **da Ida** "bei Ida".

③ **conosc-ERE** "kennenlernen/kennen": 2. Gruppe; Partizip Perfekt: **conosci-UTO**. Ebenso: **vend-ERE** "verkaufen": **vend-UTO**, **pot-ERE** "können": **pot-UTO**, **vol-ERE** "wollen": **vol-UTO**, **dov-ERE** "müssen": **dov-UTO**. Beachten Sie das **i** in **conosciuto**, das eingefügt wird, um den Klang des Infinitivs **(conoscere)** beizubehalten.

④ **Lisa è andata a Roma con Ida.** "Lisa ist mit Ida nach Rom gefahren." – **Lisa e Ida sono andate a Roma.** "Lisa und Ida sind nach Rom gefahren." Und: **Davide è andato a Roma con Paolo.** "D. ist mit P. nach Rom gefahren." – **Davide e Paolo sono andati a Roma.** "D. e P. sind nach Rom gefahren." Die Endung des Partizips wird in Zahl und Geschlecht dem Substantiv angepasst, auf das es sich bezieht. Dabei ist zu beachten, dass immer die Form des Maskulinum Plural gewählt wird, wenn das Partizip sich auf Personen beiderlei Geschlechts bezieht: **Ida e Davide sono andati a Roma.** "Ida und Davide sind nach Rom gefahren."

⑤ **Sono andato in giro per i negozi.** "Ich habe einen Einkaufsbummel gemacht." **Ida è sempre in giro.** "Ida ist immer auf Tour/unterwegs."

* **riso**: Partizip Perfekt von **ridere** "lachen"; **bevuto**: **bere** "trinken".

LEKTION 30

11 e poi, **ver**so mezza**not**te, **Da**vide ha **pre**so* la **sua** colle**zio**ne di **vec**chi **dis**chi
12 e ab**bia**mo bal**la**to **tut**ti i **vec**chi **bal**li, il **val**zer, il **cha**-cha-cha, il twist.
13 – Ma **fi**no a che **o**ra **sie**te re**sta**ti in**sie**me?
14 – Non lo so esatta**men**te, ma al**me**no **fi**no **al**le tre.

(PRONUNCIA)

[**11** mäddsa**not**tê ... kolla**tß**jo**nê** ... **diß**ki **12** **walt**ßär ... **tscha**-tscha-tscha ... tuißt **14** esatta**män**tê]

ESERCIZIO 1: Capite queste frasi?

❶ Che cosa avete fatto di bello ieri sera? ❷ Siamo andati in giro tutto il giorno. ❸ I nostri amici sono venuti a pranzo da noi. ❹ Marco e Davide hanno raccontato un sacco di barzellette. ❺ Abbiamo chiacchierato e riso molto. ❻ Fino a che ora siete restati insieme?

ESERCIZIO 2: Inserite le parole mancanti

❶ Letztes Jahr sind Francesca und Ida nach Rom gefahren.

L'anno . . . . . . Francesca e Ida . . . . a Roma.

❷ Wohin sind Paolo und Marco in [den] Urlaub gefahren?

Dove . . . . in . . . . Paolo e Marco?

❸ Gestern Abend haben wir bis Mitternacht geplaudert.

Ieri sera . . . . fino a . . . .

[11] und dann, gegen Mitternacht, hat Davide seine Sammlung alter Schallplatten hervorgeholt (genommen),

[12] und wir haben all die alten Tänze getanzt, den Walzer, den Cha-cha-cha, den Twist.

[13] – Aber bis wie viel Uhr seid ihr zusammengeblieben?

[14] – Das weiß ich nicht genau, aber mindestens bis um drei.

ANMERKUNGEN

* **preso**: Partizip Perfekt von **prendere** „nehmen".

SOLUZIONE DELL'ESERCIZIO 1: Avete capito correttamente?

❶ Was habt ihr gestern Abend Schönes gemacht? ❷ Wir sind den ganzen Tag unterwegs gewesen. ❸ Unsere Freunde sind zum Mittagessen zu uns gekommen. ❹ Marco und Davide haben eine Menge Witze erzählt. ❺ Wir haben viel geplaudert und gelacht. ❻ Bis wie viel Uhr seid ihr zusammengeblieben?

❹ Chiara ist zu Francesca gegangen und hat einen angenehmen Abend verbracht.

Chiara . . . . Francesca e . . . . una serata piacevole.

❺ Paolo und Marco sind nicht gekommen? – Nein, dafür (dagegen) sind Chiara und Laura gekommen.

Paolo e Marco . . . . ? – No, invece . . . . Chiara e Laura.

SOLUZIONE DELL'ESERCIZIO 2: Le parole mancanti.

❶ scorso – sono andate ❷ sono andati – vacanza ❸ abbiamo chiacchierato – mezzanotte ❹ è andata da – ha passato ❺ non sono venuti – sono venute

LEZIONE 30

▶ Trentunesima (31°) lezione

Una serata piacevole (II)

1 – Ad un **cer**to mo**men**to ab**bia**mo a**vu**to una telefo**na**ta dei vi**ci**ni: ①
2 la si**gno**ra Serbel**lo**ni ha comin**cia**to a prote**sta**re,
3 ma **Da**vide ha **su**bito pro**pos**to* a lei e a **su**o marito di ve**ni**re da noi.
4 – E **lo**ro **han**no accet**ta**to?
5 – **Cer**to, e **so**no **sta**ti i più scate**na**ti. ②
6 **Han**no ballato un **tan**go argentino, **so**no **sta**ti dav**ve**ro irresi**sti**bili!
7 **Al**la **fi**ne **han**no a**vu**to gli ap**plau**si gene**ra**li.
8 – In**som**ma è **sta**ta **u**na **ve**ra **fes**ta! ②
9 – Sì, è **sta**ta **mol**to diver**ten**te, ma è fi**ni**ta tar**dis**simo, ③

(PRONUNCIA)

[**1** witschini **2** komintschato **4** attschättato ... ßkatênati **6** tango ardsch^äntino **7** applausi **8** inßomma **9** diwärtäntê]

Einunddreißigste Lektion

Ein angenehmer Abend (II)

1 – Zu einem bestimmten Augenblick haben wir einen Anruf von den Nachbarn bekommen (gehabt):
2 (Die) Frau Serbelloni hat angefangen zu protestieren,
3 aber Davide hat ihr und ihrem Mann sofort vorgeschlagen, zu uns zu kommen.
4 – Und sie haben angenommen (akzeptiert)?
5 – Sicher, und sie sind die Ausgelassensten gewesen.
6 Sie haben einen argentinischen Tango getanzt, sie sind wirklich unwiderstehlich gewesen!
7 Zum Schluss haben sie allgemeinen Beifall bekommen (gehabt).
8 – Also ist es ein echtes (wahres) Fest gewesen!
9 – Ja, es ist sehr (viel) amüsant gewesen, aber es hat sehr spät aufgehört,

(ANMERKUNGEN)

① Das Partizip Perfekt von **avere** ist **avuto**; das zusammengesetzte Perfekt lautet **ho avuto** „ich habe gehabt".

② Das Partizip Perfekt von **essere** ist **stato**. Das zusammengesetzte Perfekt lautet **sono stato** „ich bin gewesen". Achtung: Da **essere** selbst die zusammengesetzten Zeiten auch mit dem Hilfsverb **essere** bildet, muss das Partizip in Numerus und Genus an das Subjekt angeglichen werden: **Marco è stato a Roma.** „Marco ist in Rom gewesen." **Lucia e Valerio sono stati a teatro.** „L. und V. sind im Theater gewesen." **Lucia e Valerio sono stati a teatro.** „L. und V. sind im Theater gewesen." **Sofia è stata al cinema** „Sofia ist im Kino gewesen." **Sofia e Caterina sono state al cinema** „S. und C. sind im Kino gewesen." Übrigens: Das Partizip des Verbs **stare** „sein, stehen, sich befinden" lautet ebenfalls **stato**!

③ **fin-IRE** „zu Ende gehen/beenden", 3. Gruppe; Partizip Perfekt: **fin-ITO**; ebenso: **dorm-IRE** „schlafen": **dorm-ITO**; **part-IRE** „weggehen": **part-ITO**.

* **proposto:** Partizip Perfekt von **proporre** (hier:) „vorschlagen".

10 e poi ho a**vu**to mal di **tes**ta **tut**ta la mat**ti**na**ta**.
11 Ma tu, piut**tos**to, per**ché** non mi rac**con**ti **do**ve sei **sta**ta **ie**ri?
12 – A**des**so ti rac**con**to, ma **for**se **sia**mo **sta**te già **trop**po al te**le**fono. ④
13 Per**ché** in**ve**ce non pran**zia**mo in**sie**me do**ma**ni?
14 – Volen**tie**ri. An**dia**mo al **nos**tro **so**lito risto**ran**te?
15 – Per**ché** no? A che **o**ra?
16 – Fac**cia**mo all'**u**na, ma mi racco**man**do, **I**da, ar**ri**va puntu**a**le! ⑤

(PRONUNCIA)

[*13 prantßjamo 16 rakkomando ... puntualê*]

ESERCIZIO 1: Capite queste frasi?

❶ Perché non mi racconti dove sei stata ieri? ❷ Andiamo al nostro solito ristorante? ❸ Mi raccomando, arriva puntuale! ❹ Il signor Serbelloni ha proposto a sua moglie di ballare un tango. ❺ Sono stati irresistibili: hanno avuto gli applausi generali. ❻ È stata una vera festa.

ESERCIZIO 2: Inserite le parole mancanti

❶ Du hast eine gute Idee gehabt!

. . . . una . . . . . idea!

10 und dann habe ich den ganzen Morgen Kopfschmerzen gehabt.
11 Aber nun zu dir (Aber du, eher), warum erzählst du mir nicht, wo du gestern gewesen bist?
12 – Ich erzähle [es] dir gleich, aber vielleicht sind wir schon zu lang (viel) am Telefon gewesen.
13 Warum essen wir (dagegen) nicht morgen zusammen zu Mittag?
14 – Gern. Gehen wir in unser gewohntes Restaurant?
15 – Warum nicht? Um wie viel Uhr?
16 – Sagen (machen) wir um eins, aber ich bitte dich (ich empfehle mich), Ida, sei pünktlich (komm pünktlich an)!

(ANMERKUNGEN)

④ **adesso** „nun, jetzt": **Stai meglio adesso?** „Geht es dir jetzt besser?" Im Satz **Adesso ti spiego** folgt auf **adesso** ein Verb im Präsens. Es drückt damit die nahe Zukunft aus: „Ich erkläre es dir gleich."

⑤ **Mi raccomando, non rientrate tardi!** „Ich bitte euch, kommt nicht spät zurück!" **Vai piano mi raccomando!** „Geh langsam, ich bitte dich!". Sich zu empfehlen, ist eine Art, jemanden um etwas zu bitten.

SOLUZIONE DELL'ESERCIZIO 1: Avete capito correttamente?

❶ Warum erzählst du mir nicht, wo du gestern gewesen bist? ❷ Gehen wir in unser gewohntes Restaurant? ❸ Ich bitte dich, sei pünktlich! ❹ Herr Serbelloni hat seiner Frau vorgeschlagen, einen Tango zu tanzen. ❺ Sie sind unwiderstehlich gewesen: Sie haben allgemeinen Beifall bekommen (gehabt). ❻ Es ist ein wirkliches Fest gewesen!

❷ Das Fest ist sehr amüsant gewesen, aber es hat sehr spät aufgehört.

La festa . . . . . . molto divertente, ma
. . . . tardissimo.

LEKTION 31

❸ Wir haben einen Telefonanruf von den Nachbarn bekommen (gehabt).

.... una telefonata ... vicini.

❹ Sie sind zu uns gekommen, und sie sind die Ausgelassensten gewesen.

.... venuti .. noi e .... i più scatenati.

▶ Trentaduesima (32°) lezione

Che distratta!

| 1 | – Ecco Francesca seduta al tavolo di un ristorante della Milano vecchia. ① ②
| 2 | Le due amiche lo conoscono da molto tempo e ci vanno spesso.
| 3 | Francesca è arrivata per prima.
| 4 | Cerca Ida, ma non la trova..., è in ritardo, come al solito.
| 5 | Dov'è Ida? Eccola lì: ha preso al volo un taxi, ③
| 6 | ha dato* l'indirizzo del ristorante

(PRONUNCIA)

[**1** rißtorantê ... wäkkja **2** amikê ... konoßkono **5** äkkola lì]

(ANMERKUNGEN)

① Beachten Sie, dass **il tavolo** und **la tavola** nicht dieselbe Bedeutung haben. **Tavolo** bezeichnet allgemein einen Tisch; dagegen bezieht sich **tavola** immer auf den Esstisch in einem Haushalt. Wenn Sie also zu Hause am Tisch sitzen, dann sagen Sie **sono a tavola** (ohne Artikel), in einem Restaurant dagegen **sono al tavolo** (mit Artikel).

❺ Vielleicht sind wir (Femininum Plural) schon zu lange am Telefon gewesen.

Forse siamo ..... già troppo .. telefono.

SOLUZIONE DELL'ESERCIZIO 2: Le parole mancanti.
❶ Hai avuto – buona ❷ è stata – è finita ❸ Abbiamo avuto – dei
❹ Sono – da – sono stati ❺ state – al

Zweiunddreißigste Lektion

Wie zerstreut [sie ist]!

1 – Hier sitzt Francesca [nun] am Tisch eines Restaurants der Mailänder Altstadt (des alten Mailands).
2 Die beiden Freundinnen kennen es seit langer (viel) Zeit und gehen oft dorthin.
3 Francesca ist als erste angekommen.
4 Sie sucht Ida, aber sie findet sie nicht ... sie verspätet sich (in Verspätung), wie gewohnt.
5 Wo ist Ida? Da [ist] sie: Sie hat flugs (im Flug) ein Taxi genommen,
6 hat die Adresse des Restaurants [an]gegeben

② Im Italienischen ist das Geschlecht der Städte immer weiblich: **La Firenze del Rinascimento** „das Florenz der Renaissance".

③ Die Pronomina **lo**, **la**, **li**, **le** und **ne** verschmelzen, wenn sie auf **ecco** folgen, mit diesem zu einem Wort: **eccola**, **eccone** usw.

* **dato** ist das Partizip Perfekt von **dare** „geben".

LEKTION 32

| 7 | e ha **chies**to* al tas**sis**ta di **fa**re il più **pre**-**s**to pos**si**bile. ④
| 8 | – **Ca**ra si**gno**ra, lo **ve**de **an**che lei che c'è un **traf**fico paz**zes**co, è l'**o**ra di **pun**ta.
| 9 | – **Po**vera me! Ho dimenti**ca**to il porta**fo**gli!
| 10 | – In**som**ma, si**gno**ra, i **sol**di per pa**ga**re ce li **ha** o non ce li **ha**? ⑤ ⑥
| 11 | – A**des**so li **chie**do **al**la **mi**a a**mi**ca.
| 12 | Hai cinque**mi**la **li**re (**no**ve **e**uro), Fran**ces**ca?
| 13 | – **Cer**to, **ec**cole, ma... ③
| 14 | – Poi ti **spie**go...
| 15 | – Ida **pren**de le cinque**mi**la **li**re (**no**ve **e**uro) e le dà al tas**sis**ta.
| 16 | – Ma si**gno**ra, lei **pa**ga quattro**mi**la due**cen**to **li**re (**set**te **e**uro e cin**quan**ta).
| 17 | – Non fa **nien**te, può te**ne**re il **res**to.

(PRONUNCIA)

[**7** kjäßto **8** pattßäßko **9** portafolji **10** inßomma **17** njäntê]

ESERCIZIO 1: Capite queste frasi?

❶ Come al solito Ida è in ritardo. ❷ Dov'è Ida? Non la vedo. – Eccola lì. ❸ C'è un traffico pazzesco, è l'ora di punta. ❹ Davide, devi fare il più presto possibile. ❺ Povera me! Ho dimenticato i soldi! ❻ Non fa niente, può tenere il resto.

ESERCIZIO 2: Inserite le parole mancanti

❶ Ist das ein gutes Restaurant? – Ja, ich gehe oft dorthin.

. un buon ristorante? – Sì, ... spesso.

❷ Seit wann (wie viel Zeit) kennst du Francesca?

. . quanto tempo . . . . Francesca?

7	und hat den Taxifahrer gebeten, sich zu beeilen (das Schnellstmögliche zu machen).
8	– [Meine] liebe Dame, das sehen Sie auch, dass hier ein verrückter Verkehr ist, es ist Stoßzeit (die Stunde der Spitze).
9	– Ich Ärmste! Ich habe die Brieftasche vergessen!
10	– Also, [gnädige] Frau, haben Sie das Geld zum Bezahlen oder haben Sie es nicht?
11	– Ich frage gleich meine Freundin (jetzt sie [ich] erfrage bei meine Freundin).
12	Hast du fünftausend Lire (neun Euro), Francesca?
13	– Sicher, hier [sind] sie, aber ...
14	– Ich erkläre [es] dir später ...
15	– Ida nimmt die fünftausend Lire und gibt sie dem Taxifahrer.
16	– Aber [gnädige] Frau, Sie [sollen] viertausendzweihundert Lire (sieben Euro fünfzig) bezahlen.
17	– Das macht nichts, stimmt so (kann behalten den Rest).

(ANMERKUNGEN)

④ **Ho fatto il più presto possibile.** „Ich habe mich beeilt." Aber auch: **Mi sono alzato presto stamattina.** „Ich bin heute Morgen früh aufgestanden."

⑤ **Non ho molti soldi.** „Ich habe nicht viel Geld." **I soldi non mi bastano mai.** „Das Geld reicht mir nie." **I soldi** ist das am häufigsten gebrauchte Wort für „Geld"; es steht immer im Plural. Es gibt auch das weniger gebräuchliche Wort **denaro,** das immer im Singular steht: **Non ho molto denaro.** „Ich habe nicht viel Geld."

⑥ **Hai le fotografie? – No, non ce le ho.** „Hast du die Fotos? – Nein, ich habe sie nicht." Erinnern Sie sich noch an **ce?** Es ist nicht direkt übersetzbar. Merken Sie sich deshalb die Redewendungen, in denen es vorkommt, als Ganzes.

* **chiesto** ist das Partizip Perfekt von **chiedere** „fragen, bitten".

SOLUZIONE DELL'ESERCIZIO 1: Avete capito correttamente?

❶ Wie gewohnt hat Ida Verspätung. ❷ Wo ist Ida? Ich sehe sie nicht. – Da ist sie ja. ❸ Es ist ein verrückter Verkehr, es ist Stoßzeit. ❹ Davide, du musst so schnell wie möglich machen. ❺ Ich Ärmste! Ich habe das Geld vergessen! ❻ Das macht nichts, Sie können den Rest behalten.

❸ Und Marco, kennst du ihn? – Nein, ich kenne ihn nicht.

E Marco, ... ? – No, non .. ..

❹ Ida hat Verspätung, Francesca erwartet sie. Aber da ist sie ja, sie kommt.

Ida è .. .. Francesca . 'aspetta. Ma, ..., arriva.

❺ Ida hat fünf Euro von Francesca erbeten und hat sie dem Taxifahrer gegeben.

Ida .. .. cinque euro a Francesca e .. ha dati al ....

▶ Trentatreesima (33°) lezione

Un'intervista

| 1 | – Final**men**te!
| 2 | – **Scu**sami, **ca**ra, ma non **so**no po**tu**ta arri**va**re **pri**ma. ①
| 3 | – Ma che **co**sa è suc**ces**so*? ②

(PRONUNCIA)
[unintär**wiß**ta **1** final**män**tê **3** ßutt**schäß**ßo]

centotrenta • 130

« COME AL SOLITO IDA È IN RITARDO. »

SOLUZIONE DELL'ESERCIZIO 2: Le parole mancanti.

❶ È – ci vado ❷ Da – conosci ❸ lo conosci – lo conosco ❹ in ritardo – l – eccola ❺ ha chiesto – li – tassista

Dreiunddreißigste Lektion

Ein Interview

1 – Endlich!
2 – Entschuldige (mich), [meine] Liebe, aber ich konnte nicht eher kommen ...
3 – (Aber) was ist [denn] passiert?

ANMERKUNGEN

① Beachten Sie: **ha fatto** „er hat gemacht", **ha potuto fare** „er hat machen können". Aber: **È arrivata.** „Sie ist angekommen." **È potuta arrivare.** „Sie hat kommen können." Ebenso: **Siamo venute.** „Wir sind gekommen." **Siamo potuti venire.** „Wir haben kommen können." **Sono partite.** „Sie sind ab-/weggefahren." **Sono potute partire.** „Sie haben ab-/wegfahren können."

② Im Präsens: **Che (cosa) succede?** „Was geht vor?"

* **successo:** Partizip Perfekt von **succedere** „passieren".

LEKTION 33

4 – Ho **mes**so* il porta**fo**gli **nel**la **bor**sa **ne**ra, e poi l'ho la**scia**ta sul **let**to e ne ho **pre**sa un'**al**tra ... ③

5 Ma tu, che **co**sa **be**vi? ④

6 – Ho ordi**na**to un Martini, ne vu**oi u**no **an**che tu?

7 – Mmm... ne ho già be**vu**to uno, la**scia**mo **per**dere.

8 Che **vi**ta! **Ie**ri ho a**vu**to un'**al**tra gior**na**ta as**sur**da.

9 Sai che la **squa**dra di **cal**cio del Brasile è a Mi**la**no per gio**ca**re **u**na partita **con**tro l'**In**ter. ⑤

10 Il **ca**po-reda**zio**ne mi ha **det**to* di an**da**re a intervi**sta**re il fa**mo**so Polò. ⑥

11 Non ne **so**no **sta**ta per **nien**te conten**ta**: io de**tes**to il **cal**cio.

12 Ma non ho po**tu**to rifiutare e **so**no do**vu**ta an**da**re.

(PRONUNCIA)

[**4** mäßßo ... porta**fo**lji ... las**cha**ta **9** ßkuadra ... kaltscho ... dsch^o**ka**rê ... kontro ... intär **10** **ka**po-redatßjonê ... dätto ... intär-wißtarê ... fa**mo**so **11** njäntê **12** rifju**ta**rê]

* **messo**: Partizip Perfekt von **mettere** „setzen, stellen, legen"; **detto**: **dire** „sagen".

4 – Ich habe die Brieftasche in die schwarze Tasche gelegt, und dann habe ich sie auf dem Bett [liegen] lassen und (davon) eine andere genommen ...

5 ... Aber du, was trinkst du?

6 – Ich habe einen Martini bestellt, willst auch du einen (davon)?

7 – Mmm ..., ich habe schon einen (davon) getrunken, lassen wir das lieber (lassen wir verlieren).

8 Was [für ein] Leben! Gestern habe ich einen (anderen) absurden Tag gehabt.

9 Du weißt, dass die Fußballmannschaft Brasiliens in Mailand ist, um eine Partie gegen Inter Mailand zu spielen.

10 Der Chefredakteur (Chef [der] Redaktion) hat mich beauftragt (mir gesagt), den berühmten Polò [zu] interviewen (zu gehen).

11 Ich bin überhaupt nicht damit zufrieden gewesen: Ich hasse (den) Fußball.

12 Aber ich habe [es] nicht ablehnen können und musste gehen.

ANMERKUNGEN

③ **Hai visto Carlo? – Sì, l'ho visto ieri.** „Hast du Carlo gesehen? – Ja, ich habe ihn gestern gesehen." **Hai visto Angela? – Sì, l'ho vista.** „Hast du Angela gesehen? – Ja, ich habe sie gesehen." Aus **lo ho visto** wird **l'ho visto** „ich habe ihn gesehen", aus **la ho vista** wird **l'ho vista** „ich habe sie gesehen".

④ **bere**: Der Indikativ Präsens dieses Verbs lautet **(io) bevo, (tu) bevi, (lui/lei) beve, (noi) beviamo, (voi) bevete, (loro) bevono**. Obwohl der Infinitiv **bere** lautet, werden alle anderen Formen mit dem Stamm **bev-** gebildet.

⑤ **il calcio**, wörtlich „Fußtritt", kommt von **calciare** „treten".

⑥ Mit der Konstruktion **andare a...** drückt man eine Handlung in der unmittelbaren Zukunft aus, die eine Bewegung andeutet. Teils entspricht sie dem deutschen „gehen", z. B. „Ich gehe essen, ich gehe einkaufen" usw., **andare a...** wird aber häufiger verwendet, auch in Kontexten, in denen „gehen" nicht passen würde. In der deutschen Übersetzung wird **andare** also nicht mitübersetzt und nur in Klammern gesetzt.

13 Per di più **que**sto si**gnor** Po**lò** ha pre**te**so* di **fa**re l'inter**vis**ta a un'**o**ra impos**si**bile:
14 co**sì**, **ie**ri mat**ti**na **so**no u**sci**ta all'**al**ba e di **pes**simo u**mo**re, e ho male**det**to* il **cal**cio, i calcia**to**ri e i ti**fo**si! ⑥ ⑦

(PRONUNCIA)

[**13** pär-di-pju ... preteso **14** umorê ... kaltschatori]

ESERCIZIO 1: Capite queste frasi?

❶ Sei arrivata, finalmente! ❷ Ma che cosa è successo? – Sono di pessimo umore, sono uscita all'alba. ❸ Bevi un Martini? – No, grazie, ne ho già bevuto uno. ❹ Sono andata a intervistare un famoso calciatore. ❺ Non ne sono stata per niente contenta: io detesto il calcio. ❻ Per di più ho lasciato il portafogli a casa!

ESERCIZIO 2: Inserite le parole mancanti

❶ Kennst du meine Freundin Carla? – Ja, ich habe sie in Rom kennengelernt.

Conosci .. ... amica Carla? – Sì, . 'ho .... a Roma.

❷ Ich habe die Brieftasche in die schwarze Tasche gelegt, und dann habe ich (davon) eine andere genommen.

Ho ..... il portafogli ..... borsa nera e poi .. ho ..... un'altra.

|13| Darüber hinaus hat dieser Herr Polò verlangt, das Interview zu einer unmöglichen Zeit zu machen:

|14| So bin ich gestern früh im Morgengrauen und mit (von) schlechtester Laune hinausgegangen und habe (den) Fußball, die Spieler und die Anhänger verflucht!

(ANMERKUNGEN)

⑥ Wie im Fall **ottimo** ist auch beim Superlativ von **male** „schlecht" die lateinische Form „pessimus" übernommen worden: **pessimo**.

⑦ Der **tifoso** ist ein Anhänger, der seiner Mannschaft immer folgt, kein Spiel versäumt und der seine Mannschaft lautstark anfeuert. Das nennt man **fare il tifo**. In einem anderen Zusammenhang bedeutet **tifo** „Typhus". **Il calcio**: „Fußball" als Sport, nicht als Sportgerät.

* **preteso**: Partizip Perfekt von **pretendere** „verlangen"; **maledetto**: **maledire** „verfluchen".

SOLUZIONE DELL'ESERCIZIO 1: Avete capito correttamente?

❶ Endlich bist du gekommen! ❷ Aber was ist passiert? – Ich bin sehr schlecht gelaunt, ich bin im Morgengrauen aus [dem Haus] gegangen. ❸ Trinkst du einen Martini? – Nein, danke, ich habe schon einen getrunken. ❹ Ich bin einen berühmten Fußballspieler interviewen gegangen. ❺ Ich bin überhaupt nicht damit zufrieden gewesen: Ich hasse (den) Fußball. ❻ Darüber hinaus habe ich die Brieftasche zu Hause liegen lassen!

❸ Ich habe nicht ablehnen können: Ich musste gehen!

Non . . potuto rifiutare: . . . . andare!

❹ Hast du deine Brieftasche wiedergefunden? – Ja, ich habe sie zu Hause gefunden.

. . . ritrovato . . tuo portafogli? – Sì, . 'ho . . . . a . . . . .

⑤ Ist Maria gekommen? – Nein, sie hat mir gesagt, dass sie nicht kommen konnte (gekonnt hat).

È ..... Maria? – No, mi ha ..... che non . potuta venire.

▶ **Trentaquattresima (34°) lezione**

L' M.L.M.M.

1 – Che **co**sa **pren**di?
2 – **For**se le melan**za**ne al fun**ghet**to, le vuoi **an**che tu? ① ②
3 – No, le ho man**gia**te **pro**prio **ie**ri. Prefe**ri**sco i **fun**ghi **al**la **gri**glia. ①
4 In**tan**to ti rac**con**to il **se**guito **del**la **mi**a gior**na**ta:
5 **do**po l'inter**vis**ta a Polò ho do**vu**to **fa**re un ser**vi**zio sull'M.L.M.M.
6 – E che co**s'è**?

ECCO DUE MILITANTI CON IL LORO CARTELLO.

M.L.M.M

(PRONUNCIA)

[**2** meland*ß*anê ... fun*g*ätto ... wuoi **3** fun*g*i ... gril*j*a **4** intanto ... *ß*eguito **5** ämmê ällê]

SOLUZIONE DELL'ESERCIZIO 2: Le parole mancanti.

❶ la mia – l – conosciuta ❷ messo – nella – ne – presa ❸ ho – sono dovuta ❹ Hai – il – l – ritrovato – casa ❺ venuta – detto – è

Vierunddreißigste Lektion

Die B.B.M.E.

1 – Was nimmst du?
2 – Vielleicht die Auberginen mit Pilzen, willst du sie auch?
3 – Nein, ich habe sie gerade gestern gegessen. Ich ziehe die gegrillten Pilze vor.
4   Ich erzähle dir inzwischen, wie mein Tag sich fortgesetzt hat (die Fortsetzung meines Tages):
5   Nach dem Interview mit Polò musste ich eine Reportage über die B.B.M.E. machen.
6 – Und was ist das?

(ANMERKUNGEN)

① Man kocht sehr häufig Gemüse **al funghetto** „mit Pilzen" d. h., mit kleinen Pilzstückchen bedeckt. **Alla griglia** oder **ai ferri** „gegrillt".

② **Hai preso i biglietti? – Sì, li ho presi ieri.** „Hast du die Eintrittskarten geholt? – Ja, ich habe sie gestern geholt." **Conosci le mie amiche? – Sì, le ho conosciute l'anno scorso.** „Kennst du meine Freundinnen? – Ja, ich habe sie letztes Jahr kennengelernt." **Hai fatto delle fotografie? – Sì, ne ho fatte molte.** „Hast du Fotos gemacht? – Ja, ich habe viele gemacht." **Hai già letto molti libri italiani? – No, ne ho letti poche.** „Hast du schon viele italienische Bücher gelesen? – Nein, ich habe wenige gelesen."

7	– Non hai **let**to* i gior**na**li **de**gli **ul**timi **gior**ni?
8	– No, li ho ap**pe**na sfo**glia**ti. ②
9	– M.L.M.M. signi**fi**ca: Movi**men**to di Libera**zio**ne dei Ma**ri**ti Maltrat**ta**ti.
10	– Ma **di**ci sul **se**rio?
11	– **Co**me no! Ne ho intervis**ta**ti **du**e: il Presi**den**te e il Segre**ta**rio Gene**ra**le.
12	Mi **han**no **det**to che lo **sco**po dell'Associa**zio**ne è la di**fe**sa dei ma**ri**ti op**pres**si da **mo**gli aggres**si**ve. ③
13	– E non hai **fat**to **del**le fotografie?
14	– Sì, ne ho **fat**te pa**rec**chie. ② ④
15	**Guar**da, qui ne ho **u**na: **du**e mili**tan**ti del Movi**men**to **sot**to un car**tel**lo che **di**ce: „**Sia**mo u**o**mini e non do**mes**tiche." ⑤

(PRONUNCIA)

[8 ßfol**j**ati 12 aßßotschat**ß**jonê ... **mol**lji 14 paräkkjê 15 domäßtikê]

ESERCIZIO 1: Capite queste frasi?

❶ Dici sul serio? – Come no! ❷ Li ho intervistati proprio ieri. ❸ Non hai fatto delle fotografie? ❹ Ecco due militanti con il loro cartello. ❺ Ho letto parecchi libri italiani. ❻ Intanto ti racconto il seguito della mia giornata.

ESERCIZIO 2: Inserite le parole mancanti

❶ Nimmst du die Auberginen? – Nein, ich habe sie gestern gegessen.

Prendi . . . . ? – No, . . ho . . . . ieri.

centotrentotto • 138

| 7 | – Hast du die Zeitungen der letzten Tage nicht gelesen?
| 8 | – Nein, ich habe sie kaum durchgeblättert.
| 9 | – B. B. M. E. bedeutet: Bewegung zur Befreiung Misshandelter Ehemänner.
| 10 | – Meinst du das ernst? (Aber sagst du im Ernst?)
| 11 | – Und wie (wie nicht)! Ich habe zwei von ihnen interviewt: den Präsidenten und den Generalsekretär.
| 12 | Sie haben mir gesagt, dass der Zweck der Vereinigung die Verteidigung (der Schutz) der Ehemänner ist, die von aggressiven Ehefrauen unterdrückt werden.
| 13 | – Und hast du keine Fotografien gemacht?
| 14 | – Doch, ich habe viele/etliche (davon) gemacht.
| 15 | Sieh, hier habe ich eine (davon): Zwei Kämpfer der Bewegung unter einem Plakat, auf dem steht (das sagt): Wir sind Männer und keine (nicht) Dienerinnen.

ANMERKUNGEN

③ **mariti oppressi** „unterdrückte Ehemänner": Wie im Deutschen kann man im Italienischen ein Partizip als Adjektiv verwenden, um einen Nebensatz zu ersetzen: **mariti oppressi**, **mariti che sono oppressi** „unterdrückte Männer, Männer, die unterdrückt werden".

④ **L'ho chiamato parecchie volte.** „Ich habe ihn etliche Male gerufen."
Vivo a Roma da parecchi anni. „Ich lebe seit etlichen Jahren in Rom."

⑤ **uomo** „Mann; Mensch" hat einen unregelmäßigen Plural: **uomini**. Für „Ehemann" sagt man allerdings **marito**.

* **letto**: Partizip Perfekt von **leggere** „lesen".

SOLUZIONE DELL'ESERCIZIO 1: Avete capito correttamente?

❶ Meinst du das ernst? – Und wie! ❷ Ich habe sie gerade gestern interviewt. ❸ Hast du keine Fotografien gemacht? ❹ Hier sind zwei Kämpfer mit ihrem Plakat. ❺ Ich habe etliche italienische Bücher gelesen. ❻ Inzwischen erzähle ich dir, wie mein Tag weitergegangen ist.

❷ Ich habe die Zeitungen nicht gelesen, ich habe sie kaum durchgeblättert.

Non . . . . i giornali, . . ho . . . .
. . . .

LEKTION 34

③ Wie viele Fotos hast du gemacht? – Ich habe (davon) etliche gemacht.

Quante .... hai ..... ? –
.. ho ..... parecchie.

④ Hast du Fotografien? – Ja, ich habe eine (davon).

Hai ..... fotografie? – Si, .. ho ..... .

▶ **Trentacinquesima (35°) lezione**

REVISIONE E NOTE

Lesen Sie noch einmal die folgenden Anmerkungen:
29. Lektion: ③; 30.: ①; 32.: ④; 33.: ②, ④; 34.: ④.

1. Zeitformen: zusammengesetztes Perfekt

Das zusammengesetzte Perfekt **(passato prossimo)** wird – wie im Deutschen – mit dem Partizip Perfekt des Verbs gebildet, dem eine Form der Hilfsverben **avere** oder **essere** vorangeht. Wie Sie im Laufe dieser letzten Lektionen gesehen haben, stellt das Partizip Perfekt der regelmäßigen Verben kein großes Problem dar: **parLARE – parlATO; dovERE – dovUTO; finIRE – finITO.** Hier haben Sie die vollständige Konjugation des zusammengesetzten Perfekts, einmal mit dem Hilfsverb **avere** und dann mit dem Hilfsverb **essere**:

❺ Ich habe den Präsidenten der Vereinigung kennengelernt, und ich habe ihn interviewt.

Ho .... il Presidente .... 'Associazione e . 'ho ....

> **SOLUZIONE DELL'ESERCIZIO 2: Le parole mancanti.**
> ❶ le melanzane – le – mangiate ❷ ho letto – li – appena sfogliati ❸ fotografie – fatto – Ne – fatte ❹ delle – ne – una ❺ conosciuto – dell – l – intervistato

Fünfunddreißigste Lektion

(io)	ho parlato	sono andato/a
	„ich habe geredet"	„ich bin gegangen"
(tu)	hai parlato	sei andato/a
(lui/lei)	ha parlato	è andato/a
(noi)	abbiamo parlato	siamo andati/e
(voi)	avete parlato	siete andati/e
(loro)	hanno parlato	sono andati/e

Der Gebrauch der Hilfsverben stimmt weitgehend, jedoch durchaus nicht immer, mit dem Deutschen überein. Das Italienische benutzt das Hilfsverb **essere** vor allem für Verben der Bewegung, wie es auch im Deutschen der Fall ist: **è venuto** "er ist gekommen"; **è andato a Roma** "er ist nach Rom gefahren" usw.

Nach dem Verb **essere** muss das Partizip Perfekt in Zahl und Geschlecht an das Substantiv, auf das es sich bezieht, angeglichen werden: **Carla è partita.** "Carla ist weggefahren." **Loro sono usciti** "Sie sind ausgegangen" usw. Wie in den meisten anderen Sprachen siegt auch im Italienischen das Maskuline, ob es sich nun um einen Mann und eine Frau oder um einen Mann und ... fünfzehn Frauen handelt: **Sofia, Angela, Caterina e Valerio sono partiti.**

Im Italienischen wird – wie im Deutschen – jedes Hilfsverb mit sich selbst konjugiert. Hier das Perfekt der Verben **essere** und **avere**:

(io)	ho avuto	sono stato/a
	„ich habe gehabt"	„ich bin gewesen"
(tu)	hai avuto	sei stato/a
(lui/lei)	ha avuto	è stato/a
(noi)	abbiamo avuto	siamo stati/e
(voi)	avete avuto	siete stati/e
(loro)	hanno avuto	sono stati/e

2. volere, potere, dovere + Infinitiv

Folgt den Verben **volere** „wollen", **potere** „können" und **dovere** „müssen" ein Infinitiv, bekommen sie das Hilfsverb dieses Infinitivs: **Ho dovuto prendere il treno.** „Ich habe den Zug nehmen müssen." Aber: **Sono dovuto partire.** „Ich habe (bin) abfahren müssen." In der Umgangssprache ist es jedoch kein „schwerwiegender Fehler" zu sagen: **ho dovuto partire** – selbst die Italiener folgen dieser Regel nicht mehr ständig!

3. Zeitformen: Partizip Perfekt

Im Italienischen muss das Partizip Perfekt einem ihm vorangehenden Objekt in Geschlecht und Zahl angeglichen werden: **Hai incontrato Lucia? – Sì, l'ho incontrata stamattina.** „Hast du Lucia getroffen? – Ja, ich habe sie heute Morgen getroffen."

Wie die Artikel apostrophiert man auch die Personalpronomina nicht, wenn sie im Plural stehen: **Hai visto gli amici? – Sì, li ho visti al cinema.** „Hast du die Freunde gesehen? – Ja, ich habe sie im Kino gesehen."

Eine letzte Bemerkung: Auch nach dem Pronomen **ne** „davon" wird das Partizip in Zahl und Geschlecht an das Substantiv angeglichen, das durch **ne** ersetzt wird: **Hai preso tutte le mele? – No, ne ho prese solo due.** „Hast du alle Äpfel genommen? – Nein, ich habe nur zwei (davon) genommen." Aber ... auch hier hören Sie oft einen Italiener sagen: **Ne ho preso solo due.** Das ist nicht so schlimm. Jedoch zu sagen **le ho preso tutte** würde als ein „wirklicher Fehler" angesehen!

4. Floskeln und Redewendungen

Lesen Sie, wie immer, die folgenden Redewendungen laut (sollten Sie über deren Bedeutung im Zweifel sein, finden Sie die Übersetzung im Anschluss).

> **Eccomi qua. – Come va? – Non c'è male.**
> **Mi raccomando: arriva puntuale!**
> **Finalmente! Ti aspetto da venti minuti!**
> **Sei in ritardo, come al solito.**
> **È di pessimo umore.**
> **Che avete fatto di bello? – Le solite cose...**
> **Venite da noi stasera?**
> **Ho fatto un po' di spesa.**
> **Vado dal salumiere.**
> **Può tenere il resto.**
> **Dici sul serio? – Come no!**
> **Povera me!**

Hier bin ich. – Wie geht's? – Nicht schlecht. – Ich bitte dich: Sei pünktlich! – Endlich! Ich warte seit zwanzig Minuten auf dich! – Du bist zu spät, wie immer. – Er hat sehr schlechte Laune . – Was habt ihr Schönes gemacht? – Die üblichen Dinge ... – Kommt ihr heute Abend zu uns? – Ich habe ein bisschen Lebensmittel eingekauft. – Ich gehe zum Wursthändler. – Stimmt so! (Sie können den Rest behalten) – Sagst du das im Ernst? – Und wie! – Ich Ärmste!

> *Sie haben bemerkt, dass wir in den letzten Lektionstexten nicht immer die wörtliche Übersetzung bestimmter Wendungen angegeben haben. Aber Sie haben die vollständige Erklärung dazu in den Anmerkungen und in Lektion 35 vorgefunden. In Wirklichkeit gibt es eben keine komplette Übereinstimmung zwischen dem Italienischen und dem Deutschen. Deshalb gibt es die Erläuterungen, so dass Sie Schritt für Schritt lernen, auch die vom Deutschen abweichenden Phänomene der italienischen Sprache spontan richtig zu verstehen.*

▶ Trentaseiesima (36°) lezione

Che cosa regaliamo a Marco?

1 – **So**no già le tre! **De**vo **pro**prio an**da**re **vi**a. ①
2   Ho mol**tis**sime **co**se da **fa**re: **de**vo **fa**re **del**le **spe**se e vor**rei an**che com**pra**re un rega**li**no a **Mar**co. ②
3   **I**da, per**ché** non mi accom**pa**gni?
4 – Per**ché** no, ti accom**pa**gno volen**tie**ri, ma non ho la **mac**china, lo **sa**i.
5 – Ma ce l'ho **io**! È **pro**prio qui all'**an**golo... ③
6   Vor**rei an**che **fa**re un re**ga**lo a Lo**ren**za, l'a**mi**ca di **Mar**co che mi è **mol**to sim**pa**tica.
7   Ma per lei ho già de**ci**so*: le **pren**do il ca**ta**logo **del**la **mos**tra dei di**se**gni di Leo**nar**do da **Vin**ci. ④ ⑤
8 – E a **Mar**co, che **co**sa gli re**ga**li? ⑥
9 – Non so, tu che **co**sa mi sugge**ris**ci?

PRONUNCIA

[1 dsch^a 3 akkom**pan**ji 4 wolän**tjä**ri 5 tsche-lo-**io** ... **an**golo 6 ßim**pa**tika 7 det**schi**so 9 ßuddsch^ê**ris**chi]

ANMERKUNGEN

① **Carlo è partito per la Cina.** „Carlo ist nach China gefahren." Aber: **Mario è andato via da cinque minuti.** „Mario ist vor fünf Minuten weggegangen." **Partire** benutzt man, wenn es sich um ein Fortgehen handelt, das eine längere Abwesenheit zur Folge hat, z. B. wenn es sich um eine Reise handelt. **Andare via** dagegen drückt ein Fortgehen für eine kürzere Zeit aus (Mario könnte gleich zurückkommen).

② **tavolo – tavolino; pianta – piantina.** Das Suffix **-ino** bedeutet in diesen Fällen „klein", ähnlich wie das deutsche „-chen": „Blume, Blümchen".

Sechsunddreißigste Lektion

Was schenken wir Marco?

1 – Es ist schon drei [Uhr]! Ich muss wirklich (weg)gehen.
2   Ich habe sehr viel zu tun: Ich muss einkaufen gehen, und ich möchte auch ein kleines Geschenk für Marco kaufen.
3   Ida, warum begleitest du mich nicht?
4 – Warum nicht, ich begleite dich gern, aber ich habe kein (nicht das) Auto, [wie] du weißt.
5 – Aber ich habe eins (das habe ich)! Es ist gerade hier um die Ecke ...
6   Ich möchte auch Lorenza ein Geschenk machen, der Freundin von Marco, die mir sehr sympathisch ist.
7   Aber für sie habe ich schon entschieden: Ich kaufe (hole) ihr den Katalog der Ausstellung mit den Bildern (Zeichnungen) von Leonardo da Vinci.
8 – Und Marco, was schenkst du ihm?
9 – Ich weiß nicht, was schlägst du [mir] vor?

③ Ebenso: **Lo dici tu!** „Das sagst du!" **Oggi pago io!** „Heute bezahle ich!" **Lo ha visto lei.** „Den hat sie gesehen!" **Lo ha preso Giovanni!** „Den hat Giovanni genommen!" Beachten Sie, dass in diesen Ausrufesätzen das Subjekt dem Verb folgt.

④ Beachten Sie: **il mostro** „das Monster", aber **la mostra** „die Ausstellung"; **il pianto** „das Weinen", aber **la pianta** „die Pflanze"; **il porto** „der Hafen", aber **la porta** „die Tür".

⑤ **Che cosa regali a Maria? – Le regalo una stampa antica.** „Was schenkst du Maria? – Ich schenke ihr einen alten Druck." Aber: **Che cosa regali a Marco? – Gli regalo una stampa antica.** „Was schenkst du Marco? – Ich schenke ihm einen alten Druck."

⑥ **regalare** bedeutet „schenken", **regalo** bedeutet „Geschenk" und nicht „Regal".

* **deciso**: Partizip Perfekt von **decidere** „entscheiden".

LEKTION 36

| 10 | – Perché non gli regali una cravatta?
| 11 | – La solita cravatta! No, troppo banale...
| 12 | – Un pullover? ⑦
| 13 | – Troppo caro.
| 14 | – Una camicia?
| 15 | – Non conosco le sue misure...
| 16 | – Allora non so proprio.
| 17 | – Ho un'idea! So che Marco va spessissimo a sciare...
| 18 | Gli posso comprare un bel berretto di lana rossa!

(PRONUNCIA)

[*14 kamitscha* *17 ßpäßßißßimo ... schiare*]

(ANMERKUNGEN)

⑦ **Pullover** ist ein Anglizismus, der heutzutage nicht mehr benutzt wird. Wenn Sie in Italien einen „Pullover" brauchen, fragen Sie nach **un maglione**.

ESERCIZIO 1: Capite queste frasi?

❶ Devo andar via: ho molte cose da fare. ❷ Questo è un regalino per Lorenza. ❸ Devo fare delle spese, mi accompagni? ❹ Che cosa hai comprato? – Una cravatta, una camicia, un pullover. ❺ La mia macchina è proprio qui all'angolo. ❻ La solita cravatta! No, troppo banale.

ESERCIZIO 2: Inserite le parole mancanti

❶ Was schenkst du Marco? – Ich schenke ihm eine Wollmütze.

Che cosa ...... a Marco? – ... . un berretto .. lana.

❷ Und Lorenza? – Ich schenke ihr den Katalog der Ausstellung.

E a Lorenza? – .. .. il catalogo ....

centoquarantasei • 146

|10| – Warum schenkst du ihm keine Krawatte?
|11| – Die übliche Krawatte! Nein, zu banal ...
|12| – Ein Pullover?
|13| – Zu teuer.
|14| – Ein Hemd?
|15| – Ich kenne seine Größe (Maße) nicht ...
|16| – Dann weiß ich wirklich nicht.
|17| – Ich habe eine Idee! Ich weiß, dass Marco oft [zum] Skifahren fährt (geht) ...
|18| Ich kann ihm eine schöne Mütze aus roter Wolle kaufen!

QUESTO È UN REGALINO PER LORENZA.

SOLUZIONE DELL'ESERCIZIO 1: Avete capito correttamente?

❶ Ich muss weggehen: Ich habe viele Dinge zu tun. ❷ Dies ist ein kleines Geschenk für Lorenza. ❸ Ich muss einkaufen gehen, begleitest du mich? ❹ Was hast du gekauft? – Eine Krawatte, ein Hemd, einen Pullover. ❺ Mein Auto ist genau hier um die Ecke. ❻ Die übliche Krawatte! Nein, zu banal.

❸ Marco, den habe ich letztes Jahr kennengelernt, aber Lorenza, die kenne ich nicht.

Marco, . 'ho .... l'anno scorso,

ma Lorenza non .. ..

❹ Ich weiß nicht. Ich habe noch nicht entschieden.

Non ... Non .. ancora ....

LEKTION 36

⑤ Was schlägst du mir vor? Einen schönen Pullover oder ein schönes Hemd?

Che cosa .. .. ? Un ... pullover o una ..... camicia?

▶ **Trentasettesima (37°) lezione**

All'ufficio postale

1 – **Pri**ma di **pren**dere la **mac**china vor**rei** pas**sa**re un **at**timo **al**la **pos**ta.
2 – C'è un ufficio pos**ta**le **pro**prio qui di **fron**te.
3 – **De**vo **fa**re un tele**gram**ma ai To**ni**ni
4 che ci **han**no man**da**to la parteci**pa**zio**ne del**la **na**scita dei **lo**ro **due pri**mi **fi**gli. ①
5 **Han**no a**vu**to **due** ge**mel**li un **me**se fa, un **mas**chio e **u**na **fem**mina. ② ③

(PRONUNCIA)

[*2 alluffitscho-poßtalê 3 telêgramma 4 partêtschipatßjonê 5 dsch^êmälli*]

(ANMERKUNGEN)

① **Marco, che è arrivato ieri...** „Marco, der gestern angekommen ist, ...". **Marco, che hai conosciuto a Roma...** „Marco, den du in Rom kennengelernt hast, ...". Das Relativpronomen ist im Italienischen **che**. **Chi** ist ein Fragepronomen: **Chi è venuto?** „Wer ist gekommen?"

> **SOLUZIONE DELL'ESERCIZIO 2:** Le parole mancanti.
>
> ❶ regali – Gli regalo – di ❷ Le regalo – della mostra ❸ I – conosciuto – la conosco ❹ so – ho – deciso ❺ mi suggerisci – bel – bella

Sie erkennen zunehmend, dass die Struktur des italienischen Satzes meist nicht dieselbe wie die des deutschen Satzes ist. Jedes Mal, wenn Ihnen etwas besonders auffällt, sollten Sie sich die Beispiele, die wir in den Anmerkungen aufführen, aufmerksam durchlesen, um sich mit den Eigenarten der italienischen Konstruktionen vertraut zu machen.

Siebenunddreißigste Lektion

Im Postamt

1 – Bevor [wir] das Auto holen, möchte ich einen Augenblick bei der Post vorbeigehen.
2 – Es gibt ein Postamt genau hier gegenüber.
3 – Ich muss ein Telegramm an die Toninis schicken (machen),
4 die uns die Geburtsanzeige (Anzeige / Teilnahme der Geburt) ihrer beiden ersten Kinder geschickt haben.
5 Sie haben vor einem Monat (zwei) Zwillinge bekommen (gehabt), einen Jungen und ein Mädchen.

② **una settimana fa** „vor einer Woche", **due anni fa** „vor zwei Jahren". **Fa** steht immer nach dem Ausdruck, der die Zeit angibt.

③ **un uomo, una donna** „ein Mann, eine Frau". Aber: **Ho due gatti, un maschio e una femmina.** „Ich habe zwei Katzen, ein Männchen und ein Weibchen." Ebenso: **Chiara ha avuto un figlio. – È un maschio o una femmina?** „Chiara hat ein Kind bekommen. – Ist es ein Junge oder ein Mädchen?" Man benutzt **maschio** und **femmina** also nur, wenn es sich um Tiere oder um Säuglinge handelt.

| 6 | **Guar**da che **fi**la! Che **co**sa gli **scri**vo? ④
| 7 | – **Quel**lo che vuoi, ma fai **pres**to.
| 8 | **Fac**cio **i**o la **fi**la, tu in**tan**to **pren**di un **mo**dulo.
| 9 | – "Vi augu**ri**amo **tan**ta felici**tà**.
| 10 | Spe**ri**amo di ve**de**re **pres**to **Mas**simo e Ales**san**dra.
| 11 | Man**di**amo **lo**ro un mi**li**one di au**gu**ri. Fran**ces**ca e **Da**vide." ④ ⑤
| 12 | – Si**gno**ra, **so**no più di **se**dici pa**ro**le.
| 13 | Lo ac**cor**cia o **pa**ga la ta**rif**fa superiore?
| 14 | – Va **be**ne co**sì**, **gra**zie.

(PRONUNCIA)

[**9** augu**ri**amo **13** ak**kor**tscha]

ESERCIZIO 1: Capite queste frasi?

❶ C'è un ufficio postale proprio qui di fronte. ❷ Abbiamo avuto due gemelli, un maschio e una femmina. ❸ Ci hanno mandato la partecipazione della nascita del loro figlio. ❹ Scrivi quello che vuoi, ma fai presto. ❺ Faccio io la fila, tu intanto prendi un modulo.

ESERCIZIO 2: Inserite le parole mancanti

❶ Wir wünschen euch viel Glück.

. . auguriamo tanta . . . .

❷ Ich schicke ihnen ein Telegramm.

. . . . un telegramma.

❸ Sie haben vor zwei Wochen ein Kind bekommen.

Hanno . . . . . un . . . . . . due settimane

. . .

centocinquanta • 150

6 Sieh, was [für eine Warte-]Schlange (Reihe)! Was schreibe ich ihnen?
7 – Das (Jenes), was du willst, aber mach schnell.
8 Ich stelle mich an (mache die Schlange), du holst inzwischen ein Formular.
9 – „Wir wünschen euch viel Glück (Freude).
10 Wir hoffen, Massimo und Alessandra bald zu sehen.
11 Wir schicken ihnen eine Million Glückwünsche. Francesca und Davide."
12 – [Gnädige] Frau, es sind mehr als sechzehn Wörter.
13 Kürzen Sie es oder bezahlen Sie die höhere Gebühr?
14 – Es geht [in Ordnung] (gut) so, danke.

(ANMERKUNGEN)

④ **scrivo loro** oder **gli scrivo**: Im gesprochenen Italienisch geht die Tendenz mehr und mehr dahin, **gli** für das Maskulinum oder das Femininum Plural zu gebrauchen, während **loro** auf die geschriebene oder die formelle Sprache beschränkt bleibt. Beachten Sie auch, dass **loro** immer dem Verb folgt und nicht wie **gli** vorangestellt ist.

⑤ **(Tanti) auguri!** ist die am meisten gebrauchte Glückwunschformel bei allen festlichen Anlässen (Geburtstag, Hochzeit, Weihnachten).

SOLUZIONE DELL'ESERCIZIO 1: Avete capito correttamente?

❶ Es gibt ein Postamt genau hier gegenüber. ❷ Wir haben Zwillinge bekommen, einen Jungen und ein Mädchen. ❸ Sie haben uns die Geburtsanzeige ihres Sohnes geschickt. ❹ Schreib das, was du willst, aber mach schnell. ❺ Ich stelle mich an, du holst inzwischen ein Formular.

LEKTION 37

④ Marco hat uns gestern angerufen: Es geht ihm gut.

Marco .. .. telefonato ieri: ... bene.

⑤ Wir schicken ihnen eine Million Glückwünsche.

Mandiamo .... un milione di ....

▶ Trentottesima (38°) lezione

Che noia questo traffico!

1 – E dove andiamo a comprarli, questi regali, Francesca? ①
2 – Il cappello per Marco possiamo comprarlo alla Rinascente: ② ③
3 ci ho sempre trovato delle cose carine.
4 Al catalogo ci pensiamo dopo: dobbiamo andare a prenderlo alla Pinacoteca Ambrosiana. ④
5 – La mostra è aperta fino alle cinque:
6 se non arriviamo troppo tardi, abbiamo anche il tempo di vederla.
7 – Ma che noia guidare con questo traffico!
8 Sono stata proprio stupida a prendere la macchina per venire in centro.

(PRONUNCIA)

[4 pinakotäka ambrosiana]

(ANMERKUNGEN)

① Beachten Sie die Stellung des Personalpronomens beim Infinitiv: **Esco per vederli.** „Ich gehe aus, um sie zu sehen." **Decido di comprarli.** „Ich beschließe, sie zu kaufen." **Sono contento di vederti.** „Ich freue mich, dich zu sehen."

SOLUZIONE DELL'ESERCIZIO 2: Le parole mancanti.

❶ Vi – felicità ❷ Gli mando ❸ avuto – figlio – fa ❹ ci ha – sta ❺ loro – auguri

Achtunddreißigste Lektion

Wie lästig dieser Verkehr!

1 – Und wo (gehen) kaufen wir (sie) diese Geschenke, Francesca?
2 – Den Hut für Marco können wir im Rinascente kaufen:
3   Da habe ich immer hübsche Sachen gefunden.
4   An den Katalog denken wir später (danach): Wir müssen ihn in der Pinacoteca Ambrosiana holen (gehen).
5 – Die Ausstellung ist bis um fünf geöffnet:
6   Wenn wir nicht zu spät kommen, haben wir auch die Zeit, sie zu sehen.
7 – Aber wie lästig (was für eine Langeweile) [es ist], bei (mit) diesem Verkehr zu fahren!
8   Ich bin wirklich dumm gewesen, das Auto zu nehmen, um in[s] Zentrum zu kommen.

② Wenn dem Infinitiv die Verben **potere, dovere, volere** oder **sapere** voranstehen, kann das Objektpronomen sowohl dem Infinitiv folgen als auch den beiden Verben voranstehen: **Possiamo comprarlo.** oder **Lo possiamo comprare.** „Wir können es kaufen." **Non so farlo.** oder **Non lo so fare.** „Ich kann es nicht machen."

③ **La Rinascente:** ein bekanntes Kaufhaus in Mailand.

④ **ambrosiano:** Adjektiv für die Gegend von Mailand; **carnevale ambrosiano:** Karneval in der Diözese von Mailand, der durch eine Sonderregelung vier Tage länger bis zum Aschermittwoch dauern darf.

LEKTION 38

9 Mi viene voglia di lasciarla sul marciapiede!
10 – Brava! E i poveri pedoni dove passano?
11 – E io la macchina dove la parcheggio?
12 – Ci conviene arrivare alla Rinascente e lasciarla al parcheggio per i clienti. ⑤
13 Del resto siamo quasi arrivate:
14 ecco, dopo il semaforo gira a destra, non ti conviene passare per piazza Duomo.

(PRONUNCIA)

[**9** martschapjedê **11** parkäddsch^o **12** kliänti **14** piattßa]

ESERCIZIO 1: Capite queste frasi?

① Andiamo in quel negozio, ci trovo sempre delle cose carine. ② Fino a che ora è aperta la mostra? ③ Che noia guidare con questo traffico! ④ Mi viene voglia di andare a piedi! ⑤ Non ti conviene passare per piazza Duomo.

ESERCIZIO 2: Inserite le parole mancanti

① Die Geschenke können wir morgen kaufen.

I . . . . . . possiamo . . . . domani.

② Gehen wir zur Ausstellung. Ich habe große Lust, sie zu sehen.

Andiamo . . . . Ho . . . . . voglia di . . . .

③ Es ist besser, das Auto auf dem Parkplatz zu lassen.

. . . . lasciare la . . . . al parcheggio.

9	Ich habe immer mehr (Mir kommt) Lust, es auf dem Bürgersteig [stehen] zu lassen!
10	– Bravo! Wie kommen die armen Fußgänger durch?
11	– Und (ich,) wo stelle ich das Auto hin (das Auto, wo es [ich] parke)?
12	– Es ist besser (es passt uns), am Rinascente anzukommen und es auf dem Kundenparkplatz zu lassen.
13	Übrigens sind wir fast angekommen:
14	Hier, nach der Ampel biegst (drehst) du nach rechts ab, es ist (passt) besser für dich, nicht über [den] Domplatz zu fahren.

(ANMERKUNGEN)

⑤ **Ti conviene prendere l'aereo.** „Du nimmst besser das Flugzeug." und **Conviene andar via subito.** „Es ist besser, sofort wegzugehen."

SOLUZIONE DELL'ESERCIZIO 1: Avete capito correttamente?

❶ Gehen wir in das Geschäft da, dort finde ich immer hübsche Sachen. ❷ Bis wie viel Uhr ist die Ausstellung geöffnet? ❸ Wie lästig, bei diesem Verkehr zu fahren! ❹ Ich habe immer mehr Lust, zu Fuß zu gehen. ❺ Es ist besser für dich, nicht über den Domplatz zu fahren.

❹ Es ist besser, wenn du diesen Pullover nicht kaufst.

Non . . . . comprare questo maglione.

⑤ Hast du schon diesen Roman gelesen?

– Nein, aber ich will ihn lesen.

Hai già letto . . . . . . romanzo? – . . , ma voglio . . . .

▶ **Trentanovesima (39°) lezione**

Un acquisto

1 – **Scu**si, sa **dir**ci a che **pia**no **so**no gli articoli spor**ti**vi?
2 – Al **quar**to **pia**no. Po**te**te **pren**dere la **sca**la mo**bi**le.
3 – **Guar**da **ques**to ber**ret**to con le **fa**sce blu, ti **pia**ce, Ida? ①
4 – Non c'è **ma**le. Ma **quel**li che mi **pia**cciono dav**ve**ro **so**no **quel**li con il pom**pon**.
5 ... **ques**to, per e**sem**pio, non ti **pia**ce?
6 – Sì, ma non ti **sem**bra un po' **gran**de?
7 – A**des**so ne **cer**co un **al**tro... No, non ri**es**co a tro**var**ne **u**no più **pic**cola. ②
8 – Doman**dia**mo **al**la com**mes**sa... **Scu**si, signo**ri**na, può **dir**mi se c'è **u**na mi**su**ra più **pic**cola? ③

(PRONUNCIA)

[**1** dirtschi **3** faschê blu ... ti pjatschê **4** non-tsche-malê ... pjattschono]

(ANMERKUNGEN)

① Es gibt drei Farbadjektive, die immer unverändert bleiben: **blu** (blau), **rosa** (rosa) und **viola** (violett): **un nastro rosa** (ein rosafarbenes Band).

SOLUZIONE DELL'ESERCIZIO 2: Le parole mancanti.

❶ regali – comprarli ❷ alla mostra – molta – vederla ❸ Ci conviene – macchina ❹ ti conviene ❺ questo – no – leggerlo

Neununddreißigste Lektion

Ein Kauf

1 – Entschuldigen Sie, können (wissen) Sie uns sagen, in welchem Stockwerk die Sportartikel sind?
2 – Im vierten Stock. Sie können die Rolltreppe nehmen.
3 – Sieh diese Mütze mit (den) blauen Bändern an, gefällt sie dir, Ida?
4 – Sie ist (Da ist) nicht schlecht. Aber die, die mir wirklich gefallen, sind die (jene) mit dem Bommel.
5 ... diese, zum Beispiel, gefällt sie dir nicht?
6 – Doch, aber erscheint sie dir nicht ein bisschen groß?
7 – Ich suche gleich eine andere (davon) ... Nein, ich kann keine kleinere finden (schaffe [es] nicht, zu finden-davon eine mehr kleine).
8 – Lass uns die Verkäuferin fragen ... Entschuldigen Sie, Fräulein, können Sie mir sagen, ob es eine kleinere Größe (ein kleineres Maß) gibt?

② Hier sind die Formen des Indikativ Präsens des Verbs **riuscire**, hier „gelingen, imstande sein". Wie Sie sehen, setzt es sich aus **ri-** „wieder ..., zurück ..." und **uscire** „ausgehen" zusammen und hat daher denselben Wechsel von **e** und **u** wie das Verb **uscire**: **(io) riesco, (tu) riesci, (lui/lei) riesce, (noi) riusciamo, (voi) riuscite, (loro) riescono.** Beachten Sie, dass man den nachfolgenden Infinitiv mit der Präposition **a** anschließt: **Riesce sempre a ottenere quello che vuole.** „Er schafft es immer, das zu erreichen, was er will."

③ In Italien wendet man sich an eine jünger aussehende Dame, indem man sie mit **signorina** anredet.

9 – Mi dispiace, le taglie piccole sono finite. ④
10 Ma posso mostrarle un altro modello. Le piace questo?
11 – Sì, questo mi piace. Non c'è in rosso?
12 – Certo, signora. Le faccio una confezione regalo?
13 – Sì, grazie. Può toglierci il prezzo?
14 Ida, ti piacciono questi guanti? Mi sembrano caldi e Davide ne ha bisogno: ⑤
15 voglio fargli una sorpresa.

(PRONUNCIA)

[**9** taljê **13** toljärtschi ... **prättßo 14** guanti **15** farlji]

ESERCIZIO 1: Capite queste frasi?

① Le piace questo berretto con la fascia blu? ② Posso mostrarle un altro modello. ③ Scusi, può dirci a che piano sono gli articoli sportivi? ④ Prendiamo la scala mobile. ⑤ C'è una commessa? – Sì, eccola. ⑥ Può togliere il prezzo, per favore?

ESERCIZIO 2: Inserite le parole mancanti

① Diese rote Mütze gefällt mir nicht sehr,

...... berretto rosso non .. .. molto,

② aber ich kann keine andere finden (schaffe es nicht, eine andere davon zu finden).

ma non ...... a .... un altro.

③ Ich nehme dieses Hemd. Davide braucht es, ich will ihm eine Überraschung bereiten (machen).

...... questa .... Davide .. ha .... , voglio ...... una sorpresa.

| 9 | – Es tut mir leid, die kleineren (Schnitt-)Größen sind ausgegangen (beendet).
| 10 | Aber ich kann Ihnen ein anderes Modell zeigen. Gefällt Ihnen dieses?
| 11 | – Ja, das gefällt mir. Ist es nicht in rot da?
| 12 | – Sicher, (Frau). Soll ich es als Geschenk verpacken (Mache ich Ihnen eine Verpackung [als] Geschenk)?
| 13 | – Ja, danke. Können Sie (uns) den Preis abmachen?
| 14 | Ida, gefallen dir diese Handschuhe? Sie scheinen mir warm [zu sein], und Davide braucht sie:
| 15 | Ich will ihm eine Überraschung bereiten (machen).

(ANMERKUNGEN)

④ **il taglio** „das Schneiden / der Schnitt", **tagliare** „schneiden". Daher sollte man die **tagliatelle** eigentlich nicht „Bandnudeln", sondern „Schnittnudeln" nennen!

⑤ **Questo modello mi piace molto.** Aber: **Non ti piacciono i peperoni?** „Schmecken dir die Paprikaschoten nicht?" Da das Subjekt des Verbs **piacere** die Sache ist, die jemandem gefällt oder nicht gefällt (bzw. „schmeckt": auf Speisen bezogen), steht das Verb im Plural, wenn das Subjekt im Plural steht, wie in diesem Fall die **peperoni**.

SOLUZIONE DELL'ESERCIZIO 1: Avete capito correttamente?

❶ Gefällt Ihnen diese Mütze mit dem blauen Band? ❷ Ich kann Ihnen ein anderes Modell zeigen. ❸ Entschuldigen Sie, können Sie uns sagen, in welchem Stockwerk die Sportartikel sind? ❹ Nehmen wir die Rolltreppe. ❺ Ist hier eine Verkäuferin? – Ja, da ist sie. ❻ Können Sie den Preis abmachen, bitte?

❹ Gefallen dir diese Handschuhe? – Ich finde sie ein bisschen groß.

Ti . . . . questi guanti? –
. . . . . . un pò . . . .

❺ Entschuldigen Sie, Fräulein, können Sie mir sagen, ob es eine kleinere Größe gibt?

. . . . . , signorina, può . . . . . se . ' .
una misura . . . piccola?

▶ **Quarantesima (40°) lezione** [kuarantäsima]

In un grande magazzino

1	– „Per voi, signore, una grande offerta speciale della Rinascente:
2	sconti eccezionali, dal venti al cinquanta per cento, su tutti gli articoli di biancheria."
3	– Vogliamo andarci, Francesca? Ti serve qualcosa?
4	– A me non serve niente, e a te?
5	– Neanche a me. ①
6	– Andiamo piuttosto al reparto abbigliamento, vorrei dare uno sguardo alle gonne e alle camicie.

(PRONUNCIA)

[magaddsino **1** ßpetschalê ... rinaschäntê **2** ättschätßjonali ... bjankeria **5** neankê **6** abbiljamäntô ... kamitschê]

SOLUZIONE DELL'ESERCIZIO 2: Le parole mancanti.

❶ Questo – mi piace ❷ riesco – trovarne ❸ Prendo – camicia – ne – bisogno – fargli ❹ piacciono – Mi sembrano – grandi ❺ Scusi – dirmi – c'è – più

Lerntipp: Wenn Sie im Laufe einer Lektion eine Form eines unregelmäßigen Verbs finden, nutzen Sie doch die Gelegenheit, die Formen des Indikativ Präsens zu wiederholen. Sie finden alle unregelmäßigen Verben im grammatikalischen Anhang dieses Kurses.

Vierzigste Lektion

In einem Warenhaus (Lager)

1 – „Für Sie, [meine] Damen, ein großes Sonderangebot des Rinascente:
2 Außergewöhnliche Rabatte, von zwanzig bis fünfzig Prozent, auf alle Wäscheartikel."
3 – Wollen wir dahin gehen, Francesca? Brauchst du etwas?
4 – Ich brauche nichts, und du?
5 – Ich auch nicht.
6 – Gehen wir lieber zur Bekleidungsabteilung, ich möchte einen Blick auf die Röcke und auf die Blusen werfen (geben).

ANMERKUNGEN

① **Non ho fame. Neanche tu?** „Ich habe keinen Hunger. Du auch nicht?" **Questo vestito non mi piace. – Neanche a me.** „Dieses Kleid gefällt mir nicht. – Mir auch nicht." **Neanche** „auch nicht" wird wie **anche** immer vor das Pronomen oder Substantiv, auf das es sich bezieht, gesetzt. **Neppure** und **nemmeno** sind bedeutungsgleich mit **neanche: Tu non vuoi andarci? – Neanch'io! / Nemmeno io!** „Du willst nicht dort hingehen? – Ich auch nicht!"

7 – **Del**la **mo**da di quest'**an**no mi **pia**cciono **mol**to i ve**sti**ti e sopra**tut**to le **giac**che di **ma**glia.

8 – Ne ho **vis**ta* una su „Amica" che vor**rei pro**prio com**prar**mi, ma hai **vis**to* che **prez**zi? ②

9 – Io di **so**lito prefe**ris**co aspettare i **sal**di, **qual**che **vol**ta si **pos**sono **fa**re dei buoni affari.

10 Che **co**sa ti **res**ta da com**pra**re?

11 – Mi **ser**vono **due pa**ia di col**lant** e dei fazzo**let**ti, ③

12 e i bam**bi**ni mi **han**no **chies**to di com**prar**gli **del**la **car**ta da di**se**gno e **del**le ma**ti**te colo**ra**te.

13 – Al re**par**to cartoleria ci **ven**go volen**tie**ri: è **quel**lo che mi **pia**ce di più. ④

14 ci **tro**vo **sem**pre **qual**che **pic**colo og**get**to in**u**tile che **man**ca **al**la **mi**a colle**zio**ne. ⑤

(PRONUNCIA)

[7 kuäßtanno ... dsch^akkê ... malja 8 prättßi 9 kualkê 11 fatßolätti 12 komprarlji 13 di-pju 13 oddsch^ätto ... kollätßjonê]

ESERCIZIO 1: Capite queste frasi?

❶ In quel negozio ci sono sconti eccezionali sugli articoli di biancheria. ❷ A me non serve niente, e a te? – Neanche a me. ❸ Vorrei vedere le giacche di maglia, al reparto abbigliamento. ❹ Hai visto che prezzi? Preferisco aspettare i saldi. ❺ Il reparto cancelleria è quello che mi piace di più.

|7| – Von der Mode dieses Jahres gefallen mir die Kleider und vor allem die Strickjacken sehr.
|8| – Ich habe eine (davon) in [der] „Amica" gesehen, die ich mir wirklich kaufen möchte, aber hast du die Preise gesehen (welche Preise)?
|9| – Ich ziehe [es] gewöhnlich vor, den Ausverkauf abzuwarten, manchmal kann man [dort] gute Geschäfte machen.
|10| Was musst du noch kaufen (Welche Sache dir bleibt noch zu kaufen)?
|11| – Ich brauche zwei Paar Strumpfhosen und Taschentücher,
|12| und die Kinder haben mich gebeten (gefragt), ihnen Zeichenpapier und Buntstifte zu kaufen.
|13| – In die Schreibwarenabteilung gehe ich gern: Sie ist die, die mir am besten gefällt.
|14| Dort finde ich immer einige kleine, nutzlose Dinge, die in meiner Sammlung fehlen.

(ANMERKUNGEN)

② **L'ho letto sul giornale.** „Ich habe es in der Zeitung gelesen." **Amica** ist eine Frauenzeitschrift.

③ Achtung, unregelmäßiger Plural: **un paio** „ein Paar", **due paia** „zwei Paar"; **un uovo** „ein Ei", **uova** „zwei Eier"; **un dito** „ein Finger", **due dita** „zwei Finger".

④ **la cartoleria** „das Schreibwarengeschäft", **il reparto cancelleria** „die Schreibwarenabteilung", **la cancelleria** ist ursprünglich „die Kanzlei".

⑤ **qualche ora dopo...** „einige Stunden später ..." **Sono qui da qualche giorno.** „Ich bin seit einigen Tagen hier." **Qualche** ist immer Singular, so auch das Substantiv, auf das es sich bezieht.

* **visto:** Partizip Perfekt von **vedere** „sehen".

SOLUZIONE DELL'ESERCIZIO 1: Avete capito correttamente?

❶ In diesem Geschäft gibt es Sonderrabatte (außergewöhnliche Rabatte) auf alle (die) Wäscheartikel. ❷ Ich brauche nichts, und du? – Ich auch nicht. ❸ Ich möchte die Strickjacken sehen, in der Bekleidungsabteilung. ❹ Hast du die Preise gesehen (gesehen, welche Preise)? Ich ziehe es vor, den Ausverkauf abzuwarten. ❺ Die Schreibwarenabteilung ist diejenige, die mir am besten gefällt.

ESERCIZIO 2: Inserite le parole mancanti

① Brauchst du etwas? – Danke, ich brauche nichts.

Ti .... ? – Grazie, non
.. .. niente.

② Ich brauche viele Dinge: Strumpfhosen, Taschentücher, Blusen.

Mi .... cose: collant,
.........., ...

③ Ich möchte mir diese Strickjacke kaufen.

Vorrei .... quella ....
....

④ Ich kaufe immer einige kleine, nutzlose Dinge in der Schreibwarenabteilung.

Compro sempre ....
.... al reparto cancelleria.

▶ Quarantunesima (41°) lezione

Andiamo a fare delle spese!

1 – E a**des**so **I**da e Fran**ces**ca **van**no a **fa**re la **spe**sa.
2   **Van**no **pri**ma dal frutti**ven**dolo. ①
3 – Vor**rei del**le **me**le, per fa**vo**re.
4 – **Quan**te ne vu**o**le?
5 – Un **chi**lo. E vor**rei an**che **due chi**li di a**ran**ce e **del**le ba**na**ne.

(PRONUNCIA)

[*2 fruttiwändolo 4 kuantê 5 kilo ... arantschê*]

5 Davide hat mich gebeten, ihm die Zeitung zu kaufen.

Davide .. ha chiesto .. .. il giornale.

SOLUZIONE DELL'ESERCIZIO 2: Le parole mancanti.

1 serve qualcosa – mi serve **2** servono molte – fazzoletti – camicie
3 comprarmi – giacca di maglia **4** qualche piccolo oggetto inutile
5 mi – di comprargli

Einundvierzigste Lektion

Gehen wir einkaufen!

1 – Und nun gehen Ida und Francesca [Lebensmittel] einkaufen (um den Einkauf zu machen).
2 Sie gehen zuerst zum Obsthändler.
3 – Ich hätte gern Äpfel, bitte.
4 – Wie viele möchten Sie (davon)?
5 – Ein Kilo. Und ich möchte auch zwei Kilo Orangen und einige Bananen.

(ANMERKUNGEN)

① **la frutta** „das Obst" hat keinen Plural; **il frutto** „die Frucht", Plural: **i frutti** „Früchte, Obst".

| 6 | – Le vuole **mol**to ma**tu**re, le ba**na**ne?
| 7 | – No, le prefe**ri**sco un po' a**cer**be. Può **dar**mi **an**che del ba**si**lico?
| 8 | – Poi **van**no dal salu**mie**re.
| 9 | – Un **at**timo di pa**zien**za, si**gno**ra. La **ser**vo **su**bito. **Ec**comi a lei. Che **co**sa de**si**dera? ②
| 10 | – Vor**rei** sol**tan**to **mez**zo **chi**lo di **pa**ne e tre **et**ti di pro**sciut**to **cot**to. ③
| 11 | – **Pos**so consi**gliar**le il **nos**tro pro**sciut**to **cru**do? È una **ve**ra de**li**zia con **qual**che fet**ti**na di me**lo**ne!
| 12 | – E in**fi**ne **van**no in farma**cia**.
| 13 | – Buon**gior**no, si**gno**ra. In che **co**sa **pos**so ser**vir**la?
| 14 | – Mi **ser**ve un denti**fri**cio e un buono spazzo**li**no da **den**ti, non **trop**po **du**ro.
| 15 | – Le **fac**cio ve**de**re i **ti**pi che ab**bia**mo. ②
| 16 | Le sugge**ri**sco di **pren**dere **ques**to che è **mol**to **mor**bido. Desi**de**ra **al**tro? ②
| 17 | – Sì, un **tu**bo di aspi**ri**na e **u**na **sca**tola di ce**rot**ti.
| 18 | – **Ques**to è il **su**o scon**tri**no. Le **fac**cio un pac**chet**to. Intan**to** si acco**mo**di **al**la **cas**sa. ②
| 19 | – **Ec**co **fat**to! E **for**se **res**ta **lo**ro **an**che il **tem**po di an**da**re a ve**de**re la **mos**tra.

(PRONUNCIA)

[**7** atsch**är**bê **8** ßalum**jä**re **10** pro**schut**to **11** konßil**jar**lê **12** infi**nê** ... farma**tschia 14** denti**fri**tscho ... ßpatt**ßo**lino ... **dän**ti **18** ßkon**tri**no ... pak**kät**to ... ßi ak**ko**modi]

| 6 | – Möchten Sie sie sehr reif, die Bananen?
| 7 | – Nein, ich habe sie lieber (ziehe sie vor) ein bisschen unreif. Können Sie mir auch [etwas] Basilikum geben?
| 8 | – Dann gehen sie zum Wursthändler.
| 9 | – Gedulden Sie sich einen Augenblick (Einen Augenblick Geduld), [gnädige] Frau, ich bediene Sie sofort. Ich stehe zu Ihrer Verfügung (Hier [bin ich] (mich) für Sie). Was wünschen Sie?
| 10 | – Ich möchte nur [ein] halbes Kilo Brot und dreihundert Gramm gekochten Schinken.
| 11 | – Darf (kann) ich Ihnen unseren rohen Schinken empfehlen? Er ist eine wahre Wonne mit einigen Scheiben (Scheibchen von) Melone!
| 12 | – Und schließlich gehen sie in [die] Apotheke.
| 13 | – Guten Tag, [gnädige] Frau. Womit (in welcher Sache) kann ich Ihnen dienen?
| 14 | – Ich brauche eine Zahncreme und eine gute Zahnbürste, nicht zu hart.
| 15 | – Ich zeige Ihnen (mache Ihnen sehen) die Sorten (Typen), die wir haben.
| 16 | – Ich empfehle Ihnen, diese zu nehmen, die sehr weich ist. Wünschen Sie sonst noch etwas (Wünschen Sie anderes)?
| 17 | – Ja, eine Packung (Rohr) Aspirin und eine Schachtel Pflaster.
| 18 | – Dies ist Ihr Kassenzettel. Ich mache Ihnen ein Päckchen. Begeben Sie sich [bitte] inzwischen zur Kasse.
| 19 | – Jetzt ist es geschafft (hier gemacht)! Und vielleicht bleibt ihnen auch die Zeit, die Ausstellung zu besuchen (gehen zu sehen).

(ANMERKUNGEN)

② **la** ist in diesem Satz direktes Objektpronomen: **La accompagno a casa, signorina.** „Ich begleite Sie nach Hause, mein Fräulein." **Le** ist indirektes Objektpronomen: **Le do il mio giornale, signore.** „Ich gebe Ihnen meine Zeitung, mein Herr."

③ **un etto** oder **cento grammi** „100 Gramm", **due etti** oder **duecento grammi** „200 Gramm".

ESERCIZIO 1: Capite queste frasi?

❶ Vorrei un etto di prosciutto cotto. ❷ Mi dà un chilo di arance e delle banane molto mature, per favore? – Quante ne vuole? – Tre. ❸ Posso darle un buono spazzolino da denti, molto morbido. ❹ Questo è il suo scontrino, si accomodi alla cassa. ❺ In che cosa posso servirla? ❻ Ecco fatto! Abbiamo finito di fare la spesa.

ESERCIZIO 2: Inserite le parole mancanti

❶ Ida und Francesca gehen zuerst zum Obsthändler.

Ida e Francesca ..... prima ... fruttivendolo.

❷ Einen Augenblick, gnädige Frau. Ich bediene Sie sofort.

Un attimo, signora. .. servo ....

❸ Ich zeige Ihnen die verschiedenen Modelle, die wir haben.

.. .. vedere i diversi modelli ... .

❹ Darf (kann) ich Ihnen unseren rohen Schinken empfehlen?

Posso .... il nostro .... crudo?

▶ **Quarantaduesima (42°) lezione**

REVISIONE E NOTE

Lesen Sie noch einmal die folgenden Anmerkungen: 36. Lektion: ①, ③; 37.: ①, ②, ④; 38.: ②, ⑤; 39.: ②, ⑤; 40.: ①, ⑤; 41.: ②.

SOLUZIONE DELL'ESERCIZIO 1: Avete capito correttamente?

① Ich möchte 100 Gramm gekochten Schinken. ② Geben Sie mir ein Kilo Orangen und einige sehr reife Bananen, bitte? – Wie viele möchten Sie? – Drei. ③ Ich kann Ihnen eine gute Zahnbürste geben, sehr weich. ④ Dies ist Ihr Kassenzettel, begeben Sie sich [bitte] zur Kasse. ⑤ Womit kann ich Ihnen dienen? ⑥ Es ist geschafft! Wir haben den Einkauf beendet.

⑤ Vielleicht bleibt uns die Zeit, beim Wurstwarenhändler vorbeizugehen.

. . . . resta il tempo . . passare . . . salumiere.

SOLUZIONE DELL'ESERCIZIO 2: Le parole mancanti.

① vanno – dal ② La – subito ③ Le faccio – che abbiamo ④ consigliarle – prosciutto ⑤ Forse ci – di – dal

---

Zweiundvierzigste Lektion

1. Objektpronomina: direkte und indirekte

Versuchen wir, ein bisschen Ordnung in all die Pronomina zu bringen! Sehen Sie sich zuerst alle direkten (Akkusativ) und indirekten (Dativ) Personal- bzw. Objektpronomina an (d. h., die Personalpronomina des 4. und des 3. Falles).

LEKTION 42

direkte Objektpronomina		**indirekte Objektpronomina**	
mi	„mich"	mi	„mir"
ti	„dich"	ti	„dir"
lo	„ihn"	gli	„ihm"
la	„sie"	le	„ihr"
ci	„uns"	ci	„uns"
vi	„euch"	vi	„euch"
li	„sie" (maskulin)	gli/loro	„ihnen" (maskulin)
le	„sie" (feminin)	gli/loro	„ihnen" (feminin)

Dies sind die schwachen Formen, die keinen Akzent haben, d. h., man betont sie so, als ob sie ein einziges Wort mit dem Verb bildeten, das ihnen folgt.

All diese Pronomina gehen dem Verb voran, mit Ausnahme von **loro,** das dem Verb nachgestellt wird.

Es gibt auch starke Formen: **me** „mich/mir", **te** „dich/dir", **lui** „ihr/ihm", **lei** „sie/ihr", **noi** „uns", **voi** „euch", **loro** „sie/Ihnen", die eine hervorhebende Funktion haben und eine Betonung erhalten; das bedeutet, dass die Stimme auch auf ihnen verweilt.

Ti parlo. „Ich spreche mit dir." Aber: **Parlo a te, capisci?** „Ich spreche mit dir, verstehst du?" **Ci accompagni a casa?** „Begleitest du uns nach Hause?" Aber: **Accompagni prima noi o prima loro?** „Begleitest du erst uns oder erst sie?"

2. Satzstellung: ecco, Verb im Infinitiv

Wir haben gesagt, dass die schwachen Formen dem Verb normalerweise vorangehen, und Sie haben gesehen, dass dasselbe für **ne** „davon" und **ci** „dort" gilt. Es gibt jedoch einige Ausnahmen, Sie haben zwei davon in den letzten Lektionen vorgefunden: **ecco** und das Verb im Infinitiv: **Eccone un altro.** „Hier ist ja ein anderer davon." **Vado a comprarlo.** „Ich gehe es kaufen." **Non voglio andarci.** „Ich will nicht dort hingehen." usw.

In all diesen Fällen bildet das Pronomen ein einziges Wort mit **ecco** bzw. mit dem Infinitiv (der das auslautende **e** verliert); die Betonung verlagert sich durch diese „zusätzliche" Silbe nicht. Dieselbe Konstruktion benutzt man beim Imperativ (Befehlsform) und beim Gerundium ... wir werden später noch davon sprechen.

3. Höflichkeitsform

Noch eine Bemerkung zur Höflichkeitsform. Die Pronomina, die man verwendet, wenn man sich mit **lei** an jemanden wendet, sind immer die femininen Pronomina der dritten Person: **la** und **le**: **La chiamo domani, dottore.** „Ich rufe Sie morgen an, Herr Doktor." **Le presento mio figlio, signor Merli.** „Ich stelle Ihnen meinen Sohn vor, Herr Merli."

Früher schrieb man diese Pronomina mit Großbuchstaben, auch im Wortinneren: **Posso servirLa?**; **Questo è il Suo scontrino** „Darf ich Sie bedienen?; Dies ist Ihr Kassenzettel". Heute gilt dies als altmodisch, aber nicht als falsch. Man würde eher schreiben **Posso servirla?**; **Questo è il suo scontrino.** Wählen Sie also die Schreibweise, die Ihnen am leichtesten fällt.

4. Floskeln und Redewendungen

Lesen Sie noch einmal – wie gewohnt – die folgenden Redewendungen, die Sie in den letzten sechs Lektionen kennengelernt haben, laut:

> **Devo andar via.**
> **Ho delle spese da fare.**
> **Che noia!**
> **Guarda che fila!**
> **Scrivi quello che vuoi, ma fai presto.**
> **Auguri!**
> **Brava!**
> **Sconti eccezionali!**
> **Ti serve qualche cosa?**
> **No, niente. Neanche a me.**
> **Vado a fare la spesa.**
> **In che cosa posso servirla?**
> **Mi dispiace, non ne ho.**
> **Si accomodi alla cassa.**
> **Ecco fatto!**

Ich muss gehen. – Ich habe einige Einkäufe zu tätigen. – Wie lästig! – Sieh, was für eine Schlange! – Schreib, was du willst, aber mach schnell. – Glückwunsch! – Bravo! – Sonderrabatte! – Brauchst du etwas? – Nein, nichts. Ich auch nicht. Ich gehe Lebensmittel einkaufen. – Womit kann ich Ihnen dienen? – Es tut mir leid, das habe ich nicht. – Begeben Sie sich bitte zur Kasse. – Es ist geschafft!

LEKTION 42

▶ Quarantatreesima (43°) lezione

Un vecchio amico

1 – **Mar**co sta pren**den**do un caf**fè** in un bar del **cen**tro, ①
2   un giova**not**to si avvi**ci**na al **suo ta**volo:
3 – **Mar**co de **San**tis! Che sor**pre**sa! Ti ri**cor**di di me? **So**no Fi**lip**po **Ma**ri!
4 – **Cer**to che mi ri**cor**do!
5   Non ho più a**vu**to **tue** no**ti**zie **dal**la **fi**ne del ser**vi**zio mili**ta**re.
6   Per**ché** non ti **sie**di un mo**men**to? Mi fa **mol**to pia**ce**re ve**der**ti.
7 – **An**che a me! Ma tu non a**bi**ti a **Ro**ma? Che fai da **ques**te **par**ti? ②
8 – **So**no ve**nu**to per un col**lo**quio di la**vo**ro.
9 – E com'è an**da**to?
10 – È an**da**to benis**si**mo. Mi **han**no as**sun**to*. Co**min**cio a lavo**ra**re tra un **me**se. ③

(PRONUNCIA)

[2 dsch^owa**not**to 6 ß**jä**di ... 8 kol**lo**kuio 10 ko**min**tscho]

Dreiundvierzigste Lektion

Ein alter Freund

1 – Marco trinkt (nimmt) gerade einen Kaffee in einem Café im Zentrum,
2 ein junger Mann nähert sich seinem Tisch:
3 – Marco de Santis! Was für eine (Welche) Überraschung! Erinnerst du dich an mich? Ich bin Filippo Mari!
4 – Sicher erinnere ich mich (dass ich mich erinnere)!
5 Ich habe seit dem Ende des Militärdienstes keine Nachrichten mehr von dir bekommen (nicht mehr deine Nachrichten gehabt).
6 Warum setzt du dich nicht einen Moment? Ich freue mich sehr, dich zu sehen.
7 – Ich mich auch! Aber du wohnst nicht in Rom? Was machst du in dieser Gegend (bei diese Teile)?
8 – Ich bin wegen eines Einstellungsgespräches gekommen.
9 – Und wie ist es verlaufen?
10 – Es ist sehr gut verlaufen. Sie haben mich eingestellt. Ich fange in einem Monat an zu arbeiten.

(ANMERKUNGEN)

① **Non può venire al telefono, sta facendo la doccia!** „Er kann nicht ans Telefon kommen, er duscht gerade." **Stanno discutendo già da tre ore!** „Sie sind schon seit drei Stunden dabei zu diskutieren!"

② **Sa se c'è una farmacia da queste parti?** „Wissen Sie, ob eine Apotheke hier in der Gegend ist?" **Io abito da queste parti.** „Ich wohne hier in der Gegend."

③ **Com'è andato il tuo viaggio?** „Wie ist deine Reise verlaufen?" **Come sono andate le vacanze, Piero?** „Wie sind die Ferien verlaufen, Piero?"

* **assunto:** Partizip Perfekt von **assumere** „erwerben, annehmen, einstellen".

LEKTION 43

|11| Sto appunto cercando un appartamento per me e per Lorenza: abbiamo deciso di sposarci.

|12| – Auguri! E quando vi sposate?

|13| – Stiamo facendo i preparativi per il matrimonio: ci sposiamo fra tre mesi.

|14| – Beato te! Io invece sono sempre scapolo e non riesco a trovare un lavoro veramente interessante. ④ ⑤

|15| Ma tu, questo lavoro, come l'hai trovato?

(PRONUNCIA)

[*11* tschärkando ... loräntßa *12* auguri *13* fatschändo *14* riäßko ... intärêßßantê]

ESERCIZIO 1: Capite queste frasi?

① Che fai da queste parti? ② Com'è andato il colloquio? ③ È andato benissimo: mi hanno assunto. ④ Mi fa molto piacere vederti! – Anche a me! ⑤ Fra tre mesi mi sposo! – Beato te! ⑥ Non ho più avuto sue notizie dalla fine del servizio militare.

ESERCIZIO 2: Inserite le parole mancanti

① Marco trinkt (nimmt) gerade einen Kaffee in einem Café im Zentrum.

Marco . . . prendendo un caffè . . un . . . .

11 Ich bin gerade dabei, eine Wohnung für mich und Lorenza zu suchen: Wir haben beschlossen (uns) zu heiraten.

12 – [Herzliche] Glückwünsche! Und wann heiratet ihr (euch)?

13 – Wir sind gerade dabei, die Vorbereitungen für die Hochzeit zu treffen (zu machen): Wir heiraten (uns) in drei Monaten.

14 – Du Glücklicher (Seliger)! Ich dagegen bin immer [noch] Junggeselle und schaffe [es] nicht, eine wirklich interessante Arbeit zu finden.

15 Aber du, diese Arbeit, wie hast du sie gefunden?

(ANMERKUNGEN)

④ **Marta va a Capri per un mese. – Beata lei!** „Marta fährt für einen Monat nach Capri. – Die Glückliche!" **Abbiamo avuto un aumento di stipendio. – Beati voi! **„Wir haben eine Gehaltserhöhung bekommen. – Ihr Glücklichen!"

⑤ **Scapolo** ist ein altmodisches Wort, das einen Junggesellen bezeichnet. Die weibliche Form lautete **zitella**. Beide Wörter werden heutzutage mit ironischem bzw. abwertendem Unterton gebraucht. Der moderne, neutrale Begriff lautet **single** [*ßingol*]; wie alle Fremdwörter im Italienischen bleibt er immer unverändert.

SOLUZIONE DELL'ESERCIZIO 1: Avete capito correttamente?

❶ Was machst du in dieser Gegend? ❷ Wie ist das Gespräch verlaufen? ❸ Es ist sehr gut verlaufen: Sie haben mich angenommen. ❹ Es freut mich sehr, dich zu sehen! – Mich auch! ❺ In drei Monaten heirate ich! – Du Glücklicher! ❻ Ich habe seit dem Ende des Militärdienstes keine Nachrichten mehr von ihm bekommen.

❷ Erinnerst du dich an mich? – Sicher erinnere ich mich!

. . ricordi . . . . ? – Certo che . . . . !

❸ Ich bin gerade dabei, eine Wohnung zu suchen.

. . . . un appartamento.

LEKTION 43

④ Wir haben beschlossen, (uns) zu heiraten.

Abbiamo ...... di ....

⑤ Wann heiratet ihr (euch)? – Wir heiraten (uns) in vier Tagen.

Quando .. .. ? – .. sposiamo

... .

⑥ Warum setzt du dich nicht einen Moment?

...... non .. .. un momento?

▶ **Quarantaquattresima (44°) lezione**

Un'offerta di lavoro

1 – Non è stato facile. Ho cercato a lungo.
2 Per molti mesi ho risposto* agli annunci dei giornali, ①
3 e ho mandato curriculum vitae a destra e a sinistra.
4 Finalmente ho trovato, sul Corriere della Sera, un'offerta di lavoro che mi è sembrata adatta a me. ②
5 „Importante industria chimica settentrionale cerca un chimico ③

(PRONUNCIA)

[2 *annuntschi* 3 *kurrikulum witä* 5 *importantê ... kimika*]

(ANMERKUNGEN)

① **Parlo bene l'italiano: l'ho studiato per due anni...** „Ich spreche gut Italienisch: Ich habe es zwei Jahre lang gelernt." **Ti ho aspettato per un'ora!** „Ich habe eine Stunde lang auf dich gewartet!"

SOLUZIONE DELL'ESERCIZIO 2: Le parole mancanti.

❶ sta – in – bar del centro ❷ Ti – di me – mi ricordo ❸ Sto cercando
❹ deciso – sposarci ❺ vi sposate – Ci – fra quattro giorni ❻ Perché
– ti siedi

Es ist mitunter schwierig, für bestimmte Wendungen eine passende Übersetzung zu finden. Was wir mit den ANMERKUNGEN erreichen wollen, ist, diese Ausdrücke in einen Zusammenhang zu bringen, damit Sie in der Lage sind, sie zuerst richtig zu verstehen und später korrekt anzuwenden.

Vierundvierzigste Lektion

Ein Stellenangebot (Arbeitsangebot)

1 – Es ist nicht leicht gewesen. Ich habe lange gesucht.
2   Viele Monate lang habe ich auf die Anzeigen der (Tages-)Zeitungen geantwortet,
3   und ich habe nach rechts und nach links Lebensläufe geschickt.
4   Endlich habe ich in der „Corriere della Sera" (im „Abendkurier") ein Stellenangebot gefunden, das mir für mich geeignet erschien.
5   „Wichtige chemische Industrie im Norden sucht einen Chemiker

---

② **Il Corriere della Sera** ist die berühmteste und meistverkaufte Tageszeitung Italiens.

③ Das Adjektiv **settentrionale** bezieht sich auf den Norden. Das Adjektiv für den Süden lautet **meridionale**, für den Osten **orientale** und für den Westen **occidentale**. Diese Begriffe wurden von vier Nomen lateinischer Herkunft abgeleitet: **il settentrione** „der Norden", **il meridione** „der Süden", **l'oriente** „der Osten" und **l'occidente** „der Westen".

*   **riposto:** Partizip Perfekt von **rispondere** „antworten".

| 6 | per il **su**o stabili**men**to di Galla**ra**te (Mi**la**no) – set**to**re ma**te**rie **plas**tiche.
| 7 | Si ri**chie**dono
| 8 | **lau**rea in **chi**mica o in ingegne**ri**a con specializza**zio**ne in **chi**mica.
| 9 | E**tà** com**pre**sa fra i 26 e i 35 **an**ni.
| 10 | Costitu**is**ce un **ti**tolo preferen**zia**le un'esperi**en**za in posi**zio**ne ana**lo**ga.
| 11 | La cono**scen**za **del**la **lin**gua in**gle**se è indispen**sa**bile.
| 12 | Inviare curriculum **vi**tae detta**glia**to a: Ca**sel**la pos**ta**le 320 Mi**la**no."
| 13 | Natural**men**te ho **su**bito **scrit**to* **lo**ro e ho invi**a**to l'en**ne**simo curri**ri**culum **vi**tae...

(PRONUNCIA)

[6 ßtabili**män**to 8 **lau**rea ... indsch^enje**ri**a ... ßpetschalidsat**ß**jo**n**ê 10 koßtitu**is**chê ... preferänt**ß**ja**l**ê 11 kono**schänt**ßa ... **lin**gua ... in**gle**sê ... indißpän**ß**abi**l**ê]

(ESERCIZIO 1: Capite queste frasi?)

❶ Ho risposto agli annunci dei giornali per molti mesi. ❷ Finalmente ne ho trovato uno interessante sul Corriere della Sera. ❸ Sono chimico e lavoro in un'importante industria chimica. ❹ Si richiede laurea in chimica e conoscenza della lingua inglese. ❺ Costituisce un titolo preferenziale un'esperienza in posizione analoga.

(ESERCIZIO 2: Inserite le parole mancanti)

❶ Das ist nicht einfach gewesen. Ich habe lange gesucht.

Non . . . . . . facile. Ho cercato . . . .

| 6 | für sein Werk ([Fabrik-]Anlage) in Gallarate (Mailand) – Fachbereich (Sektor) Plastik-Materialien.
| 7 | Es werden verlangt
| 8 | Hochschulabschluss in Chemie oder im Ingenieurwesen mit Schwerpunkt Chemie.
| 9 | Alter (inbegriffen) zwischen 26 und 35 Jahren.
| 10 | Erfahrung in gleichartiger Position stellt (begründet) einen Vorzugs[grund] (-Titel) dar.
| 11 | Kenntnisse der englischen Sprache (Zunge) sind unerlässlich.
| 12 | Detaillierten Lebenslauf schicken an: Postfach 320 Mailand."
| 13 | Natürlich habe ich ihnen sofort geschrieben und den -zigsten Lebenslauf abgeschickt ...

ANMERKUNGEN

* **scritto:** Partizip Perfekt von **scrivere** „schreiben".

SOLUZIONE DELL'ESERCIZIO 1: Avete capito correttamente?

❶ Ich habe viele Monate lang auf die Anzeigen der Zeitungen geantwortet. ❷ Endlich habe ich im Corriere della Sera eine interessante gefunden. ❸ Ich bin Chemiker und arbeite in einem bedeutenden chemischen Industrie[unternehmen]. ❹ Es werden verlangt: Hochschulabschluss in Chemie und Kenntnisse der englischen Sprache. ❺ Erfahrung in gleichartiger Position stellt einen Vorzugsgrund dar.

❷ Ich habe viele Jahre lang in Mailand gearbeitet.

. . . . a Milano . . . . anni.

LEKTION 44

❸ Ihr (Höflichkeitsform Plural) Stellenangebot ist mir interessant erschienen.

.... offerta di lavoro . . .

.... interessante.

❹ Natürlich habe ich ihnen sofort geschrieben.

Naturalmente ho ...... scritto .....

❺ Die Toninis haben ein Kind bekommen: Ich habe ihnen eine Glückwunschnachricht geschickt.

I Tonini hanno avuto . . .. ho
.... un messaggio di ....

▶ **Quarantacinquesima (45°) lezione**

Curriculum vitae di Marco de Santis

1 – „Data di nascita: 23 (ventitré) febbraio 1958 (millenovecentocinquantotto).
2 Luogo di nascita: Roma.
3 Nazionalità: italiana. Stato civile: celibe. ①
4 Residenza: Corso Vittorio Emanuele, 5, (cinque) 00100 Roma.
5 – Ha conseguito la Maturità Scientifica nel luglio 1974 (millenovecentosettantaquattro) con votazione 54/60 (cinquantaquattro su sessanta). ②

(PRONUNCIA)

[1 millênowêtschäntotschinkuantotto 5 konßêguito ... schäntifika ... luljo millênowêtschäntoßettantakuattro]

centottanta • **180**

SOLUZIONE DELL'ESERCIZIO 2: Le parole mancanti.

① è stato – a lungo ② Ho lavorato – per molti ③ La vostra – mi è sembrata ④ subito – loro ⑤ un figlio – Gli – mandato – auguri

---

Sie haben in dieser Lektion Wendungen und Wörter angetroffen, die einer speziellen Sprache angehören, d. h. man gebaucht sie in speziellen Situationen. Sie werden in den nächsten Lektionen weitere davon finden. Diese Ausdrücke sind sprachenspezifisch und daher nicht wörtlich übersetzbar. Wir möchten Ihnen diese spezielle Sprache jedoch vermitteln, denn sie könnte von Nutzen sein. Beachten Sie z. B. die Ausdrücke, die man im Italienischen benutzt, wenn man eine Arbeitsstelle anbietet oder sucht, aber verwenden Sie nicht zu viel Aufmerksamkeit auf die wörtliche Übersetzung. Sie soll Ihnen nur dabei helfen, den italienischen Text besser zu verstehen.

Fünfundvierzigste Lektion

Der Lebenslauf von Marco de Santis

1 – „Geburtsdatum: 23. Februar 1958.
2   Geburtsort: Rom.
3   Nationalität: italienisch. Familienstand: ledig.
4   Wohnsitz: Vittorio-Emanuele-Korso 5, 00100 Rom.
5 – Er hat das Naturwissenschaftliche Abitur/Matura im Juli 1974 mit [der] Note (Abstimmung/Zensuren) 54/60 (vierundfünfzig auf sechzig) [gut] abgelegt (erlangt).

ANMERKUNGEN

① **celibe** „Junggeselle", **nubile** „Junggesellin".

② Wenn Sie genauere Angaben zum italienischen Schulsystem wünschen, gedulden Sie sich bis zur 48. Lektion; da werden Sie alles erfahren ... oder fast alles. Vorerst gibt Ihnen die Übersetzung die deutschen bzw. österreichischen Äquivalente.

LEKTION 45

| 6 | Si è iscritto* all'Università di Roma, Facoltà di Chimica, nell'anno accademico 1974/75 (millenovecentosettantaquattro/settantacinque).
| 7 | – Si è laureato nel 1980 (millenovecentottanta), con votazione 110/110 (centodieci su centodieci). ③ ④
| 8 | Ha seguito un corso di specializzazione in chimica industriale presso la stessa università.
| 9 | – Ha partecipato a uno stage teorico e pratico della durata di sei mesi presso gli stabilimenti della Montedison di Porto Marghera.
| 10 | Parla correttamente l'inglese e ha una buona conoscenza del francese.
| 11 | Ha assolto* gli obblighi militari."
| 12 | – Naturalmente con il curriculum ho mandato anche una lettera manoscritta.
| 13 | E ho aspettato la risposta per qualche settimana, con una certa impazienza.
| 14 | Finalmente mi hanno risposto e mi hanno fissato un appuntamento con l'ingegner Pierotti, il capo del personale. ⑤

(PRONUNCIA)

[**7** mill*ê*now*ê*tsch*ä*ntottan*ta* **9** ßtasch^ teoriko **11** obbligi **13** kualkê]

(ANMERKUNGEN)

③ **Laurearsi** bedeutet so viel wie „einen Hochschulabschluss erwerben": **Il dottor Bandiera si è laureato in scienze politiche.** „Dr. Bandiera hat einen Hochschulabschluss in Politikwissenschaften erworben".

[6] Er hat (ist) sich im akademischen Jahr 1974/75 an der Universität von Rom, Fakultät für Chemie, eingeschrieben.
[7] – Er hat (ist) 1980 mit [der] Benotung 110/110 (einhundertzehn auf einhundertzehn) [sehr gut] den Hochschulabschluss erworben.
[8] Er hat an (bei) derselben Universität einen Spezialisierungskurs in industrieller Chemie besucht.
[9] – Er hat in den Werken der (Firma) Montedison in Porto Marghera an einem sechsmonatigen theoretischen und praktischen Praktikum teilgenommen.
[10] Er spricht fehlerfrei (korrekterweise) Englisch und hat gute Französischkenntnisse (eine gute Kenntnis des Französischen).
[11] Er hat den Wehrdienst (Militärpflichten) absolviert."
[12] – Natürlich habe ich mit dem Lebenslauf auch einen handgeschriebenen Brief geschickt.
[13] Und ich habe einige Wochen auf die Antwort gewartet, mit einer gewissen Ungeduld.
[14] Endlich haben sie mir geantwortet, und sie haben mir einen Termin beim Ingenieur Pierotti, dem Personalchef (Kopf vom Personal), gegeben (festgelegt).

④ Achtung: **il sessantotto, il trentanove** „das Jahr '68, das Jahr '39". Im Italienischen steht der bestimmte Artikel immer vor der Jahreszahl, während man im Deutschen das Wort „Jahr" hinzufügt oder einfach sagt „1968, 1939": **Sono nato nel '58.** „Ich bin im Jahr 1958 / Ich bin 1958 geboren."

⑤ In einem professionellen Umfeld ist es üblich, eine Person mit ihrem Berufstitel zu nennen. Jeder, der einen Hochschulabschluss erworben hat, wird **dottore/dottoressa** genannt. Abhängig vom Studium existieren auch weitere Bezeichnungen: **avvocato/avvocatessa**, **ingegnere**, **architetto**, **professore/professoressa** usw. Beachten Sie, dass – wie bei **signore** – das auslautende **e** bei allen männlichen Berufsbezeichnungen entfällt: **il dottor Restivo, il professor Messina, l'ingegner Bernardi**.

* **iscritto**: Partizip Perfekt von **iscrivere** „einschreiben"; **assolto**: **assolvere** „frei-/lossprechen; entbinden; erfüllen", hier: „absolvieren".

ESERCIZIO 1: Capite queste frasi?

① Si è laureato nel millenovecentosessantotto. ② Di che nazionalità siete? – Francese. ③ Questo giovanotto ha assolto gli obblighi militari. ④ Ha conseguito la maturità scientifica nel luglio millenovecentosettantuno. ⑤ Con il curriculum ho mandato anche una lettera manoscritta. ⑥ Ho aspettato la risposta con una certa impazienza.

ESERCIZIO 2: Inserite le parole mancanti

① Er hat sich an der Universität von Rom eingeschrieben.

.. è .... 'Università .. Roma.

② Er spricht fehlerfrei Englisch.

.... l'inglese.

③ Endlich haben sie mir geantwortet,

.... hanno ....

④ und sie haben mir einen Termin mit dem Personalchef gegeben (festgelegt).

e .. .. fissato un ....
... il capo ... personale.

⑤ Welcher ist Ihr Geburtsort, [gnädige] Frau?

.... è .. Suo ..... di nascita,
.... ?

⑥ Ich habe in Italien einen achtmonatigen Kurs besucht.

.. .. un corso ..... durata di
.... Italia.

SOLUZIONE DELL'ESERCIZIO 1: Avete capito correttamente?

❶ Er hat im [Jahr] 1968 einen Hochschulabschluss erworben. ❷ (Von) welche(r) Nationalität sind Sie? – Französisch. ❸ Dieser junge Mann hat den Wehrdienst absolviert. ❹ Er hat das naturwissenschaftliche Abitur im Juli 1971 erlangt. ❺ Mit dem Lebenslauf habe ich auch einen handgeschriebenen Brief geschickt. ❻ Ich habe die Antwort mit einer gewissen Ungeduld erwartet.

SOLUZIONE DELL'ESERCIZIO 2: Le parole mancanti.

❶ Si – iscritto all – di ❷ Parla correttamente ❸ Finalmente mi – risposto ❹ mi hanno – appuntamento con – del ❺ Qual – il – luogo – signora ❻ Ho seguito – della – otto mesi in

Vergessen Sie auch nicht, sich die Seitenzahlen und die Lektionsnummern anzusehen und diese zu wiederholen. Sie werden sehen, dass es nützlich sein kann, sie zu lernen! Bevor Sie Ihr Buch für heute schließen, lesen Sie alle Zahlen dieser Lektion laut, und versuchen Sie dabei, die Betonung richtig zu setzen (in **millenovecentosessantaquattro** *gibt es z.B. drei Akzente, auf denen die Stimme verweilen muss).*

> **Quarantaseiesima (46°) lezione**

Finalmente il grande giorno

1 – Così, qualche giorno fa sono arrivato a Milano,
2 ti lascio immaginare com'ero emozionato.
3 Il giorno fissato per il colloquio mi sono svegliato prestissimo. ①
4 In realtà non era affatto necessario, perché l'appuntamento era solo alle tre.
5 Ma mi sono alzato lo stesso alle sette, ②
6 mi sono lavato i capelli, mi sono fatto la barba, ③
7 mi sono vestito e mi sono pettinato.
8 Insomma mi sono preparato con tanta cura che i miei amici mi hanno chiesto
9 se il capo del personale era una donna!

(PRONUNCIA)

[*2* immadsch^inarê *3* ßwäljato *8* kjäßto]

Sechsundvierzigste Lektion

Endlich der große Tag

1 – So bin ich vor einigen Tagen in Mailand angekommen,
2   Du kannst dir vorstellen (ich lasse dich vorstellen), wie aufgeregt (erregt) ich war.
3   An dem Tag, für den der Termin (das Gespräch) festgelegt war, bin ich sehr früh aufgewacht.
4   In Wirklichkeit war das überhaupt nicht nötig, weil der Termin erst um drei [Uhr] war.
5   Aber ich bin trotzdem um sieben [Uhr] aufgestanden,
6   ich habe mir die Haare gewaschen, ich habe mich rasiert (habe mir den Bart gemacht),
7   ich habe mich angezogen, und ich habe mich gekämmt.
8   Also, ich habe mich mit so viel Sorgfalt vorbereitet, dass mich meine Freunde gefragt haben,
9   ob der Personalchef eine Frau sei (war)!

ANMERKUNGEN

① Das Partizip reflexiver Verben richtet sich nach dem Subjekt: **Marco si è svegliato presto, ma Francesca si è svegliata tardi.** „Marco ist früh aufgewacht, aber Francesca ist spät aufgewacht."

② Beachten Sie, dass **lo stesso** nicht immer „das gleiche" bedeutet, sondern auch „trotzdem": **Il signor Facconi era stanco, ma è venuto lo stesso.** „Herr Facconi war müde, er ist aber trotzdem gekommen".

③ **Chiudi gli occhi, Lisa!** „Schließ deine Augen, Lisa!" **Lisa, prendi i guanti, fa freddo!** „Lisa, nimm deine Handschuhe, es ist kalt!" Aber: **Lisa, prendi le tue caramelle, non quelle di Roberto!** „Lisa, nimm deine Bonbons, nicht die von Roberto!" Die Possessivpronomina werden vorzugsweise dafür verwendet, die Zugehörigkeit zu unterstreichen; sie werden im Allgemeinen nicht benutzt, wenn man von Körperteilen oder Gegenständen spricht, bei denen die Zugehörigkeit zu einer bestimmten Person eindeutig ist.

10 Mi **so**no presen**ta**to all'appunta**men**to con un bu**on** quar**to** d'**o**ra di anti**ci**po;
11 e **quan**do mi **so**no se**du**to **nel**la **sa**la d'as**pet**to,
12 mi **so**no ac**cor**to* che a**ve**vo un cal**zi**no blu e **u**no mar**ro**ne!
13 Figu**ra**ti **co**me mi **so**no sen**ti**to imbaraz**za**to.
14 An**co**ra a**des**so mi do**man**do se qual**cu**no se n'è ac**cor**to!

(PRONUNCIA)

[*13* imbaratßato *14* kualkuno]

ESERCIZIO 1: Capite queste frasi?

❶ Così, sono andato all'appuntamento: ti lascio immaginare com'ero emozionato. ❷ Ieri mi sono alzato prestissimo. ❸ In realtà non è affatto necessario. ❹ Non ne ho voglia, ma mi alzo lo stesso. ❺ Figurati come mi sono sentito imbarazzato!

ESERCIZIO 2: Inserite le parole mancanti

❶ Heute Morgen bin ich um zehn [Uhr] aufgewacht.

Stamattina .. .. dieci.

❷ Ich habe mir vor zwei Tagen die Haare gewaschen.

.. .. capelli due ......
.. .

❸ Schließ deine Augen, Lisa, ho un regalo per dich.

Chiudi ... . , Lisa, ho un regalo per
.. .

10 Ich bin eine gute Viertelstunde zu früh zu dem Termin erschienen;
11 und als ich mich in das Wartezimmer gesetzt habe,
12 habe ich gemerkt, dass ich eine blaue und eine braune Socke [an]hatte ...!
13 Stell dir vor, wie verlegen ich mich gefühlt habe.
14 Ich frage mich jetzt noch, ob das jemand bemerkt hat (jemand sich davon ist bewusst-geworden)!

(ANMERKUNGEN)

* **accorto**: Partizip Perfekt von **accorgersi** „wahrnehmen, (be)merken, sich bewusst werden".

SOLUZIONE DELL'ESERCIZIO 1: Avete capito correttamente?

① So bin ich zu dem Termin gegangen: Du kannst dir vorstellen, wie aufgeregt ich war. ② Gestern bin ich sehr früh aufgestanden. ③ In Wirklichkeit ist das überhaupt nicht nötig. ④ Ich habe keine Lust dazu, aber ich stehe trotzdem auf. ⑤ Stell dir vor, wie verlegen ich mich gefühlt habe!

④ Ich bin eine Viertelstunde zu früh zu dem Termin erschienen.

. . . . all'appuntamento

. . . un quarto d'ora . . . .

⑤ Jetzt noch frage ich mich, ob das jemand gemerkt hat.

Ancora . . . . . . mi domando se

. . . . se n'è . . . .

SOLUZIONE DELL'ESERCIZIO 2: Le parole mancanti.

① mi sono svegliato alle ② Mi sono lavato i – giorni fa ③ gli occhi – te ④ Mi sono presentato – con – di anticipo ⑤ adesso – qualcuno – accorto

▶ Quarantasettesima (47°) lezione

Un colloquio di lavoro

1 – L'ingegner Pierotti mi ha accolto* molto gentilmente. ①

2 Ci siamo presentati, ci siamo seduti in due comode poltrone, e il colloquio è cominciato. ②

3 Prima mi ha chiesto altre informazioni sui miei studi e sulla mia formazione.

4 Ci siamo intrattenuti a lungo su problemi scientifici e tecnici.

5 Poi siamo passati ad argomenti più personali:

6 mi ha fatto molte domande sui miei gusti, sui miei hobbies e su come trascorro il mio tempo libero. ③

7 Alla fine mi ha parlato dell'organizzazione della fabbrica e mi ha dato dei dettagli sul mio lavoro. ④

CI SIAMO LASCIATI MOLTO CORDIALMENTE.

* **accolto**: Partizip Perfekt von **accogliere** „empfangen, aufnehmen, zusagen, annehmen, bewilligen, umfassen".

centonovanta · 190

Siebenundvierzigste Lektion

Ein Einstellungsgespräch

1 – Der Ingenieur Pierotti hat mich sehr freundlich empfangen.
2 Wir haben uns [einander] vorgestellt, wir haben uns in zwei bequeme Sessel gesetzt, und das Gespräch hat angefangen.
3 Als Erstes hat er mich [um] weitere Informationen über mein Studium und über meine Ausbildung gebeten.
4 Wir haben uns lange über wissenschaftliche und technische Probleme unterhalten.
5 Dann sind wir zu persönlicheren Themen übergegangen:
6 Er hat mir (gemacht) viele Fragen über meine Vorlieben (Geschmäcker), über meine Hobbys und darüber [gestellt], wie ich meine Freizeit verbringe.
7 Zum Schluss hat er mir von der Organisation der Fabrik erzählt und hat mir Einzelheiten über meine Arbeit genannt.

ANMERKUNGEN

① Infinitiv: **accogliere**. Hier ist der Indikativ Präsens dieses Verbs, das zwei leicht unregelmäßige Formen hat: die 1. Person Singular und die 3. Person Plural: **(io) accolgo, (tu) accogli, (lei) accoglie, (noi) accogliamo, (voi) accogliete, (loro) accolgono**.

② Geben Sie acht auf das Hilfsverb: **Giorgio ha cominciato ieri a lavorare.** „Giorgio hat gestern angefangen zu arbeiten." Aber: **Il film è cominciato cinque minuti fa.** „Der Film hat vor fünf Minuten angefangen."

③ Die korrekte Pluralform von **hobby** lautet ebenfalls **hobby**.

④ Beachten Sie, dass im Italienischen die Präposition **di** + Artikel dazu dient, eine unbestimmte Menge von Dingen oder Personen zu bezeichnen: **degli amici** „einige Freunde"; **dei libri** „einige Bücher". **Di** + Artikel muss aber nicht immer unbedingt stehen: **Ho degli amici a Roma.** „Ich habe Freunde in Rom." ist ebenso korrekt wie **Ho amici a Roma.**

LEKTION 47

| 8 | Mi ha parlato **del**lo sti**pen**dio, **del**le possibi**li**tà di car**rie**ra, ⑤
| 9 | e mi ha **chies**to se **so**no dis**pos**to a viag**gia**re.
| 10 | Ci **sia**mo las**cia**ti **mol**to cordial**men**te...
| 11 | e tre **gior**ni fa ho a**vu**to la con**fer**ma dell'assun**zio**ne.
| 12 | – Ma l'**i**dea di trasfe**rir**ti a Mi**la**no non ti preoc**cu**pa un pò? ⑥
| 13 | – No. Mi dis**pia**ce las**cia**re **Ro**ma, ma Mi**la**no mi **pia**ce, e ho **de**gli a**mi**ci **an**che qui.
| 14 | – **Cer**to, e a**des**so che ci **sia**mo ritro**va**ti dob**bia**mo ve**der**ci più s**pes**so!

(PRONUNCIA)

[*11 aßßuntßjonê 12 preokkupa*]

ESERCIZIO 1: Capite queste frasi?

❶ Ci siamo intrattenuti a lungo su problemi scientifici. ❷ Mi ha parlato dello stipendio e delle possibilità di carriera. ❸ Poi siamo passati ad argomenti più personali. ❹ Mi ha fatto molte domande sui miei gusti e su come passo il mio tempo libero. ❺ Mi ha parlato dell'organizzazione della fabbrica. ❻ Ci siamo lasciati molto cordialmente. ❼ Tre giorni fa ho avuto la conferma dell'assunzione.

ESERCIZIO 2: Inserite le parole mancanti

❶ Macht dir der Gedanke, nach Mailand zu ziehen, keine Sorgen?

L'idea di . . . . Milano non . . . . un . . ' ?

8	Er hat mir vom Gehalt erzählt, von den Aufstiegsmöglichkeiten,
9	und er hat mich gefragt, ob ich bereit bin zu reisen.
10	Wir haben uns sehr herzlich verabschiedet (verlassen) ...
11	Und vor drei Tagen habe ich die Bestätigung der Einstellung (Übernahme) bekommen (gehabt).
12	– Aber macht dir der Gedanke, nach Mailand zu ziehen, nicht ein bisschen Sorgen?
13	– Nein, es tut mir leid, Rom zu verlassen, aber Mailand gefällt mir, und ich habe auch hier einige Freunde.
14	– Sicher ... und jetzt, da wir uns wiedergetroffen haben, müssen wir uns öfter sehen!

(ANMERKUNGEN)

⑤ Das ist ein typischer falscher Freund im Italienischen: **stipendio** heißt immer „Gehalt". Für „Stipendium" sagt man in Italien **borsa di studio** (wört. Studiumsbörse).

⑥ Beachten Sie, dass die Objektpronomina an den Infinitiv angehängt werden: **Vorrei lavarmi le mani.** „Ich möchte mir die Hände waschen." **Dovete decidervi!** „Ihr müsst euch entscheiden!" **Ha cominciato a occuparsi di politica molto tempo fa.** „Er hat vor langer Zeit angefangen, sich mit Politik zu beschäftigen."

SOLUZIONE DELL'ESERCIZIO 1: Avete capito correttamente?

❶ Wir haben uns lange über wissenschaftliche Probleme unterhalten. ❷ Er hat mir von dem Gehalt erzählt und von den Aufstiegsmöglichkeiten. ❸ Dann sind wir zu persönlicheren Themen übergegangen. ❹ Er hat mir viele Fragen über meine Vorlieben gestellt und darüber, wie ich meine Freizeit verbringe. ❺ Er hat mir von der Organisation der Fabrik erzählt. ❻ Wir haben uns sehr herzlich verabschiedet. ❼ Vor drei Tagen habe ich die Bestätigung der Einstellung bekommen.

❷ Er hat mir Einzelheiten über meine Arbeit gegeben.

. . . . dei dettagli . . . . . . lavoro.

❸ Wir haben uns in zwei bequeme Sessel gesetzt.

. . . . in . . . . poltrone.

❹ Es tut mir leid, Rom zu verlassen, aber Mailand gefällt mir sehr.

Mi . . . . Roma, ma

Milano . . . . . . molto.

❺ Jetzt müssen wir uns oft sehen!

. . . . . . dobbiamo . . . . spesso!

▷ **Quarantottesima (48°) lezione**

La scuola italiana

1 – La carriera scolastica di un italiano comincia a sei anni, con la „prima elementare".

2 Dopo cinque anni lascia la scuola elementare e passa alla scuola media, per tre anni.

3 Alla fine di questi otto anni ha completato il ciclo di istruzione obbligatoria e gratuita: la „scuola dell'obbligo".

(PRONUNCIA)

[*3 obligo*]

6 Das Gespräch hat um siebzehn [Uhr] und dreißig begonnen.

Il . . . . cominciato . . . .

. . . . e trenta.

SOLUZIONE DELL'ESERCIZIO 2: Le parole mancanti.
❶ trasferirti a – ti preoccupa – po' ❷ Mi ha dato – sul mio ❸ Ci siamo seduti – due comode ❹ dispiace lasciare – mi piace ❺ Adesso – vederci ❻ colloquio è – alle diciassette

---

Achtundvierzigste Lektion

Die italienische Schule

1 – Die Schullaufbahn eines Italieners beginnt mit sechs Jahren, mit dem ersten Schuljahr der Grundschule (der ersten Elementaren).

2 Nach fünf Jahren verlässt er die „Elementarschule" und geht (für) drei Jahre [lang] auf die Mittelschule.

3 Am Ende dieser acht Jahre hat er den obligatorischen und kostenlosen Unterrichtszyklus beendet, die Schulpflicht (Pflichtschule).

4 – È il mo**men**to di **sce**gliere fra **stu**di lette**ra**ri (li**ce**o **clas**sico, **cin**que **an**ni), e **stu**di scien**ti**fici (li**ce**o scien**ti**fico, **cin**que **an**ni).

5 Op**pu**re è pos**si**bile is**cri**versi ad un isti**tu**to tec**ni**co o professio**na**le (**cin**que anni), **scuo**la che **por**ta più rapida**men**te ad un im**pie**go.

6 – La **scuo**la itali**a**na non è a **tem**po **pie**no: all'**u**na e **mez**za, al più **tar**di, **tut**ti **so**no a **ca**sa, **do**po **u**na **me**dia di **cin**que **o**re di le**zio**ne. ①

7 – Con la „maturi**tà**" **clas**sica o scien**ti**fica, o con un di**plo**ma di **stu**di secon**da**ri è pos**si**bile is**cri**versi all'universi**tà**. ②

8 – Il di**plo**ma di **lau**rea che dà ac**ces**so al **mon**do del la**vo**ro si ot**tie**ne in **quat**tro o **cin**que **an**ni.

9 **Bas**tano **quat**tro **an**ni, per e**sem**pio, per la **lau**rea in **Let**tere, Giurispru**den**za, **Scien**ze Po**li**tiche, Mate**ma**tica, ecc. ③

10 **Du**rano, in**ve**ce, **cin**que **an**ni, i **cor**si di **lau**rea in Medi**ci**na, Econo**mi**a, Architet**tu**ra, ecc.

11 – Per uno **stra**no para**dos**so l'Italia è un pa**e**se **do**ve il **nu**mero dei laureati è **mol**to superi**o**re al **nu**mero dei **pos**ti di la**vo**ro esis**ten**ti

12 e **nel**lo **stes**so **tem**po ci **so**no, soprat**tut**to nel sud, **zo**ne particolar**men**te arre**tra**te,

---

(PRONUNCIA)

[**4** litschäo **9** dsch^urißprud**än**za ... sch**änß**ê politik**ê** ... ät**tschät**tera]

| 4 | – Dies ist der Moment, zwischen literarischen Studien (klassisches Gymnasium, fünf Jahre) und naturwissenschaftlichen Studien (Naturwissenschaftliches Gymnasium, fünf Jahre) zu wählen.
| 5 | Oder es ist möglich, sich an einem Technischen oder [einem] Berufsinstitut einzuschreiben (fünf Jahre), [eine] Schule, die schneller zu einer Anstellung führt.
| 6 | Die italienische Schule ist keine Ganztagsschule (nicht zur vollen Zeit): spätestens um halb zwei (eins und halb) sind alle zu Hause nach durchschnittlich fünf Unterrichtsstunden.
| 7 | – Mit dem klassischen oder naturwissenschaftlichen Abitur (Reife) oder mit einem Diplom in weiterführenden Studien, ist es möglich, sich an der Universität einzuschreiben.
| 8 | – Den Hochschulabschluss, der den Zugang zur Arbeitswelt verschafft, erreicht man in vier oder fünf Jahren.
| 9 | Es genügen zum Beispiel vier Jahre für den Abschluss in Literatur, Jura, Politikwissenschaften, Mathematik usw.
| 10 | Dagegen dauern die Studiengänge in Medizin, Wirtschaft, Architektur usw. fünf Jahre.
| 11 | – Durch ein eigenartiges Paradox ist (das) Italien ein Land, in dem (wo) die Anzahl der Hochschulabsolventen viel größer ist als die Anzahl der freien Stellen (existierenden Arbeitsplätze),
| 12 | und gleichzeitig (in derselben Zeit) gibt es, vor allem im Süden, Gebiete, [die] besonders rückständig [sind],

① Ebenso: **Tutti dicono che l'ultimo film di Antonioni è molto bello.** „Alle sagen, dass der letzte Film von Antonioni sehr schön ist." **Questa macchina piace a tutti.** „Dieses Auto gefällt allen."

② Vor allem im Schulwortschatz finden sich viele falsche Freunde, die in Gesprächen mit Ihren italienischen Freunden Verwirrung stiften könnten, z. B. **diploma** „Abschluss, unabhängig von der Schulform", **studente** „Schüler, Student", **studiare** „lernen, studieren", **studio** „das Lernen", **professore** „Lehrer (der Sekundarstufe), Professor", **maestro** „Grundschullehrer".

③ Achtung: **Quanto zucchero vuoi nel caffè? – Mi basta un cucchiaino.** „Wie viel Zucker möchtest du im Kaffee haben? – Mir reicht ein Teelöffel." **Mi bastano pochi minuti per fare questo lavoro.** „Mir reichen wenige Minuten, um diese Arbeit zu erledigen."

13 **do**ve il **tas**so di alfabetizza**zio**ne è an**co**ra **mol**to **bas**so. ④

(PRONUNCIA)

[*13 alfabetidsatßjonê*]

ESERCIZIO 1: Capite queste frasi?

① La scuola elementare dura cinque anni e la scuola media tre anni. ② Con la maturità è possibile iscriversi all'università. ③ Il diploma di laurea si ottiene in quattro o cinque anni. ④ La scuola italiana non è a tempo pieno. ⑤ Il numero dei laureati è superiore al numero dei posti di lavoro.

ESERCIZIO 2: Inserite le parole mancanti

① Um den Hochschulabschluss in Jura abzulegen, genügen vier Jahre.

Per ottenere la . . . . . . in giurisprudenza . . . . quattro anni.

② Spätestens um ein(s) [Uhr] sind alle zu Hause.

. . . ' . . . , al più tardi, ... sono .
. . . . . .

③ Alle sagen es.

. . . . . lo . . . .

▶ **Quarantanovesima (49°) lezione**

REVISIONE E NOTE

Lesen Sie noch einmal die folgenden Anmerkungen: 43. Lektion: ③, ④; 45.: ④; 46.: ②; 47.: ②, ④; 48.: ①, ②.

[13] wo die Rate der Alphabetisierung noch sehr niedrig ist.

(ANMERKUNGEN)

④ **Tasso di natalità di un paese** „Geburtenrate eines Landes". Aber **il tasso** kann auch ein Tier sein: „der Dachs" oder ein Baum: „die Eibe".

SOLUZIONE DELL'ESERCIZIO 1: Avete capito correttamente?

① Die Elementarschule dauert fünf Jahre und die Mittelschule drei Jahre. ② Mit dem Abitur ist es möglich, sich an der Universität einzuschreiben. ③ Den Hochschulabschluss erhält man in vier oder fünf Jahren. ④ Die italienische Schule ist keine Ganztagsschule. ⑤ Die Anzahl der Hochschulabsolventen ist höher als die Anzahl der Arbeitsplätze.

④ Es ist möglich, sich an einem Berufsinstitut einzuschreiben.

. . . . ad un Istituto Professionale.

⑤ Der Abschluss der Elementarschule reicht nicht [aus], um eine Anstellung zu finden.

Il . . . . di scuola . . . . non . . . . . per trovare un . . . .

SOLUZIONE DELL'ESERCIZIO 2: Le parole mancanti.

① laurea – bastano ② All'una – tutti – a casa ③ Tutti – dicono ④ È possibile iscriversi ⑤ diploma – elementare – basta – impiego

---

Neunundvierzigste Lektion

1. Zeitformen: Verlaufsform Präsens

Die Verlaufsform im Präsens (**stare** + Gerundium) entspricht im Deutschen Redewendungen, die mit „gerade" gebildet werden:

Che cosa stai facendo? – Sto guardando la televisione. „Was machst du gerade? – Ich sehe gerade fern." Man benutzt diese Form, um auszudrücken, dass eine Handlung gerade in dem Moment stattfindet. Man kann aber auch die einfache Präsensform verwenden: **Che fai? – Guardo la televisione.** „Was machst du? – Ich sehe fern."

Hier die Formen des Gerundiums im Präsens: Verben der ersten Gruppe: **and-ARE** „gehen": **and-ANDO** „gehend"; Verben der zweiten Gruppe: **legg-ERE** „lesen": **legg-ENDO** „lesend"; Verben der dritten Gruppe: **fin-IRE** „beenden": **fin-ENDO** „beendend". Drei unregelmäßige Gerundien: **fare** „machen": **facendo** „machend"; **bere** „trinken": **bevendo** „trinkend"; **dire** „sagen": **dicendo** „sagend".

(io)	sto facendo	(wörtl.: „ich stehe machend")
(tu)	stai facendo	
(lui/lei)	sta facendo	
(noi)	stiamo facendo	
(voi)	state facendo	
(loro)	stanno facendo	

2. Reflexiv

Ein Verb wie **preparare** „vor-, zubereiten" kann eine Reflexivform (rückbezügliche Form) haben: **prepararsi** „sich bereitmachen". Im Indikativ:

	Präsens	zusammengesetztes Perfekt
(io)	mi preparo	mi sono preparato/a
(tu)	ti prepari	ti sei preparato/a
(lui/lei)	si prepara	si è preparato/a
(noi)	ci prepariamo	ci siamo preparati/e
(voi)	vi preparate	vi siete preparati/e
(loro)	si preparano	si sono preparati/e

Beachten Sie, dass im Fall der Verben, die das Perfekt mit **essere** bilden, sich auch das Partizip der reflexiven Verben in Zahl und Geschlecht nach dem zugehörigen Substantiv richtet. Beachten Sie außerdem, dass die Pronomina **mi, ti, si, ci, vi**, die einem reflexiven Verb im Infinitiv folgen, ein Wort mit diesem Verb bilden, wobei das auslautende **e** des Infinitivs entfällt: **Domani devo svegliarmi alle sette.** „Morgen muss ich um sieben Uhr aufwachen."

3. bastare, durare, cominciare

Unter den Verben der letzten Lektionen waren einige, die das zusammengesetzte Perfekt im Gegensatz zum Deutschen mit dem Hilfsverb **essere** bilden, z. B. **bastare, durare, cominciare. La torta è bastata per tutti.** „Die Torte hat für alle gereicht." **Lo spettacolo è durato tre ore.** „Das Schauspiel hat drei Stunden gedauert." **Il corso è cominciato un mese fa.** „Der Kurs hat vor einem Monat begonnen."

4. Floskeln und Redewendungen

> **Ti ricordi di me? – Certo che mi ricordo!**
> **Che fai da queste parti?**
> **Mi fa molto piacere vederti.**
> **Com'è andato il colloquio?**
> **Beato te!**
> **Si è laureato con centodieci.**
> **Parlo correttamente l'inglese.**

Erinnerst du dich an mich? – Sicher erinnere ich mich! – Was machst du in dieser Gegend? – Ich freue mich sehr, dich zu sehen. – Wie ist das Gespräch verlaufen? – Du Glücklicher! – Er hat seinen Hochschulabschluss mit [der Benotung] 110 erworben. – Ich spreche fehlerfrei Englisch.

5. Übung: Antworten Sie auf Italienisch

> **Qual è la sua data di nascita?**
> **Qual è il suo luogo di nascita?**
> **Qual è la sua nazionalità?**
> **Qual è il suo stato civile?**
> **Qual è la sua residenza?**

Die „Zweite Welle": In Lektion 50 werden Sie mit der „Aktiven Phase" Ihres Studiums beginnen: Wenn Sie die 50. Lektion passiv durchgearbeitet haben, nehmen Sie sich noch einmal die Lektion 1 vor. Hören Sie sie erneut aufmerksam an und lesen Sie den Text. Dann versuchen Sie, den deutschen Text mündlich und schriftlich ins Italienische zu übersetzen und korrigieren sich selbst. Diese Aufgabe wird Ihnen sehr leicht erscheinen. Auf diese Art wiederholen Sie mit jeder passiv durchgearbeiteten Lektion eine bereits vor längerer Zeit absolvierte Lektion. Es gibt keine bessere Übung, um Ihr Wissen zu festigen und Sie dazu anzuleiten, natürlich zu sprechen. Viel Spaß!

LEKTION 49

Cinquantesima (50°) lezione [tschinkuantäsima]

Andiamo al ristorante

1 — Marco, a che ora arriva Lorenza?
2 — Con il treno delle dodici e quindici. Vado a prenderla alla stazione.
3 Poi vorrei portarla a pranzo in un ristorante simpatico. Venite anche voi naturalmente! ①
4 C'è un buon ristorante da queste parti?
5 — Ce ne sono due o tre carini, ma non sono niente di straordinario;
6 invece ce n'è uno proprio buono verso Porta Ticinese. ②
7 — Bisogna prenotare?
8 — Sì, è meglio, di domenica è sempre pieno. ③
9 — Ci pensi tu?
10 — Sì, ci penso io. Ci vediamo lì all'una. ④
11 Però l'indirizzo esatto non me lo ricordo.
12 Aspetta, chiamo Davide e glielo chiedo.
13 — Accidenti, com'è tardi, devo sbrigarmi.
14 Roberto, puoi farmi un favore? Mi chiami un taxi?

(PRONUNCIA)

[**1** loräntßa **3** prantßo **11** indirittßo **12** ljiälo kjädo **13** ßbrigarmi]

Vergessen Sie nicht, dass so wie die einfachen Personalpronomina auch die Gruppen von Personalpronomina keine eigene Betonung haben: Man muss also diese „kleinen Wörter" so aussprechen, als ob sie ein einziges Wort mit dem Verb bildeten, dem sie vorangehen oder mit dem sie verschmelzen, wie im Fall des Infinitivs.

Fünfzigste Lektion

Wir gehen ins Restaurant

1 – Marco, um wie viel Uhr kommt Lorenza an?
2 – Mit dem Zug um zwölf [Uhr] (und) fünfzehn. Ich hole sie vom Bahnhof ab.
3   Dann möchte ich sie zum Mittagessen in ein nettes Restaurant ausführen (bringen). Ihr kommt natürlich auch mit!
4   Gibt es ein gutes Restaurant in dieser Gegend?
5 – Es gibt zwei oder drei [ganz] nette (davon), aber sie sind nichts Außergewöhnliches;
6   dagegen gibt es ein wirklich gutes (davon) bei der Porta Ticinese (Tessiner Tor).
7 – Muss man reservieren (Braucht es vormerken)?
8 – Ja, das ist besser, sonntags ist es immer voll.
9 – Kümmerst du dich darum (Denkst du daran)?
10 – Ja, ich kümmere mich darum (ich denke daran). Wir sehen uns um eins dort.
11   Aber ich erinnere mich nicht an die genaue Adresse.
12   Warte, ich rufe Davide [an] und frage (es) ihn [danach].
13 – Verflixt, wie spät es ist, ich muss mich beeilen.
14   Roberto, kannst du mir einen Gefallen tun? Bestellst (rufst) du mir ein Taxi?

① **Mi ha portato dei fiori.** „Er hat mir Blumen gebracht." **Vieni, ti porto con me.** „Komm, ich nehme dich mit (mir mit)." **Quest'anno le gonne si portano corte.** „Dieses Jahr trägt man die Röcke kurz." Also: „bringen, mitnehmen, tragen" = **portare**.

② **Ci sono birre nel frigorifero? – Ce n'è solo una.** „Ist Bier im Kühlschrank? – Es ist nur eins (davon) da." **Ci sono anche delle mele? – Sì, ce ne sono molte.** „Sind auch Äpfel da? – Ja, es sind viele (davon) da." Achtung: **ci** wird vor dem Pronomen **ne** zu **ce**.

③ **Quasi tutti i musei sono chiusi la domenica.** „Fast alle Museen sind sonntags geschlossen." **Di domenica, la domenica:** sonntags.

④ **Non riesco a chiudere la porta. – Non preoccuparti, ci penso io.** „Ich schaffe es nicht, die Tür zu schließen. – Mach dir keine Sorgen, ich kümmere mich darum!"

LEKTION 50

15 — Te lo **chia**mo **su**bito!
16 — Co**sì pos**so fi**ni**re di sti**rar**mi i panta**lo**ni! ⑤

(PRONUNCIA)

[**16** ßtir**ar**mi]

ESERCIZIO 1: Capite queste frasi?

❶ Vado a prendere Lorenza alla stazione alle quindici e trenta. ❷ Vorrei portarla a pranzo in un ristorante simpatico. ❸ Ce n'è uno simpatico da queste parti, ma non è niente di straordinario. ❹ Puoi farmi un favore? ❺ Ci vediamo lì a mezzogiorno. ❻ Com'è tardi, devo sbrigarmi!

ESERCIZIO 2: Inserite le parole mancanti

❶ Gibt es heute Abend einen guten Film im Fernsehen? – Es gibt zwei (davon).

. ' . un . . . . film alla televisione
. . . . ? – . . . . due.

❷ Muss man reservieren? – Ja, das ist besser, ich kümmere mich darum.

. . . . prenotare? – Sì, ... ,
. . . .

❸ Um wie viel Hora kommt der Zug an? – Ich erinnere mich nicht daran.

. . . . arriva il treno? – . . . . ricordo.

❹ Bestellst (rufst) du mir ein Taxi? – Ich bestelle es dir sofort.

. . . . un taxi? – . . . . chiamo
. . . .

duecentoquattro • 204

15 – Ich bestelle (rufe) es dir sofort!
16 – ... So kann ich (mir) die Hosen fertig bügeln.

(ANMERKUNGEN)

⑤ **i pantaloni** „die Hose(n)": ein Wort, das immer im Plural steht, ebenso wie **le forbici** „die Schere" und **gli occhiali** „die Brille".

SOLUZIONE DELL'ESERCIZIO 1: Avete capito correttamente?

❶ Ich hole Lorenza um fünfzehn Uhr (und) dreißig vom Bahnhof ab. ❷ Ich möchte sie zum Mittagessen in ein nettes Restaurant ausführen. ❸ Es gibt ein nettes in dieser Gegend, aber es ist nichts Außergewöhnliches. ❹ Kannst du mir einen Gefallen tun? ❺ Wir sehen uns dort gegen Mittag. ❻ Wie spät es ist, ich muss mich beeilen!

❺ So kann ich mir die Hosen fertig bügeln.
. . . . finire di . . . .
pantaloni.

SOLUZIONE DELL'ESERCIZIO 2: Le parole mancanti.

❶ C'è – buon – stasera – Ce ne sono ❷ Bisogna – è meglio – ci penso io ❸ A che ora – Non me lo ❹ Mi chiami – Te lo – subito ❺ Così posso – stirarmi i

Zweite Welle: 1. Lektion

LEKTION 50

▶ Cinquantunesima (51°) lezione

Che cosa mangiamo?

1 – Buongiorno! I signori hanno prenotato?
2 – Sì, un tavolo per sei.
3 – A che nome?
4 – Brambilla.
5 – Prego, Si accomodino. ①
6 – Che cosa ci consiglia oggi?
7 – Come primo piatto abbiamo una nostra specialità, gli gnocchi al pesto: glieli consiglio, signora. ②
8 – Oggi non vorrei mangiare pasta...
9 – Gliene posso portare una mezza porzione, se vuole, per farglieli assaggiare. ③
10 – E come secondo, che cosa c'è?
11 – Il nostro misto di carni alla brace: agnello, maiale, manzo... mi permetto di suggerirglielo.

(PRONUNCIA)

[9 farljiêli assadsch^arê 11 majalê ... ßudsch^erirljiêlo]

Einundfünfzigste Lektion

Was essen wir?

1 – Guten Tag! Die Herrschaften haben reserviert?
2 – Ja, einen Tisch für sechs [Personen].
3 – Auf welchen Namen?
4 – Brambilla.
5 – Bitte, nehmen Sie Platz.
6 – Was empfehlen Sie uns heute?
7 – Als ersten Gang haben wir eine unserer Spezialitäten, Gnocchi mit Pesto: Die empfehle ich Ihnen, [gnädige] Frau.
8 – Heute möchte ich keine Teigwaren essen ...
9 – Ich kann Ihnen eine halbe Portion davon bringen, wenn Sie möchten, damit Sie sie probieren können (um machen-Sie-sie probieren) ...
10 – Und als Hauptgericht (zweites [Gericht]), was gibt es [da]?
11 – Unser gemischter [Teller] mit auf Holzglut gebratenem Fleisch: Lamm, Schwein, Rind ... Ich erlaube mir, Ihnen ihn zu empfehlen.

(ANMERKUNGEN)

① **si accomodino**: Plural von **si accomodi**. Noch ein Beispiel dafür, dass man in sehr formellen Kontexten die 3. Person Plural als Höflichkeitsform benutzt: **Signori Lauri, prego, si accomodino pure** „Frau und Herr Lauri, bitte, nehmen Sie gerne Platz".

② **una mia amica** „eine meiner Freundinnen"; **un tuo libro** „eins deiner Bücher". Man kann dem Possessivpronomen einen unbestimmten Artikel voranstellen.

③ Beide Strukturen sind möglich: **Deve parlarcene subito. / Ce ne deve parlare subito.** „Er muss uns sofort davon erzählen." **Vogliamo portarveli. / Ve li vogliamo portare.** „Wir wollen sie euch bringen." **Non posso dirtelo. / Non te lo posso dire** „Ich kann es dir nicht sagen."

| 12 | Se, invece preferiscono del pesce, possono prendere una spigola o un'orata: sono freschissime.
|----|
| 13 | Gliele posso fare al forno o alla griglia.
| 14 | – E come contorno? ④
| 15 | – Una bella insalata verde o verdura cotta: fagiolini, zucchine, spinaci.
| 16 | Da bere, prendono il vino della casa?
| 17 | – Se lei me lo raccomanda ...
| 18 | – Glielo faccio provare, ma posso garantirglielo, è vino genuino.
| 19 | – E una bottiglia di acqua minerale non gassata, per favore!

(PRONUNCIA)

[*12* fräßkissimi *13* grilja *15* fadsch^olini, dsukkinê, ßpinatschi *18* garantirljälo ... dsch^enuino *19* akkua gaßßata]

ESERCIZIO 1: Capite queste frasi?

❶ Come primo piatto abbiamo una nostra specialità: gli gnocchi al pesto. ❷ Prego, signori, si accomodino. ❸ Se vuole, posso portargliene una mezza porzione. ❹ Come secondo, prendono carne o pesce? ❺ Vorrei assaggiare il misto di carni alla brace. ❻ Il vino della casa è genuino: posso garantirglielo.

ESERCIZIO 2: Inserite le parole mancanti

❶ Was empfehlen Sie uns heute?

. . . cosa . . . . oggi?

duecentotto • 208

12 Wenn Sie dagegen Fisch vorziehen, können Sie einen Seebarsch oder eine Goldbrasse nehmen: Sie sind sehr frisch.
13 Ich kann sie Ihnen gebraten oder gegrillt servieren (machen).
14 – Und als Beilage?
15 – Einen schönen grünen Salat oder gekochtes Gemüse: [grüne] Bohnen, Zucchini, Spinat.
16 Als Getränk (zu trinken) nehmen Sie den Hauswein?
17 – Wenn Sie ihn mir empfehlen ...
18 – Ich lasse (mache) Sie ihn probieren, aber das kann ich Ihnen garantieren, es ist unverfälschter Wein.
19 – Und eine Flasche Mineralwasser ohne Kohlensäure, bitte!

(ANMERKUNGEN)

④ In dieser Lektion haben Sie die Begriffe **primo**, **secondo** und **contorno** kennengelernt. In der Lektion 55 wird Ihnen genau erklärt, wie eine typische Mahlzeit in Italien aussieht.

SOLUZIONE DELL'ESERCIZIO 1: Avete capito correttamente?

❶ Als ersten Gang haben wir eine unserer Spezialitäten: Gnocchi mit Pesto. ❷ Bitte, meine Herrschaften, nehmen Sie Platz. ❸ Wenn Sie möchten, kann ich Ihnen davon eine halbe Portion bringen. ❹ Als Hauptgericht nehmen Sie Fleisch oder Fisch? ❺ Ich möchte den gemischten Teller mit auf Holzglut gebratenem Fleisch probieren. ❻ Der Hauswein ist unverfälscht: Das kann ich Ihnen garantieren.

❷ Haben Sie reserviert? – Ja, einen Tisch für sechs [Personen].

Hanno .... ? – Sì, ...
... sei.

LEKTION 51

❸ Wir haben guten Fisch: Ich kann ihn Ihnen (Singular) gebraten oder auf Holzglut [gegrillt] servieren (machen).

. . . . buon pesce. . . . . . . posso
. . . . al forno o . . . . brace.

❹ Der Seebarsch und die Goldbrasse sind ganz frisch: Ich empfehle sie Ihnen.

. . spigola e . 'orata . . . .
. . . . : . . . . . . consiglio.

▶ **Cinquantaduesima (52°) lezione**

Ci sposiamo!

1 – Che sorpresa il tuo arrivo, Lorenza! ①
2 Marco ce ne ha parlato solo ieri.
3 Figurati che qualche giorno fa ti ho comprato un regalino.②
4 Avevo l'intenzione di mandartelo, ma visto che sei qui... te lo do personalmente.
5 – Che meraviglia! Il catalogo della mostra di Leonardo!
6 – So che ti sei sempre interessata di pittura...
7 – ... e continuo ad interessarmene; del resto fa parte del mio lavoro, insegno storia dell'arte.

(ANMERKUNGEN)

① **l'arrivo** (die Ankunft): Wieder ein Wort, das im Italienischen ein anderes Geschlecht hat als im Deutschen. Sie werden solche Wörter regelmäßig vorfinden. Wir werden Sie nicht immer darauf hinweisen, aber achten Sie darauf, einverstanden?

⑤ Unser Fleischteller ist ausgezeichnet. Ich erlaube mir,

ihn Ihnen zu empfehlen.

. . . . piatto . . . .
. . permetto di . . . .

SOLUZIONE DELL'ESERCIZIO 2: Le parole mancanti.

① Che – ci consiglia ② prenotato – un tavolo per ③ Abbiamo del – glielo – fare – alla ④ La – l – sono freschissime – gliele ⑤ Il nostro – di carni è ottimo – Mi – suggerirglielo

Seconda ondata: 2° lezione

Zweiundfünfzigste Lektion

Wir heiraten!

1 – Was für eine Überraschung deine Ankunft [ist], Lorenza!
2   Marco hat uns erst gestern davon erzählt.
3   Stell dir vor, vor ein paar Tagen habe ich dir ein kleines Geschenk gekauft, (dass ich dir vor ein paar Tagen ...)
4   Ich hatte die Absicht, es dir zu schicken, aber da du hier bist (gesehen, dass du hier bist) ... gebe ich es dir persönlich.
5 – Wie wunderbar (Welch Wunder)! Der Katalog der Ausstellung von Leonardo!
6 – Ich weiß, dass du dich immer für Malerei interessiert hast ...
7 – ... und ich interessiere mich weiterhin dafür (ich fahre fort, mich dafür zu interessieren); übrigens ist es Teil meiner Arbeit, ich unterrichte Kunstgeschichte.

② **qualche giorno** „einige Tage": Nach dem unveränderlichen **qualche** steht das Substantiv zwar immer im Singular, hat aber immer pluralische Bedeutung: **qualche amico** „einige Freunde", **qualche anno** „einige Jahre", **qualche ragazza** „einige Mädchen" usw.

8 – Ma come mai hai deciso di venire a Milano da un giorno all'altro?

9 – Ma Marco non ve l'ha detto? Non vi ha dato la grande notizia?

10 – Non gliel'ho data, perché ho voluto aspettarti Ma sì, avete già indovinato, ci sposiamo.

11 – Questa mi sembra una bellissima notizia, non è vero, Davide?

12 – Quindi ti trasferisci qui anche tu!

13 – E il tuo lavoro? Devi chiedere il trasferimento, adesso.

14 – Certo, ma chissà se me lo danno per l'anno prossimo. ③

ESERCIZIO 1: Capite queste frasi?

① Che sorpresa il tuo arrivo! ② Qualche giorno fa sono arrivati i nostri amici spagnoli. ③ Francesca non ce ne ha parlato. ④ Non ve l'ha detto? – No, non ci ha detto niente. ⑤ Devo chiedere il trasferimento a Milano. ⑥ Chissà se me lo danno per l'anno prossimo.

8 – Aber wie hast du nur beschlossen, von einem Tag auf den anderen nach Mailand zu kommen?
9 – Aber hat Marco es euch nicht erzählt? Hat er euch die große Nachricht nicht überbracht (gegeben)?
10 – Ich habe sie ihnen nicht überbracht (gegeben), weil ich auf dich warten wollte (habe warten gewollt) ... Aber ja, ihr habt [es] schon erraten, wir heiraten (uns).
11 – Dies scheint mir eine sehr schöne Nachricht [zu sein], (ist es) nicht wahr, Davide?
12 – Also ziehst auch du (dich) um!
13 Und deine Arbeit? Du musst jetzt die Versetzung beantragen.
14 – Sicher, aber wer weiß, ob sie sie mir für das nächste Jahr bewilligen (geben).

ANMERKUNGEN

③ **Dicono che Simone e William si sposano.** „Man sagt (sie sagen), dass Simone und William heiraten." **Stasera trasmettono la partita di calcio alla televisione.** „Heute Abend wird das Fußballspiel im Fernsehen übertragen (übertragen sie das Fußballspiel im Fernsehen)." Eine weitere Möglichkeit, die unpersönliche Form auszudrücken, besteht darin, das Personalpronomen **loro** stillschweigend einzubeziehen; man muss also das Verb in die 3. Person Plural setzen.

SOLUZIONE DELL'ESERCIZIO 1: Avete capito correttamente?

❶ Was für eine Überraschung deine Ankunft ist! ❷ Vor einigen Tagen sind unsere spanischen Freunde angekommen. ❸ Francesca hat uns nichts davon erzählt. ❹ Sie hat es euch nicht gesagt? – Nein, sie hat uns nichts gesagt. ❺ Ich muss die Versetzung nach Mailand beantragen. ❻ Wer weiß, ob sie sie mir für das nächste Jahr bewilligen.

ESERCIZIO 2: Inserite le parole mancanti

① Ich habe mich immer für Malerei interessiert.

.. .... sempre .... pittura.

② Ich habe ein Geschenk für dich, ich gebe es dir heute Abend.

Ho un ...... per .. , ... stasera.

③ Wir heiraten (uns) in drei Monatoi.

.. .. tre mesi.

④ Ich habe es ihnen noch nicht gesagt,

Non ..... ' .. ancora ..... ,

▶ Cinquantatreesima (53°) lezione

Bambini terribili

1 – **Mam**ma, **guar**da com'**è scioc**ca la **Li**sa: ①
2   ha **fat**to ca**de**re il **su**o cuc**chia**io, e a**des**so ne vu**o**le un **al**tro!
3 – Su, **Li**sa, non oc**cor**re **pian**gere per **u**na scioc**chez**za **si**mile. ②

(PRONUNCIA)

[*1 schokka 2 kukkjaio 3 schokkättßa*]

⑤ weil ich auf dich warten wollte.

. . . . . ho voluto . . . .

⑥ Ich habe von einem Tag auf den anderen beschlossen, abzufahren.

Ho . . . . . . di partire . . . .
. . . , ...

SOLUZIONE DELL'ESERCIZIO 2: Le parole mancanti.

❶ Mi sono – interessata di ❷ regalo – te – te lo do ❸ Ci sposiamo fra ❹ glie l'ho – detto ❺ perché – aspettarti ❻ deciso – da un giorno all'altro

Seconda ondata: 3° lezione

Dreiundfünfzigste Lektion

Schreckliche Kinder

1 — Mama, sieh, wie dumm (die) Lisa ist:
2   Sie hat ihren Löffel fallen lassen (fallen gemacht), und jetzt will sie einen anderen (davon)!
3 — Komm (Auf), Lisa, man braucht wegen einer solchen Dummheit nicht zu weinen.

ANMERKUNGEN

① **Sono andato al cinema con la Sandra.** „Ich bin mit (der) Sandra ins Kino gegangen." In Mailand und manchen Regionen Norditaliens setzt man den Artikel vor den Eigennamen. Vergessen Sie aber nicht, dass es sich um einen Regionalismus handelt, der also nicht dem Standard entspricht. In Ihrem Urlaub in Florenz, Rom oder Neapel werden Sie diese sprachliche Besonderheit nie hören!

② **Su, è tardi, andiamo!** „Los/Komm, es ist spät, wir gehen!" **Su, racconta!** „Los/Komm, erzähl!"

LEKTION 53

4	**Ve**di, il came**rie**re te ne ha già por**ta**to un **al**tro.
5	E tu, Ro**ber**to, **cer**ca di mangi**a**re la **car**ne con la for**chet**ta e il col**tel**lo e non con le **ma**ni! ③ ④
6	– **Mam**ma, noi vogli**a**mo le pa**ta**te frit**te**! Perché il came**rie**re non ce le **por**ta?
7	– **Cal**ma! A**des**so ve le **por**ta.
8	– **Mam**ma, Ro**ber**to ha **pre**so le **mie** pa**ta**te frit**te**!
9	Tu sei un fratello **sce**mo e prepo**ten**te!
10	Sai che ti **di**co? Il **mio li**bro di fa**vo**le che ti pia**ce tan**to... non te lo **fac**cio toc**ca**re mai più!
11	– In**som**ma, bam**bi**ni! A**ve**te vo**lu**to le pa**ta**te frit**te**, e ve le ab**bia**mo ordi**na**te,
12	a**ve**te **chie**sto l'aran**cia**ta, e il came**rie**re ve ne ha por**ta**te **due**. ⑤
13	Se non smet**te**te di liti**ga**re, sa**pe**te che **co**sa suc**ce**de a**des**so?
14	Pren**de**te i **vo**stri **piat**ti e i **vo**stri bic**chie**ri e an**da**te a mangi**a**re in quell'**an**golo là in **fon**do!

(PRONUNCIA)

[**14** bik**kjä**ri]

(ESERCIZIO 1: Capite queste frasi?)

❶ Se non smettete di litigare, sapete che cosa succede adesso? ❷ Su, Lisa, non occorre piangere per una sciocchezza simile! ❸ Tu sei un fratello scemo e prepotente! ❹ Com'è sciocca la Lisa! Ha fatto cadere il suo cucchiaio e adesso ne vuole un altro. ❺ Prendete i vostri piatti e i vostri bicchieri e andate a mangiare in quell'angolo là in fondo!

| 4 | Siehst du, der Kellner hat dir schon einen anderen (davon) gebracht.
| 5 | Und du, Roberto, versuch, das Fleisch mit der Gabel und dem Messer zu essen, und nicht mit den Händen!
| 6 | – Mama, wir möchten Pommes frites! Warum bringt der Kellner sie uns nicht?
| 7 | – Ruhig! Gleich bringt er sie euch.
| 8 | – Mama, Roberto hat meine Pommes frites genommen!
| 9 | Du bist ein dummer und rechthaberischer Bruder!
| 10 | Weißt du, was ich dir sage? Mein Märchenbuch, das dir so gut gefällt ... ich lasse (mache) es dich nie mehr anfassen!
| 11 | – Also, Kinder! Ihr habt (die) Pommes frites gewollt, und wir haben sie euch bestellt,
| 12 | ihr habt (die) Orangenlimonade verlangt, und der Kellner hat euch (davon) zwei gebracht.
| 13 | Wenn ihr nicht aufhört zu streiten, wisst ihr, was gleich passiert?
| 14 | Ihr nehmt eure Teller und eure Gläser und geht in die Ecke dort hinten essen!

(ANMERKUNGEN)

③ Beachten Sie den Bedeutungsunterschied: **cercare di** + Infinitiv bedeutet „versuchen zu ... (tun)": **Abbiamo cercato di far presto.** „Wir haben versucht, uns zu beeilen." Das Verb **cercare** alleine behält die Grundbedeutung „suchen": **Ho cercato un ristorante.** „Ich habe ein Restaurant gesucht."

④ Achtung: **la mano** „die Hand" ist ein feminines Wort, das im Singular auf **-o** und im Plural auf **-i** endet: **le mani** „die Hände".

⑤ **aranciata**: alkoholfreies Getränk bestehend aus Orangensirup, Wasser und Zucker. Serviert mit oder ohne Eis wirkt es sehr erfrischend.

SOLUZIONE DELL'ESERCIZIO 1: Avete capito correttamente?

❶ Wenn ihr nicht aufhört zu streiten, wisst ihr, was gleich passiert? ❷ Komm, Lisa, man braucht wegen einer solchen Dummheit nicht zu weinen! ❸ Du bist ein dummer und rechthaberischer Bruder! ❹ Wie dumm (die) Lisa ist! Sie hat ihren Löffel fallen lassen, und jetzt will sie einen anderen. ❺ Nehmt eure Teller und eure Gläser und geht in die Ecke dort hinten essen.

ESERCIZIO 2: Inserite le parole mancanti

① Versuch, das Fleisch mit der Gabel und dem Messer zu essen, und nicht mit den Händen!

. . . . mangiare la carne . . . la forchetta ed . . . . e non . . . . !

② Ihr habt Pommes frites gewollt, und der Kellner hat euch (davon) zwei Portionen gebracht.

. . . . le patate . . . . . . , e il cameriere . . . . due . . . .

③ Ich will eine Orangeade! Warum bringt er sie mir nicht?

. . . . . . un'aranciata! Perché non . . . . ?

④ Siehst du nicht, dass er sie dir schon gebracht hat?

Non . . . . che . . '. . già . . . . ?

▶ Cinquantaquattresima (54°) lezione

Una ricetta di Davide

1 — Ti **pia**cci**o**no **ques**ti **gnoc**chi, **Mar**co?
2 — **So**no **ot**timi.
3 — **Quel**li che **fac**cio **io**, però, **so**no migli**o**ri!
4 — Tu sai cucinare, **Da**vide? Io non **so**no ca**pa**ce nep**pu**re di cu**o**cere gli spa**ghe**tti.
5 — Che vergo**gna**! Ades**so** te lo in**se**gno: as**col**ta **be**ne.

⑤ Nehmen Sie den Hauswein? – Können Sie ihn uns probieren lassen?

Prendono il vino .... ? –
Può .... assaggiare?

SOLUZIONE DELL'ESERCIZIO 2: Le parole mancanti.

① Cerca di – con – il coltello – con le mani ② Avete voluto – fritte – ve ne ha portato – porzioni ③ Voglio – me la porta ④ vedi – te l'ha – portata ⑤ della casa – farcelo

Seconda ondata: 4° lezione

Vierundfünfzigste Lektion

Ein Rezept von Davide

1 – Magst du (Gefallen dir) diese Gnocchi, Marco?
2 – Sie sind sehr lecker.
3 – Die, die ich mache, sind aber besser!
4 – Kannst du kochen, Davide?
   Ich bin nicht einmal [dazu] fähig, (die) Spaghetti zu kochen.
5 – Was für eine Schande! Ich bringe es dir gleich bei: Hör (gut) zu.

6	Per cuocere bene la pasta ci vogliono poche cose e un po' d'attenzione. ①
7	Prima di tutto ci vuole moltissima acqua: un litro per cento grammi di pasta. ②
8	– Dunque ci vuole una pentola molto grande!
9	– Naturalmente!
10	– E quanto sale bisogna metterci?
11	– Un cucchiaino da caffè per litro.
12	Quando l'acqua bolle, si buttano gli spaghetti.
13	Si lasciano cuocere per una decina di minuti.
14	Si deve fare molta attenzione a non farli scuocere. ③
15	Per evitarlo, bisogna provarli spesso e, immediatamente prima di scolarli, occorre versare un pò di acqua fredda nella pentola.
16	E naturalmente bisogna scolarli molto bene.
17	A questo punto li puoi condire ... e buon appetito!

ESERCIZIO 1: Capite queste frasi?

❶ Ti piacciono questi gnocchi? ❷ Quelli che faccio io sono migliori. ❸ Quando l'acqua bolle, si buttano gli spaghetti. ❹ Si deve fare molta attenzione a non far scuocere la pasta. ❺ Li puoi condire come vuoi e ... buon appetito!

6	Um (die) Nudeln gut zu kochen, braucht man wenige Dinge und ein bisschen Aufmerksamkeit.
7	Zuerst braucht man sehr viel Wasser: einen Liter für hundert Gramm Nudeln.
8	– Man braucht also einen sehr großen Topf!
9	– Natürlich!
10	– Und wie viel Salz muss man hineingeben?
11	– Einen Teelöffel pro Liter.
12	Wenn das Wasser kocht, wirft man die Spaghetti [hinein].
13	Man lässt sie ungefähr zehn Minuten lang kochen.
14	Man muss sehr aufpassen (machen viel Aufmerksamkeit), sie nicht zerkochen zu lassen.
15	Um dies zu verhindern (vermeiden), muss man sie oft probieren, und unmittelbar vor dem Abgießen (bevor sie abzugießen) muss man ein bisschen kaltes Wasser in den Topf gießen.
16	Und natürlich muss man sie sehr gut abgießen.
17	Jetzt (An diesem Punkt) kannst du sie würzen und guten Appetit!

(ANMERKUNGEN)

① **la pasta** „Nudeln", aber **le paste** „kleine Gebäckteile". **Ti porto delle paste.** „Ich bringe dir etwas Gebäck."

② **Ci vuole molta acqua.** „Man braucht viel Wasser." oder „Viel Wasser wird gebraucht." Wenn aber das Objekt im Plural steht, muss das Prädikat – anders als im Deutschen – ebenfalls in der 3. Person Plural stehen: **Ci vogliono molti spaghetti.** „Man braucht viele Spaghetti." bzw. „Viele Spaghetti werden gebraucht."

③ Beachten Sie, dass man nach dem Modell: **ho molta fame, ho molta sete** usw. „ich habe großen Hunger, ich habe großen Durst" auch sagt: **fare molta attenzione**.

SOLUZIONE DELL'ESERCIZIO 1: Avete capito correttamente?

❶ Magst du diese Gnocchi? ❷ Die, die ich mache, sind besser. ❸ Wenn das Wasser kocht, wirft man die Spaghetti hinein. ❹ Man muss sehr aufpassen, die Nudeln nicht zerkochen zu lassen. ❺ Du kannst sie würzen, wie du willst, und ... guten Appetit!

ESERCIZIO 2: Inserite le parole mancanti

❶ Wie viel Salz braucht man für das Wasser (im Wasser)?

..... sale .. .. nell'acqua?

❷ Man braucht wenige Dinge, um (die) Nudeln gut zu kochen.

.. .. mettono cose per cuocere bene .. ..

❸ Man muss sehr aufpassen, [um] sie nicht zu zerkochen.

.. .... fare ..... attenzione a non ..... scuocere.

▶ Cinquantacinquesima (55°) lezione

Gli italiani a tavola

1 – A che ora si mettono a tavola gli italiani?
2 – Dipende: al sud il pranzo è tradizionalmente il pasto principale,
3 e si pranza tra l'una e mezza e le due, si cena piuttosto tardi, verso le nove.
4 Al nord, invece, si pranza più presto e anche la cena è anticipata.

(PRONUNCIA)

[*2* ßud ... traditßjonal**män**tê]

④ Man muss ein bisschen kaltes Wasser in den Topf gießen,

.... versare .. .. ' d'acqua fredda nella ....

⑤ und man muss es gut abgießen.

e .... molto bene.

SOLUZIONE DELL'ESERCIZIO 2: Le parole mancanti.

❶ Quanto – ci vuole ❷ Ci vogliono poche – la pasta ❸ Si deve – molta – farla ❹ Bisogna – un po' – pentola ❺ bisogna scolarla

Seconda ondata: 5° lezione

Fünfundfünfzigste Lektion

Die Italiener bei Tisch

1 – Um wie viel Uhr setzen sich die Italiener zu Tisch?
2 – Es kommt darauf an (es hängt ab): Im Süden ist das Mittagessen traditionsgemäß die Hauptmahlzeit,
3 und man isst zwischen halb zwei (die eins und halb) und zwei zu Mittag, man isst ziemlich spät zu Abend, gegen neun.
4 Im Norden dagegen isst man früher zu Mittag und auch das Abendessen findet früher statt (ist verfrüht).

| 5 | **An**che i risto**ran**ti **se**guono **ques**te abi**tu**dini:
| 6 | non è **fa**cile, al sud, tro**var**ne **u**no a**per**to **al**le **set**te di **se**ra, e, al nord, man**gia**re **do**po le venti**du**e.
| 7 | – Che **co**sa **man**giano gli itali**a**ni?
| 8 | – Di **so**lito il **pas**to nor**ma**le di **u**na fa**mig**lia è com**pos**to da un **pri**mo **piat**to – **pas**ta, **ri**so, o mi**nes**tre in **bro**do –, ①
| 9 | da un se**con**do **piat**to – **car**ne o **pe**sce – con un con**tor**no di ver**du**ra **cru**da o **cot**ta e, per fi**ni**re, la **frut**ta.
| 10 | I **pran**zi **del**le „**gran**di occa**sio**ni" – Na**ta**le, **Pas**qua, **fes**te famili**a**ri – co**min**ciano con **de**gli anti**pas**ti
| 11 | e fi**nis**cono con for**mag**gio e **dol**ce. ②
| 12 | In **ques**te occa**sio**ni si cu**ci**nano **spes**so i **piat**ti tradizio**na**li, in **ge**nere **mol**to elabo**ra**ti:
| 13 | **o**gni re**gio**ne ha la **su**a tradi**zio**ne culi**na**ria e le **su**e speciali**tà**:
| 14 | dal „ra**gù**" napole**ta**no **al**la „cassoeula" mila**ne**se, **dal**la **zup**pa di **pe**sce abruz**ze**se **al**la „po**len**ta e o**sei**" ve**ne**ta, **dal**lo „zam**po**ne" bolo**gne**se all'„ab**bac**chio" ro**ma**no ... ③

(PRONUNCIA)

[**11** for**mad**dsch^o **14** ragu ... kaßßöla ... **dsup**pa ... abbruttßesê ... o**säi** ... dsam**po**nê ... ab**bak**kjo]

(ANMERKUNGEN)

① Es gibt verschiedene Suppensorten mit unterschiedlichen Namen. Eine **minestra** ist eine leichte Suppe, die oft aus Brühe und Einlage besteht. Die **zuppa** dagegen ist dickflüssiger; man bereitet sie mit einer oder mehreren pürierten Gemüsesorten zu. **Il minestrone** („große Suppe") kann nur aus Gemüsestücken bestehen, während eine **minestrina** („kleine Suppe") eine noch dünnere **minestra** ist, nur mit Brühe und Suppennudeln, die oft für Kranke zubereitet wird.

| 5 | Auch die Restaurants folgen diesen Gewohnheiten:
| 6 | Es ist im Süden nicht einfach, um sieben [Uhr] abends ein geöffnetes (davon) zu finden, und im Norden nach zweiundzwanzig [Uhr] zu essen.
| 7 | – Was essen die Italiener?
| 8 | – Gewöhnlich ist das normale Essen einer Familie zusammengesetzt aus einem ersten Gang – Nudeln, Reis oder Brühen mit Einlage –,
| 9 | aus einem Hauptgericht – Fleisch oder Fisch – mit einer Beilage aus rohem oder gekochtem Gemüse und zum Schluss (für beenden) (das) Obst.
| 10 | Die Mahlzeiten der besonderen (großen) Gelegenheiten – Weihnachten, Ostern, Familienfeste – beginnen mit Vorspeisen
| 11 | und enden mit Käse und Süßspeise.
| 12 | Zu diesen Gelegenheiten werden oft die traditionellen Gerichte gekocht, im Allgemeinen sehr ausgearbeitet:
| 13 | Jede Region hat ihre kulinarische Tradition und ihre Spezialitäten:
| 14 | vom napolitanischen „ragù" bis zur Mailänder „cassoeula", von der Fischsuppe aus den Abruzzen bis zur venezianischen „polenta e osei", vom Bologneser „zampano" bis zum römischen „abbacchio" ...

② **Mangiamo prima il dolce o la frutta?** „Essen wir erst die Süßspeise oder das Obst?" Aber auch: **Ho preparato un dolce al cioccolato.** „Ich habe einen Schokoladenkuchen gemacht." Beachten Sie auch, dass das Adjektiv **dolce** sowohl „sanft" als auch „süß" bedeuten kann. Also: **Ha gli occhi dolci.** „Sie hat sanfte Augen." **Preferisci il caffè dolce o amaro?** „Möchtest du den Kaffee lieber süß oder bitter?"

③ **ragù** (aus dem französischen „ragoût"): eine Sauce aus Fleisch, Tomaten und Gemüse. **Cassoela:** ein Gericht aus Schweinefleisch und Kohl. **Polenta e osei:** ein Brei aus Maismehl mit einer dickflüssigen Sauce. **Zampone:** gefüllte Schweinshaxe. **Abbacchio al forno:** Lamm, das im Ofen gebraten wird.

ESERCIZIO 1: Capite queste frasi?

① Di solito il pasto normale di una famiglia italiana comincia con il primo piatto: pasta, riso o minestra in brodo. ② Con il secondo piatto si mangia un contorno di verdura cruda o cotta. ③ Di solito al sud si cena piuttosto tardi, verso le nove. ④ Al nord si pranza più presto e anche la cena è anticipata. ⑤ Non ho mai assaggiato lo zampone. – Nemmeno io. ⑥ Per trovarlo proprio buono bisogna andare a Modena.

ESERCIZIO 2: Inserite le parole mancanti

① Um wie viel Uhr setzen sich die Italiener zu Tisch?

. . . . ora . . . . tavola . . . italiani?

② Die Mahlzeiten der Familienfeste beginnen mit Vorspeisen.

. . . . . . delle . . . . . familiari . . . .

③ Das normale Mittagessen einer Familie endet gewöhnlich mit Obst.

Il . . . . . . normale . . . . . famiglia . . . . di solito . . . .

④ Zu den großen Gelegenheiten bereitet man die traditionellen Gerichte zu.

. . . . occasioni . . . . tradizionali.

⑤ Jede Region ha sue Spezialitäten.

. . . . ha . . . .

SOLUZIONE DELL'ESERCIZIO 1: Avete capito correttamente?

❶ Die normale Mahlzeit einer italienischen Familie beginnt gewöhnlich mit dem ersten Gang: Nudeln, Reis oder Brühe mit Einlage. ❷ Zum Hauptgericht isst man eine Beilage aus rohem oder gekochtem Gemüse. ❸ Im Süden isst man gewöhnlich ziemlich spät zu Abend, gegen neun. ❹ Im Norden isst man früher zu Mittag, und auch das Abendessen ist früher. ❺ Ich habe [noch] nie (den) Zampone probiert. – Ich auch nicht. ❻ Um ihn wirklich gut zu finden, muss man nach Modena fahren (gehen).

SOLUZIONE DELL'ESERCIZIO 2: Le parole mancanti.

❶ A che – si mettono a – gli ❷ I pasti – feste – cominciano con degli antipasti ❸ pranzo – di una – finisce – con la frutta ❹ Nelle grandi – si cucinano i piatti ❺ Ogni regione – le sue specialità

In vielen Städten kann man, meist an Bahnhofskiosken, Zeitungen und Zeitschriften aus aller Herren Länder kaufen. Die meisten Tageszeitungen haben auch einen Internetauftritt. Zeitunglesen in einer fremden Sprache eignet sich als Lernhilfe vor allem für Personen, die auch in ihrer Muttersprache regelmäßig und gerne Zeitung lesen. Wenn Sie auch den Kontext nicht vollständig verstehen, so können Sie vielleicht nur die Wörter oder Wortteile heraussuchen und anstreichen, die Sie bereits kennen; das ist schon ein kleines Erfolgserlebnis.

Seconda ondata: 6° lezione

▶ Cinquantaseiesima (56°) lezione

REVISIONE E NOTE

Lesen Sie noch einmal die folgenden Anmerkungen: 50. Lektion: ②; 52.: ②; 53.: ③, ④; 54.: ②, ③.

1. Objektpronomina: indirekt + direkt

Die kombinierten Objektpronomina stehen wie die einfachen Objektpronomina vor dem Verb. Das indirekte Pronomen geht immer dem direkten Pronomen voran; dabei wird das **i** zu **e**: **Te lo dico.** „Ich sage es dir." Das indirekte Pronomen der 3. Person, **gli**, verschmilzt mit dem direkten Pronomen, wobei ihm noch ein **e** hinzugefügt wird. So erhält man die folgenden Formen: **glielo, gliela, glieli, gliele, gliene**. Diese Formen benutzt man für das Maskulinum und das Femininum Singular und Plural. Hier bedeutet **lo** „es", **glie** steht für „ihm/ihr/ihnen":

> **glielo dico:** ich sage es ihm
> ich sage es ihr
> ich sage es ihnen (Maskulinum Plural)
> ich sage es ihnen (Femininum Plural)

Wie Sie es bei den einfachen Objektpronomina gesehen haben, so verschmilzt auch eine Gruppe von Objektpronomina mit der Endung des Infinitivs, wobei das auslautende **-e** des Infinitivs entfällt: **Ho deciso di dirglielo.** „Ich habe beschlossen, es ihm zu sagen." Dieselbe Konstruktion verwendet man beim Imperativ und beim Gerundium, aber darüber werden wir später noch sprechen. Eine letzte Bemerkung: Wenn dem Infinitiv die Verben **sapere** „wissen", **volere** „wollen", **potere** „können" und **dovere** „müssen" vorausgehen, können die Gruppen von Pronomina entweder mit dem Infinitiv verschmelzen oder den beiden Verben vorausgehen: **posso dirglielo** oder **glielo posso dire** „ich kann es ihm sagen".

2. si deve, occorre, bisogna, ci vuole

Wie wendet man die unpersönlichen Formen **si deve**, **occorre**, **bisogna**, **ci vuole** „man muss / man braucht" an? **Si deve**, **bisogna** oder **occorre** benutzt man vor einem Verb im Infinitiv:

Sechsundfünfzigste Lektion

Si deve/Bisogna/Occorre fare presto. „Man muss schnell machen." **Ci vuole** und **occore** stehen vor einem Substantiv: **Ci vuole / Occorre del vino.** „Man braucht etwas Wein." All diese Formen, mit Ausnahme von **bisogna**, richten sich im Numerus nach dem, was man tun muss oder was man braucht (also nach dem Objekt): **Ci vogliono dieci minuti.** „Man braucht zehn Minuten." **Occorrono tre uova.** „Man braucht drei Eier." **Si devono osservare le leggi.** „Man muss die Gesetze beachten." Nur dem Wort **occorre** kann ein indirektes Objektpronomen vorausgehen: **Mi occorre quel libro.** „Ich brauche dieses Buch."

Verwechseln Sie den unpersönlichen Ausdruck **bisogna** (der Form nach die 3. Person Singular) nicht mit dem Substantiv **bisogno** „Bedürfnis", das in der Redewendung **aver bisogno** „brauchen" vorkommt.

3. Floskeln und Redewendungen

Lesen Sie noch einmal die folgenden Redewendungen:

> **Venite anche voi, naturalmente!**
> **Bisogna prenotare.**
> **Accidenti, com'è tardi! Devo sbrigarmi.**
> **Prego signori, Si accomodino.**
> **Che cosa ci consiglia?**
> **Che cosa c'è di secondo?**
> **Come mai hai deciso di venire?**
> **Non occorre piangere per una sciocchezza simile!**
> **Si deve fare molta attenzione.**
> **Calma!**
> **Che vergogna!**
> **Dipende!**
> **Buon appetito!**

Ihr kommt natürlich auch mit! – Man muss reservieren. – Verflixt, wie spät es ist! Ich muss mich beeilen. – Bitte, meine Herrschaften, setzen Sie sich. – Was empfehlen Sie uns? – Was gibt es als zweiten Gang? – Warum hast du beschlossen zu kommen? – Man braucht wegen einer solchen Dummheit nicht zu weinen! – Man muss sehr aufpassen. – Ruhig! – Was für eine Schande! – Das kommt darauf an! – Guten Appetit!

5. Übung: Übersetzung

Die Übung zur sog. „Zweiten Welle", d. h. die Rückübersetzung vom Deutschen ins Italienische, ist bei den 7er-Lektionen schwer machbar. Deshalb sollten Sie so verfahren: Lesen Sie in Ruhe alle Erklärungen der Wiederholungslektion. Bestimmt verstehen Sie sie inzwischen besser und können das Gelesene besser einordnen.

▶ Cinquantasettesima (57°) lezione

La partenza per le vacanze

1 – Carissimi mamma e papà, eccoci finalmente al campeggio di Montesilvano, vicino a Pescara.
2 Ieri, come sapete, era il giorno della partenza.
3 Dovevamo partire alle otto,
4 ma, come al solito, alle nove e mezzo stavamo ancora caricando i bagagli in macchina.
5 Davide non riusciva a far entrare tutto nel portabagagli
6 e se la prendeva con me, perché secondo lui avevo preso troppe cianfrusaglie. ①
7 Finalmente siamo riusciti a sistemare tutta la roba e siamo partiti. ② ③
8 L'equipaggio era dunque così composto: io ero al volante,

PRONUNCIA

[**1** äkkotschi ... kampäddsch^o **5** riuschiwa **6** tschanfrusaljê **8** ekuipaddsch^o]

ANMERKUNGEN

① **Perché te la prendi con me?** „Warum ärgerst du dich über mich?"; **Me la prendo con te perché non sèi mai puntuale!** „Ich ärgere mich über dich, weil du nie pünktlich bist!"

Anschließend versuchen Sie, die Floskeln und Wendungen am Ende der Wiederholungslektion ausgehend von der deutschen Version (mündlich und/oder schriftlich) ins Italienische zu übersetzen. Dabei ist es sinnvoll, die italienischen Wendungen zuzudecken, um nicht schon vorher auf die Lösungen zu sehen. Vergleichen Sie danach Ihre Übersetzung mit den Sätzen.

Seconda ondata: 7° lezione (revisione)

Siebenundfünfzigste Lektion

Die Fahrt in die Ferien

1 – Liebste Mama und [liebster] Papa, jetzt sind wir (hier uns) endlich auf dem Campingplatz von Montesilvano, in der Nähe von Pescara.
2 Gestern, wie Ihr wisst, war der Abfahrtstag.
3 Wir mussten um acht [Uhr] abfahren,
4 aber, wie immer, waren wir noch um halb zehn (die neun und halb) dabei, das Gepäck in[s] Auto zu laden.
5 Davide schaffte es nicht, alles auf dem (im) [Dach-]Gepäckträger unterzubringen (zu machen hineingehen),
6 und er ärgerte sich über mich, weil ich seiner Meinung nach (gemäß ihm) zu viel Kram mitgenommen hatte.
7 Endlich haben wir es geschafft, alles zu ordnen, und wir sind abgefahren.
8 Die Besatzung setzte sich also so zusammen (war also so zusammengestellt): Ich war am Steuer,

② **riuscire** „schaffen" hat das Hilfsverb **essere: Non sono riuscita a convincerlo.** „Ich habe es nicht geschafft, ihn zu überzeugen." **Non siamo riusciti a trovare la strada.** „Wir haben es nicht geschafft, den Weg zu finden."

③ **roba** ist eines der Wörter, die immer „passen", wie es sie in allen Sprachen gibt. Hier einige Fälle, in denen es angewandt werden kann: **Quanta roba inutile!** „Wie viel nutzloses Zeug!" **C'è un sacco di roba da mangiare.** „Da ist jede Menge (Sachen) zu essen." **Tiene molto alla sua roba.** „Er hält viel auf sein Zeug."

9	e accanto a me c'era Davide con la sua scorta di carte stradali e guide turistiche.
10	Sul sedile posteriore c'erano i bambini con la loro provvista di giocattoli e fumetti. ④ ⑤
11	Naturalmente Davide ha subito cominciato a chiedermi se avevo preso la patente e il libretto di circolazione,
12	se non avevo dimenticato di pagare l'assicurazione, eccetera.
13	Poi ha preteso che bisognava fare benzina prima di uscire da Milano.
14	Così ci siamo fermati ad un distributore,
15	dove abbiamo fatto il pieno, abbiamo fatto cambiare l'olio e abbiamo fatto verificare la pressione delle gomme.

(PRONUNCIA)

[*9 tschära 10 tschärano 12 ettschättera 13 bendßina*]

(ANMERKUNGEN)

④ Beachten Sie, dass die Präposition bei Aufzählungen nicht wiederholt wird: **Sono stata a Napoli, Perugia e Siena.** „Ich bin in Neapel, [in] Perugia und [in] Siena gewesen."

ESERCIZIO 1: Capite queste frasi?

❶ C'erano troppi bagagli: non riuscivamo a farli entrare nel portabagagli. ❷ Accanto a me c'era Davide con la sua scorta di carte stradali. ❸ Hai preso la patente e il libretto di circolazione? ❹ Avevo dimenticato di pagare l'assicurazione! ❺ C'è un distributore da queste parti? Devo fare benzina e vorrei far verificare la pressione delle gomme. ❻ Come al solito hai preso un sacco di cianfrusaglie!

9	und neben mir (da) war Davide mit seinem Bestand an (Eskorte von) Straßenkarten und Touristenführern.
10	Auf dem Rücksitz (da) waren die Kinder mit ihrem Vorrat an Spielsachen und Comics.
11	Natürlich hat Davide sofort angefangen, mich zu fragen, ob ich den Führerschein und den Kraftfahrzeugbrief (Heftchen von Umlauf/Verkehr) mitgenommen hatte,
12	ob ich nicht vergessen hatte, die Versicherung zu bezahlen usw.
13	Dann hat er behauptet, dass wir tanken müssten (dass man Benzin machen musste), bevor wir aus Mailand herausfahren.
14	So haben wir an einer Tankstelle angehalten,
15	wo wir vollgetankt haben (das Volle gemacht), das Öl haben wechseln lassen (gemacht) und den [Luft-]Druck der Reifen haben prüfen lassen (gemacht).

⑤ **fumetto** „Comics" – häufig im Plural verwendet, also **fumetti** – bedeutet wörtlich „kleiner Rauch", weil die Sprechblasen an eine Rauchwolke erinnern. Wenn Sie sich fürs Kochen interessieren, könnte Ihnen dieser Begriff auch in manchen Rezepten begegnen: **fumetto** kann im Italienischen auch eine „Fischbrühe" bezeichnen.

SOLUZIONE DELL'ESERCIZIO 1: Avete capito correttamente?

❶ Da war zu viel Gepäck: Wir schafften es nicht, es auf dem Gepäckträger unterzubringen. ❷ Neben mir war Davide mit seinem Bestand an Straßenkarten. ❸ Hast du den Führerschein und den Fahrzeugbrief mitgenommen? ❹ Ich hatte vergessen, die Versicherung zu bezahlen! ❺ Ist eine Tankstelle in dieser Gegend? Ich muss tanken, und ich möchte den Reifendruck prüfen lassen. ❻ Wie immer hast du eine Menge Kram mitgenommen!

ESERCIZIO 2: Inserite le parole mancanti

① Um neun Uhr waren wir noch dabei, das Gepäck vorzubereiten.

.... nove .... ancora .... i bagagli.

② Ich habe es nicht geschafft, ihn zu überzeugen.

... . convincerlo.

③ Er ärgerte sich über mich, weil ich seiner Meinung nach zu viel Kram mitgenommen hatte.

Se .. .. perché, ... , ... cianfrusaglie.

④ Es ist unnötig, am Restaurant anzuhalten: Ich habe eine Menge Sachen zu essen mitgenommen!

. inutile .... ristorante: .. .. un sacco .. .. !

▶ Cinquantottesima (58°) lezione

Un viaggio in macchina

1	– Abbiamo preso l'autostrada per Bologna.
2	Faceva un caldo terribile e il traffico era già intenso.
3	I bambini continuavano, come al solito, ad aprire i finestrini

⑤ Sie hat es schafft, deinen Reiseführer und die Comics der Kinder in der roten Tasche unterzubringen.

. . . . entrare . . . .

. . . . e i fumetti . . .

. . . .

SOLUZIONE DELL'ESERCIZIO 2: Le parole mancanti.

❶ Alle – stavamo – preparando ❷ Non sono riuscito a ❸ la prendeva con me – secondo lui – avevo preso troppe ❹ È – fermarsi al – ho portato – di cose da mangiare ❺ È riuscita a far – nella borsa rossa la tua guida – dei bambini

Und wie ergeht es Ihnen mit der „Zweiten Welle"? Allzu viele Schwierigkeiten dürfte es damit nicht geben, oder? Sie begegnen nun Kenntnissen, die Sie sich schon vor langer Zeit angeeignet haben. Vieles, was Ihnen anfangs nicht klar war, dürfte sich inzwischen geklärt haben. Verzichten Sie nicht auf die Aktivierung; sie ist ein wichtiger Schritt im Lernprozess.

Seconda ondata: 8° lezione

Achtundfünfzigste Lektion

Eine Reise mit dem Auto

1 – Wir haben die Autobahn nach Bologna genommen.
2 Es war furchtbar warm (machte eine furchtbare Wärme), und der Verkehr war schon dicht.
3 Die Kinder machten immer wieder, wie gewohnt, die Fenster auf,

4	e bisognava dirgli continuamente di non sporgersi.
5	Per fortuna non si sono sentiti male,
6	perché gli avevo dato una pillola contro il mal di macchina.
7	Dopo qualche ora di viaggio hanno cominciato a dire che avevano fame e sete,
8	così ci siamo fermati al bar di una stazione di servizio.
9	Anche Davide ed io avevamo voglia di bere qualcosa di fresco e di mangiare un panino. ①
10	Qualche chilometro prima dell'uscita di Rimini c'era una deviazione per lavori in corso sotto una galleria. ②
11	Davide ha detto che per guadagnare tempo potevamo uscire dall'autostrada e prendere la nazionale.
12	„Non vi preoccupate", ha dichiarato, „abbiamo la carta!"
13	Naturalmente, un'ora dopo, stavamo disperatamente chiedendo indicazioni ai rarissimi passanti:
14	erano le due, c'erano trentacinque gradi all'ombra, e noi avevamo, come al solito, sbagliato strada! ③

(ANMERKUNGEN)

① **panini** (**imbottiti**) „belegte Brötchen". Man kauft sie wie **sandwich** bzw. **tramezzini** in einer **paninoteca** oder in einer **tavola fredda**, beides eine Art Snackbar für Backwaren.

② Auf **prima di** „vor, bevor" kann ein Infinitiv, ein Substantiv mit Artikel oder ein Personalpronomen folgen. Es zeigt dann die Vorzeitigkeit in Bezug auf eine Handlung oder ein Ereignis an: **Prima di partire** „vor der Abfahrt", **prima della tua partenza** „vor deiner Abfahrt". **Federico è arrivato prima di noi.** „Federico ist vor uns angekommen."

4	und man musste (es brauchte) ihnen immer wieder sagen, sich nicht hinauszulehnen.
5	Zum Glück fühlten sie sich nicht krank (schlecht),
6	weil ich ihnen eine Tablette gegen die Reisekrankheit (Autokrankheit) gegeben hatte.
7	Nach einigen Stunden Fahrt fingen sie an zu sagen, dass sie Hunger und Durst hätten (hatten),
8	so haben wir am Café einer Tankstelle (Station von Dienst) Halt gemacht (gehalten).
9	Auch Davide und ich hatten Lust, etwas Frisches zu trinken und ein Brötchen zu essen.
10	Einige Kilometer vor der Ausfahrt von Rimini war eine Umleitung wegen (laufender) [Bau-]Arbeiten in (unter) einem Tunnel.
11	Davide hat gesagt, dass wir, um Zeit zu sparen, von der Autobahn abfahren und die Landstraße (Nationale) nehmen könnten (konnten).
12	„Macht euch keine Sorgen", hat er erklärt, „wir haben die Karte!"
13	Natürlich, eine Stunde später waren wir verzweifelt dabei, von den sehr wenigen Passanten Hinweise zu erbeten:
14	Es war (waren die) zwei [Uhr], es waren fünfunddreißig Grad im Schatten, und wir hatten, wie immer, die Straße verfehlt!

③ Achten Sie auf den Gebrauch des Verbs **sbagliare:** (Am Telefon:) **Scusi, ho sbagliato numero!** „Entschuldigen Sie, ich habe mich in der Nummer geirrt/habe mich verwählt." Ebenso: **Ho sbagliato indirizzo.** „Ich habe mich in der Adresse geirrt."

ESERCIZIO 1: Capite queste frasi?

❶ Come al solito abbiamo sbagliato strada! ❷ I bambini avevano voglia di mangiare un panino. ❸ Qualche chilometro prima dell'uscita di Rimini c'era una deviazione per lavori in corso. ❹ I bambini aprivano i finestrini e bisognava dirgli continuamente di non sporgersi. ❺ Alle due del pomeriggio c'erano trentacinque gradi all'ombra! ❻ Non vi preoccupate, abbiamo la carta stradale.

ESERCIZIO 2: Inserite le parole mancanti

❶ Es war furchtbar warm, und der Verkehr war dicht.

...... un .... e il
.... intenso.

❷ Wir hatten Lust, etwas Frisches zu trinken.

.... di .... qualcosa di
....

❸ Wir haben am Café einer Tankstelle Halt gemacht.

.. .. al bar .. una
.... servizio.

❹ Die Kinder haben angefangen zu sagen, dass sie Hunger und Durst hatten.

I bambini .... dire che
.... e .... .

❺ Den Kindern hatte ich vor der Abfahrt eine Tablette gegen die Reisekrankheit gegeben.

.. bambini ....
.... una .... il mal di
....

SOLUZIONE DELL'ESERCIZIO 1: Avete capito correttamente?

① Wie immer haben wir die Straße verfehlt! ② Die Kinder hatten Lust, ein belegtes Brötchen zu essen. ③ Einige Kilometer vor der Ausfahrt von Rimini war eine Umleitung wegen Bauarbeiten. ④ Die Kinder öffneten die Fenster, und man musste ihnen immer wieder sagen, sich nicht hinauszulehnen. ⑤ Um zwei Uhr nachmittags waren es fünfunddreißig Grad im Schatten! ⑥ Macht euch keine Sorgen, wir haben die Straßenkarte.

SOLUZIONE DELL'ESERCIZIO 2: Le parole mancanti.

① Faceva – caldo terribile – traffico era ② Avevamo voglia – bere – fresco ③ Ci siamo fermati – di – stazione di ④ hanno cominciato a – avevano fame – sete ⑤ Ai – avevo dato prima di partire – pillola contro – macchina

---

Bestimmt haben Sie sich schon an die Arbeitsweise der „Zweiten Welle" gewöhnt. Hören Sie sich ruhig immer wieder die Tonaufnahmen der ersten Lektionen an. Jetzt, wo Sie mehr verstehen, haben Sie ein noch besseres Ohr für den italienischen Tonfall und die typischen Laute.

Seconda ondata: 9° lezione

▶ Cinquantanovesima (59°) lezione

Arrivo al campeggio

1 – **Mentre il sole tramontava dietro le colline abruzzesi, siamo arrivati, come Dio ha voluto, al "Camping Montesilvano", uno dei campeggi più grandi della riviera adriatica.** ①
2 **Abbiamo chiesto se c'era ancora posto e ci hanno risposto di sì.** ②
3 **Ci siamo messi alla ricerca del posto ideale**
4 **che doveva essere naturalmente l'angolo più ombroso, più tranquillo e più comodo di tutta la pineta!**
5 **Al momento di montare la tenda, io ero un po' preoccupata, ma Davide ha detto che non c'era nessun problema:** ③
6 **lui aveva il libretto delle istruzioni!**
7 **Com'è ovvio, è riuscito a darsi il martello sulle dita tre o quattro volte.**
8 **Fortuna che i bambini si erano allontanati mentre noi ci mettevamo al lavoro:**
9 **così non hanno sentito tutte le parolacce che è stato capace di dire!**

(PRONUNCIA)

[*1 abruttßesi 9 parolattschê*]

Neunundfünfzigste Lektion

Die Ankunft auf dem Campingplatz

1 – Während die Sonne hinter den Hügeln der Abruzzen unterging, sind wir, wie Gott es gewollt hat, auf dem Campingplatz Montesilvano, einem der größten Campingplätze der adriatischen Küste, angekommen.
2   Wir haben gefragt, ob (da) noch Platz wäre (war), und sie haben uns (von) ja geantwortet.
3   Wir haben uns auf die Suche nach dem idealen Platz (Stelle) begeben,
4   der natürlich die schattigste, ruhigste und bequemste Ecke des ganzen Pinienwaldes sein musste!
5   In dem Moment, als wir das Zelt aufstellten, war ich ein bisschen besorgt, aber Davide hat gesagt, dass es (da) kein Problem gäbe (war):
6   Er hatte das Heft mit den (der) Gebrauchsanleitungen!
7   Natürlich (Wie es naheliegend ist) hat er es geschafft, sich den Hammer drei oder vier Mal auf die Finger zu schlagen (zu geben).
8   Zum Glück (Glück, dass) hatten die Kinder sich entfernt, als wir uns an die Arbeit machten:
9   So haben sie nicht all die Schimpfwörter gehört, die er sagen konnte (fähig gewesen ist, zu sagen)!

(ANMERKUNGEN)

① Beachten Sie die Steigerungsform: **la casa più antica del villaggio** „das älteste Haus des Dorfes", **il campeggio più grande** „der größte Campingplatz", **la macchina più comoda** „das bequemste Auto".

② Ebenso sagt man: **Mi hanno detto di sì.** „Man hat mir mit Ja geantwortet (man hat mir gesagt, dass ja)." **Credo di no.** „Ich glaube nicht." **Spero di sì.** „Ich hoffe es. / Das hoffe ich."

③ **Non c'è nessuna ragione di preoccuparsi.** „Es gibt keinen Grund, sich zu beunruhigen." **Non ci vedo nessun inconveniente.** „Ich sehe da keine Schwierigkeit." Beachten Sie, dass das Adjektiv **nessuno** oft das **o** vor maskulinen Substantiven aus phonetischen Gründen verliert.

10 Più **tardi, men**tre cena**va**mo al **self**-service, i bam**bini** ci **han**no comuni**ca**to le **lo**ro sco**per**te:

11 sape**va**no già **do**ve **e**rano i ser**vi**zi i**gie**nici e lo **spa**ccio

12 e cono**sce**vano il regola**men**to inter**no** del cam**peg**gio:

13 è vie**ta**to ac**cen**dere fu**o**chi, bi**so**gna rispe**tta**re il si**len**zio **do**po mezza**not**te e non bi**so**gna distur**ba**re i vi**ci**ni ...

14 **Quan**do **sia**mo tor**na**ti **al**la **ten**da, ci aspe**tta**va una **bel**la sor**pre**sa:

15 ave**va**mo la**scia**to la **lam**pada ac**ce**sa ... e la **ten**da **e**ra **pie**na di zan**za**re e mosce**ri**ni!

(PRONUNCIA)

[**11** *idsch^enìtschi ... ßpattscho* **15** *dsandsarê ... moschêrini*]

ESERCIZIO 1: Capite queste frasi?

❶ È uno dei campeggi più grandi della riviera adriatica. ❷ Ci aspettava una bella sorpresa: la tenda era piena di zanzare e moscerini. ❸ Sapevamo già che nei campeggi è vietato accendere fuochi. ❹ Mentre noi ci mettevamo al lavoro, i bambini sono andati a cercare lo spaccio. ❺ Fortuna che non hanno sentito tutte le parolacce che è stato capace di dire!

ESERCIZIO 2: Inserite le parole mancanti

❶ Ist noch Platz auf dem Campingplatz? – Ich glaube, ja.

. ' . ancora . . . . campeggio? –
. . . .

10	Später, als wir im Selbstbedienungsrestaurant zu Abend aßen, haben die Kinder uns ihre Entdeckungen mitgeteilt:
11	Sie wussten schon, wo die sanitären Anlagen und das Geschäft (Verkaufsstelle) waren,
12	und sie kannten die Hausordnung des Campingplatzes:
13	Es ist verboten, Feuer anzuzünden, man muss nach Mitternacht leise sein (die Stille respektieren), und man darf die Nachbarn nicht stören ...
14	Als wir zum Zelt zurückgekehrt sind, erwartete uns eine schöne Überraschung:
15	Wir hatten die Lampe angelassen (angezündet gelassen) ..., und das Zelt war voll von Mücken und kleinen Fliegen!

E UNO DEI CAMPEGGI PIÙ GRANDI DELLA RIVIERA ADRIATICA.

SOLUZIONE DELL'ESERCIZIO 1: Avete capito correttamente?

❶ Es ist einer der größten Campingplätze der adriatischen Riviera. ❷ Es erwartete uns eine schöne Überraschung: Das Zelt war voll von Mücken und Fliegen. ❸ Wir wussten schon, dass es auf den Campingplätzen verboten ist, Feuer anzuzünden. ❹ Während wir uns an die Arbeit begaben, sind die Kinder das Geschäft suchen gegangen. ❺ Zum Glück haben sie nicht all die Schimpfwörter hören können, die er sagen konnte!

❷ Wir wollten die schattigste und ruhigste Ecke des ganzen Pinienwaldes.

Volevamo . ' . . . . ombroso e
. . . . pineta.

❸ Davide hat gesagt, dass es kein Problem gäbe (gab): Er hatte das Heft mit den Gebrauchsanleitungen!

Davide .. .. che ... . ' ...
.... : aveva il ....
delle .... !

❹ Wir sind auf dem Campingplatz angekommen, als die Sonne unterging.

....
il sole ....

▶ Sessantesima (60°) lezione [ßeßßantäsima]

Una giornata al mare

| 1 | – Dopo una giornata di viaggio avevamo un solo desiderio: il mare.
| 2 | Stamattina eravamo tutti in piedi di buonora:
| 3 | alle otto i bambini erano già in costume da bagno, armati di secchielli, palette e palloni ...
| 4 | ... mentre Davide continuava a sistemare i picchetti della tenda

(PRONUNCIA)
[2 in-pjädi ... buonora 3 ßäkkjälli ... palloni 4 pikkätti]

⑤ Während wir zu Abend aßen, haben die Kinder uns gesagt, wie (welche) die [Haus-]Ordnung des Campingplatzes war.

.... i bambini .. ..
..... qual' ... il ....
....

SOLUZIONE DELL'ESERCIZIO 2: Le parole mancanti.

❶ C'è – posto nel – Credo di sì ❷ l'angolo più – più tranquillo di tutta la ❸ ha detto – non c'era nessun problema – libretto – istruzioni ❹ Siamo arrivati al campeggio mentre – tramontava ❺ Mentre cenavamo – ci hanno detto – era – regolamento del campeggio

Seconda ondata: 10° lezione

Sechzigste Lektion

Ein Tag am Meer

1 – Nach einem Tag Fahrt hatten wir einen einzigen Wunsch: das Meer.
2 Heute Morgen waren wir alle früh auf den Beinen (Füßen):
3 Um acht [Uhr] waren die Kinder schon im Badeanzug, bewaffnet mit Eimerchen, Schäufelchen und Bällen ...
4 ... während Davide fortfuhr, die Zeltstangen zu ordnen

|5| e ci di**ce**va che **for**se ave**va**mo **scel**to* **ma**le
|6| e che un po' più in là **c'e**ra sicura**men**te un **pos**to più **co**modo di **ques**to ... ① ②
|7| La **spia**ggia del cam**pe**ggio non è **ma**le: la **sab**bia è **fi**ne e l'**ac**qua è pu**li**ta.
|8| Ma **al**le **die**ci era già co**per**ta di ombrel**lo**ni, di **se**die a **sdra**io e di ba**gnan**ti chias**so**si.
|9| Il **ma**re, an**co**ra **peg**gio: **c'e**ra **u**na quanti**tà** incre**di**bile di moto**sca**fi, **bar**che e ca**not**ti ...
|10| ... Insom**ma** sem**bra**va impos**si**bile riu**sci**re a nuo**ta**re o a tro**va**re un **pos**to per sdrai**ar**si a **pren**dere il **so**le.
|11| Co**sì sia**mo par**ti**ti **al**la ri**cer**ca di **u**na spiag**get**ta tran**quil**la, possibil**men**te con **de**gli **sco**gli.
|12| Natural**men**te, l'ab**bia**mo cer**ca**ta in**va**no, **men**tre Da**vi**de ripe**te**va che **lui** l'a**ve**va **det**to, che il mar Tir**re**no è **me**glio del **ma**re Adri**a**tico, e co**sì vi**a. ③
|13| A mezzo**gior**no **sia**mo tor**na**ti **al**la **spiag**gia del cam**peg**gio:
|14| **me**glio **fa**re un **ba**gno in un **ma**re sovraffol**la**to che pas**sa**re an**co**ra **u**na gior**na**ta in **mac**china! ④

(PRONUNCIA)

[**5** *schäl*to **6** *un-po-pju in-la* **7** *akkua* **8** *kjaßßosi* **9** *päddsch^o ... kuantita* **10** *sdrajarti* **11** *ßkolji*]

(ANMERKUNGEN)

① Ebenso: **Qui non si può lasciare la macchina, ma un po' più in là c'è un grande parcheggio.** „Hier kann man das Auto nicht stehenlassen, aber ein Stückchen weiter ist ein großer Parkplatz." **Non ci fermiamo qui: un po' più in là c'è un ristorante più carino di questo.** „Wir halten nicht hier: Ein Stückchen weiter ist ein netteres Restaurant als dieses."

| 5 | und uns sagte, dass wir vielleicht schlecht gewählt hätten (hatten)
| 6 | und dass es ein bisschen weiter sicher einen bequemeren Platz als diesen gäbe (gab).
| 7 | Der Strand des Campingplatzes ist nicht schlecht: Der Sand ist fein, und das Wasser ist sauber.
| 8 | Aber um zehn [Uhr] war er schon übersät (bedeckt) von Sonnenschirmen (großen Schirmen), Liegestühlen und lärmenden Badegästen (Badenden).
| 9 | Das Meer [war] noch schlimmer: Da war eine unglaubliche Menge von Motorbooten, Kähnen und Ruderbooten ...
| 10 | ... Es schien schließlich unmöglich [zu sein], es zu schaffen, zu schwimmen oder einen Platz zu finden, an dem man sich hinlegen und sonnen konnte (für sich hinzulegen und nehmen die Sonne).
| 11 | So sind wir, auf der Suche nach einem kleinen ruhigen Strand, möglicherweise mit Klippen, aufgebrochen.
| 12 | Natürlich haben wir ihn vergeblich gesucht, während Davide wiederholte, dass er es gesagt hatte, dass das Tyrrhenische Meer besser sei (ist) als das Adriatische, und so weiter.
| 13 | Am Mittag sind wir zum Strand des Campingplatzes zurückgekehrt:
| 14 | [Es ist] besser, in einem überfüllten Meer zu baden, als noch einen Tag im Auto zu verbringen!

② **Questa macchina è più veloce di quella.** „Dieses Auto ist schneller als das da." **L'italiano è più facile dell'ungherese.** „Das Italienische ist leichter als das Ungarische." **Mia sorella è più bionda di me.** „Meine Schwester ist blonder als ich."

③ Das Wort **mare**, das maskulin ist, verliert das **e** vor einem Wort, das mit einem Konsonanten beginnt, sofern es sich dabei um den Eigennamen eines Meeres handelt: **il Mar Morto** „das Tote Meer", **il Mar Rosso** „das Rote Meer".

④ **È meglio fermarsi qui che continuare.** „Es ist besser, hier anzuhalten, als weiterzufahren." **Prendere l'aereo è più comodo che viaggiare in macchina.** „Das Flugzeug zu nehmen ist bequemer als mit dem Auto zu verreisen."

* **scelto:** Partizip Perfekt von **scegliere** „wählen, aussuchen".

ESERCIZIO 1: Capite queste frasi?

① Alle otto i bambini erano già in costume da bagno, armati di secchielli, palette e palloni. ② La spiaggia non è male: la sabbia è fine e l'acqua è pulita. ③ C'erano troppi ombrelloni e troppi bagnanti chiassosi. ④ Sembrava impossibile riuscire a trovare un posto per sdraiarsi a prendere il sole. ⑤ Avevo molta voglia di nuotare, ma c'era veramente troppa gente.

ESERCIZIO 2: Inserite le parole mancanti

① Er fuhr fort zu wiederholen, dass wir unseren Platz schlecht gewählt hätten (hatten).

. . . . ripetere . . . .
. . . . . male . . nostro . . . .

② Er sagte, dass das Tyrrhenische Meer besser ist als das Adriatische.

. . . . . . che . . . . . Tirreno . . . .
. . . . Adriatico.

③ Da war eine unglaubliche Menge von Kähnen und Motorbooten.

. ' . . . una . . . .
. . . . e . . motoscafi.

④ [Es ist] besser, in einem überfüllten Meer zu baden, als noch einen Tag im Auto zu verbringen!

. . . . il . . . . . in . . . . . .
sovraffollato . . . . una
. . . . macchina!

SOLUZIONE DELL'ESERCIZIO 1: Avete capito correttamente?

① Um acht Uhr waren die Kinder schon im Badeanzug, bewaffnet mit Eimerchen, Schäufelchen und Bällen. ② Der Strand ist nicht schlecht: Der Sand ist fein, und das Wasser ist sauber. ③ Da waren zu viele Sonnenschirme und zu viele lärmende Badegäste. ④ Es schien unmöglich, einen Platz zu finden, um sich hinzulegen und zu sonnen. ⑤ Ich hatte große Lust zu schwimmen, aber da waren wirklich zu viele Leute.

⑤ Er wiederholte (uns), dass es ein Stückchen weiter sicher einen bequemeren Platz als diesen gäbe (gab).

. . . . che . . . . ' più . . . .
c' . . . sicuramente . . . . più
. . . .

SOLUZIONE DELL'ESERCIZIO 2: Le parole mancanti.

① Continuava a – che avevamo scelto – il – posto ② Diceva – il mar – è meglio del mare ③ C'era – quantità incredibile di barche – di ④ Meglio fare – bagno – un mare – che passare ancora – giornata in ⑤ Ci ripeteva – un po' – in là – era – un posto – comodo di questo

Seconda ondata: 11° lezione

▶ Sessantunesima (61°) lezione

Una gita in montagna

1 – Carissimi nonni, ieri abbiamo fatto una gita al Gran Sasso. ①
2 Ci siamo vestiti da veri montanari: ②
3 perfino la Lisa, che è alta come un soldo di cacio, aveva i suoi scarponi da montagna, i calzettoni di lana e i knickerbockers, ③
4 Io avevo lo zaino che papà mi ha regalato per metterci la borraccia e la bussola.
5 Mentre salivamo con la seggiovia, papà mi mostrava le montagne intorno.
6 La vetta più alta del massiccio è il Corno Grande: ④
7 è più alto della Maiella, ma è molto meno alto del Cervino.
8 È naturale, perché gli Appennini sono più bassi delle Alpi!

(PRONUNCIA)

[3 **nikk**ärbokkärß 4 **ds**aino ... borra**tt**scha 5 ß**äddsch**^owia 6 maß**ß**ittscho]

Einundsechzigste Lektion

Ein Ausflug in die Berge (in[s] Gebirge)

1 – Liebe Großeltern, gestern haben wir einen Ausflug zum Gran Sasso (Großer Stein) gemacht.
2   Wir haben uns wie wirkliche Bergbewohner angezogen:
3   Sogar (die) Lisa, die ein Dreikäsehoch (hoch wie ein Groschen von Käse) ist, hatte ihre Bergschuhe, (die) Wollstrümpfe und (die) Knickerbocker [an].
4   Ich hatte den Rucksack, den Papa mir geschenkt hat, um die Feldflasche und den Kompass hineinzulegen.
5   Während wir mit dem Sessellift hinauffuhren, zeigte Papa mir die Berge [um uns] herum.
6   Der höchste Gipfel des Massivs ist der Corno Grande (Großes Horn):
7   Er ist höher als die Maiella, aber er ist nicht so (viel weniger) hoch wie (von) der Cervino.
8   Das ist klar (natürlich), weil die Apenninen niedriger sind als die Alpen!

ANMERKUNGEN

① Der **Gran Sasso** ist ein Bergmassiv in den Abruzzen, in dem der Appennin seinen höchsten Punkt erreicht (2914 m).

② **montanaro** „der aus den Bergen". Der „Bergsteiger" heißt jedoch **alpinista**, auch außerhalb der Alpen, **delle Alpi**. **Lei era vestita da dottoressa e lui da Arlecchino.** „Sia war wie [eine] Ärztin angezogen und er wie Harlekin".

③ Einige feststehende Wendungen mit **come**: **bello come il sole** „schön wie die Sonne"; **buono come il pane** „herzensgut"; wörtlich „gut wie das Brot"; **mangia come un lupo** „er isst wie ein Löwe"; wörtlich „wie ein Wolf".

④ Im Italienischen sagt man: **un bambino alto per la sua età** „ein Kind, das für sein Alter groß ist", **una montagna alta tremila metri** „ein dreitausend Meter hohes Gebirge". Ähnlich sagt man: **un albero basso** „ein kleiner Baum", **le colline basse** „die niedrigen Hügel".

9	Poi papà mi ha inse**gna**to ad orien**tar**mi, cio**è** a tro**va**re il nord, il sud, l'est e l'**o**vest.
10	Ab**bia**mo se**gui**to il sen**tie**ro che **sa**le **fi**no al ri**fu**gio e **pas**sa **pro**prio **sot**to il ghiac**cia**io. ⑤
11	Io vo**le**vo continuare, ma la **mam**ma ha **det**to che non **e**ra pru**den**te.
12	**Quel**la **stu**pida di Lisa vo**le**va cer**ca**re dei fi**o**ri,
13	ma papà le ha spie**ga**to che al di **so**pra dei due**mi**la **me**tri, tra le **roc**ce, **vi**vono **so**lo raris**si**me **spe**cie di fi**o**ri, ⑥
14	e **spes**so **so**no protet**ti***, cio**è** è vietato co**glier**li.
15	Al ri**tor**no ab**bia**mo **fat**to un **bre**ve **gi**ro nel **Par**co Nazionale **de**gli A**bruz**zi,
16	e ab**bia**mo per**fi**no **vis**to* un **cer**vo che cor**re**va in un **pra**to e **u**no scoi**at**tolo che si arrampi**ca**va su un **al**bero!

(PRONUNCIA)

[**9** nord ... ßud ... äßt ... o**wäßt 10** rifu**dsch^o** ... gjatt**scha**jo **13** rott**schê** ... ßpät**schê 14** kol**jär**li **16** ßkoi**at**tolo ... arrampi**ka**wa]

ESERCIZIO 1: Capíte queste frasi?

❶ Carissimi nonni, ieri ero vestito da vero montanaro. ❷ Abbiamo preso la seggiovia e poi abbiamo seguito il sentiero che arriva fino al rifugio e passa proprio sotto il ghiacciaio. ❸ Quella stupida di Lisa voleva cercare dei fiori fra le rocce. ❹ Ma sopra i duemila metri vivono solo rarissime specie di fiori. ❺ Nel Parco Nazionale degli Abruzzi ho visto perfino un cervo che correva in un prato e uno scoiattolo che si arrampicava su un albero.

| 9 | Dann hat Papa mir beigebracht, mich zu orientieren, das heißt, (den) Norden, (den) Süden, (den) Osten und (den) Westen zu finden.
| 10 | Wir sind dem Weg gefolgt, der bis zur Berghütte hinaufgeht und genau unter dem Gletscher herführt.
| 11 | Ich wollte weitergehen, aber (die) Mama hat gesagt, dass das nicht vernünftig wäre (war vorsichtig).
| 12 | Dieser Dummkopf von Lisa wollte Blumen suchen,
| 13 | aber Papa hat ihr erklärt, dass oberhalb der Zweitausend[-]Meter[-Grenze], zwischen den Felsen, nur sehr seltene Arten von Blumen leben
| 14 | und [dass] sie oft geschützt sind, das heißt, es ist verboten, sie zu pflücken.
| 15 | Bei der Rückkehr haben wir einen kurzen Abstecher (eine kurze Runde) in den Nationalpark der Abruzzen gemacht,
| 16 | und wir haben sogar einen Hirsch gesehen, der auf einer Wiese herumlief, und ein Eichhörnchen, das auf einen Baum kletterte!

(ANMERKUNGEN)

⑤ Hier sind die – leicht unregelmäßigen – Formen des Verbs **salire** „steigen, hinaufgehen": **(io) salgo, (tu) sali, (lui/lei) sale, (noi) saliamo, (voi) salite, (loro) salgono.**

⑥ **La specie** „die Art" ist unveränderlich: **È una specie rara.** „Das ist eine seltene Art." **Ci sono molte specie di animali in questo parco.** „Es gibt viele Arten von Tieren in diesem Park."

* **protetto:** Partizip Perfekt von **proteggere** „schützen, beschützen"; **visto: vedere** „sehen".

SOLUZIONE DELL'ESERCIZIO 1: Avete capito correttamente?

❶ Liebe Großeltern, gestern war ich wie ein echter Bergbewohner angezogen. ❷ Wir haben die Seilbahn genommen, und dann sind wir dem Weg gefolgt, der bis zur Berghütte hinaufgeht und der genau unter dem Gletscher herführt. ❸ Dieser Dummkopf von Lisa wollte zwischen den Felsen Blumen suchen. ❹ Aber oberhalb von zweitausend Metern leben nur sehr seltene Arten von Blumen. ❺ Im Nationalpark der Abruzzen habe ich sogar einen Hirsch gesehen, der auf einer Wiese herumlief, und ein Eichhörnchen, das auf einen Baum kletterte.

LEKTION 61

ESERCIZIO 2: Inserite le parole mancanti

1. Der höchste Berg des Massivs ist der Corno Grande.

   . . . . massiccio è il Corno Grande.

2. Die Apenninen sind niedriger als die Alpi.

   . . . Appennini . . . . Alpi.

3. Ich (w.) bin größer als Lisa: Sie ist nur einen Meter groß.

   Io . . . . Lisa: lei è . . . . solo . . . .

4. Mama, gehen wir bis zur Berghütte hinauf! – Aber ich habe dir gesagt, dass das nicht vernünftig ist! – Aber alle gehen hinauf!

   Mamma, ... rifugio! – Ma . . . . prudente! – Ma . . . . !

▶ **Sessantaduesima (62°) lezione**

Le vacanze degli italiani

1 – Il pe**ri**odo preferito **da**gli ita**lia**ni per le va**can**ze es**ti**ve **so**no i **me**si di **lu**glio e a**gos**to.

2 **Qua**si **tut**ti, in**fat**ti, **van**no in **fe**rie a partire dal **quin**dici **lu**glio, ma soprat**tut**to dal **pri**mo a**gos**to,

3 **quan**do comin**ci**a per le **gran**di **fab**briche del nord il pe**ri**odo di chiu**su**ra annuale.

⑤ Im Gebirge aßen die Kinder wie [die] Wölfe.

. . . .

. . . . lupi.

⑥ Für deinen Maskenball dachte ich, mich als Harlekin zu verkleiden (anzuziehen).

Per . . . . . ballo in maschera . . . .

. . . . Arlecchino.

SOLUZIONE DELL'ESERCIZIO 2: Le parole mancanti.

❶ La montagna più alta del ❷ Gli – sono più bassi delle ❸ sono più alto di – alta – un metro ❹ saliamo fino al – ti ho detto che non è – tutti salgono ❺ In montagna i bambini mangiavano come ❻ il tuo – pensavo di vestirmi da

Seconda ondata: 12° lezione

Zweiundsechzigste Lektion

Die Ferien der Italiener

1 – Die bevorzugte Zeit (Periode) für die Sommerferien sind bei den Italienern die Monate Juli und August.
2 In der Tat gehen fast alle ab dem fünfzehnten Juli, aber vor allem ab dem ersten August, in den Urlaub,
3 wenn für die großen Fabriken des Nordens die jährlichen Betriebsferien (Schließung) beginnt.

4 – Questo provoca alcuni curiosi cambiamenti nel ritmo di vita delle città italiane. ①

5 Le operazioni più semplici della vita quotidiana, come comprare qualcosa da mangiare o vedere un film, diventano difficilissime:

6 decine di cartelli „Chiuso per ferie" obbligano a fare lunghi giri per comprare una bottiglia di latte.

7 – Gli amici, anche loro sono tutti partiti.

8 Per non soffrire di solitudine, basta prendere una qualsiasi autostrada per il sud:

9 centinaia di migliaia di macchine italiane e straniere corrono alla conquista dei mari e delle montagne. ②

10 – Forte dei Marmi, Rimini, Capri, Taormina, Cortina (per citare solo le località di villeggiatura più famose) sono letteralmente prese d'assalto.

11 Il momento di massima intensità di questa „corsa al meritato riposo" è il giorno di Ferragosto, cioè il quindici agosto, ③ ④

PRONUNCIA

[**8** kualßiaßi **9** tschäntinaja ... miljaja ... konkuißta **10** willêdsch^atura]

ANMERKUNGEN

① **L'ho visto alcuni giorni fa.** oder **L'ho visto qualche giorno fa.** „Ich habe ihn vor einigen Tagen gesehen." **Ho invitato alcune amiche.** oder **Ho invitato qualche amica.** „Ich habe einige Freundinnen eingeladen." Beachten Sie: Das unveränderliche **qualche** wird immer im Singular gebraucht (aber mit einer pluralischen Bedeutung), dagegen wird **alcuni/alcune** immer im Plural gebraucht. Es richtet sich dann nicht nur in der Zahl, sondern auch im Geschlecht nach dem Substantiv, auf das es sich bezieht.

4	– Dies ruft einige merkwürdige Veränderungen im Lebensrhythmus der italienischen Städte hervor.
5	Die einfachsten Vorgänge des alltäglichen Lebens, wie etwas zum Essen einzukaufen oder einen Film zu sehen, werden sehr schwirig:
6	Dutzende (Zehner von) Schilder „Wegen Urlaubs geschlossen" zwingen [dazu], lange Umwege (Runden) zu machen, um eine Flasche Milch zu kaufen.
7	– Die Freunde (sie) sind auch alle weggefahren.
8	Um nicht unter Einsamkeit zu leiden, genügt es, irgendeine Autobahn nach Süden zu nehmen:
9	Hunderttausende von italienischen und ausländischen Autos fahren zur Eroberung der Meere und der Berge.
10	– Forte dei Marmi, Rimini, Capri, Taormina, Cortina (nur um die berühmtesten Urlaubsorte zu nennen) werden buchstäblich im Sturm genommen.
11	Der Moment der größten Intensität dieses „Laufs zur verdienten Ruhe" ist der Tag (von) „Ferragosto", das heißt, der fünfzehnte August,

② **un centinaio** „Hundert", **un migliaio** „Tausend" werden im Plural feminin und enden auf **-a: delle centinaia** „einige Hundert", **delle migliaia** „einige Tausend".

③ **massimo** bedeutet in zusammengesetzten Wörtern „der/das größte", „der/das höchste", „der/das stärkste", „das Maximum" oder auch „maximal". Das Gegenteil ist **minimo** „der/das kleinste, der/das niedrigste, das Minimum, minimal".

④ Die Römer nahmen ihren Urlaub während der „feriae Augusti", einer Periode, die von den Kirchenbehörden zur Ferienzeit erklärt worden war, während der es keinen Handel gab und die Gerichte nicht zusammentraten. Das Wort existiert im heutigen Italienisch noch als **ferragosto** als Bezeichnung für den 15. August, an dem die katholische Kirche Mariä Himmelfahrt feiert.

LEKTION 62

| 12 | **quan**do **o**gni **al**bergo e **o**gni risto**ran**te es**po**ne il car**tel**lo „**Tut**to esaurito".
| 13 | – ... E **di**re che **spes**so, a **po**chi chi**lo**metri da **u**no di **ques**ti **pos**ti ultratu**ris**tici e sovraffol**la**ti, ci **so**no an**co**ra dei lu**o**ghi e dei pae**sag**gi altret**tan**to **bel**li, ma sco**nos**ciuti **al**la **gran**de **mas**sa dei tu**ris**ti!

(PRONUNCIA)

[*12 esaurito 13 luogi ... paesaddsch^i ... ßkonoschuti*]

ESERCIZIO 1: Capite queste frasi?

❶ Decine di cartelli „Chiuso per ferie" obbligano a fare lunghi giri per comprare una bottiglia di latte. ❷ Il periodo di chiusura annuale delle grandi fabbriche del nord comincia il primo agosto. ❸ Quasi tutti gli italiani vanno in ferie a partire dal quindici luglio. ❹ Il momento di massima intensità di questa „corsa al meritato riposo" è il giorno di Ferragosto. ❺ Il quindici agosto ogni albergo e ogni ristorante espone il cartello „Tutto esaurito".

ESERCIZIO 2: Inserite le parole mancanti

❶ Capri und Taormina sind unter den berühmtesten Urlaubsorten.

Capri e Taormina . . . . località
. . . .

❷ Am ersten August sind auf den Autobahnen Hunderttausende von italienischen und ausländischen Autos.

. . . . , ... autostrade,
. . . centinaia . . . . di
. . . . italiane e . . . .

duecentocinquant**otto** • 258

[12] wenn jedes Hotel und jedes Restaurant das Schild aushängt „Alles besetzt (aufgebraucht)".

[13] – ... Wenn man bedenkt (Und sagen), dass es oft wenige Kilometer von einem dieser ultratouristischen und überfüllten Plätze oft noch Orte und Landschaften gibt, die ebenso schön, aber der großen Masse der Touristen unbekannt sind!

SOLUZIONE DELL'ESERCIZIO 1: Avete capito correttamente?

❶ Dutzende Schilder „Wegen Urlaubs geschlossen" zwingen dazu, lange Umwege (Runden) zu machen, um eine Flasche Milch zu kaufen. ❷ Die jährlichen Betriebsferien der großen Fabriken des Nordens beginnen am ersten August. ❸ Fast alle Italiener gehen ab dem fünfzehnten Juli in den Urlaub. ❹ Der Moment der größten Intensität dieses „Laufs zur verdienten Ruhe" ist der Tag „Ferragosto". ❺ Am fünfzehnten August hängt jedes Hotel und jedes Restaurant das Schild „Alles besetzt" aus.

❸ Die einfachsten Vorgänge des alltäglichen Lebens werden sehr schwierig.

. . operazioni . . . .
quotidiana . . . .

LEKTION 62

④ Die Freunde sind auch alle weggefahren.

. . . . , anche . . . , ...
. . . .

⑤ Dies ruft einige merkwürdige Veränderungen im Lebensrhythmus der italienischen Städte hervor.

Questo provoca . . . . . . curiosi
. . . . di . . . .
. . . . italiane.

▶ Sessantatreesima (63°) lezione

REVISIONE E NOTE

Lesen Sie noch einmal die folgenden Anmerkungen: 57. Lektion: ②; 58.: ②; 59.: ③; 61.: ④; 62.: ①.

1. Zeitformen: Imperfekt

Das Imperfekt Indikativ (die unvollendete Vergangenheit der Wirklichkeitsform) ist ein Tempus, das keine besonderen Probleme stellt. Es ist fast immer regelmäßig. Man bildet es – ausgehend vom Infinitiv – auf folgende Art:

	cerc-ARE „suchen"	**legg-ERE** „lesen"	**fin-IRE** „beenden"
(io)	cerc-avo	legg-evo	fin-ivo
(tu)	cerc-avi	legg-evi	fin-ivi
(lui/lei)	cerc-ava	legg-eva	fin-iva
(noi)	cerc-avamo	legg-evamo	fin-ivamo
(voi)	cerc-avate	legg-evate	fin-ivate
(loro)	cerc-avano	legg-evano	fin-ivano

Die einzigen Verben mit kleinen Unregelmäßigkeiten sind **fare** „machen", Imperfekt: **facevo** „ich machte"; **dire** „sagen", Imperfekt: **dicevo** „sagte"; **bere** „trinken", Imperfekt: **bevevo** „trank".

SOLUZIONE DELL'ESERCIZIO 2: Le parole mancanti.

❶ sono fra le – di villeggiatura più famose ❷ Il primo agosto – sulle – ci sono – di migliaia – macchine – straniere ❸ Le – più semplici della vita – diventano difficilissime ❹ Gli amici – loro – sono tutti partiti ❺ alcuni – cambiamenti nel ritmo – vita delle città

Seconda ondata: 13° lezione

Dreiundsechzigste Lektion

Hier ist noch das Imperfekt von **essere** „sein" und **avere** „haben":

(io)	**ero** „ich war"	**avevo** „ich hatte"
(tu)	**eri**	**avevi**
(lui/lei)	**era**	**aveva**
(noi)	**eravamo**	**avevamo**
(voi)	**eravate**	**avevate**
(loro)	**erano**	**avevano**

2. Zeitformen: Plusquamperfekt

Um das Plusquamperfekt (die vollendete Vergangenheit) zu bilden, nimmt man das Imperfekt des geforderten Hilfsverbs (entweder **essere** oder **avere**) und das Partizip Perfekt des Verbs, z. B. **avevo incontrato** „ich hatte getroffen", **ero partito** „ich war gegangen", **avevo avuto** „ich hatte gehabt", **ero stato** „ich war gewesen".

3. Komparativ und Superlativ

Komparativ und Superlativ (Höherstufe und Höchststufe des Adjektivs) braucht man, wenn man eine Sache oder eine Handlung mit einer anderen vergleichen will. Um den Komparativ zu bilden, setzt man **più** „mehr" bzw. **meno** „weniger" vor das

Adjektiv, das sich in Genus und Numerus nach dem Subjekt richtet. Das, womit verglichen wird, wird mit **di** „von" angeschlossen.

> **Roberto è più alto di Lisa.**
> „Roberto ist größer als Lisa."
> **Lei è meno alta di lui.**
> „Sie ist weniger groß als er."
> **Gli alberghi sono più cari dei campeggi.**
> „Hotels sind teurer als Campingplätze."
> **I campeggi sono meno comodi degli alberghi.**
> „Campingplätze sind weniger bequem als Hotels."

In den oben angeführten Sätzen ist die Sache, die man mit einer anderen (die man den zweiten Vergleichsterminus nennt) vergleicht, ein Eigenname, ein Substantiv oder ein Pronomen.

Werden jedoch zwei Adjektive, zwei Infinitive oder zwei präpositionale Ergänzungen miteinander verglichen, benutzt man die Konstruktion **più/meno ... che**:

> **Al Sud il clima è più mite che al Nord.**
> „Im Süden ist das Klima milder als im Norden."
> **Da qui ci vuole meno tempo che da casa tua.**
> „Von hier aus braucht man weniger Zeit als von deinem Haus aus."
> **Il Signor Puccetti era più elegante che simpatico.**
> „Herr Puccetti war mehr elegant als sympatisch".
> **Viaggiare in machina è più piacevole che viaggiare in treno.**
> „Mit dem Auto zu verreisen, ist angenehmer, als mit dem Zug zu verreisen."

Im Falle einer Gleichheit kann man sowohl **quanto** „so viel" als auch **come** „wie" vor den zweiten Vergleichsterminus setzen.

> **Quest'albergo è caro quanto quello dove eravamo ieri.**
> „Dieses Hotel ist so teuer wie das, wo wir gestern waren."
> **Quest'albergo non è comodo come quello dove eravamo ieri.**
> „Dieses Hotel ist nicht so gemütlich wie das, wo wir gestern waren."

Setzt man etwas unter oder über viele andere Dinge, möchte man also den Superlativ ausdrücken, so wählt man die Konstruktion mit dem bestimmten Artikel **il più/meno ... di**. Der bestimmte Artikel richtet sich natürlich in Genus und Numerus ebenfalls nach dem zugehörigen Substantiv. Im folgenden Beispiel ist das Substantiv ein Maskulinum Singular.

> **Questo campeggio è il più grande della riviera adriatica.**
> „Dieser Campingplatz ist der größte der adriatischen Küste."
> **Questo è il campeggio più grande della riviera adriatica.**
> „Dies ist der größte Campingplatz der adriatischen Küste."
> **Questo è il campeggio più grande di tutti quelli che abbiamo visto.**
> „Dies ist der größte Campingplatz unter all denen, die wir gesehen haben."

Die beiden folgenden Beispiele zeigen zwei Formen des Superlativs des Adjektivs, beinhalten aber keinen Vergleich. Eine Möglichkeit ist, das Adjektiv mit **molto** „sehr" zu modifizieren; die andere ist, an den Stamm des Adjektivs (also ohne die Geschlechtsendung) die Endung **-issimo** anzuhängen, die sich wieder in Zahl und Geschlecht nach dem zugehörigen Substantiv richtet, also z. B. **-issima** (Femininum Singular), **-issimi** (Maskulinum Plural), **-issime** (Femininum Plural).

> **Lisa è molto simpatica.**
> „Lisa ist sehr sympathisch."
> **Lisa è simpaticissima.**
> „Lisa ist am sympathischsten."

Schließlich noch vier Adjektive, **buono** „gut", **cattivo** „schlecht", **grande** „groß", **piccolo** „klein", die einen unregelmäßigen Komparativ und Superlativ haben (sie haben ihre lateinischen Formen „beibehalten"). Beachten Sie, dass die Formen mit **più** und **-issimo** nicht immer austauschbar behandelt werden können.

	Komparativ	Superlativ
buono	migliore/più buono	ottimo/buonissimo
cattivo	peggiore/più cattivo	pessimo/cattivissimo
grande	maggiore/più grande	massimo/grandissimo
piccolo	minore/più piccolo	minimo/piccolissimo

Nun bleibt nur noch zu sagen, dass die Adverbien **bene** „gut" und **male** „schlecht" ebenfalls einen unregelmäßigen Komparativ haben, und zwar **meglio** „besser" und **peggio** „schlechter".

4. Floskeln und Redewendungen

Lesen Sie noch einmal die folgenden Ausdrücke, und überprüfen Sie deren Übersetzung im Anschluss.

Se la prende sempre con me!
Fa un caldo terribile!
Scusi, ho sbagliato numero!
Mi ha detto di sì.
Spero di no!
Com'è ovvio, è in ritardo!
Ti sei vestito da montanaro!
Quello stupido di Carlo!
Chiuso per ferie.
Tutto esaurito.

Er ärgert sich immer über mich! – Es ist furchtbar warm! – Entschuldigen Sie, ich habe mich verwählt! – Er hat mir Ja

---

▶ **Sessantaquattresima (64°) lezione**

Lorenza e Marco consultano le stelle

1 – Trovare un appartamento da affittare a Milano non sarà una cosa facile!

2 – Credo proprio di no. Ho paura che ci vorrà un bel po' di tempo. ①

3 – Chi lo sa. Forse invece saremo fortunati ...

4 – A proposito di fortuna: vediamo che cosa dice il nostro oroscopo di oggi. ②

5 Cominciamo con il tuo segno, Marco: „Per i nati sotto il segno dell'Acquario questa sarà una giornata molto favorevole. ③

(PRONUNCIA)

[**1** ßara **2** tschi-worra **5** akkuario]

(ANMERKUNGEN)

① Ebenso: **un bel po' di turisti** „eine ganze Menge Touristen"; **Ti ho aspettato un bel po'.** „Ich habe ganz schön lange auf dich gewartet."

gesagt. – Ich hoffe nicht! – Natürlich, er ist zu spät! – Du hast dich als Bergsteiger verkleidet! – Dieser Dummkopf von Carlo! – Wegen Urlaubs geschlossen. – Alles besetzt.

5. Übung: Übersetzung

Und nun übersetzen Sie die Ausdrücke, die Sie auf Deutsch im Abschnitt 4 der 14. Lektion finden, ins Italienische; danach überprüfen Sie Ihre Übersetzung anhand der voranstehenden italienischen Sätze im selben Abschnitt.

Seconda ondata: 14° lezione (revisione)

Vierundsechzigste Lektion

Lorenza und Marco ziehen die Sterne zu Rate

1 – In Mailand eine Wohnung zur Miete zu finden, wird keine einfache Sache sein!
2 – [Das] glaube ich eigentlich [auch] nicht (von nein). Ich befürchte (habe Angst), dass es eine ganze Weile (ein schönes bisschen Zeit) dauern wird.
3 – Wer weiß (das). Vielleicht werden wir (dagegen) Glück haben (glücklich sein) ...
4 – A propos Glück: Sehen wir [einmal], was unser Horoskop von heute sagt.
5 Beginnen wir mit deinem Zeichen, Marco: „Für die unter dem Sternzeichen des Wassermannes Geborenen wird dies ein sehr günstiger Tag sein.

② **Che cosa fai di bello stasera?** „Was machst du heute Abend Schönes?" Ebenso: **Guarda che cosa ho comprato!** „Sieh, was ich gekauft habe!"

③ ... **E tu, di che segno sei?** „Und du, was hast du für ein Sternzeichen?" **Del Capricorno** „Steinbock", **dell'Acquario** „Wassermann", **dei Pesci** „Fische", **dell'Ariete** „Widder", **del Toro** „Stier", **dei Gemelli** „Zwillinge", **del Cancro** „Krebs", **del Leone** „Löwe", **della Vergine** „Jungfrau", **della Bilancia** „Waage", **dello Scorpione** „Skorpion" **o del Sagittario** „Steinbock"?

| 6 | Gli **a**stri a**vran**no un'influ**en**za **po**sitiva su **tut**te le inizia**ti**ve che **sta**te per intra**pren**dere. ④
| 7 | Un pro**ble**ma che vi sta particolar**men**te a **cuo**re trove**rà u**na solu**zio**ne imme**dia**ta.
| 8 | Un avveni**men**to impre**vis**to vi fa**rà** rag**giun**gere lo **sco**po che perse**gui**te da **tem**po." ⑤ ⑥
| 9 | — Con un o**ros**copo **si**mile le **co**se an**dran**no **be**ne per **for**za!
| 10 | — Al**lo**ra guar**dia**mo la **pa**gina **de**gli an**nun**ci immobi**lia**ri:
| 11 | ve**drai** che ci sa**rà** sicura**men**te l'apparta**men**to che cer**chia**mo ...
| 12 | — **Guar**da qui! Che ne **di**ci di **ques**to?
| 13 | "Af**fit**tasi apparta**men**to 85 (ottanta**cin**que) **me**tri qua**dra**ti, tre **stan**ze + (più) **dop**pi ser**vi**zi + (più) ga**ra**ge. Riscalda**men**to cen**tra**le.
| 14 | **Zo**na **cen**tro. **Li**bero **su**bito. Telefo**na**re **o**re **pas**ti al 351.68.72."

(PRONUNCIA)

[6 *influäntßa ... intraprändêrê* 7 *kuorê ... trowêra* 8 *fara ... raddsch^undsch^êrê* 10 *annuntschi* 13 *rißkaldamäntо tschäntralê* 14 *dsona*]

ESERCIZIO 1: Capite queste frasi?

❶ Sarà facile trovare un appartamento da affittare? – Credo proprio di no. ❷ Quanto tempo ci vorrà? – Ho paura che ci vorrà un bel po' di tempo. ❸ A proposito di fortuna: che cosa dice il nostro oroscopo di oggi? ❹ Affittasi appartamento tre stanze più doppi servizi più garage; riscaldamento centrale; zona centro; telefonare ore pasti. ❺ Che ne dici? ❻ Un avvenimento imprevisto vi farà raggiungere lo scopo che perseguite da tempo.

| 6 | Die Gestirne (Sterne) werden einen positiven Einfluss auf alle Initiativen haben, die Sie bald ergreifen (unternehmen) werden.
| 7 | Ein Problem, das Ihnen besonders am Herzen liegt, wird eine unmittelbare Lösung finden.
| 8 | Ein unvorhergesehenes Ereignis wird Ihnen dazu verhelfen, das Ziel zu erreichen (wird Sie das Ziel erreichen machen), das Sie seit Langem verfolgen."
| 9 | – Mit einem solchen Horoskop werden die Dinge zwangsläufig gut laufen!
| 10 | – Also sehen wir [uns] die Seite der Immobilienanzeigen an:
| 11 | Du wirst sehen, dass dort sicher die Wohnung sein wird, die wir suchen ...
| 12 | – Sieh hier! Was sagst du dazu?
| 13 | „(Man vermietet) Wohnung 85 Quadratmeter, drei Zimmer + zwei Badezimmer + Garage zu vermieten. Zentralheizung.
| 14 | Zentral gelegen (Zone Zentrum). Sofort frei. Anrufen [zu den] Mahlzeiten unter (an-der) 351.68.72."

(ANMERKUNGEN)

④ **stare per** „im Begriff sein zu": **Stiamo per sposarci.** „Wir werden bald heiraten." **Stavo per uscire quando mi ha telefonato Giorgio.** „Ich war gerade dabei auszugehen, als Giorgio mich anrief."

⑤ **da tempo** „schon lange": **Desideravo da tempo andare a Venezia.** „Ich wollte schon lange nach Venedig fahren." **Non lo vedevo da tempo.** „Ich sah ihn schon lange nicht mehr."

⑥ **lo scopo** bedeutet nicht nur das „Ziel" im räumlichen Sinne, sondern bezeichnet auch den „Zweck", also das Ziel im übertragenen Sinn.

SOLUZIONE DELL'ESERCIZIO 1: Avete capito correttamente?

❶ Wird es leicht sein, eine Wohnung zur Miete zu finden? – Das glaube ich wirklich nicht ❷ Wie lange (wie-viel Zeit) wird es dauern? – Ich befürchte, dass es eine ganze Weile dauern wird. ❸ A proposito Glück: Was sagt unser Horoskop von heute? ❹ Wohnung, drei Zimmer und zwei Bäder und Garage, zu vermieten; Zentralheizung; zentral gelegen; zu den Mahlzeiten anrufen. ❺ Was sagst du dazu? ❻ Ein unvorhergesehenes Ereignis wird Ihnen dazu verhelfen, das Ziel zu erreichen, das Sie schon lange verfolgen.

ESERCIZIO 2: Inserite le parole mancanti

1. Alle Initiativen, die Sie ergreifen wollen, werden ein günstiges Ergebnis haben.

    . . . . iniziative . . . . intraprendere . . . . . . un esito . . . .

2. Wir suchen eine Wohnung, weil wir bald nach Mailand umziehen werden.

    . . . . appartamento . . . . trasferirci . Milano.

3. Ein Problem, das Ihnen am Herzen liegt, wird eine unmittelbare Lösung finden.

    . . . . che . . . . soluzione . . . .

4. Wer weiß? Vielleicht werden wir Glück haben.

    . . . . ? Forse . . . .

5. Mit einem solchen Horoskop werden die Dinge zwangsläufig gut verlaufen!

    . . . . . oroscopo . . . . . . le cose . . . . bene . . . . !

6. Für die unter diesem Zeichen Geborenen wird dies ein sehr günstiger Tag sein.

    . . . . nati . . . . favorevole.

SOLUZIONE DELL'ESERCIZIO 2: Le parole mancanti.

① Tutte le – che state per – avranno – favorevole ② Cerchiamo un – perché stiamo per – a ③ Un problema – vi sta a cuore troverà una – immediata ④ Chi sa – saremo fortunati ⑤ Con un – simile – andranno – per forza ⑥ Per i – sotto questo segno questa sarà una giornata molto

Haben Sie die Akzentzeichen an die richtige Stelle gesetzt? Bei einigen Futurformen fällt das Akzentzeichen auf die letzte Silbe ... und das muss man hören!

Seconda ondata: 15° lezione

Sessantacinquesima (65°) lezione

La visita dell'appartamento

1 – **Pronto?**
2 – Buongiorno, sono la signorina Palumbo. Telefono per l'annuncio del „Corriere della Sera" di oggi. ①
3 Quando è possibile visitare l'appartamento?
4 – Domani mattina, se per lei va bene.
5 – Purtroppo ho un impegno. Nel pomeriggio non è possibile? ②
6 – Sì, certo, ma forse io non potrò esserci.
7 In questo caso lascerò le chiavi alla portiera. Lo vedrete con lei, non vi dispiace?
8 – Per nulla. La richiamerò quando avremo visto l'appartamento.
9 – Siete i signori che devono visitare l'appartamento da affittare?
10 Ve lo faccio vedere subito, è alla scala B, al secondo piano.
11 Il palazzo è antico, come vedete, ma in ottimo stato. ③

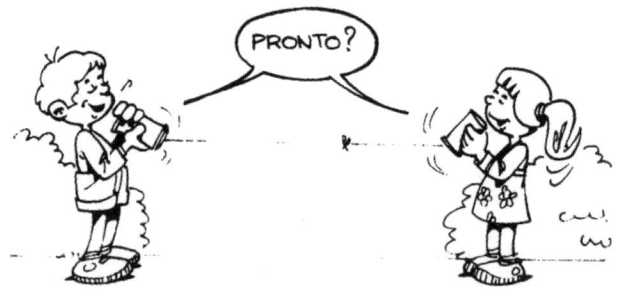

Fünfundsechzigste Lektion

Die Besichtigung der Wohnung

1 – Hallo (fertig)?
2 Guten Tag, ich bin (das) Fräulein Palumbo. Ich rufe wegen der Anzeige im heutigen „Corriere della Sera" an.
3 Wann ist es möglich, die Wohnung zu besichtigen?
4 – Morgen früh, wenn es Ihnen passt (wenn es für Sie gut geht).
5 – Ich habe leider einen Termin (eine Verpflichtung). Am Nachmittag ist es nicht möglich?
6 – Doch, sicher, aber vielleicht werde ich nicht dort sein können.
7 In diesem Fall werde ich die Schlüssel bei der Hausmeisterin lassen. Sie werden sie mit ihr besichtigen (sehen), macht Ihnen das etwas aus (missfällt Ihnen [das] nicht)?
8 – Überhaupt nicht (Für nichts). Ich werde Sie wieder anrufen, wenn wir die Wohnung gesehen haben (werden).
9 – Sind Sie die Herrschaften, die die Wohnung, [die] zu vermieten [ist], besichtigen sollen?
10 Ich zeige sie Ihnen sofort, sie ist an der Treppe B, im zweiten Stock.
11 Das Gebäude ist alt, wie Sie sehen, aber in bestem Zustand.

(ANMERKUNGEN)

① Der **Corriere della Sera** „Abendkurier" ist eine große Tageszeitung.

② **avere un impegno** oder **essere impegnato**: „einen Termin haben / beschäftigt sein". **Per sabato sera abbiamo già un impegno.** „Am Samstagabend haben wir schon einen Termin." In einem anderen Zusammenhang bedeutet **impegnato** „engagiert", und zwar im politischen wie im intellektuellen Sinne: **uno scrittore impegnato** „ein engagierter Schriftsteller".

③ **una casa antica** „ein altes Haus", **una persona anziana** „ein alter Mensch". **vecchio** hat oft eine abwertende Bedeutung.

| 12 | **Man**ca **so**lo l'ascen**so**re, ma **stan**no per incomin**cia**re i la**vo**ri di installa**zio**ne.
| 13 | **Ec**co, **que**sto è l'in**gres**so. A si**ni**stra ci **so**no la cucina e il **ba**gno di servizio. ④
| 14 | La cucina è un po' **bu**ia, per**ché** dà sul cortile, ⑤
| 15 | ma le **ca**mere **so**no es**pos**te a sud e **so**no **mol**to lumi**no**se.
| 16 | Il so**ggior**no ha **u**na ter**raz**za, ve**ni**te, ve la **mos**tro:
| 17 | è un po' stret**ta**, ma po**tre**te **met**terci lo **stes**so **tut**ti i **va**si di **fio**ri che vor**re**te! ⑥

(ANMERKUNGEN)

④ **bagno di servizio:** Gemeint ist ein „Badezimmer mit Toilette". **servizio** hat viele Bedeutungen, u. a. „Dienst, Gefälligkeit, Dienststelle, Gottesdienst" usw. Beachten Sie, dass mit **i doppi servizi** „zwei Badezimmer mit Toiletten" gemeint ist.

ESERCIZIO 1: Capite queste frasi?

❶ Pronto? – Buongiorno, sono la signorina Palumbo. ❷ Il palazzo è antico, come vedete, ma in ottimo stato. ❸ Siete i signori che devono visitare l'appartamento da affittare? ❹ Ve lo faccio vedere subito, è alla scala B. ❺ Posso farle visitare l'appartamento domani mattina, se per lei va bene. ❻ La cucina e il bagno di servizio sono un po' bui, ma le camere sono molto luminose, perché sono esposte a sud.

ESERCIZIO 2: Inserite le parole mancanti.

❶ Ich werde Sie (Sing.) wieder anrufen, wenn wir die Wohnung angesehen haben werden.

. . . . quando . . . . l'appartamento.

duecentosettantadue • 272

12 Es fehlt nur der Aufzug, aber man ist dabei, die Installationsarbeiten zu beginnen.
13 Hier, dies ist der Eingang. Links (da) sind die Küche und das Badezimmer (Bad und Toilette).
14 Die Küche ist ein bisschen dunkel, weil sie auf den [Innen-]Hof hinausgeht (gibt),
15 aber die Zimmer sind nach Süden ausgerichtet, und sie sind sehr hell (leuchtend).
16 Das Wohnzimmer hat eine Terrasse, kommen Sie, ich zeige sie Ihnen:
17 Sie ist ein bisschen eng, aber Sie werden trotzdem all die Blumenvasen dort hinstellen können, die Sie [dort hinstellen] möchten.

⑤ **buio:** „dunkel, finster" (Adjektiv). Das Substantiv **il buio** bedeutet „Dunkelheit, Finsternis, Nacht". **Ho paura nel buio.** „Ich habe Angst im Dunkeln." **Siamo restati al buio.** „Wir standen im Dunkeln." **D'inverno fa buio presto.** „Im Winter wird es früh Nacht."

⑥ **Il corridoio è stretto e lungo.** „Der Flur ist schmal und lang." Aber auch: **Questa gonna è troppo stretta.** „Dieser Rock ist zu eng." Das Gegenteil von **stretto** ist **largo**. Das Gegenteil von **lungo** ist **corto**.

SOLUZIONE DELL'ESERCIZIO 1: Avete capito correttamente?

❶ Hallo? – Guten Tag, ich bin Fräulein Palumbo. ❷ Das Gebäude ist alt, wie Sie sehen, aber in bestem Zustand. ❸ Sind Sie die Herrschaften, die die Wohnung besichtigen sollen, die zu vermieten ist? ❹ Ich zeige sie Ihnen sofort, sie ist an der Treppe B. ❺ Ich kann Sie die Wohnung morgen früh besichtigen lassen, wenn es Ihnen passt. ❻ Die Küche und das Bad sind ein bisschen dunkel, aber die Zimmer sind sehr hell, weil sie nach Süden ausgerichtet sind.

❷ Morgen früh werde ich nicht kommen können: Ich habe einen Termin.

. . . . . . mattina . . . . venire:
ho . . . .

LEKTION 65

❸ Sie (Pl.) werden die Wohnung mit der Portiersfrau sehen, wenn es Ihnen nichts ausmacht.

. . . . l'appartamento . . . . .
. . . . , . . non . . . .

❹ Die Terrasse ist ein bisschen eng, aber Sie (Pl.) werden trotzdem einige Blumenvasen dort hinstellen können.

La . . . . ,' . . . . , . .
. . . . lo . . . . dei . . . .
. . . .

▶ **Sessantaseiesima (66°) lezione**

Una decisione importante

1 – Hai richiamato la proprietaria dell'appartamento, Lorenza?
2 – Sì, mi ha detto che l'affitto è di ottocentomila lire (novecento euro) al mese:
3   le spese di condominio sono incluse, ma il riscaldamento è escluso. ①
4 – Mi sembra un po' caro, e in più bisognerà farci dei lavori.
5   Dovremo cambiare i parati, ripulire la cucina... meno male che i pavimenti sono in buono stato. ②

(PRONUNCIA)

[2 otto**tschän**to 3 in**klu**sê ... äß**klu**so 4 bison**jê**ra]

⑤ Die Installationsarbeiten des Aufzugs werden bald beginnen.

. . . . di installazione

. . . . ' . . . . per

. . . .

SOLUZIONE DELL'ESERCIZIO 2: Le parole mancanti.
① La richiamerò – avremo visto ② Domani – non potrò – un impegno ③ Vedrete – con la portiera – se – vi dispiace ④ terrazza è un po' stretta – ma potrete – stesso metterci – vasi di fiori ⑤ I lavori – dell'ascensore stanno – cominciare

Seconda ondata: 16° lezione

Sechsundsechzigste Lektion

Eine wichtige Entscheidung

1 – Hast du die Eigentümerin der Wohnung wieder angerufen, Lorenza?
2 – Ja, sie hat mir gesagt, dass die Miete (ist von) achthunderttausend Lire (neunhundert Euro) im Monat [beträgt]:
3   Die Verwaltungsgebühren sind inbegriffen, aber die Heizung ist extra (ausgenommen).
4 – Es scheint mir ein bisschen teuer, und darüber hinaus wird man dort einige Arbeiten vornehmen müssen (wird es nötig sein [zu] machen).
5   Wir werden die Tapeten wechseln müssen, die Küche reinigen ... zum Glück sind die Fußböden in gutem Zustand.

ANMERKUNGEN

① **il condominio** "der Mitbesitz, die Hausgemeinschaft", **il condómino** "der Miteigentümer" (eines **condominio**).

② **meno male:** ein sehr häufig gebrauchter Ausruf der Erleichterung. **Abbiamo trovato l'appartamento! – Meno male!** "Wir haben die Wohnung gefunden! – Gott sei Dank!" **Meno male che non è successo niente di grave!** "Zum Glück ist nichts Schlimmes passiert!"

LEZIONE 66

6 – Ma la proprie**ta**ria ha **det**to che se fa**re**mo dei lavori, lei ne paghe**rà** la me**tà**.

7 – In**som**ma, tu **pen**si che po**tre**mo per**met**tercelo? ③

8 – Per**ché** no, se lavore**re**mo **tut**ti e **due**...

9 Ve**drai**, **so**no si**cu**ra che sta**re**mo **be**ne in **que**sta **ca**sa. ④ ⑤

10 Il quar**tie**re mi **pia**ce **mol**to ed è ben colle**ga**to con il **cen**tro.

11 Hai **vis**to che c'è **u**na sta**zio**ne **del**la metropoli**ta**na a **po**chi **pas**si dal portone? ⑥

12 Non a**vrai** neanche bi**so**gno di **pren**dere la **mac**china per an**da**re al lavoro.

13 – D'ac**cor**do, mi hai con**vin**to*.

14 Non ci **res**ta che telefo**na**re **al**la pa**dro**na di **ca**sa e fissare un appunta**men**to per fir**ma**re il con**trat**to. ⑦

(PRONUNCIA)

[6 pagêra ... meta]

6 – Aber die Eigentümerin hat gesagt, dass sie die Hälfte davon bezahlen wird, wenn wir einige Arbeiten vornehmen lassen (machen werden).

7 – Also, du denkst, dass wir uns das werden leisten können?

8 – Warum nicht, wenn wir alle beide arbeiten (werden) ...

9 Du wirst sehen, ich bin sicher, dass wir uns in dieser Wohnung wohlfühlen werden.

10 Das Viertel gefällt mir sehr, und es ist gut mit dem Zentrum verbunden.

11 Hast du gesehen, dass es wenige Schritte von der Haustür [entfernt] eine U-Bahn-Station gibt?

12 Du wirst nicht einmal das Auto nehmen müssen, um zur Arbeit zu fahren.

13 – Einverstanden, du hast mich überzeugt.

14 Es bleibt uns nur noch (nichts als), die Hausbesitzerin anzurufen und einen Termin festzulegen, um den Vertrag zu unterschreiben.

(ANMERKUNGEN)

③ **insomma** (wörtlich: „in Summe") ist eine wichtige Floskel, sie bedeutet „schließlich, endlich, also" bis hin zu „kurz und gut" und „um es kurz zu sagen". **È chiaro insomma?** „Also, ist das klar?"

④ **Se andrai a casa sua, Luca ti mostrerà il suo uccello** „Wenn du zu ihm gehst, wird dir Luca seinen Vogel zeigen." **Se sarai gentile, ti darò une bella cosa.** „Wenn du nett bist, werde ich dir etwas Schönes geben."

⑤ Beachten Sie diesen Gebrauch des Verbs **stare**: **Come si sta bene qui!** „Wie wohl man sich hier fühlt!" **Perché uscire? Sto così bene a casa!** „Warum ausgehen? Ich fühle mich so wohl zu Hause!"

⑥ Ebenso: **tra pochi giorni** „in wenigen Tagen"; **per pochi minuti** „für wenige Minuten".

⑦ **Ho ricevuto una lettera dal padrone di casa.** „Ich habe einen Brief vom Hausbesitzer bekommen." Aber auch: **Francesca è un'ottima padrona di casa.** „Francesca ist eine vorzügliche Gastgeberin."

* **convinto** „überzeugt": Partizip Perfekt von **convincere** „überzeugen".

ESERCIZIO 1: Capite queste frasi?

❶ La proprietaria dell'appartamento mi ha detto che l'affitto è di ottocentomila lire al mese. ❷ Sono incluse anche le spese di condominio? – Sì, ma il riscaldamento è escluso. ❸ Bisognerà fare dei lavori: cambiare i parati, ripulire la cucina. ❹ Il quartiere è ben collegato con il centro: hai visto che c'è una stazione della metropolitana a pochi passi dal portone? ❺ Non ci resta che fissare un appuntamento per firmare il contratto.

ESERCIZIO 2: Inserite le parole mancanti.

❶ Du wirst sehen, ich bin sicher, dass wir uns in dieser Wohnung wohlfühlen werden.

. . . . . . , sono . . . .
. . . . . . questa . . . . .

❷ Die U-Bahn-Station ist wenige Minuten von hier entfernt, du wirst das Auto nicht nehmen müssen.

La stazione della metropolitana è . . . . .
. . . . : . . . .
. . . .

❸ Wenn wir alle beide arbeiten (werden), werden wir uns diese Wohnung leisten (erlauben) können.

Se . . . . ,
. . . . permetterci questo appartamento.

❹ Man fühlt sich wohl bei Francesca: Sie ist eine sehr gute Hausfrau.

. . . . Francesca: . un'ottima
. . . .

SOLUZIONE DELL'ESERCIZIO 1: Avete capito correttamente?

❶ Die Eigentümerin der Wohnung hat mir gesagt, dass die Miete achthunderttausend Lire im Monat beträgt. ❷ Sind die Verwaltungsgebühren auch inbegriffen? – Ja, aber die Heizung ist ausgenommen. ❸ Man wird einige Arbeiten durchführen müssen: die Tapeten wechseln, die Küche reinigen. ❹ Das Viertel ist gut mit dem Zentrum verbunden: Hast du gesehen, dass es eine U-Bahn-Station wenige Schritte von der Haustür entfernt gibt? ❺ Uns bleibt nur noch, einen Termin festzulegen, um den Vertrag zu unterschreiben.

❺ Zum Glück haben wir die Wohnung gefunden!

. . . . trovato l'appartamento!

❻ Wenn wir einige Arbeiten in der Wohnung vornehmen lassen (werden), wird die Eigentümerin die Hälfte davon bezahlen.

. . . . lavori . . . . 'appartamento, la proprietaria . . . .

SOLUZIONE DELL'ESERCIZIO 2: Le parole mancanti.

❶ Vedrai – sicura che staremo bene in – casa ❷ a pochi minuti da qui – non avrai bisogno di prendere la macchina ❸ lavoreremo tutti e due – potremo ❹ Si sta bene da – è – padrona di casa ❺ Meno male che abbiamo ❻ Se faremo dei – nell' – ne pagherà la metà

Seconda ondata: 17° lezione

LEZIONE 66

▶ Sessantasettesima (67°) lezione

Progetti di arredamento

1 – Fa un **cer**to effe**tt**o avere le **chia**vi di **ca**sa, **ve**ro?
2 – **Co**me no. Do**ma**ni **stes**so metterò **du**e eti**chet**te con i **nos**tri **no**mi, **u**na sul campa**nel**lo e **u**na **sul**la casset**ta del**le **let**tere:
3 mi darà l'impres**sio**ne di abi**tar**ci già.
4 Il sog**gior**no è la **stan**za che mi **pia**ce di più:
5 è **am**pio e ha **u**na **for**ma un po' irrego**la**re, non è né esatta**men**te qua**dra**to, né rettango**la**re...
6 – Già, ma sarà un pro**ble**ma **met**terci dei **mo**bili. ①
7 – Perché? Qui mette**re**mo un bel di**va**no di **pel**le e per **ter**ra un tap**pe**to di **la**na **chia**ra.
8 Lì su **quel**la parete sta**ran**no benis**si**mo i **du**e **qua**dri as**trat**ti che ci ha rega**la**to **zi**a Clotilde.
9 In quest'**an**golo an**drà** l'im**pian**to stereo**fo**nico, **u**no scaf**fa**le per i **dis**chi e **quel**la **lam**pada a **pie**de che ab**bia**mo **vis**to ieri in **Via** Lombar**di**a. ②
10 Sul **la**to più **lun**go ci sarà la libre**ri**a.

(PRONUNCIA)

[**5** kua**dra**to ... rettango**la**rê **9** im**pjan**to stereo**fo**niko]

duecentottanta • 280

Siebenundsechzigste Lektion

Einrichtungspläne

1 – Es macht einen gewissen Eindruck (eine gewisse Wirkung), die Hausschlüssel zu haben, [nicht] wahr?
2 – Und wie (Wie nicht). Morgen schon (selbst) werde ich zwei Schildchen mit unseren Namen anbringen, eins an der Klingel und eins auf dem Briefkasten:
3   Es wird mir den Eindruck geben, schon dort zu wohnen.
4   Das Wohnzimmer ist das Zimmer, das mir am meisten gefällt:
5   Es ist geräumig und hat eine etwas unregelmäßige Form; es ist weder genau quadratisch noch rechteckig ...
6 – Schon, aber es wird ein Problem sein, Möbel dort hineinzustellen.
7 – Warum? Hier werden wir ein schönes Ledersofa (Diwan von Haut/Leder) hinstellen und auf [den] (für) Boden einen Teppich aus heller Wolle [legen].
8   Dort an jene Wand werden die beiden abstrakten Bilder, die uns Tante Clotilde geschenkt hat, sehr gut passen.
9   In diese Ecke wird die Stereoanlage passen (gehen), ein Regal für die CDs und die (jene) Stehlampe (Fußlampe), die wir gestern in [der] Lombardia-Straße gesehen haben.
10 An der längsten Seite wird das Bücherregal stehen (sein).

ANMERKUNGEN

① **già** „schon, bereits, ja, gewiss, jawohl, allerdings" ist manchmal schwierig zu übersetzen. **Fa veramente caldo! – Già. Pensavo la stessa cosa.** „Es ist wirklich heiß! – Ja. Dasselbe dachte ich auch gerade." **Già, è proprio come dici tu.** „Aber ja, es ist genauso, wie du es sagst."

② Heute hören Sie meist **impianto stereo**. Da **stereo** eine nicht veränderliche Abkürzung ist, lautet die Pluralform **impianti stereo**.

LEKTION 67

11 – **Cre**di che ci sta**rà**? ③
12 – **Cre**do di sì, è pi**ù pic**cora di **quel**lo che **sem**bra. ④
13 – Nel corri**do**io c'è un ar**ma**dio a **mu**ro abbas**tan**za pro**fon**do,
14 ma **for**se occorre**rà** com**pra**re un **al**tro ar**ma**dio.
15 – E poi ci vor**ran**no an**co**ra un **ta**volo, **del**le **se**die, dei cu**sci**ni, **del**le pol**tro**ne...
16 – Per ca**rità**, Lo**ren**za, **bas**ta, se ci mette**rai tan**ta **ro**ba, a**vrò** l'impres**sio**ne di **vi**vere in un ne**go**zio di **mo**bili!

ESERCIZIO 1: Capite queste frasi?

❶ Qui metteremo l'impianto stereofonico e uno scaffale per i dischi. ❷ Credi che ci starà? – Credo di sì, è più piccolo di quello che sembra. ❸ Il soggiorno è rettangolare, la mia camera invece è quadrata. ❹ Ci vorranno ancora delle sedie, delle poltrone, un divano e un tappeto. ❺ Su quella parete staranno benissimo i due quadri astratti che ci ha regalato zia Clotilde. ❻ Ma se metterai tanta roba in questa casa, non avrai l'impressione di vivere in un negozio di mobili?

ESERCIZIO 2: Inserite le parole mancanti.

❶ Es wird ein Problem sein, Möbel in dieses Zimmer zu stellen.

. . . . un . . . . dei

. . . .

duecentottantadue • 282

11 – Glaubst du, dass es dorthin passt?
12 – Ich glaube, ja, es ist kleiner als (welches) es scheint.
13 – Im Flur (da) ist ein ziemlich tiefer Wandschrank,
14 aber vielleicht wird man noch einen (einen anderen) Schrank kaufen müssen (wird [es] nötig sein ... zu kaufen).
15 – Und dann werden da noch ein Tisch, Stühle, Kissen, Sessel nötig sein ...
16 – Um Gottes willen, Lorenza, es reicht, wenn du so viele Dinge dorthin stellst (stellen wirst), werde ich den Eindruck haben, in einem Möbelgeschäft zu leben!

(ANMERKUNGEN)

③ Hier haben Sie eine etwas spezielle Anwendung des Verbs **stare** mit **ci**. Beachten Sie: **In questa macchina ci stanno comodamente cinque persone.** „In dieses Auto passen bequem fünf Personen hinein." **Questa camera è troppo piccola: il nostro letto non ci sta!** „Dieses Zimmer ist zu klein: Unser Bett passt nicht dort hinein!"

④ Ebenso: **È più simpatico di quello che credi.** „Er ist netter, als du glaubst." **È più ricco di quello che dice.** „Er ist reicher, als er sagt."

SOLUZIONE DELL'ESERCIZIO 1: Avete capito correttamente?

❶ Hierhin werden wir die Stereoanlage und ein Regal für die CDs stellen. ❷ Glaubst du, dass es dorthin passt? – Ich glaube, ja, es ist kleiner als es scheint. ❸ Das Wohnzimmer ist rechteckig, mein Zimmer dagegen ist quadratisch. ❹ Es werden noch Stühle, Sessel, ein Sofa und ein Teppich nötig sein. ❺ An die Wand werden die beiden abstrakten Bilder, die uns Tante Clotilde geschenkt hat, sehr gut passen. ❻ Aber wenn du so viele Dinge in diese Wohnung stellst (stellen wirst), wirst du nicht den Eindruck haben, in einem Möbelgeschäft zu wohnen?

❷ Im Flur ist ein Wandschrank, aber man wird womöglich noch einen Schrank kaufen müssen.

. . . corridoio . ' . . . . a

. . . . , . . forse . . . .

. . . .

LEZIONE 67

❸ In diese Ecke werden wir die Lampe stellen, die wir gestern in der Lombardia-Straße gesehen haben.

.. .. 'angolo .... la
....
... Lombardia.

❹ Morgen schon werde ich ein Schildchen mit unseren Namen am Briefkasten anbringen.

Domani .... 'etichetta
... . cassetta
....

❺ An der längsten Seite wird das Bücherregal stehen (sein).

... ... la libreria.

▶ Sessantottesima (68°) lezione

Problemi domestici

| 1 | – ENEL, buon**gior**no! ①
| 2 | – Il Ser**vi**zio Informa**zio**ni, per corte**si**a.
| 3 | – Glielo **pas**so **su**bito.
| 4 | – Sto per trasfe**rir**mi in un **nuo**vo apparta**men**to
| 5 | e vor**rei** sa**pe**re che **co**sa bi**so**gna **fa**re per **chie**dere l'allaccia**men**to dell'ener**gia** e**let**trica.
| 6 | – **Bas**ta **u**na **sem**plice do**man**da **scrit**ta, troverà qui il **mo**dulo.

(PRONUNCIA)

[**5** allattscha**män**to ... ener**dsch**^**ia**]

SOLUZIONE DELL'ESERCIZIO 2: Le parole mancanti.

❶ Sarà – problema mettere – mobili in questa stanza ❷ Nel – c'è un armadio – muro – ma – occorrerà comprare un altro armadio ❸ In quest – metteremo – lampada che abbiamo visto ieri in Via ❹ stesso metterò un – con i nostri nomi sulla – delle lettere ❺ Sul lato più lungo ci sarà

Seconda ondata: 18° lezione

Achtundsechzigste Lektion

Haushaltsprobleme

1 – ENEL, guten Tag!
2 – Den Informationsdienst, bitte.
3 – Ich verbinde Sie (gebe ihn Ihnen sofort).
4 – Ich bin dabei, in eine neue Wohnung zu ziehen,
5   und ich möchte wissen, was man tun muss, um den Stromanschluss (Anschluss der Energie elektrischen) zu beantragen.
6 – Es genügt ein einfacher schriftlicher Antrag, Sie werden das Formular hier finden.

ANMERKUNGEN

① **ENEL**: Abkürzung für **Ente** (Mask.) **Nazionale Energia Elettrica** „Staatliche Gesellschaft für Elektrische Energie".

7	– E **quan**to **tem**po ci vor**rà** per otte**ner**lo?
8	– **U**na quin**di**cina di **gior**ni. ②
9	– **Dun**que, **Mar**co, le **co**se più impor**tan**ti le ho **fat**te: la do**man**da per l'elettri**ci**tà, per il gas e per il te**le**fono.
10	In un **pa**io di setti**ma**ne **tut**to sarà a **pos**to. ③
11	Ho par**la**to **an**che con il pit**to**re che ver**rà** do**ma**ni a di**pin**gere la cu**ci**na. ④
12	Un'**al**tra **co**sa che si do**vrà fa**re al più **pres**to sarà chia**ma**re l'i**drau**lico e l'elettri**cis**ta:
13	mi **so**no ac**cor**ta che ci **so**no **mil**le **co**se che non fun**zio**nano.
14	Il lavan**di**no **del**la cu**ci**na è ottu**ra**to, e nel **ba**gno c'è un rubi**net**to che **per**de.
15	E non sarà inutile far revisio**na**re i termosi**fo**ni: mi **sem**brano un po' difet**to**si.
16	Ci **so**no **an**che **due pre**se di cor**ren**te **rot**te*: bisogne**rà** sostitu**ir**le.
17	E se **pro**vo a **fa**re l'e**len**co **del**le **co**se essen**zia**li che an**co**ra **man**cano, mi pro**met**ti di non spaven**tar**ti?

(PRONUNCIA)

[**9** elättritschi**ta** ... gaß **12** i**drau**liko **17** äßßänt**ß**jali]

7	– Und wie viel Zeit wird es dauern, bis man ihn erhält?
8	– Ungefähr fünfzehn (von) Tage.
9	– Also, Marco, die wichtigsten Dinge, die habe ich erledigt (getan): den Antrag für den Strom, für das Gas und für das Telefon.
10	In ein paar Wochen wird alles geregelt sein.
11	Ich habe auch mit dem Anstreicher gesprochen, der morgen kommen wird, um die Küche anzustreichen.
12	Eine andere Sache, die man so schnell wie möglich erledigen (werden) muss, wird sein, den Klempner und den Elektriker anzurufen:
13	Ich habe bemerkt, dass da tausend Dinge sind, die nicht funktionieren.
14	Das Spülbecken in der Küche ist verstopft, und im Bad ist ein Wasserhahn, der tropft (verliert).
15	Und es wird nicht unnütz sein, die Heizkörper überprüfen zu lassen: Sie scheinen mir ein bisschen defekt [zu sein].
16	Es sind auch zwei Steckdosen kaputt: Man wird sie ersetzen müssen.
17	Und wenn ich versuche, eine Aufzählung (die Liste) der grundlegenden Dinge zu machen, die noch fehlen, versprichst du mir, dich nicht zu erschrecken?

(ANMERKUNGEN)

② Eine Zahl + **-ina** + **di** drückt eine grobe Mengenangabe aus. **-ina** kann allen Zahlen angehängt werden, man benutzt die Endung aber meist für runde Zahlen: **una cinquantina/trentina di uova** „ca. 50/30 Eier". Ausnahmen: **una dozzina** „ca. 12", **un centinaio** „ca. 100".

③ **Sarò pronta fra un paio di minuti.** „Ich werde in ein paar Minuten fertig sein." **Ho mangiato solo un paio di uova.** „Ich habe nur ein paar Eier gegessen." Aber: **un paio di guanti** „ein Paar Handschuhe".

④ **Pittore** bezeichnet heute nur einen „Kunstmaler". Das Wort für „Anstreicher" lautet **imbianchino**.

* **rotto** ist das Partizip Perfekt des Verbs **rompere** „brechen, zerbrechen".

ESERCIZIO 1: Capite queste frasi?

① Il Servizio Informazioni, per cortesia. – Glielo passo subito, signora. ② Che cosa bisogna fare per chiedere l'allacciamento dell'energia elettrica? ③ Basta una semplice domanda scritta, ma ci vorranno quindici giorni per ottenerlo. ④ Ci sono due prese di corrente rotte: bisognerà sostituirle. ⑤ Sono proprio stanca, ma sono contenta, perché ho messo tutto a posto. ⑥ Se ti faccio l'elenco delle cose che mancano, mi prometti di non spaventarti?

ESERCIZIO 2: Inserite le parole mancanti.

① Die wichtigsten Dinge habe ich erledigt,

Le cose . . . . , ...
. . . . . ,

② aber man wird auch den Installateur und den Elektriker anrufen müssen.

ma . . . .
l' . . . . e l' . . . .

③ Wie viel Zeit wird es dauern, bis man den Telefonanschluss bekommt?

. . . . per ottenere l'allacciamento . . . . ?

④ Ich werde bald eine neue Wohnung mieten: Dort werden drei Zimmer und zwei Badezimmer sein.

. . . . . affittare . . . . . . appartamento: . . . . e doppi
. . . .

SOLUZIONE DELL'ESERCIZIO 1: Avete capito correttamente?

❶ Den Informationsdienst, bitte. – Ich verbinde Sie sofort, gnädige Frau. ❷ Was muss man tun, um den Stromanschluss zu beantragen? ❸ Es genügt ein einfacher schriftlicher Antrag, aber es wird ungefähr fünfzehn Tage dauern, bis man ihn erhält. ❹ Es sind zwei Steckdosen kaputt: Man wird sie ersetzen müssen. ❺ Ich bin wirklich müde, aber ich bin zufrieden, weil ich alles aufgeräumt habe. ❻ Wenn ich (dir) die Liste der Dinge aufzähle, die fehlen, versprichst du mir, dich nicht zu erschrecken?

❺ Ich habe bemerkt, dass die Heizkörper defekt sind und dass das Spülbecken in der Küche verstopft ist.

. . . . che i . . . .
sono . . . . e che il . . . .
della . . . .

❻ Der Anstreicher wird bald kommen: In zwei (ein paar) Tagen wird alles geregelt sein.

L' . . . . per . . . . : . . . un
. . . . di . . . . . . tutto . . . .

SOLUZIONE DELL'ESERCIZIO 2: Le parole mancanti.

❶ più importanti – le ho fatte ❷ bisognerà anche chiamare – idraulico – elettricista ❸ Quanto tempo ci vorrà – del telefono ❹ Sto per – un nuovo – ci saranno tre stanze – servizi ❺ Mi sono accorta – termosifoni – difettosi – lavandino – cucina è otturato ❻ imbianchino – venire – fra – paio – giorni – sarà a posto

Seconda ondata: 19° lezione

LEZIONE 68

▶ Sessantanovesima (69°) lezione

Abitare in Italia

1 – **Ne**gli **an**ni del dopo**guer**ra, in **It**alia **co**me in **mol**ti **al**tri pa**e**si industrializ**za**ti, moltis**sim**i contadini **han**no las**cia**to la cam**pa**gna
2   e **so**no an**da**ti a **vi**vere in cit**tà**: i socio**lo**gi **han**no chia**ma**to **ques**to fe**no**meno „inurba**men**to".
3 – Parallela**men**te, l'edi**li**zia ha a**vu**to un e**nor**me incre**men**to.
4   La „**fa**me di **ca**se" **de**gli **an**ni Cin**quan**ta ha co**sì** origi**na**to la **cres**cita rapi**dis**sima e ca**o**tica di nume**ro**si pa**e**si e cit**tà**. ①
5   La specula**zio**ne edi**li**zia è arri**va**ta **fi**no a rovi**na**re, a **vol**te, il patri**mo**nio ar**tis**tico e natu**ra**le del pa**e**se.
6 – La **cri**si eco**no**mica **de**gli **an**ni Set**tan**ta ha in**ve**ce cau**sa**to un ar**res**to dell'attivi**tà** edi**li**zia.
7   Le conse**guen**ze **so**no **sta**te gravis**si**me:
8   è diven**ta**to diffi**cil**issimo tro**va**re un apparta**men**to da affit**ta**re,
9   e i **prez**zi **del**le **po**che **ca**se **li**bere **so**no aumen**ta**ti a dismi**su**ra.
10 – Lo **Sta**to è interve**nu**to va**ran**do **u**na **leg**ge per la regolamenta**zio**ne **de**gli af**fit**ti: ②

(PRONUNCIA)

[**1** dopo**guä**rra ... induß**tria**lid**dsa**ti **2** ßo**tscho**lodsch^i **3** edi**lit**ßia **6** kau**sa**to **7** konßê**guän**tßê **9** au**män**tati ... diß**mi**sura **10** **läd**dsch^ê]

Neunundsechzigste Lektion

Wohnen in Italien

1 – In den Nachkriegsjahren haben, in Italien wie in vielen anderen Industrieländern, sehr viele Bauern das Land verlassen
2   und sind in die Stadt gezogen (sind gegangen, in [der] Stadt zu leben): Die Soziologen haben dieses Phänomen „Urbanisierung" genannt.
3 – Parallel [dazu] hat das Baugewerbe einen enormen Zuwachs erfahren (gehabt).
4   Der „Hunger nach Häusern" der Fünfzigerjahre hat so ein sehr schnelles und chaotisches Wachstum zahlreicher Dörfer und Städte verursacht.
5   Die Bauspekulation hat es manchmal sogar geschafft, den künstlerischen und natürlichen Bestand der Kommune zu zerstören (ist angekommen bis zu zerstören).
6 – Die wirtschaftliche Krise der Siebzigerjahre dagegen einen Stillstand der Bauaktivität bewirkt.
7   Die Konsequenzen sind sehr schwerwiegend gewesen:
8   Es ist sehr schwierig geworden, eine Wohnung zur Miete (zu mieten) zu finden,
9   und die Preise der wenigen freien Wohnungen sind unverhältnismäßig gestiegen.
10 – Der Staat hat eingegriffen, indem er ein Gesetz zur Reglementierung der Mieten erließ (ein Gesetz ... erlassend):

(ANMERKUNGEN)

① Achten Sie auf die vielseitigen Verwendungsmöglichkeiten des Wortes **casa** „das Zuhause, das Heim, die Wohnung, die Villa ...".

② Ein Gerundium im Italienischen wird im Deutschen meistens und besser durch einen Nebensatz formuliert: **Ti ho telefonato presto, sperando di trovarti a casa.** „Ich habe dich früh angerufen, in der Hoffnung (wörtlich: „hoffend"), dich zu Hause anzutreffen." **Sbagli dicendo questo.** „Du irrst, wenn du das sagst (wörtlich „sagend dieses")."

LEKTION 69

11	il cosiddetto „equo canone" che ha messo un po' d'ordine in questo spinoso problema, ③ ④
12	ma non ha trovato una soluzione alla mancanza di case.
13	– Nello stesso tempo, le amministrazioni locali hanno preso una serie di misure
14	per la salvaguardia dei centri storici, degli antichi quartieri popolari e delle zone verdi delle città.

(PRONUNCIA)

[*11 äkuo 14 ßalwaguardia*]

ESERCIZIO 1: Capite queste frasi?

❶ La speculazione edilizia è arrivata fino a rovinare, a volte, il patrimonio artistico e naturale del paese. ❷ Le amministrazioni locali hanno preso delle misure per la salvaguardia dei centri storici e delle zone verdi. ❸ Negli anni Cinquanta l'edilizia ha avuto un enorme incremento. ❹ La crisi economica degli anni settanta ha causato un arresto dell'attività edilizia. ❺ Lo Stato è intervenuto, varando una legge per la regolamentazione degli affitti: il cosiddetto „equo canone".

ESERCIZIO 2: Inserite le parole mancanti.

❶ In den Nachkriegsjahren haben sehr viele Bauern das Land verlassen.

. . . . dopoguerra . . . .
contadini . . . .

| 11 | die sogenannte „Gerechte Miete", die ein wenig Ordnung in dieses schwierige Problem gebracht hat,
| 12 | aber er hat keine Lösung für den Häusermangel gefunden.
| 13 | – Gleichzeitig (In der gleichen Zeit) haben die Kommunalverwaltungen eine Reihe von Maßnahmen durchgeführt,
| 14 | zur (für die) Rettung der historischen Zentren, der alten Wohnviertel und der Grünzonen der Städte.

(ANMERKUNGEN)

③ Der **equo canone**, im Jahr 1978 erlassen und 1998 abgeschafft, erstellte ein System zur Errechnung der Mieten basierend auf Faktoren wie z. B. dem Alter des Gebäudes, der Wohnfläche, der Nähe zum Stadtzentrum usw.

④ **Il cosiddetto, la cosiddetta** usw. „der/die sogenannte ...": **La cosiddetta stanza degli ospiti è in realtà una specie di buco.** „Das sogenannte Gästezimmer ist in Wirklichkeit eine Art Loch." Nicht zu verwechseln mit **il sedicente** „der angebliche, der vorgebliche ...".

SOLUZIONE DELL'ESERCIZIO 1: Avete capito correttamente?

❶ Die Bauspekulation hat es manchmal sogar geschafft, den künstlerischen und natürlichen Bestand der Kommune zu zerstören. ❷ Die Kommunalverwaltungen haben Maßnahmen zur Rettung der historischen Zentren und der Grünzonen durchgeführt. ❸ In den Fünfzigerjahren hat das Baugewerbe einen enormen Zuwachs erfahren. ❹ Die wirtschaftliche Krise der Siebzigerjahre hat einen Stillstand der Bauaktivität bewirkt. ❺ Der Staat hat eingegriffen, indem er ein Gesetz zur Reglementierung der Mieten erließ: die sogenannte „Gerechte Miete".

❷ und sind in die Städte gezogen (gegangen, in den Städten zu leben).

. . . .
. . . . .

❸ Es ist sehr schwierig geworden, eine Wohnung zur Miete zu finden,

.... trovare un appartamento .. ..

❹ und die Preise der wenigen freien Wohnungen sind unverhältnismäßig gestiegen.

e ...... delle .... sono .... a dismisura.

❺ Glaubst du, dass wir eine nicht zu teure Wohnung finden werden? – Wer weiß (das)?

.... un appartamento ... . ? – ... lo .. !

▶ Settantesima (70°) lezione [ßettantäsima]

REVISIONE E NOTE

Lesen Sie noch einmal die folgenden Anmerkungen: 64. Lektion: ②, ③; 66.: ④, ⑤, ⑥; 67.: ②, ③; 68.: ③; 69.: ②.

1. Zeitformen: Futur I

	trov-ARE „finden"	prend-ERE „nehmen"	fin-IRE „beenden"
(io)	trov-e-rò	prend-e-rò	fin-i-rò
(tu)	trov-e-rai	prend-e-rai	fin-i-rai
(lui/lei)	trov-e-rà	prend-e-rà	fin-i-rà
(noi)	trov-e-remo	prend-e-remo	fin-i-remo
(voi)	trov-e-rete	prend-e-rete	fin-i-rete
(loro)	trov-e-ranno	prend-e-ranno	fin-i-ranno

SOLUZIONE DELL'ESERCIZIO 2: Le parole mancanti.

❶ Negli anni del – moltissimi – hanno lasciato la campagna ❷ e sono andati a vivere nelle città ❸ È diventato difficilissimo – da affittare ❹ i prezzi – poche case libere – aumentati ❺ Credi che troveremo – non troppo caro – Chi – sa

Seconda ondata: 20° lezione

Siebzigste Lektion

Der Indikativ Futur (die Zukunftsform der Wirklichkeitsform) wird gebildet, indem die Infinitiv-Endung durch die Futur-Endung ersetzt wird. Dabei erhält jede Beugungsgruppe für die Endung einen typischen Anfangsvokal, der „Rest" der Endung ist für alle Beugungsgruppen gleich.

Es gibt nur eine kleine Anzahl von Verben, die im Futur unregelmäßig sind: Dies betrifft jedoch nur den Verbstamm, während die Endungen dieselben bleiben wie die, die Sie gerade kennengelernt haben. Hier sind sie:

venire	„kommen"	**verrò**	„ich werde kommen"
vedere	„sehen"	**vedrò**	„ich werde sehen"
andare	„gehen"	**andrò**	„ich werde gehen"
potere	„können"	**potrò**	„ich werde können"
volere	„wollen"	**vorrò**	„ich werde wollen"

dovere	„müssen"	dovrò	„ich werde müssen"
stare	„stehen"	starò	„ich werde stehen"
fare	„machen"	farò	„ich werde machen"
dire	„sagen"	dirò	„ich werde sagen"

Eine letzte Bemerkung zu Verben wie **cerc-ARE** „suchen" und **pag-ARE** „zahlen, bezahlen" (wir haben in der Anmerkung ⑤ der 12. Lektion darüber gesprochen): Diesen Verben wird – um den harten Klang des **c** und des **g** beizubehalten –, ein **h** vor den Endungen des Futurs hinzugefügt: **cerc-herò** „ich werde suchen" und **pag-herò** „ich werde bezahlen".

Hier ist das Futur von **essere** „sein" und **avere** „haben":

(io)	sarò	avrò
	„ich werde sein"	„ich werde haben"
(tu)	sarai	avrai
(lui/lei)	sarà	avrà
(noi)	saremo	avremo
(voi)	sarete	avrete
(loro)	saranno	avranno

2. Zeitformen: Futur II

Um den Indikativ Futur II (Vollendete Zukunft der Wirklichkeitsform) zu bilden, nimmt man das Futur des Hilfsverbs, das das Verb zur Bildung der zusammengesetzten Zeiten benötigt, also entweder **essere** oder **avere,** und das Partizip Perfekt des gewünschten Verbs:

avrò pagato „ich werde bezahlt haben"
sarò tornato „ich werde zurückgekehrt sein"
avrò avuto „ich werde gehabt haben"
sarò stato „ich werde gewesen sein".

3. se + Futur I

Stellen wir einmal eine Hypothese auf, die ein zukünftiges Ereignis betrifft: **Se l'appartamento ci piacerà, lo prenderemo.** „Wenn uns die Wohnung gefällt (gefallen wird), werden wir sie nehmen." Im Italienischen – Sie haben es schon diverse Male im Verlauf der letzten Lektionen gesehen – muss man nach **se** das Futur setzen, wenn das Verb des Hauptsatzes im Futur steht.

Dort, wo man im Deutschen sagt: „Wenn alles gut geht, werde ich morgen ankommen.", sagt man im Italienischen: **Se tutto andrà bene, arriverò domani.** Man formuliert den Satz also im Futur. Derselbe Satz mit zwei Präsensformen formuliert: **Se tutto va bene, arrivo domani.** „Wenn alles gut geht, komme ich morgen an." ist, wie im Deutschen, auf die Umgangssprache beschränkt.

4. stare per + Infinitiv

Das nahe Futur, **stare per** „im Begriff sein zu" + Infinitiv, drückt im Italienischen die Vorstellung einer unmittelbar bevorstehenden Handlung aus und entspricht in manchen Fällen der deutschen Redewendung „gerade vorhaben, etwas zu tun". Man muss jedoch hinzufügen, dass die Struktur **stare per** + Infinitiv nur dann benutzt wird, wenn man unterstreichen will, dass man eine bestimmte Handlung sehr bald vornehmen will.

5. Floskeln und Redewendungen

Lesen Sie – wie immer laut – die folgenden Wendungen:

> **Non sarà una cosa facile!**
> **Credo proprio di no.**
> **Ci vorrà un bel po' di tempo.**
> **Chi lo sa?**
> **Che ne dici di questo?**
> **Purtroppo ho già un impegno.**
> **Questa è la stanza che mi piace di più.**
> **Il Servizio Informazioni, per cortesia.**
> **In un paio di settimane tutto sarà a posto.**
> **Questo è un problema spinoso.**

Das wird keine leichte Sache sein! – Das glaube ich wirklich nicht. – Es wird eine ganze Weile dauern. – Wer weiß? – Was sagst du dazu? – Leider habe ich schon einen Termin. – Dies ist das Zimmer, das mir am meisten gefällt. – Den Informationsdienst, bitte. – In ein paar Wochen wird alles geregelt sein. – Dies ist ein schwieriges Problem.

Noch eine kleine Empfehlung: Lesen Sie sich die Sätze, die wir in den Anmerkungen als Beispiele für die Verwendung bestimmter Strukturen anführen, immer aufmerksam durch – Sie werden sehen, dass die Dinge gleich klarer erscheinen, wenn Sie genug „Material" zur Verfügung haben.

Seien Sie nicht beunruhigt, wenn Ihnen die Lektionen etwas komplizierter erscheinen. Es geht vor allem nicht darum, etwas auswendig zu lernen, sondern die Sprache – Verben, Redewendungen, Wortschatz – zu assimilieren, indem Sie sehen, wie sie in einem bestimmten Textzusammenhang „funktioniert". Wiederholen Sie immer jeden Satz mehrmals laut, um ihn sich anzueignen – das ist sehr wichtig. Wenn Sie eine Redewendung finden, die Ihnen schwierig oder nicht ganz klar erscheint, haben Sie ein bisschen Geduld: In den Wiederholungslektionen werden Sie oft eine Antwort auf Ihre Fragen und eine Lösung für Ihre Zweifel finden.

▶ Settantunesima (71°) lezione

Andiamo in campagna!

1 – Su, sbrigatevi, bambini, i nonni ci aspettano! ①
2 Lisa, mettiti la giacca a vento azzurra che ti sta così bene. ②
3 Roberto, per piacere, aiutami a portar giù la tua bicicletta. ③
4 Piano, non spingere! Ecco, mettila qui... Adesso mettiamola nel portabagagli... bravo, così. ④
5 – Mamma, guarda che cielo scuro!
6 – Roberto, fammi un piacere, va' un attimo su a prendere gli ombrelli! ③ ⑤

(PRONUNCIA)

[*2 addßurra 3 ajutami 4 non ßpindsch^êrê*]

Und nun zu Ihrer „Aktiven Phase": Lesen Sie die deutschen Sätze des Abschnitts 4 der 21. Lektion, übersetzen Sie sie schriftlich und vergleichen Sie Ihre Übersetzung mit den italienischen Sätzen desselben Abschnitts.

Seconda ondata: 21° lezione

Einundsiebzigste Lektion

Wir fahren auf[s] Land!

1 – Los, beeilt euch, Kinder, die Großeltern erwarten uns!
2 Lisa, zieh dir die blaue Windjacke an, die dir so gut steht.
3 Roberto, bitte, hilf mir, dein Fahrrad hinunterzutragen.
4 Langsam, nicht drängeln! So, stell es hierhin ... Jetzt legen wir es in den Kofferraum ... gut, so.
5 – Mama, sieh, was [für ein] dunkler Himmel!
6 – Roberto, tu mir einen Gefallen, geh doch mal (einen Augenblick) hoch, um die Schirme zu holen!

(ANMERKUNGEN)

① Zur Position des Pronomens im Indikativ bzw. Imperativ: **Se non ti sbrighi, me ne vado.** „Wenn du dich nicht beeilst, gehe ich.", aber **Sbrigati, è tardi!** „Beeil dich, es ist spät!". Ebenso: **Se vi fermate a Siena...** „Wenn ihr in Siena haltet ...", aber **Fermatevi!** „Haltet an!"

② **Questo vestito mi sta proprio male!** „Dieses Kleid steht mir wirklich schlecht!"

③ Ebenso: **Vado giù in cantina.** „Ich gehe hinunter in den Keller." **Porta su questo pacco!** „Bring dieses Paket hinauf!"

④ **Prendiamolo!** „Nehmen wir es [doch]!" **Diteglielo!** „Erzählt es ihm!" **Portamelo!** „Bring es mir!"

⑤ **Fa'** (oder **Fai**) **così ...** „Mach es so ..." **Fallo subito!** „Mach es sofort!"

LEKTION 71

| 7 | **Uf**fa, **pio**ve già. Che **secca**tura **gui**dare con la **pio**ggia!
| 8 | – Non **a**vere **pau**ra, **mam**ma, la **ra**dio ha **det**to che smetter**à** di **pio**vere e torner**à** il bel **tem**po!
| 9 | – Di chi è **quel**la **sca**tola? È **tua**, **Li**sa? ⑥
| 10 | – No, non è **mi**a, è di Ro**ber**to.
| 11 | – E che **co**sa ci **tie**ni **den**tro? ⑦
| 12 | – Non te lo **pos**so **di**re, è un se**gre**to fra me e il **non**no.
| 13 | – **I**o lo so, **mam**ma.
| 14 | – **Zit**ta, **Li**sa, non **dir**glielo! ⑧ ⑨
| 15 | – E in**ve**ce **glie**lo **di**co: **den**tro ci **tie**ne dei **ver**mi!
| 16 | – **Co**sa?
| 17 | – **Cer**to, **mam**ma, che c'è di **stra**no? Ci **ser**vono per an**da**re a **pes**ca.
| 18 | – **Di**o, che **schi**fo! **Si**i gen**ti**le, Ro**ber**to, **but**ta **quel**la **ro**ba!
| 19 | L'**i**dea di **fa**re **tut**to il **viag**gio in **lo**ro compa**gni**a mi dà la **nau**sea!

(PRONUNCIA)

[**7 pjod**dsch^a **14 dsit**ta... non-**dir**ljälo **18 ski**fo ... **ßi**i **19 nau**sea]

7 Uff, es regnet schon. Wie lästig (Was [für eine] Schererei), bei dem Regen zu fahren!

8 – Hab keine Angst, Mama, das Radio hat gesagt, dass es aufhören wird zu regnen und dass es wieder schön wird (und das schöne Wetter zurückkehren wird)!

9 – Wem gehört (Von wem ist) diese Schachtel? Ist es deine, Lisa?

10 – Nein, es ist nicht meine, sie gehört (ist von) Roberto.

11 – Und was hast (hältst) du darin?

12 – Das kann ich dir nicht sagen, es ist ein Geheimnis zwischen mir und Opa.

13 – Ich weiß es, Mama.

14 – Sei still, Lisa, sag es ihr nicht!

15 – Und ich sag es ihr doch: Da drin hat er Würmer!

16 – Was?

17 – Sicher, Mama, was ist daran [so] eigenartig (Eigenartiges)? Wir brauchen sie (sie dienen uns), um angeln zu gehen.

18 – Mein Gott, wie eklig! Sei [so] nett, Roberto, wirf das Zeug weg!

19 Der Gedanke, die ganze Reise in ihrer Begleitung zu machen, verursacht (gibt) mir Übelkeit!

ANMERKUNGEN

⑥ Achtung: **Di chi è quella macchina?** „Wem gehört dieses Auto?" **È nostra.** „Es gehört uns." **È sua.** „Es gehört ihm/ihr." **È del dottor Carli.** „Es gehört Dr. Carli."

⑦ Hier ist der Indikativ Präsens des Verbs **tenere** „halten, enthalten", das leicht unregelmäßig ist: **(io) tengo, (tu) tieni, (lui/lei) tiene, (noi) teniamo, (voi) tenete, (loro) tengono.**

⑧ **Zitti, bambini!** „Seid still, Kinder!" **Zitto, Roberto!** „Sei still, Roberto!" **Zitte, tutte!** „Seid still, alle (Mädchen)!"

⑨ Achtung: **Non dire questo a Sofia!** „Sag das nicht Sofia!" **Non dirlo a Sofia!** „Sag es nicht Sofia!" **Non dirglielo!** „Sag es ihr nicht!"

ESERCIZIO 1: Capite queste frasi?

❶ Che seccatura guidare con la pioggia! ❷ Vado su a prendere un ombrello. ❸ In questa scatola ci tengo dei vermi. – Cosa? Dio mio, che schifo! ❹ L'idea di fare tutto il viaggio in loro compagnia mi dà la nausea. ❺ Guarda che cielo scuro! ❻ Piano, non spingere!

ESERCIZIO 2: Inserite le parole mancanti.

❶ Hilf mir, das Fahrrad hinunterzutragen, bitte!

. . . . portare . . . . . bicicletta, ... !

❷ Wem gehört diese Schachtel? Ist es deine? – Nein, sie gehört Roberto.

. . . . . . quella scatola? . . . . ? – No, . . . Roberto.

❸ Sei so nett, wirf das Zeug weg!

. . . . , ... quella . . . . !

❹ Sei still, Lisa, sag es ihr non! – Und ich sage es ihr doch!

. . . . . , Lisa, non . . . . ! – E . . . . dico!

❺ Zieh dir die blaue Windjacke an, die dir so gut steht!

. . . . la . . . . vento . . . . che . . . . !

❻ Los, beeilt euch, Kinder! Die Großeltern erwarten uns.

. . , ... , bambini! I . . . .

SOLUZIONE DELL'ESERCIZIO 1: Avete capito correttamente?

① Wie lästig, bei Regen zu fahren! ② Ich gehe hoch, um einen Schirm zu holen. ③ In dieser Schachtel habe ich Würmer. – Was? Mein Gott, wie eklig! ④ Der Gedanke, die ganze Fahrt in ihrer Begleitung zu machen, verursacht mir Übelkeit. ⑤ Sieh, was für ein dunkler Himmel! ⑥ Langsam, nicht drängeln!

⑦ Hab keine Angst, das Radio hat gesagt, dass es aufhören wird zu regnen.

. . . . , la radio . . . .
che . . . .

SOLUZIONE DELL'ESERCIZIO 2: Le parole mancanti.

① Aiutami a – giù la – per piacere ② Di chi è – È tua? – è di ③ Sii gentile – butta – roba ④ Zitta – dirglielo – invece glielo ⑤ Mettiti – giacca a – azzurra – ti sta così bene ⑥ Su – sbrigatevi – nonni ci aspettano ⑦ Non avere paura – ha detto – smetterà di piovere

Seconda ondata: 22° lezione

▶ Settantaduesima (72°) lezione

L'arrivo dai nonni

1 – Carissimi! Benarrivati! Avete fatto buon viaggio? Non avete trovato brutto tempo per strada? ①
2   Eravamo così preoccupati, la nonna ed io!
3   Qui c'è stato un temporale fortissimo con lampi e tuoni, e ha piovuto fino a dieci minuti fa. ②
4   Ma non restate fuori, venite in casa.
5 – Ciao nonna! È vero che mi hai preparato la crostata di fragole?
6 – Mi dispiace, tesoro mio! Ma in questa stagione non ci sono ancora fragole. ③
7   Però ti ho preparato un dolce al cioccolato. ④
8 – Va bene lo stesso, nonna: i dolci che fai tu mi piacciono tutti!

(PRONUNCIA)
[7 *tschokkolato*]

Zweiundsiebzigste Lektion

Die Ankunft bei den Großeltern

1 – Ihr Lieben! Seid willkommen! Habt ihr [eine] gute Reise gehabt (gemacht)? Habt ihr kein schlechtes Wetter auf der Fahrt (für Straße) gehabt (gefunden)?
2 Wir waren so besorgt, (die) Großmutter und ich!
3 Hier ist ein sehr starkes Gewitter gewesen mit Blitz und Donner, und es hat bis vor zehn Minuten geregnet.
4 Aber bleibt [doch] nicht draußen, kommt in[s] Haus.
5 – Hallo Großmutter! Stimmt es, dass du mir (den) Erdbeerkuchen gemacht (zubereitet) hast?
6 – Es tut mir leid, mein Schatz! Aber zu dieser Jahreszeit gibt es noch keine Erdbeeren.
7 Aber ich habe dir einen Schokoladenkuchen gebacken (zubereitet).
8 – Das ist genauso gut, Großmutter: Die Kuchen, die du machst, mag ich (gefallen mir) alle!

(ANMERKUNGEN)

① **Ad ottobre comincia il brutto tempo.** „Im Oktober fängt das schlechte Wetter an." Oder: **Ad ottobre comincia il cattivo tempo.**

② **Ieri ha piovuto tutto il giorno.** „Gestern hat es den ganzen Tag [über] geregnet." Aber auch: **Ieri è piovuto tutto il giorno. Nevicare** „schneien" und **grandinare** „hageln" können ebenfalls – wie **piovere** „regnen" – sowohl mit dem Hilfsverb **essere** als auch mit **avere** konjugiert werden.

③ Achten Sie auf den Gebrauch des Teilungsartikels: **Hai delle mele? – No, non ho più mele, ma ho delle arance, se vuoi.** „Hast du Äpfel? – Nein, ich habe keine Äpfel mehr, aber ich habe Orangen, wenn du möchtest." **Hai una sigaretta? – Mi dispiace, non ho più sigarette.** „Hast du eine Zigarette? – Es tut mir leid, ich habe keine Zigaretten mehr."

④ **Ha smesso di piovere, però ci sono ancora molte nuvole.** oder **Ha smesso di piovere, ma ci sono ancora molte nuvole.** „Es hat aufgehört zu regnen, aber es sind noch viele Wolken da."

9 – Ma **co**me sei cre**sciu**ta, **Li**sa! Sei diven**ta**ta **al**ta **qua**si **quan**to **tuo** fra**tel**lo mag**gio**re. ⑤

10 **Vie**ni, **dam**mi un **ba**cio. Sai che ci **so**no **mol**te novi**tà** qui **al**la fatto**ri**a? ⑥ ⑦

11 – **Dim**mi, **non**na, la **mi**a pian**ti**na di gelso**mi**no ha **mes**so **del**le **fo**glie nu**o**ve?

12 – E la **mi**a, **non**na?

13 – **Non**na, **fac**cele ve**de**re **su**bito e poi **por**taci a ve**de**re i co**ni**gli!

14 – No, **pri**ma **vo**glio ve**de**re i pul**ci**ni!

15 – **Fac**ci, **por**taci, **dac**ci... **Cer**to, la **non**na vi porte**rà** dapper**tut**to,

16 ma per**ché o**gni **tan**to non u**sa**te **an**che la pa**ro**la „per fa**vo**re"?

(PRONUNCIA)

[*9 kräschuta 11 dsch^älßomino 13 fattschêlê*]

ESERCIZIO 1: Capite queste frasi?

❶ Che brutto tempo! C'è stato un temporale fortissimo! ❷ Eravamo molto preoccupati. ❸ I dolci che fa la nonna mi piacciono tutti. ❹ C'è solo un dolce al cioccolato. – Va bene lo stesso! ❺ Quante nuove foglie ha messo la mia piantina? – E la mia? ❻ Ogni tanto usate la parola „per favore".

ESERCIZIO 2: Inserite le parole mancanti.

❶ Es hat bis vor zehn Minuten geregnet.

. . . .

❷ Großmutter, wirst du mir den Erdbeerkuchen machen?

. . . . . . , mi preparerai . . . .
. . . . ?

9	–	Aber wie du gewachsen bist, Lisa! Du bist fast so groß geworden wie dein großer Bruder.
10		Komm, gib mir einen Kuss. Weißt du, dass es viele Neuigkeiten hier auf dem Gutshof gibt?
11	–	Sag mir, Großmutter, hat meine kleine Jasminpflanze neue Blätter bekommen (gesetzt)?
12	–	Und meine, Großmutter?
13	–	Großmutter, zeig sie uns (mach sie uns sehen) sofort; und dann nimm uns mit, die Kaninchen zu sehen!
14	–	Nein, zuerst will ich die Küken sehen!
15	–	Mach uns, bring uns, gib uns ... Sicher, die Großmutter wird euch überallhin bringen,
16		aber warum benutzt ihr nicht ab und zu auch [einmal] das Wort „bitte"?

(ANMERKUNGEN)

⑤ **Nuccio è mio fratello maggiore e Umberto è mio fratello minore.** „Nuccio ist mein großer Bruder, und Umberto ist mein kleiner Bruder."

⑥ **Per favore, Roberto, da' (oder dai) questo dolce a Lisa.** „Roberto, gib Lisa bitte diesen Kuchen." **Per favore, Roberto, dalle questo dolce.** „Roberto, gib ihr bitte diesen Kuchen."

⑦ **Per favore, Roberto, di' a Lisa di venire qui.** „Roberto, sag Lisa bitte, sie soll hierherkommen (zu kommen hier)." **Per favore, Roberto, dille di venire qui.** „Roberto, sag ihr bitte, sie soll hierherkommen."

SOLUZIONE DELL'ESERCIZIO 1: Avete capito correttamente?

❶ Was für ein schlechtes Wetter! Es gab ein sehr starkes Gewitter. ❷ Wir waren sehr besorgt. ❸ Die Kuchen, die die Großmutter macht, mag ich alle. ❹ Es gibt nur einen Schokoladenkuchen. – Das ist genauso gut! ❺ Wie viele neue Blätter hat meine kleine Pflanze bekommen? – Und meine? ❻ Benutzt ab und zu das Wort „bitte".

❸ Mein Schatz, zu dieser Jahreszeit gibt es keine Erdbeeren!

. . . . , ...
in questa stagione!

④ Gib mir einen Kuss, Lisa! Wie du gewachsen bist!

. . . . , Lisa! Come . . .

. . . . !

⑤ Du bist fast so groß wie Roberto.

. . . .

⑥ Nimm uns mit, die Kaninchen zu sehen! – Nein, zuerst will ich die Küken sehen.

. . . . ! – No,

. . . .

▶ **Settantatreesima (73°) lezione**

Le novità della fattoria

1 – **Vie**ni, **Li**sa, an**dia**mo a **da**re da man**gia**re ai pul**ci**ni.
2 Io **pren**do il sac**chet**to del gran**tur**co; tu, **por**ta **ques**to ce**sti**no:
3 co**sì** ve**dia**mo se ci **so**no già **del**le ci**lie**gie ma**tu**re.
4 Ve**drai quan**ti nu**o**vi pul**ci**ni ci **so**no! Ce ne **so**no **cer**ti **pic**coli **pic**coli: **so**no ap**pe**na **na**ti. ① ②
5 – **Guar**da, **non**na, ce n'è uno **ne**ro! **Pos**so toc**car**lo? ③

(PRONUNCIA)
[*3* tschiliedsch^ê *4* tsche-nê-ßono *5* tsche-nê]

SOLUZIONE DELL'ESERCIZIO 2: Le parole mancanti.

❶ Ha piovuto fino a dieci minuti fa ❷ Nonna – la crostata di fragole ❸ Tesoro mio – non ci sono fragole ❹ Dammi un bacio – sei cresciuta ❺ Sei alta quasi quanto Roberto ❻ Portaci a vedere i conigli – prima voglio vedere i pulcini

Seconda ondata: 23° lezione

Dreiundsiebzigste Lektion

Die Neuigkeiten des Bauernhofes

1 – Komm, Lisa, wir gehen die Küken füttern (den Küken zu essen geben).
2   Ich nehme das Maissäckchen; du trag dieses Körbchen:
3   So sehen wir nach, ob schon reife Kirschen da sind.
4   Du wirst sehen, wie viele neue Küken da sind! Es sind sicher ganz winzig kleine da: Sie sind gerade erst geboren.
5 – Sieh, Großmutter, da ist (davon) ein schwarzes! Darf (Kann) ich es anfassen?

ANMERKUNGEN

① **Ecco il treno lungo lungo ...** heißt es in einem italienischen Abzählreim. **Lungo lungo, lunghissimo** und **molto lungo** „sehr lang"; aber die Verdopplung gehört eher der Kindersprache an.

② Beachten Sie diese Struktur: **Sono appena usciti.** „Sie sind gerade erst weggegangen." **L'ho appena incontrata.** „Ich habe sie gerade erst getroffen."

③ Achtung: **Ci sono ancora delle caramelle?** „Sind noch Bonbons da?" **Ce ne sono tre o quattro.** „Es sind drei oder vier da." Aber: **Ce n'è una sola.** „Es ist ein einziges da."

6	– Certo. Prendilo in mano, se vuoi, ma sta' attenta: non lo stringere troppo. ④ ⑤
7	Perché adesso non andiamo in giardino a vedere i fiori?
8	Ce ne sono tanti che sono appena sbocciati. ②
9	Sii gentile, tesoro, vammi a prendere le forbici, così cogliamo delle rose. ⑥
10	– Ed io prendo delle margherite e ne faccio un mazzetto per la mamma!
11	Però non ci dimentichiamo di andare a prendere le ciliegie! ⑦
12	– Basta così, non prenderne più. E non mangiarle tutte: lasciane un po' anche per gli altri!
13	Prima di rientrare a casa, passiamo per l'orto: non ho più pomodori e mi servono anche delle cipolle.

(PRONUNCIA)

[*6 ßtrindsch^êrê 8 ßbottschati 10 mattßätto*]

(ESERCIZIO 1: Capite queste frasi?)

❶ Andiamo in giardino a vedere se ci sono già delle ciliegie mature. ❷ Quanti fiori! – Ce ne sono tanti che sono appena sbocciati. ❸ Sii gentile, tesoro, vammi a prendere le forbici, così cogliamo delle rose. ❹ Ho deciso: farò un bel mazzetto di margherite per la mamma! ❺ Non dimentichiamoci di prendere un cestino: ne avremo bisogno per metterci le ciliegie.

6	– Sicher, nimm es in die Hand, wenn du willst, aber pass auf: Drück es nicht zu sehr.
7	Warum gehen wir jetzt nicht in [den] Garten, um die Blumen zu sehen?
8	Da sind so viele (davon), die gerade erblüht sind.
9	Sei [so] nett, Schatz, geh mir die Schere holen, dann (so) pflücken wir (von den) Rosen.
10	– Und ich hole (von den) Gänseblümchen und mache davon einen kleinen Strauß für die Mama!
11	Aber vergessen wir nicht, Kirschen holen zu gehen!
12	– Das genügt (so), nimm nicht mehr davon. Und iss sie nicht alle auf: Lass auch ein bisschen davon für die anderen [übrig]!
13	Bevor [wir] nach Hause zurückkehren, gehen wir am Gemüsegarten vorbei: Ich habe keine Tomaten mehr, und ich brauche auch (von den) Zwiebeln.

(ANMERKUNGEN)

④ Beachten Sie die Wendung **in mano** und zwei ähnliche: **in braccio** „im Arm" und **in testa** „im Kopf".

⑤ **Non prendertela!** oder **Non te la prendere!** „Ärgere dich nicht!" **Non dirmelo!** oder **Non me lo dire!** „Sag es mir nicht!" Beide Strukturen sind möglich.

⑥ **Va'** (oder **vai**) **a prendermi un gelato.** oder **Vammi a prendere un gelato.** „Geh mir ein Eis holen." Beide Strukturen sind möglich.

⑦ **dimentico** oder **mi dimentico** „ich vergesse", in der Vergangenheitsform: **ho dimenticato** oder **mi sono dimenticato**. Ähnlich: **ricordo** oder **mi ricordo** „ich erinnere mich", Vergangenheitsform: **ho ricordato** oder **mi sono ricordato**.

(SOLUZIONE DELL'ESERCIZIO 1: Avete capito correttamente?)

❶ Gehen wir in den Garten, um zu sehen, ob schon reife Kirschen da sind. ❷ Wie viele Blumen! – Da sind viele, die gerade erst erblüht sind. ❸ Sei so nett, Schatz, geh mir die Schere holen, dann pflücken wir Rosen. ❹ Ich habe beschlossen: Ich werde einen schönen Gänseblümchenstrauß für Mama machen! ❺ Vergessen wir nicht, ein Körbchen mitzunehmen: Das werden wir brauchen, um die Kirschen dort hineinzulegen.

ESERCIZIO 2: Inserite le parole mancanti.

① Das reicht [so], nimm nicht noch mehr (davon).

...., non ....

② Und iss sie nicht alle auf: Lass ein paar (davon) für die anderen!

E ... . : .... un .. ' per ... . !

③ Du wirst sehen, wie viele Küken da sind! Es sind einige da, die gerade erst geboren sind.

.... pulcini .. .... ! .. .. che ... .

④ Sieh! Da ist ein ganz winzig kleines! Darf (kann) ich es anfassen?

...... ! .. . ' . uno .... ! .... ?

⑤ Sicher! Nimm es in die Hand, aber pass auf, drück es nicht zu sehr!

..... ! .... , ma ... ' attenta, ... !

▶ **Settantaquattresima (74°) lezione**

Una scelta ecologica

1 – **Cer**to che in prima**ve**ra si sta **pro**prio **be**ne qui da voi,

2 **tut**to è per**fet**to: l'**a**ria è profu**ma**ta, gli **al**beri **so**no in fiore...

⑥ Ich habe keine Tomaten mehr, und ich brauche auch Zwiebeln.

..... più .... e .. servono anche ..... cipolle.

SOLUZIONE DELL'ESERCIZIO 2: Le parole mancanti.

① Basta così – prenderne più ② non mangiarle tutte – lasciane – po' – gli altri ③ Vedrai quanti – ci sono – Ce ne sono certi – sono appena nati ④ Guarda – Ce n'è – piccolo piccolo – Posso toccarlo ⑤ Certo – Prendilo in mano – sta' – non lo stringere troppo ⑥ Non ho – pomodori – mi – delle

Seconda ondata: 24° lezione

Vierundsiebzigste Lektion

Eine umweltfreundliche Wahl

1 – Sicher fühlt man sich im (in) Frühling wirklich wohl hier bei euch,

2 alles ist vollkommen: Die Luft riecht gut (ist parfümiert), die Bäume stehen (sind) in Blüte ...

| 3 | Ma ogni tanto Davide ed io ci preoccupiamo un po' per voi.
| 4 | L'inverno qui è duro: fa freddo, c'è tanta neve...
| 5 | e poi, non vi annoiate a passare tutto l'anno in campagna, da soli? ①
| 6 | – Ma no, Francesca, avete torto a preoccuparvi per noi, abbiamo sempre tante cose da fare!
| 7 | D'estate vediamo spesso i nostri vicini, facciamo delle passeggiate, io vado a pesca.
| 8 | In autunno c'è la vendemmia che ci tiene occupati a lungo. ②
| 9 | E durante l'inverno... non facciamo niente di speciale:
| 10 | restiamo davanti al camino a leggere o a chiacchierare,
| 11 | la nonna lavora a maglia, io faccio dei lavoretti, qualche volta vado a caccia.
| 12 | Non siamo affatto tagliati fuori dal mondo, anzi! ③
| 13 | Con l'età della pensione abbiamo fatto una scelta ecologica
| 14 | e ci sentiamo in gamba come ventenni! ④ ⑤

UNA SCELTA ECOLOGICA

| 3 | Aber ab und zu machen Davide und ich uns ein bisschen Sorgen um euch.
| 4 | Der Winter hier ist hart: Es ist (macht) kalt, es gibt [so] viel Schnee ...
| 5 | und dann, langweilt ihr euch nicht, das ganze Jahr auf dem Land zu verbringen, alleine?
| 6 | – Aber nein, Francesca, ihr habt unrecht, euch um uns Sorgen zu machen, wir haben immer so viele Dinge zu tun!
| 7 | Im Sommer sehen wir oft unsere Nachbarn, wir machen Spaziergänge, ich gehe angeln.
| 8 | Im Herbst ist die Weinlese, die uns lange beschäftigt hält.
| 9 | Und während des Winters ... [da] machen wir nichts Besonderes:
| 10 | Wir bleiben vor dem Kamin, um zu lesen oder zu plaudern,
| 11 | die Großmutter strickt (arbeitet an Masche), ich mache kleine Arbeiten, manchmal gehe ich auf [die] Jagd.
| 12 | Wir sind überhaupt nicht von der Welt abgeschnitten (aus der Welt), im Gegenteil!
| 13 | Mit dem Pensionsalter haben wir eine umweltfreundliche Wahl getroffen,
| 14 | und wir fühlen uns (in Bein) wie Zwanzigjährige.

ANMERKUNGEN

① **Non ti preoccupare, posso farlo da sola.** „Mach dir keine Sorgen, das kann ich alleine machen."

② Man kann in gleicher Weise sagen: **in estate** oder **d'estate** „im Sommer" sowie **in inverno** oder **d'inverno** „im Winter". Aber man kann nur sagen: **in autunno** „im Herbst" und **in primavera** „im Frühling".

③ **Quel film non è noioso, anzi, è molto divertente.** „Dieser Film ist nicht langweilig, im Gegenteil, er ist sehr unterhaltsam."

④ Beachten Sie die weiteren Bedeutungen des Ausdrucks **in gamba** „tüchtig sein, auf Draht sein": **È un medico in gamba.** „Das ist ein guter Arzt." **È un tipo in gamba.** „Er ist ein fabelhafter Mensch." **(Sta') in gamba!** „Lass es dir gut gehen!"

⑤ **un quarantenne** ist also „ein Vierzigjähriger", **una sedicenne** „eine Siebzehnjährige" usw.

ESERCIZIO 1: Capite queste frasi?

① Si sta proprio bene qui da voi! ② In campagna l'inverno è duro: fa freddo, c'è la neve. ③ D'estate andiamo a pesca, facciamo delle passeggiate. ④ In inverno non ci annoiamo, anzi, abbiamo sempre tante cose da fare. ⑤ Spesso restiamo davanti al camino a leggere o a chiacchierare. ⑥ Con l'età della pensione abbiamo fatto una scelta ecologica.

ESERCIZIO 2: Inserite le parole mancanti.

① Wir machen uns Sorgen um euch. – Aber wir fühlen uns sehr gut hier!

.. . . – Ma noi
. . . . !

② Kommt im nächsten Sommer, um ein paar Tage bei uns zu verbringen!

. , ...
. . . . !

③ Im Frühling ist das Land herrlich: Die Luft riecht gut, die Bäume stehen in Blüte.

.. . .
. . . . : l'. . . . è . . . . , . . .
. . . .

④ Während des Winters machen wir nichts Besonderes.

. . . . , ...
. . . .

SOLUZIONE DELL'ESERCIZIO 1: Avete capito correttamente?

❶ Man fühlt sich wirklich wohl hier bei euch! ❷ Auf dem Land ist der Winter hart: Es ist kalt, da ist Schnee. ❸ Im Sommer gehen wir angeln, wir machen Spaziergänge. ❹ Im Winter langweilen wir uns nicht, im Gegenteil, wir haben immer so viele Dinge zu tun. ❺ Oft bleiben wir vor dem Kamin, um zu lesen oder zu plaudern. ❻ Mit dem Pensionsalter haben wir eine ökologische Wahl getroffen.

❺ Wir sind überhaupt nicht von der Welt abgeschnitten (aus der Welt), im Gegenteil!

... . fuori
... ., ... !

❻ Auf dem Land (lebend) fühlen wir uns in Form wie Zwanzigjährige.

Vivendo .. ..
.... dei ....

SOLUZIONE DELL'ESERCIZIO 2: Le parole mancanti.

❶ Ci preoccupiamo per voi – stiamo benissimo qui ❷ L'estate prossima venite a passare qualche giorno da noi ❸ In primavera la campagna è magnifica – aria – profumata – gli alberi sono in fiore ❹ Durante l'inverno non facciamo niente di speciale ❺ Non siamo affatto tagliati – dal mondo – anzi ❻ in campagna ci sentiamo in forma come – ventenni

Seconda ondata: 25° lezione

▶ **Settantacinquesima (75°) lezione**

Domani si va a pesca!

1 — Buona**not**te a **tut**ti! Il **non**no ed **i**o an**dia**mo a **let**to **pres**to,
2 per**ché** domani dob**bia**mo svegliarci all'**al**ba: an**dia**mo al **la**go a pes**ca**re. ①
3 Non **ve**do l'**o**ra di u**sa**re la **mi**a nu**o**va **can**na da **pes**ca. ②
4 Sai, **non**no, a**ve**vo pen**sa**to **an**che **al**le **es**che:
5 a**ve**vo **pre**so dei bel**lis**simi **ver**mi, ma la **mam**ma ha **det**to che **e**rano schi**fo**si e mi ha **chies**to di but**tar**li **vi**a. ③
6 — Non ti preoccu**pa**re, use**re**mo i mi**e**i.
7 — Ro**ber**to, mi racco**man**do, domani mattina **met**titi un ma**glio**ne pe**san**te, **por**tati l'imperme**a**bile, non dimenti**ca**re gli sti**va**li... ④
8 — Ma sì, **mam**ma, sta' tran**quil**la, fa**rò tut**to **quel**lo che vu**o**i!
9 **Ab**bi pa**zien**za, **non**no, sai **co**me **so**no le **don**ne...
10 **Pos**so raccon**tar**ti **u**na barzel**let**ta? Al**lo**ra, **stam**mi a sentire: ⑤
11 Un si**gno**re sta pes**can**do in **ri**va a un fi**u**me. ⑥

(ANMERKUNGEN)

① Das Gegenteil von **all'alba** ist **al tramonto** „bei Sonnenuntergang".
② Beachten Sie die Redewendung **non vedere l'ora di** (nicht die Uhrzeit (Stunde) sehen zu): **Non vedeva l'ora di partire.** „Er konnte es kaum erwarten abzufahren."

Fünfundsiebzigste Lektion

Morgen gehen wir (geht man) angeln!

1 – Gute Nacht, alle miteinander (an alle)! (Der) Großvater und ich gehen früh zu Bett,
2 weil wir morgen beim Morgengrauen aufwachen müssen: Wir gehen zum See zu[m] Angeln.
3 Ich kann es kaum erwarten (sehe nicht die Stunde), meine neue Angel auszuprobieren (zu benutzen).
4 Weißt du, Großvater, ich hatte auch an die Köder gedacht:
5 Ich hatte sehr schöne Würmer gefangen (genommen), aber (die) Mama hat gesagt, dass sie eklig wären (waren), und hat mich gebeten (gefragt), sie wegzuwerfen.
6 – Mach dir keine Sorgen, wir werden meine nehmen (benutzen).
7 – Roberto, ich bitte dich (empfehle mich), zieh dir morgen früh einen warmen (schweren) Pullover an, nimm dir den Regenmantel mit, vergiss die Stiefel nicht ...
8 – Aber ja, Mama, sei beruhigt (bleib ruhig), ich werde alles (das) machen, (was) du willst!
9 Hab Geduld, Großvater, du weißt, wie die Frauen sind ...
10 Darf ich dir einen Witz erzählen? Also, hör mir zu:
11 Ein Herr angelt gerade am Ufer eines Flusses.

③ **buttar via** „wegwerfen", **portar via** „wegbringen", **mandar via** „wegschicken". **Via** modifiziert die Bedeutung des Verbs.

④ **pesante** „schwer": In diesem Zusammenhang bedeutet es jedoch „warm". Das Gegenteil davon, **leggero** „leicht", kann ebenfalls in Verbindung mit der Bezeichnung für ein Kleidungsstück benutzt werden.

⑤ **Sta'** (oder **Stai**) **a sentirmi!** oder **Stammi a sentire!** „Hör mir zu!" Wörtlich: „Bleib, [um] mir zuzuhören!". Beide Formulierungen sind möglich.

⑥ **in riva al mare** „am Meeresufer/Meeresstrand", **in riva al lago** „am Seeufer".

| 12 | Arriva una guardia e gli dice:
| 13 | Lei è in contravvenzione, signore.
| 14 | Perché? domanda il signore.
| 15 | Perché qui è vietato pescare: non ha visto il cartello "Divieto di pesca"? ⑦
| 16 | Dopo un momento il signore gli risponde:
| 17 | Ma io non sto pescando, sto solo facendo fare il bagno al verme!
| 18 | La guardia ci pensa un po' e poi dice:
| 19 | Lei è in contravvenzione lo stesso.
| 20 | E perché?
| 21 | Perché il verme non ha il costume da bagno! ⑧

ESERCIZIO 1: Capite queste frasi?

❶ Posso raccontarti una barzelletta? ❷ Lei è in contravvenzione, signore. ❸ Qui è vietato pescare, non ha visto il cartello "Divieto di pesca"? ❹ Andiamo a letto presto, perché domani dobbiamo svegliarci all'alba. ❺ Mi dispiace, non ho pensato alle esche... ❻ Non ti preoccupare, useremo le mie.

ESERCIZIO 2: Inserite le parole mancanti.

❶ Hab Geduld, Großvater: Du weißt, wie die Frauen sind!

. . . . , ... : . . . . . .
. . . . !

trecento**ven**ti • 320

12	Es kommt ein Polizist (Wachmann) und sagt ihm:
13	Sie übertreten das Gesetz (Sie sind in Übertretung), [mein] Herr.
14	Warum? fragt der Herr.
15	Weil es hier verboten ist zu angeln: Haben Sie nicht das Schild gesehen „Angeln verboten"?
16	Nach einem Augenblick antwortet ihm der Herr:
17	Aber ich angle nicht (bin nicht dabei zu angeln), ich lasse nur den Wurm baden (bin dabei, dem Wurm das Bad zu machen)!
18	Der Polizist denkt ein bisschen darüber nach und sagt dann:
19	Sie übertreten trotzdem das Gesetz.
20	Und warum?
21	Weil der Wurm keinen Badeanzug trägt (hat)!

(ANMERKUNGEN)

⑦ **divieto di ...** „verboten zu ...": **Divieto di caccia.** „Jagen verboten." **Divieto di accesso.** „Zutritt verboten." **Divieto di sosta.** „Halten verboten." **Divieto di fumare.** „Rauchen verboten."

⑧ Haben Sie bemerkt, dass das Italienische **perché** sowohl in der Frage (warum?) als auch in der Antwort (weil) benutzt?

SOLUZIONE DELL'ESERCIZIO 1: Avete capito correttamente?

❶ Darf ich dir einen Witz erzählen? ❷ Sie übertreten das Gesetz, mein Herr. ❸ Hier ist Angeln verboten, haben Sie nicht das Schild gesehen „Angeln verboten"? ❹ Wir gehen früh zu Bett, weil wir morgen beim Morgengrauen aufwachen müssen. ❺ Es tut mir leid, ich habe nicht an die Köder gedacht ... ❻ Mach dir keine Sorgen, wir werden meine benutzen.

❷ Ich hatte sehr schöne Würmer gefangen, aber Mama hat mich gebeten, sie wegzuwerfen.

.... dei .... vermi, ma la .... di ....
. . . .

❸ Ich bitte dich, zieh dir einen warmen Pullover an, und vergiss deinen Regenmantel nicht.

Mi ...., ... un maglione
........, e ....
l' ....

❹ Sei beruhigt (Bleib ruhig), ich werde alles (das) machen, (was) du willst.

... ,' ...., ...
... .

❺ Gute Nacht, alle miteinander (an alle)!

.... !

❻ Ich kann es kaum erwarten, meine neue Angel auszuprobieren (zu benutzen)!

... . 'ora .. ..
..... canna .. .. !

▶ **Settantaseiesima (76°) lezione**

Paroline, paroloni, parolacce ①

1 – In italiano è possibile, a volte, giocare con le parole, cioè aggiungere dei suffissi che ne modificano o ne cambiano il significato.

ANMERKUNGEN

① In dieser Lektion werden Sie einige Wörter finden, die nicht ins Deutsche übersetzbar sind. Wir haben sie deshalb auf der rechten Seite unübersetzt gelassen und in Anführungsstriche gesetzt. Sie werden jedoch keine Probleme haben, sie zu verstehen, da es

SOLUZIONE DELL'ESERCIZIO 2: Le parole mancanti.

① Abbi pazienza – nonno – sai come sono le donne ② Avevo preso – bellissimi – mamma mi ha chiesto – buttarli via ③ raccomando – mettiti – pesante – non dimenticare – impermeabile ④ Sta' tranquilla – farò tutto quello che vuoi ⑤ Buonanotte a tutti ⑥ Non vedo l – di usare la mia nuova – da pesca

Seconda ondata: 26° lezione

Sechsundsiebzigste Lektion

Paroline, paroloni, parolacce

1 – Im Italienischen ist es manchmal möglich, mit den Wörtern zu spielen, das heißt, Endungen hinzuzufügen, die die Bedeutung (davon) ändern oder (davon) verwandeln.

der italienische Text selbst ist, der sie Ihnen erklärt. Vergessen wir aber nicht die Überschrift: **una parolina** ist ein „liebes Wort", **un parolone** ist ein „schwieriges Wort"; **una parolaccia** ist ein „Schimpfwort".

2 – Per esempio si può prendere una tazza di tè o una tazzina di caffè,

3 con qualche cucchiaino di zucchero; con il cucchiaio, invece, si mangia solo la minestra.

4 – Una casa piccola e graziosa può essere una casetta; e un piccolo lago, un laghetto.

5 Di una brezza leggera si dirà che è un venticello.

6 E di un grande palazzo si può dire che è un palazzone.

7 Se il tempo è proprio brutto, diremo che è un tempaccio.

8 – Divertitevi, dunque, ma... attenzione!

9 Il portone non è una porta particolarmente grande, è la porta d'ingresso di un palazzo.

10 Un cannone non è una grande canna;

11 una signorina non è una signora piccola, ma una donna non sposata; ②

12 le manette non sono delle piccole mani.

13 – E secondo voi, che differenza c'è tra un orecchio e un orecchino,

14 tra uno spago e uno spaghetto, tra una pulce e un pulcino?

HA PIOVUTO PER TUTTA LA SETTIMANA!

2 – Zum Beispiel kann man eine Tasse Tee [zu sich] nehmen, oder ein Tässchen Kaffee,

3 mit einigen Löffelchen (von) Zucker; mit dem Löffel dagegen isst man nur die Suppe.

4 – Ein kleines und hübsches Haus kann ein Häuschen sein; und ein kleiner See ein Seelein.

5 Von einer leichten Brise wird man sagen, dass sie ein Windchen ist.

6 Und von einem großen Gebäude kann man sagen, dass es ein „palazzone" ist.

7 Wenn das Wetter wirklich schlecht ist, werden wir sagen, dass es ein „tempaccio" ist.

8 – Amüsieren Sie sich also, aber ... Achtung!

9 Der „portone" ist nicht eine besonders große Tür, er ist die Eingangstür eines Gebäudes.

10 Ein „cannone" (eine Kanone) ist nicht eine große „canna" (Angelrute);

11 eine „signorina" ist nicht eine kleine Frau, sondern eine nicht verheiratete Frau;

12 die „manette" (Handschellen) sind nicht kleine Hände („mani").

13 – Und welcher Unterschied besteht nach Ihrer Meinung zwischen einem „orecchio" (Ohr) und einem „orecchino" (Ohrring),

14 zwischen einem „spago" (Schnur) und einem „spaghetto", zwischen einem „pulce" (Floh) und einem „pulcino" (Küken)?

(ANMERKUNGEN)

② Im Allgemeinen lässt das Italienische eine gewisse Freiheit in der Wahl der Adjektivstellung zu. So kann man z. B. sagen: **È una persona simpatica.** oder **È una simpatica persona.** „Das ist ein sympathischer Mensch." **È una bellissima giornata.** oder **È una giornata bellissima.** „Das ist ein sehr schöner Tag." Es ist nicht immer einfach ..., aber wir werden noch darauf zurückkommen.

ESERCIZIO 1: Capite queste frasi?

① Signorina, preferisce una tazza di tè o una tazzina di caffè? ② Quanti cucchiaini di zucchero vuole? ③ Ai piedi della montagna c'è un laghetto graziosissimo. ④ Vive in un palazzone di quindici piani. ⑤ Che tempaccio! Ha piovuto per tutta la settimana. ⑥ In riva al fiume c'era un venticello molto piacevole.

ESERCIZIO 2: Inserite le parole mancanti

① Pass auf! Die Eingangstür des Hauses von Emma ist diejenige hinter (nach) der Konditorei.

... ' attento! .. .. del palazzo di Emma . ... pasticceria.

② Roberto! Sag keine Schimpfwörter!

Roberto! ... ... !

③ Wie viele schwierige Wörter!

Quanti .... !

▶ Settantasettesima (77°) lezione

REVISIONE E NOTE

Lesen Sie noch einmal die folgenden Anmerkungen: 71. Lektion: ①, ⑦; 72.: ③, 73.: ②, ③; 74.: ③, ④; 75.: ③, ⑧.

1. Imperativ

Hier ist der Imperativ der regelmäßigen Verben der drei Konjugationsgruppen:

> **SOLUZIONE DELL'ESERCIZIO 1: Avete capito correttamente?**

❶ Mein Fräulein, ziehen Sie eine Tasse Tee oder ein Tässchen Kaffee vor? ❷ Wie viele Löffelchen Zucker möchten Sie? ❸ Am Fuß des Berges ist ein sehr hübscher, kleiner See. ❹ Er wohnt (lebt) in einem großen Haus mit fünfzehn Stockwerken. ❺ Was für ein schlechtes Wetter! Es hat die ganze Woche lang geregnet. ❻ Am Flussufer war ein sehr angenehmes Lüftchen.

Und nun versuchen Sie, einige Wörter umzuformen!

❹ Un piccolo tavolo (Tisch) è un . . . . !

❺ Un grande naso (Nase) è un . . . . . . !

❻ Un grande letto (Bett) è un . . . . !

❼ Un piccolo ombrello (Schirm) è un . . . . !

❽ Un piccolo gatto (Katze) è un . . . . !

> **SOLUZIONE DELL'ESERCIZIO 2: Le parole mancanti.**

❶ Sta' – Il portone – è quello dopo la ❷ Non dire parolacce ❸ paroloni ❹ tavolino ❺ nasone ❻ lettone ❼ ombrellino ❽ gattino

Seconda ondata: 27° lezione

Siebenundsiebzigste Lektion

	parl-ARE "reden"	prend-ERE "nehmen"	part-IRE "ab-/wegfahren"
(tu)	parl-a	prend-i	part-i
(noi)	parl-iamo	prend-iamo	part-iamo
(voi/Lei)	parl-ate	prend-ete	part-ite

Wie Sie gesehen haben (wir haben übrigens schon in Anmerkung ❷ der 18. Lektion darüber gesprochen), sind die Formen des Imperativs dieselben wie die des Indikativ Präsens, abgesehen von der 2. Person Singular der Verben der 1. Konjugation, die auf **-a** anstatt auf **-i** endet.

LEKTION 77

Lediglich der Imperativ der Verben **essere** „sein" und **avere** „haben" stellt eine Ausnahme dar. Hier also sind die Imperativformen von **essere** und **avere**:

	essere „sein"	**avere** „haben"
(tu)	sii	abbi
(noi)	siamo	abbiamo
(voi/Lei)	siate	abbiate

Um den verneinenden Imperativ zu bilden, reicht es, den oben genannten Formen **non** „nicht" voranzustellen. Die einzige Ausnahme bildet die 2. Person Singular aller Verben: In diesem Fall benutzt man den Infinitiv, dem **non** vorangeht, und nicht die 2. Person Singular des bejahenden Imperativs. Also z. B.: **non parlare** „sprich nicht", **non essere impaziente** „sei nicht ungeduldig", **non avere paura** „hab keine Angst".

Wird der Imperativ von einem oder mehreren Objektpronomen oder von **ci** „da" oder **ne** „davon" begleitet, folgt das Pronomen immer dem Imperativ und verschmilzt mit ihm: **finiscilo** „hör damit auf", **prendetene** „nehmt davon", **portamele** „bring sie mir", **torniamoci** „kehren wir dahin zurück", **parlategliene** „erzählt ihnen davon". Nur im Fall des verneinenden Imperativs können die Personalpronomina dem Verb sowohl vorangehen als auch folgen: **non comprarlo** oder **non lo comprare** „kauf das nicht", **non scriveteglielo** oder **non glielo scrivete** „schreibt es ihm nicht", **non pensarci** oder **non ci pensare** „denk nicht daran".

Dieselben Regeln gelten für die reflexiven Verben, z. B. **lavati** „wasch dich", **non sporcatevi** oder **non vi sporcate** „macht euch nicht dreckig".

Die Verben **andare** „gehen", **fare** „machen", **stare** „stehen", **dare** „geben" und **dire** „sagen" haben in der 2. Person Singular des bejahenden Imperativs zwei Formen, eine reguläre und eine zusammengezogene: **vai** oder **va'** „geh", **fai** oder **fa'** „mach", **stai** oder **sta'** „sei; bleib" – die Imperativformen für die Verben **essere** und **stare** sind identisch! –, **dai** oder **da'** „gib", **dici** – sehr selten gebraucht! – oder **di'** „sag". Vergessen Sie nicht den Apostroph, wenn Sie diese Formen schreiben!

Folgt diesen Imperativformen ein Possessivpronomen, **ci** oder **ne**, so verdoppeln diese letzteren ihre Konsonanten, z. B. **dillo**

„sag es", **vacci** „geh dorthin", **dammi** „gib mir". Eine kleine Ausnahme bildet **gli** „ihm, ihr", das seinen Konsonanten nicht verdoppelt, also **digli** „sag ihm/ihr"; **daglielo** „gib es ihm/ihr".

2. Possessivpronomina

Im Italienischen ist es ebenso wie im Deutschen möglich, die Possessivpronomina (siehe Abschnitt 1 der 14. Lektion) substantivisch zu verwenden, z. B.:

**La mia macchina è una Fiat, e la tua? –
La mia è un'Alfa Romeo.**
„Mein Auto ist ein Fiat, und deins? – Meins ist ein Alfa Romeo."

È Suo questo cane? – Sì, è mio.
„Ist das Ihr Hund? – Ja, es ist meiner."

Aber Vorsicht: Bei einem Eigennamen, einem Substantiv oder dem Interrogativpronomen (Fragefürwort) **chi** „wer" wird die Zugehörigkeit durch die Präposition **di** „von" ausgedrückt:

Di chi è questa fattoria? – È dei miei nonni.
„Wem gehört dieser Bauernhof? – Er gehört meinen Großeltern."

Di chi è quel gatto? – È della vicina.
„Wem gehört diese Katze? – Sie gehört der Nachbarin."

3. Teilungsartikel

Sie haben schon gesehen, dass man ebenso gut sagen kann **C'è ancora del caffè?** wie **C'è ancora caffè?** „Ist noch Kaffee da?". D. h., in einem Frage- oder Aussagesatz kann man den Teilungsartikel **di** „von" ebenso gut anwenden wie auslassen. Im Fall eines verneinenden Satzes haben Sie diese Wahl jedoch nicht. Hier können Sie nur sagen: **Non c'è più caffè.** „Es ist kein Kaffee mehr da.", In einem verneinenden Satz kann man nie den Teilungsartikel setzen!

4. Suffixe (modifizierende)

Im Italienischen besteht die Möglichkeit, die Bedeutung von Substantiven, manchmal auch von Adjektiven, durch Suffixe zu modifizieren. Die häufigsten Suffixe sind: **-ino,** das die Vorstellung von „klein" suggeriert, z. B. **tavolino** „Tischchen"; **-etto, -ello, -uccio**, die die Vorstellung von „klein und nett" wecken, z. B. **specchietto** „kleiner Spiegel", **alberello** „kleiner Baum"; **-one**, das die Vorstellung von „groß, dick" weckt, z. B. **librone** „dickes Buch"; **-accio,** das die Vorstellung von „schlecht" weckt, z. B. **ragazzaccio** „schlechter Junge".

Es gibt viele weitere Suffixe, z. B. **-astro** in einem Wort wie **verdastro** „grünlich", die seltener gebraucht werden: Es sind Sprachnuancen, mit denen Sie sich noch vertraut machen werden, wenn Sie Italienisch sprechen ... oder wenn Sie später den Aufbaukurs „Italienisch in der Praxis" durcharbeiten!

5. Floskeln und Redewendungen

Lesen Sie noch einmal die folgenden Redewendungen:

> **Su, sbrigatevi!**
> **Ti sta bene questo vestito!**
> **Fammi un piacere, va' su a prendere il mio ombrello!**
> **Piano, non spingere!**
> **Che seccatura!**
> **Zitta, Lisa!**
> **Che schifo!**

▶ Settantottesima (78°) lezione

Dal medico

1 – Ciao, Davide, sono Francesca. Sono ancora qui in ambulatorio.
2 Ti ho chiamato solo per avvertirti che stasera potrei essere in ritardo:
3 mi rimangono alcune visite da fare. C'è ancora qualche paziente in sala d'attesa. ①
4 Mi dica pure. ②

(ANMERKUNGEN)

① Infinitiv: **rimanere** (bleiben). Hier ist der Indikativ Präsens: **(io) rimango, (tu) rimani, (lui/lei) rimane, (noi) rimaniamo, (voi) rimanete, (loro) rimangono.** Es ist gleichbedeutend mit **restare**.

Che c'è di strano?
Dammi un bacio!
Che fretta!
Basta così!
Mi sento in gamba come un ventenne!
Non vedo l'ora di partire!
Non ti preoccupare!
Abbi pazienza!

Los, beeilt euch! – Dieses Kleid steht dir gut! – Tu mir einen Gefallen, geh hoch, um meinen Schirm zu holen! – Langsam, nicht drängeln! – Wie lästig! – Sei still, Lisa! – Wie eklig! – Was ist daran so eigenartig? – Gib mir einen Kuss! – Was für eine Eile! – Das genügt! – Ich fühle mich in Form wie ein Zwanzigjähriger! – Ich kann es kaum erwarten abzufahren! – Mach dir keine Sorgen! – Hab Geduld!

Seconda ondata: 28° lezione (revisione)

Übersetzen Sie die Sätze des Abschnitts 4 der 28. Lektion schriftlich ins Italienische. Danach überprüfen Sie sie anhand der voranstehenden italienischen Sätze desselben Abschnitts.

Achtundsiebzigste Lektion

Beim Arzt

1 – Hallo, Davide, hier ist (ich bin) Francesca. Ich bin noch hier in der Arztpraxis.
2 Ich habe dich nur angerufen, um dir mitzuteilen, dass ich heute Abend verspätet kommen (in Verspätung sein) könnte:
3 Mir bleiben noch einige Visiten zu machen. Da sind noch einige Patienten im Warteraum.
4 Ich höre (Sagen Sie mir nur).

② **Posso fumare una sigaretta? – Ma certo, fai pure!** „Darf ich eine Zigarette rauchen? – Natürlich, bitte (tu es nur)!" **Posso? – Prego, entri pure!** „Darf ich [eintreten]? – Bitte, treten Sie nur ein!"

LEKTION 78

5 – Mi **scu**si, dott**o**re, **io so**no strani**e**ro e non **par**lo an**co**ra **be**ne l'itali**a**no. È un po' difficile spie**gar**mi.

6 – Non si pre**oc**cupi, riusci**re**mo sicura**men**te a ca**pir**ci. Che **co**sa si **sen**te?

7 – Mi fa **ma**le qui e qui.

8 – Vu**o**le **di**re che le **fan**no **ma**le lo **sto**maco e la **tes**ta? ③

9 A**des**so vedi**a**mo. Si acco**mo**di **pu**re nell'**al**tra **ca**mera, si **tol**ga la ca**mi**cia e si **sten**da sul let**ti**no.

10 ... **Sti**a tran**quil**lo, non ha **nul**la di **se**rio.

11 Non ha per **ca**so man**gia**to qual**co**sa di avari**a**to?

12 – Non **cre**do. Pe**rò**... i**e**ri ho mangi**a**to **set**te ge**la**ti al ciocco**la**to.

13 – **Set**te? Non do**vreb**be maltrattare co**sì** il **suo fe**gato!

14 – Maltrattare? **Scu**si, che **co**sa vu**ol di**re maltrattare?

15 – Vu**ol di**re che al **su**o **pos**to evite**rei** di mangi**a**re gelati per **qual**che **gior**no.

16 **Ec**co la **sua** ri**cet**ta. **Pren**da **ques**te com**pres**se **du**e **vol**te al **gior**no per tre **gior**ni, **sti**a un po' a dieta, e ve**drà** che sta**rà su**bito **me**glio. ④

(ANMERKUNGEN)

③ Achtung: Das, was wehtut, ist das Subjekt, und danach richtet sich natürlich auch das Verb: **Mi fa male il ginocchio destro.** (Mir tut das rechte Knie weh.) Im folgenden Satz ist das Verb jedoch **farsi male** (sich wehtun). Folglich richtet es sich nach der handelnden Person. Reflexive Verben haben als Hilfsverb immer **essere: Mi sono fatto male al ginocchio.** „Ich habe mir am Knie wehgetan."

5 – Entschuldigen Sie, [Frau] Doktor, ich bin Ausländer und spreche noch nicht gut (das) Italienisch. Es ist ein bisschen schwierig [für mich], mich auszudrücken (mich zu erklären).

6 – Machen Sie sich keine Sorgen, wir werden es sicher schaffen, uns zu verstehen. Was fehlt Ihnen (Was fühlen Sie sich)?

7 – Ich habe hier und hier Schmerzen.

8 – Sie wollen sagen, dass Ihnen der Magen und Kopf wehtun (schlecht machen)?

9 Wir werden gleich (jetzt) sehen. Gehen Sie (Begeben Sie sich) nur in das andere Zimmer, ziehen Sie sich das Hemd aus, und legen Sie sich auf die Liege (das Bettchen).

10 Beruhigen Sie sich, Sie haben nichts Ernstes.

11 Sie haben nicht zufällig etwas Verdorbenes gegessen?

12 – Ich glaube nicht. Aber ... gestern habe ich sieben [Portionen] Schokoladeneis gegessen.

13 – Sieben? Sie sollten Ihre Leber nicht so misshandeln!

14 – Misshandeln? Entschuldigen Sie, was bedeutet (was will sagen) misshandeln?

15 – Das bedeutet (will sagen), dass ... an Ihrer Stelle würde ich es einige Tage lang vermeiden, Eis zu essen.

16 Hier [ist] Ihr Rezept. Nehmen Sie diese Tabletten zweimal täglich drei Tage lang, halten (bleiben) Sie ein bisschen (auf) Diät, und Sie werden sehen, dass Sie sich sofort besser fühlen werden.

④ **Di solito vado al cinema una volta alla settimana.** „Gewöhnlich gehe ich einmal wöchentlich ins Kino."

ESERCIZIO 1: Capite queste frasi?

❶ Mi rimangono alcune visite da fare: ci sono tre pazienti in sala d'attesa. ❷ Non parlo ancora bene l'italiano. È difficile spiegarmi. ❸ Che cosa si sente? – Mi fa male la testa. ❹ Si tolga la camicia e si stenda sul lettino. ❺ Ha mangiato qualcosa d'avariato? ❻ Che cosa vuol dire "fegato"?

ESERCIZIO 2: Inserite le parole mancanti

❶ Darf ich [eintreten]? – Bitte, treten Sie nur ein!

. . . . . ? – . . . . . , ... !

❷ Ich habe Magenschmerzen: Ich habe zu viele Eis gegessen.

. . . . male . . . . : ho mangiato . . . .

❸ Ich habe mir am Kopf wehgetan! – Beruhigen Sie sich, es ist nichts Ernstes.

. . . . ! – . . . tranquillo, ...

❹ An Ihrer Stelle würde ich es einige Tage lang vermeiden, Eis zu essen.

Al . . . posto . . . . mangiare . . . .

❺ Hier ist Ihr Rezept. Nehmen Sie diese Tabletten zweimal täglich, drei Tage lang.

. . . . queste compresse . . . . , ...

SOLUZIONE DELL'ESERCIZIO 1: Avete capito correttamente?

① Mir bleiben [noch] einige Visiten zu machen: Es sind drei Patienten im Wartesaal. ② Ich spreche noch nicht gut Italienisch. Es ist schwer [für mich], mich auszudrücken. ③ Was fehlt Ihnen? – Ich habe Kopfschmerzen. ④ Ziehen Sie sich das Hemd aus, und legen Sie sich auf die Liege. ⑤ Haben Sie etwas Verdorbenes gegessen? ⑥ Was heißt (will sagen) „Leber"?

⑥ Halten Sie ein bisschen Diät, und Sie werden sich sofort besser fühlen.

Stia .. ..' .... starà ....

SOLUZIONE DELL'ESERCIZIO 2: Le parole mancanti.

① Posso – Prego – entri pure ② Mi fa – lo stomaco – troppi gelati ③ Mi sono fatto male alla testa – Stia – non è niente di serio ④ suo – eviterei di – gelati per qualche giorno ⑤ Ecco la sua ricetta – Prenda – due volte al giorno – per tre giorni ⑥ un po' a dieta e – subito meglio

---

Von dieser Lektion an werden Sie keine vereinfachte Lautschrift mehr vorfinden. Bestimmt werden Sie sich hinichtlich der Aussprache nun allein zurechtfinden. Hören Sie sich die Tonaufnahmen – auch ohne auf den Text zu sehen – immer wieder an: Das ist eine hervorragende Übung. Viel Spaß dabei!

Seconda ondata: 29° lezione

LEKTION 78

▶ Settantanovesima (79°) lezione

Un malato immaginario

1 – Infermiera, faccia pure entrare il prossimo paziente.
2 – È il signor Venanzio...
3 – Povera me, chissà quali terribili malattie avrà oggi!
4 Come sta, signor Venanzio, è passata la sua influenza? Ha ancora la tosse? ①
5 – Dottore, mi creda, sono molto preoccupato per la mia salute.
6 Si figuri che ho preso scrupolosamente tutte le medicine che lei mi ha ordinato,
7 sono stato attento a non prendere freddo e a non mettermi nelle correnti d'aria,
8 ho controllato la temperatura mattina e sera e ne ho fatto un diagramma:
9 Gliel'ho portato, vuole vederlo?
10 – E non è guarito?
11 – Beh, sto un po' meglio, ma la mattina tossisco e starnutisco ancora,
12 e poi mi sento molto debole, non mi reggo sulle gambe.
13 Non crede che questa tosse potrebbe essere l'inizio di una bronchite o addirittura di una polmonite? ②

(ANMERKUNGEN)

① **Ho la tosse.** „Ich habe Husten." **Ho il raffreddore.** „Ich habe eine Erkältung. / Ich bin erkältet." **Ho l'influenza.** „Ich habe eine Grippe."

Neunundsiebzigste Lektion

Ein eingebildeter Kranker

1 – Schwester, lassen (machen) Sie ruhig den nächsten Patienten eintreten.
2 – Es ist (der) Herr Venanzio ...
3 – Ich Ärmste (Arme mich), wer weiß, welche schrecklichen Krankheiten er heute haben wird!
4   Wie geht es [Ihnen], Herr Venanzio, ist Ihre Grippe vorüber(gegangen)? Haben Sie noch (den) Husten?
5 – [Frau] Doktor, glauben Sie mir, ich bin sehr um (für) meine Gesundheit besorgt.
6   Stellen Sie sich vor, ich habe gewissenhaft all die Medikamente genommen, die Sie mir verordnet haben,
7   ich habe [darauf] geachtet, dass mir nicht kalt wurde (nicht nehmen Kälte) und mich nicht in Zugluft (Luftzüge) zu stellen,
8   ich habe morgens und abends die Temperatur kontrolliert, und ich habe davon ein Diagramm gemacht:
9   Ich habe es Ihnen mitgebracht, möchten Sie es sehen?
10 – Und Sie sind nicht gesund geworden?
11 – Nun, es geht (steht) mir ein bisschen besser, aber morgens huste und niese ich noch,
12   und dann fühle ich mich sehr schwach, ich halte mich nicht auf den Beinen.
13   Glauben Sie nicht, dass dieser Husten der Beginn einer Bronchitis oder sogar einer Lungenentzündung sein könnte?

② Beachten Sie das Wort **addirittura.** Sie können es auch in einem Satz antreffen, wie: **È stato gentilissimo: figurati che mi ha addirittura mandato un mazzo di rose!** „Er ist sehr freundlich gewesen: Stell dir vor, er hat mir sogar einen Strauß Rosen geschickt!" Oder auch ganz allein als Einwurf: **Non lo sopporto più ... lo odio! – Addirittura!** „Ich ertrage ihn nicht mehr ... ich hasse ihn! – Wirklich!"

LEKTION 79

14	Non do**vrei** fa**re de**lle radiografie?
15	E per sen**tir**mi un po' più in **for**ma, non fa**rei** be**ne** a **pren**dere dei ricostitu**en**ti? ③
16	Non po**treb**be pre**scri**ver**mi del**le vita**mi**ne, eh, dot**to**re?

ESERCIZIO 1: Capite queste frasi?

① Come sta, signor Venanzio, è guarito? ② Ha ancora la tosse? ③ È passata la sua influenza? ④ Ha preso le medicine che le ho ordinato? – Come no, dottore, le ho prese tutte. ⑤ Stia attenta a non prendere freddo, signora! ⑥ Mi sento molto debole. ⑦ Forse dovrei fare delle radiografie.

ESERCIZIO 2: Inserite le parole mancanti

① Könnten Sie mir nicht (einige) Vitamine verschreiben?

... . prescrivermi ..... vitamine?

② Doktor, glauben Sie mir, ich bin sehr um meine Gesundheit besorgt.

Dottore, ..., , ...

③ Schwester, lassen Sie ruhig den nächsten Patienten eintreten.

.........., , ... pure ....

| 14 | Müsste ich nicht Röntgenaufnahmen machen?
| 15 | Und um mich ein bisschen mehr in Form zu fühlen, täte ich nicht gut [daran], Stärkungsmittel zu nehmen?
| 16 | Könnten Sie mir nicht Vitamine verschreiben, hm, [Frau] Doktor?

(ANMERKUNGEN)

③ **Faresti bene a sbrigarti!** „Du tätest gut daran, dich zu beeilen!" **Hai fatto male a non scrivergli!** „Du hast schlecht daran getan, ihm nicht zu schreiben!"

SOLUZIONE DELL'ESERCIZIO 1: Avete capito correttamente?

❶ Wie geht es Ihnen, Herr Venanzio, sind Sie gesund geworden? ❷ Haben Sie noch Husten? ❸ Ist Ihre Grippe vorüber? ❹ Haben Sie die Medikamente genommen, die ich Ihnen verordnet habe? – Und wie, [Herr/Frau] Doktor, ich habe sie alle genommen. ❺ Achten Sie darauf, dass Ihnen nicht kalt wird, gnädige Frau! ❻ Ich fühle mich sehr schwach. ❼ Vielleicht müsste ich Röntgenaufnahmen machen.

❹ Es geht mir ein bisschen besser, aber morgens huste und niese ich noch.

. . . . ' . . . . , . . la . . . . e starnutisco . . . .

❺ Glauben Sie nicht, dass dieser Husten der Beginn einer Bronchitis oder sogar einer Lungenentzündung sein könnte?

... . che ...... tosse ....
...... l' .... bronchite,
. ... ?

❻ Täte ich nicht gut daran, Stärkungsmittel zu nehmen?

... . ricostituenti?

▶ **Ottantesima (80°) lezione** [ottantäsima]

Una ricetta per star bene

1 – Caro Signor Venanzio, mi permetterebbe di darle un consiglio?
2 – Certo, mi dica pure.
3 – Ecco quello che farei al suo posto:
4 Innanzitutto smetterei di dar tanta importanza al minimo doloretto,
5 e invece di continuare con tutte queste iniezioni, supposte e sciroppi, farei una vita più sana. ①
6 Vuole evitare di ammalarsi, di prendere raffreddori e mal di gola? ②

(ANMERKUNGEN)

① **Faccia delle passeggiate invece di restare a casa.** „Machen Sie Spaziergänge, anstatt zu Hause zu bleiben." **Prenda questo libro invece di quello.** „Nehmen Sie dieses Buch anstelle von dem da."

SOLUZIONE DELL'ESERCIZIO 2: Le parole mancanti.

❶ Non potrebbe – delle ❷ mi creda – sono molto preoccupato per la mia salute ❸ Infermiera – faccia – entrare il prossimo paziente ❹ Sto un po' meglio – ma – mattina tossisco – ancora ❺ Non crede – questa – potrebbe essere – inizio di una – o addirittura di una polmonite ❻ Non farei bene a prendere dei

Come si dice in italiano a una persona che starnutisce?
„Wie sagt man auf Italienisch zu jemandem, der niest?"
Si dice: SALUTE!

Seconda ondata: 30° lezione

Achtzigste Lektion

Ein Rezept für das Wohlbefinden (um sich wohl zu fühlen)

1 – Lieber Herr Venanzio, würden Sie mir erlauben, Ihnen einen Rat zu geben?
2 – Sicher, sagen Sie mir nur.
3 – Das [ist es] (jenes), was ich an Ihrer Stelle machen würde:
4   Vor allem würde ich [damit] aufhören, dem kleinsten Schmerz so viel Bedeutung beizumessen (zu geben),
5   und anstatt mit all diesen Spritzen, Zäpfchen und Säften weiterzumachen, würde ich ein gesünderes Leben führen (machen).
6   Möchten Sie vermeiden, krank zu werden, sich zu erkälten und Halsschmerzen zu bekommen?

② Beachten Sie: **È molto malato.** „Er ist sehr krank." **Si è ammalato una settimana fa.** „Er ist vor einer Woche krank geworden."

7	Allora non **va**da **sem**pre in **gi**ro con **tan**ti **stra**ti di **la**na ad**dos**so e **fa**ccia un po' di sport all'**a**ria a**per**ta. ③
8	Le fa**reb**be pia**ce**re dima**gri**re di **qual**che **chi**lo, **ve**ro? Si senti**reb**be in **for**ma, ringiovanito. ④
9	Eb**be**ne, **man**gi **ci**bi più natu**ra**li, **sen**za **trop**pi **gras**si, non **be**va **al**cool. ⑤
10	**O**gni **tan**to **fa**ccia **del**le passe**ggia**te in mon**ta**gna, res**pi**ri **a**ria **pu**ra.
11	Per non a**ve**re mal di **schie**na, **dor**ma sul **du**ro.
12	E non sa**reb**be **u**na cattiva **i**dea **fa**re un pò di gin**nas**tica la mattina.
13	E soprat**tut**to, **smet**ta di fumare **tan**to!
14	A **ques**to pro**po**sito, le dispiace**reb**be **spe**gnere la siga**ret**ta
15	**vis**to che è **nel**lo **stu**dio di un **me**dico?

ESERCIZIO 1: Capite queste frasi?

❶ Smetta di dare tanta importanza al suo raffreddore. ❷ Farei una vita più sana e dimagrirei di qualche chilo. ❸ Le dispiacerebbe spegnere la sigaretta? ❹ Mangiate cibi naturali e senza tanti grassi. ❺ Non sarebbe una cattiva idea fare un po' di sport.

7	Dann (Also) laufen Sie nicht immer mit so vielen Schichten aus Wolle bekleidet herum, und treiben (machen) Sie ein bisschen Sport an der frischen (offenen) Luft.
8	Es würde Ihnen gefallen, einige Kilo abzunehmen, (nicht) wahr? Sie würden sich in Form fühlen, verjüngt.
9	Nun, essen Sie natürlichere Kost, ohne zu viel Fett (zu viele Fette), trinken Sie keinen Alkohol.
10	Machen Sie ab und zu Spaziergänge im (in) Gebirge, atmen Sie saubere (reine) Luft.
11	Um keine Rückenschmerzen zu bekommen (haben), schlafen Sie auf einem harten Bett (auf dem Harten).
12	Und es wäre keine schlechte Idee, morgens ein bisschen Gymnastik zu machen.
13	Und vor allem, hören Sie auf, so viel zu rauchen!
14	A propos, würde es Ihnen etwas ausmachen, die Zigarette auszumachen,
15	in Anbetracht dessen, dass Sie im Sprechzimmer eines Arztes sind?

ANMERKUNGEN

③ **Fa fresco, mettiti qualcosa addosso.** „Es ist frisch, zieh dir etwas über." **Non porto mai molto denaro addosso.** „Ich habe nie viel Geld bei mir."

④ **Sono dimagrita di tre chili.** „Ich habe drei Kilo abgenommen." **Dimagrire** „abnehmen" und **ingrassare** „zunehmen" werden im Italienischen mit dem Hilfsverb **essere** konjugiert.

⑤ **All'asilo di Lisa il cibo è sano e abbondante.** „Im Kindergarten von Lisa ist die Nahrung gesund und reichhaltig."

SOLUZIONE DELL'ESERCIZIO 1: Avete capito correttamente?

❶ Hören Sie auf, Ihrer Erkältung so viel Bedeutung beizumessen. ❷ Ich würde ein gesünderes Leben führen und einige Kilo abnehmen. ❸ Würde es Ihnen etwas ausmachen, die Zigarette auszumachen? ❹ Esst natürliche Kost und ohne so viel Fett. ❺ Es wäre keine schlechte Idee, ein bisschen Sport zu treiben.

343 • trecentoquarantatré

ESERCIZIO 2: Inserite le parole mancanti

① Anstatt so viele Medikamente zu nehmen, würde ich ein gesünderes Leben führen (machen).

. . . . medicine,
. . . .

② Laufen Sie nicht mit so vielen Schichten aus Wolle bekleidet herum.

. . . . . . in . . . . strati . .
. . . .

③ Sie werden sehen: Sie werden nicht mehr krank werden.

Vedrà: . . . .

④ Hören Sie auf zu rauchen und Alkohol zu trinken.

. . . .

▶ **Ottantunesima (81°) lezione**

Un colpo di fulmine

1 – Ciao, cara, bentornata. Ha appena telefonato Ida.
2 Dovresti richiamarla: ha detto che è una cosa urgente...
3 – Scusami, avrei voluto chiamarti prima, ma non mi è stato possibile. Che cosa succede?
4 – Francesca, mi sento malissimo: questa volta non so se riuscirò a sopravvivere!
5 – Ma insomma, Ida, non potresti spiegarmi meglio i tuoi sintomi?

❺ Fahren (Gehen) Sie ab und zu ins Gebirge, atmen Sie reine Luft.

. . . . vada in montagna, ...

❻ Nehmen Sie einige Kilo ab: Sie werden sich in Form fühlen, verjüngt.

Dimagrisca . . . . : . . sentirà . . . .

SOLUZIONE DELL'ESERCIZIO 2: Le parole mancanti.

❶ Invece di prendere tante – farei una vita più sana ❷ Non vada – giro con tanti – di lana addosso ❸ non si ammalerà più ❹ Smetta di fumare e di bere alcool ❺ Ogni tanto – respiri aria pura ❻ di qualche chilo – si – in forma – ringiovanito

Seconda ondata: 31° lezione

Einundachzigste Lektion

Liebe auf den ersten Blick (Ein Blitzschlag)

1 – Hallo, Liebling, willkommen (gut zurückgekehrt). Ida hat gerade angerufen.
2   Du solltest sie zurückrufen: Sie hat gesagt, dass es eine dringende Sache sei (ist) ...
3 – Entschuldige (mich), ich wollte dich eher anrufen (hätte gewollt anrufen-dich), aber es ist mir nicht möglich gewesen. Was ist los (Was passiert)?
4 – Francesca, ich fühle mich sehr schlecht: Diesmal weiß ich nicht, ob ich es schaffen werde zu überleben!
5 – Na (Aber) also, Ida, könntest du mir deine Symptome nicht besser erklären?

| 6 | Forse riuscirei a capirci qualcosa.
| 7 | – Ho dei crampi allo stomaco, mi sento la febbre, non riesco più a lavorare, passo tutte le notti in bianco e tutte le mie giornate ad ascoltare Chopin...
| 8 | – Direi che è un problema di cuore...
| 9 | E di chi si tratta, questa volta? Di un archeologo serbocroato, di un pilota di Formula 1 (uno) o di un attore di fotoromanzi? ①
| 10 | – È molto peggio: sono innamorata del mio dentista! ②
| 11 | Sono andata da lui l'altro ieri a farmi curare una carie. ③
| 12 | È stato un colpo di fulmine: appena mi ha detto „Si rilassi e apra bene la bocca", mi sono innamorata di lui! ④ ⑤
| 13 | – Il tuo caso non mi sembra così grave, in fondo...
| 14 | – Ma scherzi? È gravissimo: io ho dei denti perfetti, ⑥
| 15 | mi capita di avere una carie ogni cinque anni! ⑦ ⑧
| 16 | Come faccio a trovare una scusa per rivederlo? ⑨

(ANMERKUNGEN)

① Achtung: **Bisogna trattare bene i clienti!** „Kunden muss man gut behandeln!". Aber: **Mi dica subito di che si tratta!** „Sagen Sie mir sofort, um was es sich handelt!"

② **peggio** „schlechter, schlimmer": **Le cose vanno peggio di prima.** "Die Dinge laufen schlechter als vorher." **Peggio per te!** „[Umso] schlimmer für dich!"

③ **curare** „pflegen, behandeln", **cura** „Pflege, Behandlung".

| 6 | Vielleicht würde ich es schaffen, etwas davon zu verstehen.
| 7 | – Ich habe Magenkrämpfe, ich fühle mich fiebrig (das Fieber), ich schaffe es nicht mehr zu arbeiten, ich verbringe alle Nächte schlaflos (in weiß), und alle meine Tage [verbringe ich] damit, Chopin zu hören ...
| 8 | – Ich würde sagen, dass es ein Problem des Herzens ist ...
| 9 | Und um wen (von wer) handelt es sich dieses Mal? Um einen serbokroatischen Archäologen, um einen Formel-Eins-Fahrer oder um einen Schauspieler von Fotoromanen?
| 10 | – Es ist viel schlimmer: Ich bin in meinen Zahnarzt verliebt!
| 11 | Ich bin vorgestern zu ihm gegangen, um mir eine Karies behandeln zu lassen.
| 12 | Es war Liebe auf den ersten Blick: Kaum hat er mir gesagt „Entspannen Sie sich und machen Sie den Mund weit auf (öffnen gut)", [da] habe ich mich in ihn verliebt!
| 13 | – Dein Fall erscheint mir nicht so ernst (schwer), im Grunde ...
| 14 | – Aber scherzt du? Er ist sehr ernst: Ich habe perfekte Zähne,
| 15 | es passiert mir alle fünf Jahre, eine Karies zu haben!
| 16 | Wie schaffe ich es, einen Vorwand (Entschuldigung) zu finden, um ihn wiederzusehen?

④ **Appena sei andato via, è arrivata Maria.** „Kaum bist du weggegangen, da ist Maria gekommen." **Comprerò quel libro appena uscirà.** „Ich werde dieses Buch kaufen, sobald es erscheint (kaum, dass es erscheinen wird)."

⑤ **È innamorato di Giovanna.** „Er ist in Giovanna verliebt." Aber: **Si è innamorato di Giovanna.** „Er hat sich in Giovanna verliebt."

⑥ **Con l'amore non si scherza.** „Mir der Liebe scherzt man nicht." **Uno scherzo** „ein Scherz", **fare uno scherzo** „einen Scherz machen".

⑦ **Mi è capitato un grosso guaio!** „Mir ist ein großes Unglück passiert!" Ebenso: **Mi è successo un grosso guaio!"**

⑧ **Mi fanno un'iniezone ogni sei ore.** „Sie geben mir alle sechs Stunden eine Spritze." Zur Erinnerung: **ogni** ist unveränderlich.

⑨ **Come fai a non essere mai stanco?** „Wie schaffst du es, nie müde zu sein?" **Come hai fatto trovare quel tipo?** „Wie hast du es geschafft, diesen Kerl zu finden?"

ESERCIZIO 1: Capite queste frasi?

① Che cosa succede? – Mi sento malissimo: credo di avere la febbre. ② Ho passato una notte in bianco: avevo dei terribili crampi allo stomaco. ③ Si accomodi, signora, si rilassi e apra bene la bocca. ④ Ti sei innamorato di lei? – Sì, è stato un colpo di fulmine! ⑤ Sono andata dal dentista l'altro ieri a farmi curare una carie. ⑥ Questo è uno stupido scherzo!

ESERCIZIO 2: Inserite le parole mancanti

① Könntest du mir deine Symptome nicht besser erklären?

. . . . spiegarmi . . . . sintomi?

② Vielleicht würde ich es schaffen, etwas davon zu verstehen!

Forse . . . . a . . . . !

③ Ida hat gerade angerufen: Du solltest sie zurückrufen.

Ha . . . . Ida: . . . .

④ Ich würde sagen, dass es ein Problem mit dem Herz ist. Und um wen handelt es sich dieses Mal?

. . . .
E di . . . . ?

⑤ Es passiert mir alle fünf Jahre, eine Karies zu haben:

. . . . di . . . . carie . . . .

⑥ Wie schaffe ich es, einen Vorwand zu finden, um ihn wiederzusehen?

. . . . trovare . . . . per . . . . ?

SOLUZIONE DELL'ESERCIZIO 1: Avete capito correttamente?

① Was ist los? – Ich fühle mich sehr schlecht: Ich glaube, Fieber zu haben. ② Ich habe eine schlaflose Nacht verbracht: Ich hatte schreckliche Magenkrämpfe. ③ Machen Sie es sich bequem, gnädige Frau, entspannen Sie sich, und öffnen Sie den Mund weit. ④ Hast du dich in sie verliebt? – Ja, es war Liebe auf den ersten Blick. ⑤ Ich bin vorgestern zum Zahnarzt gegangen, um mir eine Karies behandeln zu lassen. ⑥ Dies ist ein dummer Scherz!

⑦ Entschuldige mich, ich wollte dich eher anrufen, aber es ist mir nicht möglich gewesen.

. . . . , ...

prima, ma non . . . .

SOLUZIONE DELL'ESERCIZIO 2: Le parole mancanti.

① Non potresti – meglio i tuoi ② riuscirei – capirci qualcosa ③ appena chiamato – dovresti richiamarla ④ Direi che è un problema di cuore – chi si tratta questa volta ⑤ Mi capita – avere una – ogni cinque anni ⑥ come faccio a – una scusa – rivederlo ⑦ Scusami – avrei voluto chiamarti – mi è stato possibile

Seconda ondata: 32° lezione

▶ Ottantaduesima (82°) lezione

Come si dice?

1. – Le parti del corpo e gli stati fisici entrano in molte espressioni della lingua italiana.
2. Per esempio: se una ragazza fa girare la testa ad un uomo, vuol dire che lui è pazzo di lei.
3. Ma se gli gira la testa, può trattarsi semplicemente di un pò di stanchezza.
4. – Se non ne potete proprio più di una situazione, potete dire: ne ho fin sopra i capelli.
5. Di una persona indiscreta si dice che mette il naso negli affari degli altri.
6. Ad una notizia stupefacente si può rimanere a bocca aperta. ①
7. – Di una persona cortese e di modi semplici si dice che è alla mano.
8. Se una persona ha una salute di ferro, si può dire che crepa di salute.
9. Una ragazzina dirà del suo idolo cinematografico che è bello da morire.
10. – Se avete appena incontrato un amico arrabbiatissimo, direte che era proprio fuori di sé.
11. Se vi trovate in una situazione difficile, potete cominciare a gridare: aiuto, aiuto!
12. Oppure potete rivolgervi a qualcuno e dirgli: „Sia gentile, mi dia una mano".
13. – E per finire, qualche proverbio: Il riso fa buon sangue.

Zweiundachtzigste Lektion

Wie sagt man?

1 – Körperteile und körperliche Zustände werden in vielen Ausdrücken der italienischen Sprache übernommen (treten ein in viele Ausdrücke ...).
2 Zum Beispiel: Wenn ein Mädchen einem Mann den Kopf verdreht (macht drehen), heißt das, dass er verrückt nach ihr ist.
3 Aber wenn sich ihm der Kopf dreht, kann es sich einfach um ein bisschen Müdigkeit handeln.
4 – Wenn Sie eine Situation wirklich nicht mehr [aushalten] können, können Sie sagen: Ich habe die Nase voll (Davon habe ich bis über die Haare).
5 Von einer indiskreten Person sagt man, dass sie die Nase in die Angelegenheiten anderer steckt.
6 Bei einer verblüffenden Nachricht kann einem der Mund offen stehen bleiben (kann man mit offenem Mund bleiben).
7 – Von einer höflichen und unkomplizierten Person (von einfachen Arten) sagt man, dass sie umgänglich (zur Hand) ist.
8 Wenn eine Person eine eiserne Gesundheit hat, kann man sagen, dass sie vor Gesundheit strotzt (zerspringt).
9 Ein kleines Mädchen wird von seinem Leinwandidol sagen, dass es zum Sterben schön ist.
10 – Wenn Sie gerade einen sehr verärgerten Freund getroffen haben, werden Sie sagen, dass er wirklich außer sich war.
11 Wenn Sie sich in einer schwierigen Situation befinden, können Sie anfangen zu rufen: Hilfe, Hilfe!
12 Oder Sie können sich an jemanden wenden und ihm sagen: „Seien Sie [so] freundlich, gehen Sie mir zur Hand (geben Sie mir eine Hand)".
13 – Und schließlich (für beenden), einige Sprichwörter: Ein (Das) Lächeln bewirkt Wunder (macht gutes Blut).

(ANMERKUNGEN)

① Die folgenden Redewendungen haben dieselbe Struktur: **a piedi nudi** „mit nackten Füßen, barfuß", **a testa scorperta** „mit bloßem Haupt".

LEKTION 82

14	Lontano **da**gli **oc**chi, lontano dal cu**o**re.
15	Non c'è pe**ggior sor**do di chi non vu**ol** sentire.
16	L'am**o**re è **cie**co.

ESERCIZIO 1: Capite queste frasi?

❶ Non ne posso proprio più: ne ho fin sopra i capelli. ❷ È veramente indiscreto: mette sempre il naso negli affari degli altri. ❸ Il riso fa buon sangue. ❹ Lontano dagli occhi, lontano dal cuore. ❺ L'amore è cieco. ❻ Non c'è peggior sordo di chi non vuol sentire.

ESERCIZIO 2: Inserite le parole mancanti

❶ Ich bin sehr müde: Mir dreht [sich] der Kopf.

.... : .. ..

❷ Sie ist sehr schön: Ich bin verrückt nach ihr.

.. .. : ....

❸ Ich konnte es nicht glauben: Mir ist der Mund offen stehengeblieben (Ich bin mit offenem Mund verblieben).

Non potevo .... : sono rimasto

....

❹ Er war sehr verärgert: Er war außer sich.

Era arrabbiatissimo: ... .

❺ Hilfe!

..... !

❻ Seien Sie [so] freundlich: Helfen Sie mir (geben Sie mir eine Hand).

... . : .. ..

14 Aus den Augen, aus dem Sinn (Weit von den Augen, weit vom Herzen).
15 Es gibt keinen schlimmeren Tauben als den, [der] nicht hören will.
16 Liebe macht (ist) blind.

SOLUZIONE DELL'ESERCIZIO 1: Avete capito correttamente?

① Ich halte es wirklich nicht mehr aus: Ich habe die Nase voll. ② Er ist wirklich indiskret: Er steckt seine Nase immer in die Angelegenheiten anderer. ③ Ein (Das) Lächeln bewirkt Wunder. ④ Aus den Augen, aus dem Sinn. ⑤ Liebe macht blind. ⑥ Es gibt keinen schlimmeren Tauben, als den, der nicht hören will.

⑦ Emilia, lauf nicht barfuß!

Emilia, non . . . . !

SOLUZIONE DELL'ESERCIZIO 2: Le parole mancanti.

① Sono molto stanco – mi gira la testa ② È bellissima – sono pazzo di lei ③ crederci – a bocca aperta ④ Era fuori di sé ⑤ Aiuto ⑥ Sia gentile – mi dia una mano ⑦ camminare a piedi nudi

Seconda ondata: 33° lezione

▶ **Ottantatreesima (83°) lezione**

Il sistema sanitario italiano

1 – La riforma del 1978 (millenovecentosettantotto) ha radicalmente cambiato il sistema di assistenza sanitaria. ①

2 Il vecchio sistema che affidava l'assistenza a una serie di organizzazioni autonome – le cosiddette „Mutue" –

3 creava delle disuguaglianze fra i cittadini, ②

4 mentre il nuovo sistema garantisce a tutti un uguale livello di prestazioni. ③

5 – La novità di rilievo consiste nella decentralizzazione amministrativa della „gestione della salute".

6 Sono le Regioni, infatti, che svolgono tutte le attività di legislazione, programmazione e finanziamento.

7 I comuni hanno il compito della gestione tecnica,

8 mentre lo Stato ha solo un compito di orientamento generale e di controllo. ③

IN CASO DI URGENZA, SI PUÒ ANDARE AL PRONTO SOCCORSO DI UN QUALSIASI OSPEDALE

OSPEDALE

Dreiundachtzigste Lektion

Das italienische Gesundheitssystem

1 – Die Reform von 1978 hat das System der Gesundheitsfürsorge radikal verändert.
2 Das alte System, das die Fürsorge einer Reihe autonomer Organisationen anvertraute – den sogenannten „Mutue" (auf Gegenseitigkeit) –,
3 schuf Ungleichheit(en) unter (zwischen) den Bürgern,
4 während das neue System allen ein gleiches Niveau an Leistungen garantiert.
5 – Die bemerkenswerte Neuheit besteht in der administrativen Dezentralisierung der „Gesundheitsverwaltung".
6 Es sind die Regionen, in der Tat, die all die Aktivitäten zur Gesetzgebung, zur Planung und zur Finanzierung entfalten (abwickeln).
7 Die Gemeinden kümmern sich um die technische Verwaltung (haben die Aufgabe der technischen Verwaltung),
8 während der Staat sich nur mit der allgemeinen Ausrichtung (hat die Aufgabe der allgemeinen Orientierung) und der Kontrolle beschäftigt.

ANMERKUNGEN

① Zur Bildung der Adverbien: Im Allgemeinen bildet man sie, indem man der femininen Form des Adjektivs das Suffix **-mente** folgen lässt: **curiosamente** „neugierig", **attentamente** „aufmerksam". Bei Adjektiven, die auf **-e** enden, wie z. B. **veloce**, wird das Suffix **-mente** an die Singularform angehängt: **velocemente** „schnell". Adjektive, die auf **-re** oder **-le** enden, z. B. **facile** „einfach", verlieren das auslautende **-e**: **facilmente**.

② **affidare** „anvertrauen", **fiducia** „Vertrauen". **Avere fiducia in qualcuno** „Vertrauen zu jemandem haben".

③ **mentre** „während, als", aber auch „wohingegen".

9 – **Tut**ti i citta**di**ni ita**lia**ni, **sen**za distin**zio**ni, **han**no di**rit**to all'assis**ten**za sani**ta**ria

10 ed **an**che gli stra**nie**ri che ri**sie**dono o che si **tro**vano temporanea**men**te in Italia.

11 Le uni**tà** sanitarie lo**ca**li, cioè l'in**sie**me **de**gli ospe**da**li, **de**gli ambula**to**ri e dei **me**dici convenzio**na**ti di **u**na **stes**sa **zo**na, assi**cu**rano **o**gni **ti**po di presta**zio**ni.

12 E il citta**di**no **pa**ga **so**lo **u**na picco**lis**sima percentu**a**le del **prez**zo **del**le medi**ci**ne e **del**le **cu**re.

13 – **Qual**che con**si**glio pra**ti**co: il **sa**bato, la do**me**nica e i **gior**ni fes**ti**vi e**sis**te un ser**vi**zio di **guar**die **me**diche. ④

14 In **ca**so di ur**gen**za si può an**da**re al **Pron**to Soc**cor**so di un qual**si**asi ospe**da**le. ⑤

15 ... E ricor**da**tevi che, in **tut**ta Italia, in qualun**que** situa**zio**ne di emer**gen**za, **bas**ta telefo**na**re al 113 (cento**tre**dici) per a**ve**re un soc**cor**so imme**dia**to. ⑤

ESERCIZIO 1: Capite queste frasi?

❶ Il vecchio sistema affidava l'assistenza sanitaria a una serie di organizzazioni autonome. ❷ Questo creava delle disuguaglianze fra i cittadini, ❸ mentre il nuovo sistema garantisce a tutti un livello uguale di prestazioni. ❹ La novità di rilievo consiste nella decentralizzazione amministrativa della gestione della salute. ❺ Sono le Regioni, infatti, che svolgono tutte le attività di legislazione, programmazione e finanziamento. ❻ Lo Stato ha solo un compito di orientamento generale e di controllo.

| 9 | – Alle italienischen Bürger haben ohne Unterschied [ein] Recht auf Heilfürsorge
| 10 | und auch die Ausländer, die [dort] ansässig sind oder sich vorübergehend in Italien befinden.
| 11 | Die lokalen Gesundheitseinheiten, das heißt, die Gesamtheit der Krankenhäuser, der Arztpraxen und der vertragsgebundenen Ärzte einer Gegend, gewährleisten jede Art von Leistungen.
| 12 | Und der Bürger zahlt nur einen sehr kleinen Prozentsatz des Preises für die Medikamente und die Behandlungen.
| 13 | – Einige praktische Ratschläge: Samstags, sonntags und [an] den Feiertagen besteht ein medizinischer Notdienst.
| 14 | Im Notfall kann man zur Unfallhilfe (Ersten Hilfe) eines jeden Krankenhauses gehen.
| 15 | ... Und erinnern Sie sich [daran], dass es in ganz Italien in jedem beliebigen Notfall genügt, die 113 anzurufen, um (eine) sofortige Hilfe zu bekommen (haben).

(ANMERKUNGEN)

④ Achtung: **i giorni festivi** „Feiertage, Festtage", **i giorni feriali** „Werktage". Lassen Sie sich nicht von der Ähnlichkeit des Wortes **feriali** mit dem deutschen Wort „Ferien" verwirren!

⑤ **qualsiasi, qualunque** „irgendwer, irgendeiner, jeder beliebige" sind beide unveränderlich. **Sono pronto a pagare qualunque** „oder **qualsiasi) prezzo.** „Ich bin bereit, jeden beliebigen Preis zu zahlen." **Puoi telefonare a qualsiasi** (oder **qualunque**) **ora.** „Du kannst zu jeder beliebigen Stunde anrufen." **È un uomo qualsiasi** (oder **qualunque**). „Es ist irgendein Mann."

SOLUZIONE DELL'ESERCIZIO 1: Avete capito correttamente?

❶ Das alte System vertraute die Heilfürsorge einer Reihe von autonomen Organisationen an. ❷ Dies schuf Ungleichheiten unter den Bürgern, ❸ während das neue System allen das gleiche Niveau an Leistungen garantiert. ❹ Die bemerkenswerte Neuheit besteht in der administrativen Dezentralisierung der „Gesundheitsverwaltung". ❺ Es sind in der Tat die Regionen, die all die Maßnahmen zur Gesetzgebung, zur Planung und zur Finanzierung entfalten. ❻ Der Staat beschäftigt sich mit der allgemeinen Ausrichtung (Orientierung) und der Kontrolle.

ESERCIZIO 2: Inserite le parole mancanti

① Die Reform von Neunzehnhundertachtundsiebzig hat das System der Heilfürsorge radikal verändert.

. . . .
. . . .
. . . .
assistenza sanitaria.

② Der Bürger bezahlt nur einen sehr kleinen Prozentsatz des Preises für die Medikamente und die Behandlungen.

. . . . una
. . . . percentuale . . . .
. . . . e . . . .

③ An den Feiertagen besteht ein medizinischer Notdienst.

. . . .
. . guardie mediche.

▶ Ottantaquattresima (84°) lezione

REVISIONE E NOTE

Lesen Sie noch einmal die folgenden Anmerkungen: 78. Lektion: ②, ④; 79.: ②, ③; 80.: ①, ④; 81.: ①, ②, ④, ⑧, ⑨; 83.: ①, ⑤.

1. Zeitformen: Konditional Präsens

Der Konditional Präsens (die Gegenwartsform der Bedingungsform) wird – vom Infinitiv ausgehend – folgendermaßen gebildet:

④ Erinnern Sie sich daran, dass es in jedem beliebigen Notfall genügt, die 113 anzurufen.

.... in .... /
.... di emergenza
.... 113.

⑤ Im Notfall kann man zur Unfallhilfe eines jeden Krankenhauses gehen.

.... urgenza .. ..
.. Pronto Soccorso di un .... /
....

SOLUZIONE DELL'ESERCIZIO 2: Le parole mancanti.

❶ La riforma del millenovecentosettantotto ha radicalmente cambiato il sistema di ❷ Il cittadino paga solo – piccolissima – del prezzo delle medicine – delle cure ❸ I giorni festivi esiste un servizio di ❹ Ricordatevi che – qualunque/qualsiasi situazione – basta chiamare il ❺ In caso di – si può andare al – qualsiasi/qualunque ospedale

Seconda ondata: 34° lezione

Vierundachtzigste Lektion

	trov-ARE „finden"	prend-ERE „nehmen"	fin-IRE „beenden"
(io)	trov-e-rei	prend-e-rei	fin-i-rei
(tu)	trov-e-resti	prend-e-resti	fin-i-resti
(lui/lei)	trov-e-rebbe	prend-e-rebbe	fin-i-rebbe
(noi)	trov-e-remmo	prend-e-remmo	fin-i-remmo
(voi)	trov-e-reste	prend-e-reste	fin-i-reste
(loro)	trov-e-rebbero	prend-e-rebbero	fin-i-rebbero

LEZIONE 84

Der Konditional Präsens von **essere** „sein" und **avere** „haben" lautet:

	essere „sein"	**avere** „haben"
(io)	sarei	avrei
(tu)	saresti	avresti
(lui/lei)	sarebbe	avrebbe
(noi)	saremmo	avremmo
(voi)	sareste	avreste
(loro)	sarebbero	avrebbero

Diejenigen Verben, die bei der Bildung des Indikativ Futur unregelmäßig sind (Lektion 70), verhalten sich im Konditional Präsens auf dieselbe Weise: **venire** „kommen", Konditional Präsens: **verrei** „ich käme"; **vedere** „sehen": **vedrei**; **andare** „gehen, fahren": **andrei**; **potere** „können": **potrei**; **volere** „wollen": **vorrei**; **dovere** „müssen": **dovrei**; **stare** „stehen, sich befinden": **starei**; **fare** „machen": **farei**; **dire** „sagen": **direi**; **cercare** „suchen": **cercherei**; **giocare** „spielen": **giocherei**.

2. Zeitformen: Konditional Perfekt

Der Konditional Perfekt wird aus dem Konditional Präsens von **essere** oder **avere** und dem Partizip Perfekt des Verbs gebildet: **avrei preso** „ich hätte genommen", **sarei andato** „ich wäre gegangen", **avrei avuto** „ich hätte gehabt", **sarei stato** „ich wäre gewesen".

3. Imperativ: Höflichkeitsform

Hier sehen Sie die Formen des Imperativs, die man als Höflichkeitsform verwendet (d. h. für die 3. Person Singular): **parl-ARE** „reden, sprechen": **parl-i!** „sprechen Sie!"; **prend-ERE** „nehmen": **prend-a!** „nehmen Sie!"; **part-IRE** „abfahren": **part-a!** „fahren Sie ab!"; **essere** „sein": **sia!** „seien Sie!"; **avere** „haben": **abbia!** „haben Sie!". Und hier einige unregelmäßige Imperativformen der 3. Person Singular: **dare** „geben": **dia!** „geben Sie!"; **fare** „machen": **faccia!** „machen Sie!"; **stare** „stehen, sich befinden": **stia!** „stehen/seien Sie!"; **dire** „sagen": **dica!** „sagen Sie!"; **andare** „gehen": **vada!** „gehen Sie!"; **venire** „kommen": **venga!**; **tenere** „halten": **tenga!**; **rimanere** „bleiben": **rimanga!**; **togliere** „nehmen": **tolga!**; **scegliere** „auswählen": **scelga!**

Die Formen, die Sie hier gerade gesehen haben, sind eigentlich die der 3. Person Singular des Konjunktiv Präsens, aber man verwendet sie ebenso für den Konjunktiv Präsens wie für die Höflichkeitsform des Imperativs. Der Satz **Signora, vada allo sportello n. 3.** „Gehen Sie bitte zum Schalter Nummer 3, gnädige Frau." hieße in wörtlicher Übersetzung: „Die gnädige Frau möge zum Schalter Nummer 3 gehen." In der Tat schließt man stillschweigend so etwas ein wie: „Ich möchte, dass ...; ich wünsche, dass ...".

Wir haben schon gesehen, dass man für den Plural der Höflichkeitsform im Allgemeinen die 2. Person Plural **(voi)** wählt. Aber wir haben auch gesehen, dass man in gewissen Fällen die 3. Person Plural **(loro)** wählt. Genauso wählt man die Formen der 3. Person Plural für den Imperativ: **parl-ARE** „reden": **parl-ino** „reden Sie" (Plural); **prend-ERE** „nehmen": **prend-ano**; **part-IRE** „abfahren": **part-ano**.

4. appena

Wir erinnern an die drei Anwendungsmöglichkeiten von **appena**:

    Carla ha appena subito una grave operazione.
    „Carla hat gerade eine schwere Operation überstanden."

    Appena arrivi, telefonami.
    „Ruf mich an, sobald du ankommst."

    Lo conosco appena.
    „Ich kenne ihn kaum (nur sehr wenig)."

5. Floskeln und Redewendungen

Lesen Sie – wie gewohnt – die Redewendungen der gesprochenen Sprache, die Sie im Laufe der letzten sechs Lektionen kennengelernt haben, laut:

    Mi scusi.
    Non si preoccupi.
    Mi fa male la testa.
    Si accomodi pure.
    Stia tranquillo.
    Che cosa vuol dire?
    Povera me!
    Faresti bene a smettere di fumare.
    Mi farebbe piacere dimagrire.

Non sarebbe una cattiva idea.
Le dispiacerebbe spegnere la sigaretta?
Mi dica pure. Di che si tratta?
Ma scherzi!
Ne ho fin sopra i capelli!
È bello da morire!
Aiuto!
Mi dia una mano.

Entschuldigen Sie mich. – Machen Sie sich keine Sorgen. – Der Kopf tut mir weh. – Machen Sie es sich nur bequem. –

▶ Ottantacinquesima (85°) lezione

Paul e Christine in macchina per le vie di Roma

1 – Paul, siamo rimasti senza soldi italiani: ci restano solo pochi spiccioli.
2 – Non abbiamo denaro falso? ①
3 – Quanto sei spiritoso! Sto parlando sul serio.
4 – Beh, se ci tieni proprio, adesso cerchiamo una banca.
5 Chiediamo a quel tizio vestito di bianco... deve essere un vigile urbano, no? ②
6 – Mi scusi, saprebbe dirmi dove posso trovare una banca qui vicino?
7 – Ce ne sono due a Piazza di Spagna.
8 – E come si fa ad arrivarci?
9 – Con la macchina è impossibile: il centro è isola pedonale. Vi conviene lasciarla e andare a piedi.

Seien Sie ruhig. – Was heißt das? – Ich Ärmste! – Du tätest gut daran, mit dem Rauchen aufzuhören. – Ich würde gern abnehmen. – Das wäre keine schlechte Idee. – Würde es Ihnen etwas ausmachen, die Zigarette auszumachen? – Sagen Sie mir (ruhig), worum handelt es sich? – Aber du scherzt! – Ich habe die Nase voll! – Er ist zum Sterben schön! – Hilfe! – Helfen Sie mir.

Seconda ondata: 35° lezione

Fünfundachtzigste Lektion

Paul und Christine mit dem Auto auf den Straßen Roms

1 – Paul, wir stehen (sind geblieben) ohne italienisches Geld [da]: Uns bleiben nur ein paar (wenige) Münzen.
2 – Haben wir kein Falschgeld?
3 – Wie geistreich du bist! Ich spreche im Ernst.
4 – Nun, wenn du wirklich Wert darauf legst, suchen wir gleich eine Bank.
5 Fragen wir da den Typen in Weiß (gekleidet) ... [das] muss ein städtischer Polizeibeamter sein, nicht [wahr]?
6 – Entschuldigen Sie (mich), könnten Sie mir sagen, wo ich hier in der Nähe eine Bank finden kann?
7 – Es gibt (Da sind) zwei (davon) am Spanischen Platz.
8 – Und wie kommt man dahin (macht man, dahin zu kommen)?
9 – Mit dem Auto ist es unmöglich: Das Zentrum ist Fußgängerzone (Fußgängerinsel). Es ist besser für Sie, es [das Auto] [hier] zu lassen und zu Fuß zu gehen.

(ANMERKUNGEN)

① **falso** „falsch", aber „falsch" übersetzt man auch mit **finto** in Ausdrücken wie „ein falscher Bart": **una barba finta**.

② **un tizio, un tipo, un tale**: Umgangssprachliche Ausdrücke, die Personen bezeichnen und den deutschen Ausdrücken „ein Typ", „irgendeiner", „irgendjemand" entsprechen.

10	– Potrebbe indicarmi il parcheggio più vicino?
11	– Certo. Dovrebbe tornare indietro, ma di qua non si può andare, perché c'è il senso unico. ③ ④
12	Faccia così: vada avanti fino al prossimo semaforo e alla prima traversa giri a destra. ③
13	Continui dritto fino al secondo incrocio e volti ancora a destra. ⑤
14	– Grazie infinite!
15	– Per carità! ⑥
16	– Di', Paul, sarai capace di ricordarti tutto questo?
17	– Vuoi scherzare? Me la caverò benissimo! ⑦

ESERCIZIO 1: Capite queste frasi?

❶ Il centro è isola pedonale, questo vuol dire che è impossibile arrivarci con la macchina. ❷ Allora ci conviene lasciarla e andare a piedi! ❸ Quanto sei spiritoso! Sto parlando sul serio. ❹ Siamo rimasti senza soldi! ❺ Chi è quel tizio vestito di bianco? – Deve essere un vigile urbano. ❻ Me la caverò benissimo! ❼ Grazie infinite! – Per carità!

|10| – Könnten Sie mir den nächsten Parkplatz angeben?
|11| – Sicher. Sie müssten zurückkehren, aber hier kann man nicht herfahren, weil es (da) Einbahnstraße (Richtung einzige) ist.
|12| Machen Sie [es] so: Fahren Sie weiter bis zur nächsten Ampel (vor), und an der ersten Querstraße fahren (drehen) Sie nach rechts.
|13| Fahren Sie weiter (fort) geradeaus bis zur zweiten Kreuzung, und biegen (drehen) Sie noch [einmal] nach rechts ab.
|14| – Tausend Dank (Unendlichen Dank)!
|15| – Aber [nein,] ich bitte Sie (Für Barmherzigkeit)!
|16| – Sag, Paul, wirst du in der Lage (fähig) sein, dich (an) all das zu erinnern?
|17| – Scherzt du (Willst du scherzen)? Ich werde sehr gut zurechtkommen!

ANMERKUNGEN

③ **dietro quel muro** „hinter dieser Mauer", aber: **è rimasto indietro** „er ist zurück-/hintengeblieben". Ebenso: **davanti allo sportello** „vor dem Schalter", aber: **Fate un passo avanti!** „Geht (Macht) einen Schritt vor (nach vorn)!"

④ **di qua** „hierher, hier lang", **di là** „da her, da lang".

⑤ **voltare** „drehen, abbiegen", aber meist sagt man hierfür **girare**.

⑥ **Le dà fastidio se fumo la pipa? – Per carità!** „Stört es Sie, wenn ich rauche? – Aber [nein,] ich bitte Sie!" **Le preparo un caffè? – Non si disturbi! – Per carità!** „Soll ich Ihnen einen Kaffee kochen? – Machen Sie sich keine Umstände! – Aber [nein,] ich bitte Sie!"

⑦ **Al tennis me la cavo abbastanza bene.** „Beim Tennis komme ich ganz gut zurecht." **Se l'è cavata per miracolo!** „Er ist wie durch ein Wunder davongekommen!"

SOLUZIONE DELL'ESERCIZIO 1: Avete capito correttamente?

❶ Das Zentrum ist Fußgängerzone, das heißt, dass es unmöglich ist, mit dem Auto dorthin zu kommen. ❷ Also ist es besser für uns, es stehenzulassen und zu Fuß zu gehen! ❸ Wie geistreich du bist! Ich spreche im Ernst. ❹ Wir stehen ohne Geld da! ❺ Wer ist der Kerl da in Weiß (gekleidet)? – Es muss ein städtischer Polizeibeamter sein. ❻ Ich werde sehr gut zurechtkommen! ❼ Tausend (Unendlichen) Dank! – Aber ich bitte Sie!

ESERCIZIO 2: Inserite le parole mancanti

① Entschuldigen Sie (mich), könnten (wüssten) Sie mir sagen, wo ich hier in der Nähe eine Bank finden kann?

.. .., ... dirmi ....
.... ?

② Und wie kommt man dahin (macht man, dahin zu kommen)?

E .... ad .... ?

③ Sie müssten zurückfahren,

.... tornare .... ,

④ aber man kann nicht hierherfahren, weil es Einbahnstraße ist.

.. .., perché
.,. ....

⑤ Könnten Sie mir den nächsten Parkplatz angeben?

....
... . ?

⑥ Wirst du in der Lage sein, dich an all das zu erinnern?

.... ricordarti .....
.... ?

▶ Ottantaseiesima (86°) lezione

In banca ①

1 – Acci**den**ti, la **ban**ca è **chiu**sa!

❼ Fahren Sie weiter bis zur nächsten Ampel, und an der ersten Querstraße biegen (drehen) Sie nach rechts ab.

.... avanti ....
semaforo e .... traversa ....
. ...

SOLUZIONE DELL'ESERCIZIO 2: Le parole mancanti.

❶ Mi scusi – saprebbe – dove posso trovare una banca qui vicino ❷ come si fa – arrivarci ❸ Dovrebbe – indietro ❹ ma di qui non si può andare – c'è il senso unico ❺ Protrebbe indicarmi il parcheggio più vicino ❻ Sarai capace di – tutto questo ❼ Vada – fino al prossimo – alla prima – giri a destra

Wir wissen sehr gut, dass es für Italienischlerner nicht leicht ist, die Höflichkeitsform der 3. Person zu beherrschen. Aus diesem Grund nennen wir Ihnen viele Beispiele für die Anwendung. Fahren Sie fort wie gewohnt, wiederholen Sie diese Formen laut und versuchen Sie, sie anzuwenden, wenn Sie die Möglichkeit dazu haben. Wenn Ihnen etwas Zeit bleibt, „basteln" Sie sich eine kleine zusätzliche Übung: Versuchen Sie, während der „Zweiten Welle" diejenigen Formen, die in den Dialogen in der 2. Person stehen, in die 3. Person zu setzen und umgekehrt. Sie werden sehen: Das wird Sie ein ganzes Stück weiterbringen.

Seconda ondata: 36° lezione

Sechsundachtzigste Lektion

In [der] Bank

1 – Verflixt, die Bank ist geschlossen!

(ANMERKUNGEN)

① **in banca** „in der Bank", **in ufficio** „im Büro", **in casa** „im Haus".

2 – È veramente strano, sono le tre del pomeriggio di un giorno feriale.

3 – Ci sarà uno sciopero... ②

4 – Mah! Il giornale non diceva niente. Proviamo a chiedere a qualcuno. ③

5 – È inutile! Guarda, lì c'è il cartello con l'orario di apertura: dal lunedì al venerdì, dalle otto e trenta (8.30) alle tredici e trenta (13.30). La banca è chiusa il sabato e la domenica. ④

6 – Desiderano, Signori? Ma si siedano, non restino in piedi. ⑤

7 – Grazie, molto gentile! Vorremmo cambiare dei franchi.

8 – Ho bisogno delle sue generalità e di un documento di riconoscimento.

9   Qual è il Suo nome?

10 – Paul Deroussillon.

11 – Scusi, non ho capito bene. Può ripetere? Come si scrive?

12 – Gielo dico lettera per lettera... anzi, le do subito il passaporto, può copiarlo da lì. ⑥

13 – Le vanno bene tre biglietti da centomila (100'000) lire?

14 – Preferirei biglietti di piccolo taglio, sono più comodi.

(ANMERKUNGEN)

② Beachten Sie auch: **Quanti anni ha? – Ne avrà quaranta.** „Wie alt ist er?" – Er wird [wohl] vierzig sein." **Non risponde nessuno. Sarà uscito.** „Es antwortet niemand. Er wird [wohl] ausgegangen sein."

2 – Das ist wirklich eigenartig, es ist (sind die) drei [Uhr] nachmittags an einem Werktag.
3 – Da wird [wohl] ein Streik sein ...
4 – Wer weiß! In der Zeitung stand nichts (Die Zeitung sagte nichts). Versuchen wir, jemanden zu fragen.
5 – Das ist nicht nötig! Sieh, da ist das Schild mit den Öffnungszeiten (Zeitplan der Öffnung): (vom) montag[s] bis (zum) freitag[s], von (den) 8.30 [Uhr] bis (zu den) 13.30 [Uhr]. Die Bank ist (der) samstag[s] und (der) sonntag[s] geschlossen.
6 – Sie wünschen, [meine] Herrschaften? Aber setzen Sie sich [doch], bleiben Sie nicht stehen.
7 – Danke, sehr freundlich! Wir möchten Francs umtauschen.
8 – Ich brauche Ihre Personalien und einen Personalausweis.
9 Wie (Welcher) ist Ihr Name?
10 – Paul Deroussillon.
11 – Entschuldigen Sie, ich habe nicht richtig verstanden. Können Sie [das] wiederholen? Wie schreibt man [das]?
12 – Ich buchstabiere es Ihnen (sage es Ihnen Buchstabe für Buchstabe) ... Oder besser (im Gegenteil), ich gebe Ihnen sofort den Pass, Sie können es von da abschreiben.
13 – Passen (Gehen) Ihnen drei Scheine zu hunderttausend Lire?
14 – Ich hätte lieber (bevorzugte) kleinere Scheine (Scheine von kleinerem Schnitt), sie sind praktischer (bequemer).

③ **Mah!** ist ein sehr geläufiger, aber unübersetzbarer Ausruf. Man benutzt ihn, um einen Zweifel zu äußern wie im Satz dieses Textes, oder auch in einer Bedeutung des Staunens oder der Resignation, z. B. in einem Satz wie: **Mah! È la vita!** „Na und! So ist das Leben!"

④ Alle italienischen Banken haben dieselben Öffnungszeiten. Die Postämter bleiben ebenfalls am Nachmittag geschlossen, abgesehen vom Hauptpostamt.

⑤ Infinitiv: **sedersi** „sich setzen", Indikativ Präsens: **(io) mi siedo, (tu) ti siedi, (lui/lei) si siede, (noi) ci sediamo, (voi) vi sedete, (loro) si siedono.**

⑥ Ebenso: **Lo chiamerò domani, anzi, lo chiamo subito.** „Ich rufe ihn morgen an, oder besser, ich rufe ihn gleich an."

15 – E **ad**esso compr**ia**mo **su**bito i franco**bol**li per le carto**li**ne che ci por**tia**mo **die**tro da **u**na setti**ma**na

16 e imbu**chia**mole **al**la **pri**ma cas**set**ta **del**le **let**tere che tro**via**mo!

ESERCIZIO 1: Capite queste frasi?

① Accidenti, la banca è chiusa! ② Non c'è un cartello con gli orari di apertura? ③ Grazie, molto gentile. ④ Desiderano signori? Ma si siedano, non restino in piedi. ⑤ Guarda, c'è una cassetta delle lettere: imbuchiamo queste cartoline. ⑥ Preferirei dei biglietti di piccolo taglio, sono più comodi.

ESERCIZIO 2: Inserite le parole mancanti

① Das ist eigenartig! Es ist drei Uhr nachmittags an einem Werktag, und die Bank ist geschlossen.

. . . . ! . . . .
. . . .
e la banca è chiusa.

② Da wird [wohl] ein Streik sein.

. . . .

③ Öffnungszeiten: (von) montags bis freitags von 8.30 bis 13.30, samstags: geschlossen.

. . . . : . . . lunedì . . venerdì . . . . . 8.30 . . . . 13.30,
. . . . . . : . . . .

④ Entschuldigen Sie, wie schreibt man Ihren Namen?

Scusi, ... ?

|15| – Und jetzt kaufen wir sofort die Briefmarken für die Karten, die wir seit einer Woche bei uns (hinter uns her) tragen,
|16| und wir werfen sie in den ersten Briefkasten, den wir finden.

SOLUZIONE DELL'ESERCIZIO 1: Avete capito correttamente?

① Verflixt, die Bank ist geschlossen! ② Ist kein Schild mit den Öffnungszeiten da? ③ Danke, sehr freundlich. ④ Sie wünschen, meine Herrschaften? Aber setzen Sie sich doch, bleiben Sie nicht stehen. ⑤ Sieh, da ist ein Briefkasten: Wir werfen diese Karten ein. ⑥ Ich hätte lieber kleinere Scheine, sie sind praktischer.

⑤ Ich habe nicht richtig verstanden, wie (welcher) ist Ihr Name?

. . . . , ... , ...
. . . . ?

⑥ Ich buchstabiere es Ihnen (sage es Ihnen Buchstabe für Buchstabe).

. . . .

SOLUZIONE DELL'ESERCIZIO 2: Le parole mancanti.

① È strano – Sono le tre del pomeriggio di un giorno feriale ② Ci sarà uno sciopero ③ Orario di apertura – dal – al – dalle – alle – sabato – chiuso ④ come si scrive il suo nome ⑤ Non ho capito bene – qual è il suo nome ⑥ Glielo dico lettera per lettera

Seconda ondata: 37° lezione

▶ Ottantasettesima (87°) lezione

Un guasto al motore

1 – **Questa macchina fa degli strani rumori**, non ti **sembra**?
2 – Ci **sarà** un **guasto** al mo**tore** ...
3 – Fa**remmo bene** a por**tar**la da un mec**ca**nico.
4 – Che coinci**denza**, **guar**da quell'insegna: „Offi**ci**na – Ripara**zio**ni".
5   È il **pos**to che fa per noi! ①
6 – Di**rei** che si **trat**ta del carburatore.
7   Se me la **la**scia **su**bito, **en**tro domani **se**ra **sarà pron**ta. ②
8 – Po**treb**be controllare **an**che i **fre**ni e la fri**zio**ne, per fa**vo**re?
9   Ah, dimenti**ca**vo: il **fa**ro **des**tro è **rot**to, bisogne**reb**be sostitu**ir**lo.
10 **Quan**to le **de**vo?
11 – **Ec**co il **con**to. Le pre**pa**ro **su**bito la rice**vu**ta.
12 – **Mi**o Dio, Christine, non **tro**vo più il porta**fo**gli!
13 Non l'ho **mi**ca **da**to a te? ③

Siebenundachtzigste Lektion

Ein Motorschaden

1 – Dieses Auto macht eigenartige Geräusche, findest du nicht auch (scheint dir nicht)?
2 – Es wird [wohl was] (ein Defekt) am Motor sein ...
3 – Wir täten gut [daran], es zu einem Mechaniker zu bringen.
4 – Was für ein Zufall, sieh das Schild da: „Werkstatt – Reparaturen".
5   [Das] ist (der Platz) wie für uns gemacht (der für uns macht)!
6 – Ich würde sagen, dass es sich um den Vergaser handelt.
7   Wenn Sie es mir gleich (sofort) dalassen, wird es bis (innerhalb) morgen Abend fertig sein.
8 – Könnten Sie bitte auch die Bremsen und die Kupplung kontrollieren?
9   Ah, ich vergaß: Der rechte Scheinwerfer ist kaputt, man sollte ihn auswechseln.
10 Wie viel schulde ich Ihnen?
11 – Hier [ist] die Rechnung. Ich stelle Ihnen sofort die Quittung aus (bereite Ihnen sofort die Quittung zu).
12 – Mein Gott, Christine, ich finde die Brieftasche nicht mehr!
13 Ich habe sie dir doch nicht gegeben, [oder]?

ANMERKUNGEN

① Beachten Sie diesen Ausdruck: **Questo cappello non fa per me.** „Dieser Hut passt/gefällt mir nicht."

② **Entro un mese tutto sarà a posto.** „Innerhalb eines Monats wird alles in Ordnung sein." **Bisogna inviare la domanda entro i termini previsti dalla segge.** „Man muss den Antrag innerhalb der vom Gesetz vorgesehenen Fristen einsenden."

③ **mica** „doch, ja" benutzt man in der gesprochenen Sprache, um eine Verneinung zu verstärken: **Non ci sono mica andato!** „Ich bin nicht dort hingegangen!" oder mit der Bedeutung der Zufälligkeit: **Non sei mica arrabbiato con me?** „Du bist mir doch nicht zufällig böse?"

LEKTION 87

14 – No, **for**se è ca**du**to **dal**la **tas**ca **men**tre ti
infi**la**vi la **giac**ca...

15 – **Scu**si, non po**trei** pa**ga**re con un as**se**gno?

16 – No, mi dis**pia**ce, però accet**tia**mo le **car**te di
credito.

17 – **Me**no **ma**le che al**me**no **ques**ta non la **ten**go
mai nel porta**fo**gli!

ESERCIZIO 1: Capite queste frasi?

❶ Questa macchina fa degli strani rumori, non ti sembra?
❷ Che coincidenza, guarda quell'insegna: „Officina – Riparazioni". ❸ Che guaio, non trovo più il portafogli! ❹ Non l'ho mica dato a te? ❺ Forse è caduto mentre mi infilavo la giacca. ❻ Non si accettano carte di credito. ❼ Potrebbe controllare i freni e la frizione, per favore?

ESERCIZIO 2: Inserite le parole mancanti

❶ Wie viel schulde ich Ihnen? – Hier [ist] die Rechnung. Ich stelle Ihnen gleich die Quittung aus.

. . . . ? – . . . .
. . . . subito . . . .

❷ Entschuldigen Sie, könnte ich nicht mit einem Scheck bezahlen? – Nein, es tut mir leid.

. . . . , ... pagare . . . . .
. . . . . . ? – No, ...

❸ Wir täten gut daran, es (sie) zu einem Mechaniker zu bringen.

. . . .
meccanico.

❹ Es wird [wohl] ein Motorschaden sein.

. . . .

14 – Nein, vielleicht ist sie aus der Tasche gefallen, als du dir die Jacke anzogst ...
15 – Entschuldigen Sie, könnte ich nicht mit einem Scheck bezahlen?
16 – Nein, es tut mir leid, aber wir nehmen (die) Kreditkarten an.
17 – Zum Glück habe ich zumindest diese nie in der Brieftasche!

SOLUZIONE DELL'ESERCIZIO 1: Avete capito correttamente?

❶ Dieses Auto macht eigenartige Geräusche, findest du nicht? ❷ Was für ein Zufall, sieh das Schild da: „Werkstatt – Reparaturen". ❸ Was für ein Unglück, ich finde die Brieftasche nicht mehr! ❹ Ich habe sie doch nicht dir gegeben? ❺ Vielleicht ist sie herausgefallen, als ich mir die Jacke anzog. ❻ Man nimmt keine Kreditkarten an. ❼ Könnten Sie bitte die Bremsen und die Kupplung kontrollieren?

❺ Aber das ist genau der Ort, den wir brauchen (der für uns macht)!

Ma . . . . che . . . . !

❻ Wenn Sie mir das Auto sofort dalassen, wird es bis morgen Abend fertig sein.

. . mi . . . . subito, ...

❼ Man müsste den rechten Scheinwerfer auswechseln.

. . . . il . . . .

SOLUZIONE DELL'ESERCIZIO 2: Le parole mancanti.

❶ Quanto le devo – Ecco il conto – Le preparo – la ricevuta ❷ Mi scusi – non potrei – con un assegno – mi dispiace ❸ Faremmo bene a portarla da un ❹ Ci sarà un guasto al motore ❺ è proprio il posto – fa per noi ❻ Se – lascia la macchina – sarà pronta entro domani sera ❼ Bisognerebbe sostituire – faro destro

Seconda ondata: 38° lezione

▶ Ottantottesima (88°) lezione

Al commissariato di polizia ①

1 – Maledizione! Ci mancava solo questa! Dove diavolo sarà finito il mio portafogli? ②
2 – Sei sicuro di averlo preso?
3 – Sicurissimo!
4 Forse me lo hanno rubato! No, devo averlo lasciato al bar!
5 Ma tu guarda! Sono proprio sfortunato! C'era dentro anche la carta d'identità.
6 – E naturalmente queste cose succedono sempre quando uno è in vacanza! ③
7 – Buongiorno, brigadiere. Vorrei fare una denuncia: ho perso il portafogli.
8 – Si tratta di un furto? Dov'è accaduto?
9 – Non saprei. Ad un certo momento non ce l'avevo più.
10 Se è stato un ladro... è stato molto bravo: io non mi sono accorto di niente. ④
11 – In ogni caso lei deve sporgere denuncia su carta da bollo, sia qui che all'ambasciata del suo paese.

(ANMERKUNGEN)

① **la polizia** „die Polizei", **il poliziotto** „der Polizist", **la poliziotta** „die Polizistin".
② Merken Sie sich auch: **Questa sì che è buona!** „Diese hier ist wirklich gut!"

Achtundachtzigste Lektion

Auf dem Polizeikommissariat

1 – Verdammt! Das fehlte uns gerade noch (Uns fehlte nur diese)! Wo [zum] Teufel wird meine Brieftasche hingekommen sein (wird geendet sein)?
2 – Bist du sicher, sie mitgenommen zu haben?
3 – Absolut sicher (Sehr sicher)!
4 – Vielleicht hat man (haben sie) sie mir gestohlen! Nein, ich muss sie im Café gelassen haben!
5 – Aber sieh doch (Aber du siehst)! Ich habe wirklich Pech (Ich bin wirklich [ein] Unglücklicher)! Da war auch der Personalausweis drin.
6 – Und natürlich passieren diese Dinge immer, wenn man im Urlaub ist!
7 – Guten Tag, (Wachtmeister). Ich möchte eine Anzeige erstatten (machen): Ich habe meine (die) Brieftasche verloren.
8 – Handelt es sich um einen Diebstahl? Wo hat er sich ereignet?
9 – [Das] weiß (wüsste) ich nicht. Plötzlich (Zu einem bestimmten Moment) hatte ich sie nicht mehr.
10 Wenn es ein Dieb gewesen ist ... ist er sehr gut gewesen: Ich habe nichts bemerkt.
11 – Jedenfalls (In jedem Fall) müssen Sie offiziell Anzeige (auf Stempelpapier) erstatten, sowohl (sei es) hier als [auch] bei der Botschaft Ihres Landes.

③ **Quando uno è in vacanza** (wenn einer im Urlaub ist) = **quando si è in vacanza**. In der gesprochenen Sprache kann man das unpersönliche *si* durch *uno* ersetzen: **d'estate si va al mare** = **d'estate uno va al mare**, „im Sommer fährt man ans Meer".

④ **Lisa è una brava studentessa.** „Lisa ist eine gute Schülerin." **Bambini, siate bravi!** „Kinder, seid brav!" **È un bravissimo medico!** „Er ist ein sehr tüchtiger Arzt!" **Sono delle brave persone.** „Es sind rechtschaffene Leute."

LEKTION 88

12 – Non sa**preb**be **dir**mi se c'è **qual**che possibili**tà** di ri**tro**vare al**me**no la **car**ta d'identi**tà**?

13 – **Ques**to, **mio caro** si**gno**re, nes**su**no può sa**per**lo! ⑤

14 Se la ritrove**re**mo, **glie**la spedi**re**mo.

15 – **Ques**to poi è **trop**po! Hai **vis**to **co**sa c'è **sul**la **mac**china? Una **mul**ta per di**vie**to di **sos**ta!

ESERCIZIO 1: Capite queste frasi?

❶ Maledizione! Ci mancava solo questa! ❷ Sono proprio sfortunato! ❸ Dove diavolo sarà finito il mio portafogli? ❹ Questo poi è troppo! Una multa per divieto di sosta! ❺ Deve sporgere denuncia su carta da bollo. ❻ Io non mi sono accorto di niente.

ESERCIZIO 2: Inserite le parole mancanti

❶ Diese Dinge passieren immer, wenn man im Urlaub ist.

   Queste cose . . . .

   . . . .

❷ Wenn es ein Dieb gewesen ist, ist er sehr gut gewesen.

   . . . . , ...

   . . . . . .

❸ Wenn wir Ihren Personalausweis wiederfinden werden, werden wir ihn Ihnen schicken.

   . . . .

   . , ... , ...

12 – Könnten (Wüssten) Sie mir nicht sagen, ob es eine Möglichkeit (einige Möglichkeiten) gibt, wenigstens den Personalausweis wiederzufinden?
13 – Das, mein lieber Herr, (es) kann niemand wissen!
14 Wenn wir ihn wiederfinden werden, werden wir ihn Ihnen schicken.
15 – Das ist (dann) zu viel! Hast du gesehen, was am (da auf dem) Auto ist? Ein Strafzettel wegen Halteverbots!

(ANMERKUNGEN)

⑤ Beachten Sie, dass „das [da]" und „dies [hier]" im Italienischen durch **questo** ausgedrückt werden: **Questo non vuol dire...** „Dies bedeutet nicht ..." **E questo?** „Und dies hier?"

SOLUZIONE DELL'ESERCIZIO 1: Avete capito correttamente?

❶ Verdammt! Das fehlte uns noch! ❷ Ich habe wirklich Pech! ❸ Wo zum Teufel wird meine Brieftasche geblieben sein? ❹ Das ist (dann) zu viel! Ein Strafzettel wegen Halteverbots! ❺ Sie müssen offiziell Anzeige erstatten. ❻ Ich habe nichts bemerkt.

❹ Gibt es eine Möglichkeit (einige Möglichkeiten), meinen Personalausweis wiederzufinden?

. . , ...
. . . . , ... ?

⑤ Handelt es sich um einen Diebstahl? Wo hat er sich ereignet?

. . . . ?

. . . , ... ?

⑥ Das, mein lieber Herr, kann niemand wissen!

. . . . . . , ... ,

. . . . !

▶ Ottantanovesima (89°) lezione

Prendete i mezzi pubblici!

1 – Da oggi in poi niente più macchina, Christine! ① ②

2 – Pazienza! Ci sposteremo con i mezzi pubblici.

3 – Scusi, saprebbe dirci che autobus dobbiamo prendere per andare alla Chiesa del Gesù?

4 – Il cinquantotto.

5 – E a che fermata dobbiamo scendere?

6 – Alla quarta o alla quinta, credo. Ma vi conviene chiedere al conducente...

7 – Mamma mia, che folla! Andiamo avanti, alla prossima dobbiamo scendere.

8 Permesso! Oh, mi scusi, le ho pestato un piede!

9 – Si figuri, non è niente!

10 – Ahi! Ma insomma, faccia più attenzione con quel pacco! Potrebbe almeno chiedere scusa!

ANMERKUNGEN

① **da quel momento** „seit dem Augenblick", **da quel momento in poi** „von dem Augenblick an".

SOLUZIONE DELL'ESERCIZIO 2: Le parole mancanti.

① succedono sempre quando uno è in vacanza ② Se è stato un ladro – è stato molto bravo ③ Se ritroveremo la Sua carta d'identità – Gliela spediremo ④ C'è qualche possibilità di ritrovare la mia carta d'identità ⑤ Si tratta di un furto – Dov'è accaduto ⑥ Questo – mio caro signore – nessuno può saperlo

Seconda ondata: 39° lezione

Neunundachtzigste Lektion

Nehmen Sie die öffentlichen [Verkehrs]Mittel!

1 – Von heute an (nach dann) kein (nichts) Auto mehr, Christine!
2 – Da kann man nichts machen (Geduld)! Wir werden uns mit den öffentlichen [Verkehrs-]Mitteln fortbewegen.
3 – Entschuldigen Sie, könnten (wüssten) Sie uns sagen, welchen Bus wir nehmen müssen, um zur Jesus-Kirche zu kommen (gehen)?
4 – Den Achtundfünfzig[er].
5 – Und an welcher Haltestelle müssen wir aussteigen?
6 – An der vierten oder (an der) fünften, glaube ich. Aber fragen Sie besser den Fahrer.
7 – Mann oh Mann (meine Mama), was für ein Gedränge! Gehen wir nach vorn, an der nächsten [Haltestelle] müssen wir aussteigen.
8 – Gestatten Sie (Erlaubnis)! Oh, entschuldigen Sie (mich), ich bin Ihnen [auf] den (einen) Fuß getreten!
9 – Ich bitte Sie ([er] sich vorstelle), das macht nichts (ist nichts)!
10 – Au! Na (Aber) also, passen Sie besser auf (machen Sie mehr Beachtung) mit dem (jenem) Paket [da]! Sie könnten wenigstens [um] Entschuldigung bitten!

② **Niente storie!** „Keine Geschichten!" **Niente scherzi!** „Keine Scherze!"

| 11 | Qui ognuno fa il comodo suo e se ne frega degli altri! ③
| 12 | – Ma, signora, non si arrabbi così! Non l'ho mica fatto apposta, mi hanno spinto!
| 13 | E comunque non mi sembra il caso di alzare la voce!
| 14 | – Lei è un maleducato! Non ci si comporta così con una signora!
| 15 | Che tempi! Chiunque può insultare una povera donna indifesa e nessuno dice niente! ④
| 16 | – Sai che ti dico, Christine? Da domani si va a piedi!

ESERCIZIO 1: Capite queste frasi?

❶ Qui ognuno fa il comodo suo e se ne frega degli altri! ❷ Ma, signora, non mi sembra il caso di alzare la voce! ❸ Il cinquantotto va da quella parte, credo. ❹ Andiamo avanti, fra due minuti scendiamo. ❺ Ma insomma, faccia più attenzione con quel pacco! ❻ Potrebbe almeno chiedere scusa! ❼ Permesso! Permesso! Devo scendere! ❽ Prendete i mezzi pubblici!

| 11 | Hier macht jeder, was er will (seine Bequemlichkeit), und schert sich nicht um die anderen!
| 12 | – Aber, (Frau), ärgern Sie sich nicht so! Das habe ich doch nicht absichtlich getan, man hat (sie haben) mich gestoßen!
| 13 | Und auf jeden Fall scheint es mir nicht nötig (nicht der Fall), die Stimme zu erheben!
| 14 | – Sie sind ungezogen (ein Schlechterzogener)! So benimmt man sich nicht (mit) einer Dame [gegenüber]!
| 15 | Was [für] Zeiten! Jeder kann eine arme, wehrlose Dame beschimpfen (beleidigen), und niemand sagt etwas (nichts)!
| 16 | – Weißt du, was ich dir sage, Christine? Von morgen an gehen wir zu Fuß (geht man zu Fuß)!

(ANMERKUNGEN)

③ **ognuno** „jeder", in der femininen Form: **Ognuna delle sue figlie ha avuto un appartamento.** „Jede seiner Töchter hat eine Wohnung gehabt." Gleichbedeutend mit **ognuno** ist **ciascuno/ciascuna**.

④ Beachten Sie den Unterschied zwischen **Non ho visto niente.** „Ich habe nichts gesehen." und **Niente mi fa paura!** „Nichts macht mir Angst!" Wenn **niente** und **nessuno** dem Verb vorangehen, wird **non** nicht eingesetzt; man benutzt es aber immer, wenn **niente** und **nessuno** dem Verb folgen.

(SOLUZIONE DELL'ESERCIZIO 1: Avete capito correttamente?)

❶ Hier macht jeder, was er will, und schert sich nicht um die anderen! ❷ Aber, gnädige Frau, es scheint mir nicht nötig, die Stimme zu erheben! ❸ Der Achtundfünfziger fährt von dort, glaube ich. ❹ Gehen wir nach vorn, in zwei Minuten steigen wir aus. ❺ Na also, passen Sie besser auf mit dem Paket da! ❻ Sie könnten wenigstens um Entschuldigung bitten! ❼ Verzeihung! Verzeihung! Ich muss aussteigen! ❽ Nehmen Sie die öffentlichen Verkehrsmittel!

ESERCIZIO 2: Inserite le parole mancanti

❶ Was für eine Zeit! Jeder kann eine arme, wehrlose Dame beschimpfen, und niemand sagt etwas!

... . ! .... insultare ...
.... indifesa . ...
...... !

❷ Entschuldigen Sie, könnten Sie uns sagen, welchen Bus wir nehmen müssen, um zur Jesus-Kirche zu fahren (gehen)?

..... , ... autobus
....
...... del Gesù?

❸ Und an welcher Haltestelle müssen wir aussteigen? – An der nächsten.

. ... ?
– ....

❹ Entschuldigen Sie (mich), ich bin Ihnen [auf] den (einen) Fuß getreten! – Ich bitte Sie, das macht nichts!

.. .. , ... pestato .. .. !
– Si ......, ... !

❺ Von heute an kein Auto mehr!

.. .... in ....
.... !

❻ Ärgern Sie sich nicht so! Das habe ich nicht absichtlich gemacht!

... . cosi! ... . ' .. mica
.... !

7 Sie sind ungezogen (ein Schlechterzogener)! So benimmt man sich nicht einer Dame gegenüber (mit einer Dame)!

. . . . ! Non . . . .
. . . . !

SOLUZIONE DELL'ESERCIZIO 2: Le parole mancanti.

❶ Che tempi – Chiunque può – una povera donna – e nessuno dice niente ❷ Scusi – saprebbe dirci che – dobbiamo prendere per andare alla Chiesa ❸ E a che fermata dobbiamo scendere – Alla prossima ❹ Mi scusi – le ho – un piede – figuri – non è niente ❺ Da oggi – poi niente più macchina ❻ Non si arrabbi – Non l'ho – fatto apposta ❼ Lei è un maleducato – ci si comporta così con una signora

---

Lerntipp: Haben Sie den Tonfall bei der männlichen und der weiblichen Stimme bemerkt, als die Personen sich in dieser kleinen „städtischen" Szene gestritten haben? Wir möchten Ihre Aufmerksamkeit noch einmal auf die Wichtigkeit der Satzmelodie und den Satzrhythmus lenken, die dem italienischen Satz eigen sind. Hören Sie sich also diesen Dialog noch einmal an, und versuchen Sie, die Intonation nachzuahmen. Sie dürfen also wütend werden!

Seconda ondata: 40° lezione

▶ **Novantesima (90°) lezione** [nowantäsima]

Il sistema politico italiano

1 — Fino alla metà del secolo scorso l'Italia era divisa in molti piccoli Stati.
2 Alcuni, come il Regno delle Due Sicilie, erano indipendenti,
3 altri erano sotto dominazioni straniere.
4 — Le guerre di indipendenza portarono all'unificazione dell'Italia e, nel 1861 (milleottocentosessantuno), alla proclamazione di uno Stato Italiano. ①
5 La forma di governo fu una monarchia costituzionale. ①
6 — L'attuale repubblica è nata il 2 (due) giugno del 1946 (millenovecentoquarantasei), in seguito ad un referendum popolare.
7 L'Italia è una repubblica di tipo parlamentare:
8 questo vuol dire che il Presidente della Repubblica è Capo dello Stato, ma non del Governo.

Neunzigste Lektion

Das politische System Italiens

1 – Bis zur Mitte des vergangenen Jahrhunderts war (das) Italien in viele kleine Staaten aufgeteilt.
2 Einige, wie das Königreich beider Sizilien, waren unabhängig,
3 andere waren unter Fremdherrschaft (fremden Herrschaften).
4 – Die Unabhängigkeitskriege führten zur Einigung Italiens und, im [Jahr] 1861, zur Proklamation eines italienischen Staates.
5 Die Regierungsform war eine konstitutionelle Monarchie.
6 – Die gegenwärtige Republik ist am 2. Juni des [Jahres] 1946 geboren, infolge eines Volksentscheids.
7 (Das) Italien ist eine parlamentarische Republik (eine Republik parlamentarischer Art):
8 Das heißt (will sagen), dass der Präsident der Republik Staatschef ist, aber nicht [Chef] der Regierung.

(ANMERKUNGEN)

① Im Verlauf dieser Lektion werden Sie mehrere Formen des **passato remoto** „historischen Perfekts" vorfinden (z. B. **portarono, fu**), das man im Deutschen mit dem Imperfekt (z. B. „[sie] trugen, [er/sie/es] war") übersetzt. Im heutigen Italienisch wird dieses Tempus nur noch selten benutzt, und zwar nur in der geschriebenen Sprache und in der Literatur. In allen anderen Fällen zieht man stattdessen das **passato prossimo** „nahe Vergangenheit" (zusammengesetztes Perfekt, z. B. „[sie] haben getragen, [er/sie/es] ist gewesen") vor. Trotzdem finden Sie die vollständige Konjugation dieser Zeitform im grammatikalischen Anhang vor.

9 – Il Parlamento è formato dalla Camera dei Deputati e dal Senato. ②

10 I suoi membri sono eletti da tutti i cittadini maggiorenni e restano in carica cinque anni. ③

11 – Il Presidente della Repubblica è eletto dai membri del Parlamento e resta in carica sette anni.

12 Il Capo del Governo è il Presidente del Consiglio dei Ministri.

13 I membri del Governo sono scelti tra i rappresentanti dei partiti che costituiscono la maggioranza parlamentare.

14 – I maggiori partiti italiani sono (erano) la Democrazia Cristiana (DC), il Partito Comunista (PCI) e il Partito Socialista (PSI).

ESERCIZIO 1: Capite queste frasi?

❶ Fino alla metà del secolo scorso l'Italia era divisa in molti piccoli Stati. ❷ Le guerre d'indipendenza portarono, nel 1861, alla proclamazione di uno Stato Italiano. ❸ L'attuale repubblica è nata il 2 giugno 1946, in seguito ad un referendum popolare. ❹ L'Italia è una repubblica parlamentare. ❺ I maggiori partiti italiani sono la Democrazia Cristiana, il Partito Comunista e il Partito Socialista.

ESERCIZIO 2: Inserite le parole mancanti

❶ Die erste Regierungsform Italiens war eine konstitutionelle Monarchie.

. . . .
. . . . ' . . . . monarchia
. . . .

| 9 | – Das Parlament wird von der Abgeordnetenkammer und dem Senat gebildet.
| 10 | Seine Mitglieder werden von allen volljährigen Bürgern gewählt und bleiben fünf Jahre im Amt.
| 11 | – Der Präsident der Republik wird von den Mitgliedern des Parlaments gewählt und bleibt sieben Jahre im Amt.
| 12 | Der Regierungschef ist der Präsident des Ministerrates.
| 13 | Die Mitglieder der Regierung werden aus den Vertretern der Parteien gewählt, die die parlamentarische Mehrheit bilden.
| 14 | – Die größten italienischen Parteien sind (waren) die Christliche Demokratie (DC), die Kommunistische Partei (PCI) und die Sozialistische Partei (PSI).

(ANMERKUNGEN)

② Beachten Sie: **Ho invitato Sandro a cena.** „Ich habe Sandro zum Abendessen eingeladen." Aber: **Sono stata invitata a cena da Sandro.** „Ich bin von Sandro zum Abendessen eingeladen worden." Das Hilfsverb der Passivform eines Verbs ist immer **essere,** und die Präposition, die dem Handelnden (in diesem Fall „Sandro") vorangeht, ist immer **da.**

③ Die Volljährigkeit wird mit 18 Jahren erreicht. Vorher ist man **minorenne** „minderjährig".

SOLUZIONE DELL'ESERCIZIO 1: Avete capito correttamente?

❶ Bis zur Mitte des vergangenen Jahrhunderts war Italien in viele kleine Staaten aufgeteilt. ❷ Im Jahr 1861 führten die Unabhängigkeitskriege zur Proklamation eines italienischen Staates. ❸ Die gegenwärtige Republik wurde am 2. Juni 1946 infolge eines Volksentscheids geboren. ❹ Italien ist eine parlamentarische Republik. ❺ Die größten italienischen Parteien sind die Christliche Demokratie, die Kommunistische Partei und die Sozialistische Partei.

❷ Das Parlament wird von der Abgeordnetenkammer und dem Senat gebildet.

. . . .
. . . .

❸ Die Parlamentsmitglieder werden von allen volljährigen Bürgern gewählt.

. . . .
. . . .

❹ Der Präsident der Republik wird von den Parlamentsmitgliedern gewählt.

. . . .
. . . .

▶ **Novantunesima (91°) lezione**

REVISIONE E NOTE

Lesen Sie noch einmal die folgenden Anmerkungen: 85. Lektion: ③, ⑦; 86.: ①, ②, ⑥; 87.: ②; 88.: ③, ④; 89.: ③, ④.

1. Zeitformen: Hypothetisches Futur

In der Umgangssprache benutzt das Italienische das Futur manchmal in einer etwas speziellen Weise. In einem Satz wie **Sai che ore sono? – Non ho l'orologio, ma saranno le dieci.** „Weißt du, wie spät es ist? – Ich habe keine Uhr [bei mir], aber es wird (werden die) zehn [Uhr] sein.", drückt man mithilfe

⑤ Die Mitglieder der Regierung werden aus den Vertretern der Parteien gewählt, die die parlamentarische Mehrheit bilden.

. . . .
. . . . rappresentanti . . . .
. . . .

SOLUZIONE DELL'ESERCIZIO 2: Le parole mancanti.

❶ La prima forma di governo dell'Italia fu una – costituzionale ❷ Il Parlamento è formato dalla Camera dei Deputati e del Senato ❸ I membri del Parlamento sono eletti da tutti i cittadini maggiorenni ❹ Il Presidente della Repubblica è eletto dai membri del Parlamento ❺ I membri del governo sono scelti tra i – dei partiti che formano la maggioranza parlamentare

Seconda ondata: 41° lezione

Einundneunzigste Lektion

des Futurs eine Hypothese oder eine Möglichkeit aus. Aber dieser Satz **(saranno le dieci)** kann ebenso ausgedrückt werden durch: **Devono essere le dieci.** „Es muss zehn Uhr sein."

2. succedere, capitare, accadere „passieren"

„Was ist passiert?" oder „Was ist vorgefallen?" kann man auf dieselbe Weise übersetzen mit: **Che cosa è successo?**, **Che cosa è capitato?**, **Che cosa è accaduto?** Trotz der gleichen Bedeutung unterscheidet sich die Stilebene der drei Wörter: **succedere** und **capitare** gehören eher zur Umgangssprache, während man **accadere** in etwas formelleren Kontexten gebraucht.

3. si: unpersönlich und reflexiv

Die unpersönliche Form eines Verbs ist meist die 3. Person Singular, der **si** vorangeht (**si può** „man kann", **si fa** „man macht", **si dice** „man sagt" usw.) Handelt es sich um die unpersönliche Form eines reflexiven Verbs, wird das erste **si** in **ci** verwandelt, um zu vermeiden, dass zwei **si** aufeinanderfolgen. Man sagt also **ci si**: **Non ci si accorge del tempo che passa.** „Man merkt gar nicht, wie die Zeit vergeht." **A Roma non ci si annoia mai.** „In Rom langweilt man sich nie."

4. Indefinitpronomina

Hier sind noch einmal einige Anwendungsmöglichkeiten der Indefinitpronomina (unbestimmte Fürwörter) zusammengefasst:

niente „nichts"	**Non ho capito niente!** „Ich habe nichts verstanden!"
nessuno „niemand"	**Non c'è nessuno.** „Es ist niemand da."
qualche cosa, qualcosa „etwas"	**Vuoi qualcosa da bere?** „Möchtest du etwas zu trinken?"
qualcuno „jemand"	**C'è qualcuno alla porta.** „Es ist jemand an der Tür."
ognuno/-a „jede/r"	**Oguno può fare quello che vuole.** „Jeder kann tun, was er möchte."
chiunque „jeder, wer auch immer"	**Chiunque potrebbe farlo!** „Jeder könnte das machen!"
alcuni/-e „einige"	**Ne ho presi solo alcuni.** „Ich habe nur einige davon genommen."
altro/-a/-i/-e „andere/r, weitere/r"	**Ne voglio un altro.** „Ich will ein anderes davon."
	Altri sostengono il contrario. „Andere behaupten das Gegenteil."

5. Floskeln und Redewendungen

Lesen Sie die folgenden Ausdrücke laut:

> Sono rimasto senza soldi!
> Quanto sei spiritoso!
> Parli sul serio?
> Ci tieni proprio?
> Chi è quel tizio?
> Grazie infinite! – Per carità!
> È il posto che fa per noi!
> Quanto le devo?
> Maledizione!
> Dove diavolo sarà finita la chiave di casa?
> Ma tu guarda! Sono proprio sfortunato!
> Questo poi è troppo!
> Pazienza!
> Mamma mia, che folla!
> Mi scusi! – Si figuri!
> Non l'ho fatto apposta!

Ich stehe ohne Geld da! – Wie geistreich du bist! – Sprichst du im Ernst? – Legst du wirklich Wert darauf? – Wer ist der Typ da? – Tausend Dank! – Um Gottes Willen! / Aber ich bitte Sie! – Das ist der Ort, den wir brauchen! – Wie viel schulde ich Ihnen? – Verdammt! – Wo zum Teufel wird wohl der Hausschlüssel hingekommen sein? – Aber sieh doch! Ich habe wirklich Pech! – Das ist zu viel! – Da kann man nichts machen! – Oh, was für ein Gedränge! – Verzeihen Sie mir! – Ich bitte Sie! – Das habe ich nicht absichtlich getan!

Seconda ondata: 42° lezione

LEKTION 91

▶ Novantaduesima (92°) lezione

A casa degli amici romani

1 – Pronto, casa Bruni? C'è Sandro, per favore? ①

2 – No, è fuori, ma torna fra poco. Io sono Claudia, la moglie. Con chi parlo, scusi? ② ③

3 – Sono Paul Deroussillon, un ingegnere francese con cui suo marito ha lavorato l'anno scorso. ④

4 – Ah, sì! Sandro mi ha parlato di lei!

5 – Sono a Roma con mia moglie e avrei voluto salutarlo. ⑤

6 – Perché non venite a cena da noi stasera?

7 – La ringrazio, ma non vorremmo disturbare.

8 – Ma le pare, nessun disturbo! A più tardi!

9 – Vieni, Paul, bisogna che ti mostri la terrazza di cui ti ho parlato tanto e da cui si vede tutta Roma. ⑥ ⑦

10 – Che panorama stupendo! Peccato che non si possa cenare fuori, mi pare che faccia ancora fresco.

11 – Non vi dispiace se accendo un attimo la televisione?

ANMERKUNGEN

① **Pronto, c'è Sandro, per favore?** „Hallo, ist Sandro da, bitte?" **Sandro non c'è, ma c'è Claudia.** „Sandro ist nicht da, aber Claudia ist da." Dies ist die gebräuchlichste Redewendung – vor allem am Telefon – um die An- oder Abwesenheit einer Person auszudrücken.

② **Sandro è fuori.** „Sandro ist nicht da (er ist draußen)." **L'ingegner Colombo è fuori Roma.** „Der Ingenieur Colombo ist nicht in Rom (er ist außerhalb Roms)." Beachten Sie, dass das Endungs-**e** eines Titels (hier: **ingegnere** „Ingenieur") vor einem Eigennamen entfällt.

Zweiundneunzigste Lektion

Bei den römischen Freunden

1 – Hallo, [ist da] (Haus) Bruni? Ist Sandro da, bitte?
2 – Nein, er ist nicht da (er ist draußen), aber er kommt bald (in Kürze) zurück. Ich bin Claudia, seine (die) Frau. Mit wem spreche ich, bitte (entschuldigen Sie)?
3 – Ich bin Paul Deroussillon, ein französischer Ingenieur, mit dem Ihr Mann letztes Jahr [zusammen]gearbeitet hat.
4 – Ah, ja! Sandro hat mir von Ihnen erzählt!
5 – Ich bin mit meiner Frau in Rom und hätte ihn [gern] begrüßt (begrüßen gewollt).
6 – Warum kommen Sie nicht heute Abend zum Abendessen zu uns?
7 – Ich danke Ihnen, aber wir möchten nicht stören.
8 – Aber ich bitte Sie (Ihnen scheint es), Sie stören überhaupt nicht (keine Störung)! Bis später!
9 – Komm, Paul, ich muss dir die Terrasse zeigen (es braucht, dass ich dir zeige), von der ich dir so viel erzählt habe und von der aus man ganz Rom sieht.
10 – Was für eine wunderschöne (herrliche) Aussicht! Schade, dass man nicht draußen essen kann (könne), es scheint mir, dass es noch frisch ist (mache).
11 – Es stört euch [doch] nicht, wenn ich einen Augenblick den Fernseher einschalte?

③ Beachten Sie auch: **È uscito poco fa.** „Er ist vor Kurzem ausgegangen." **Abita qui da poco.** „Er wohnt seit Kurzem hier."
④ Man kann ebenso gut sagen: **un ingegnere con il quale ...**
⑤ Ebenso: **Prima di partire verrò salutarti.** „Bevor ich wegfahre, werde ich kommen, [um] mich von dir zu verabschieden."
⑥ Man kann ebenso sagen: **la terrazza della quale ti ho parlato.**
⑦ Eine Alternative wäre: **dalla quale si vede.**

12	Vorrei vedere il telegiornale. È l'unica trasmissione che io riesca a vedere in pace, perché è l'ora in cui i bambini cenano.
13	Con loro è un disastro: si divertono a passare in continuazione da un canale all'altro.
14	– Ma quanti ce ne sono?
15	– Credo che ci siano una decina di canali privati, più i tre canali della RAI. ⑧
16	– Mica male! E i programmi sono buoni?
17	– Che vuoi che ti dica... dipende!

ESERCIZIO 1: Capite queste frasi?

❶ Sandro è fuori, ma torna fra poco. ❷ Perché non viene a cena da me stasera? ❸ La ringrazio, ma non vorrei disturbare. ❹ Ma le pare, nessun disturbo. ❺ Non vi dispiace se accendo un attimo la televisione? ❻ È l'unica trasmissione che io riesca a vedere in pace.

ESERCIZIO 2: Inserite le parole mancanti

❶ Hallo! Ist Sandro da, bitte? – Nein, Sandro ist nicht da.

. . . . . . ! . ' . Sandro, ... ?
– No, Sandro . . . . ' . .

❷ Ich muss dir die Terrasse zeigen [Es braucht, dass ich dir zeige die Terrasse], von der ich dir so viel erzählt habe und von der [aus] man ganz Rom sieht.

. . . .
. . . . ho parlato tanto . . . .
. . . .

| 12 | Ich möchte die Tagesschau sehen. Es ist die einzige Sendung (Übertragung), die ich in Frieden sehen kann (schaffe), weil es die Zeit (Stunde) ist, in der die Kinder zu Abend essen.
| 13 | Es ist eine Katastrophe mit ihnen: Sie vergnügen sich [damit], fortwährend von einem Kanal zum anderen umzuschalten (überzugehen).
| 14 | – Aber wie viele gibt es denn (davon)?
| 15 | – Ich glaube, dass es ungefähr zehn private Kanäle gibt (gebe), und die drei Kanäle der RAI.
| 16 | – Nicht schlecht! Und die Programme sind gut?
| 17 | – Was soll ich dir sagen (Was willst du, dass [ich] dir sage) ... es kommt darauf an!

ANMERKUNGEN

⑧ **RAI** ist die Abkürzung von **Radio Audizioni Italia** (italienischer Rundfunk) und **RAI-TV** die Abkürzung für **Radiotelevisione Italiana** (italienischer Fernsehrundfunk).

SOLUZIONE DELL'ESERCIZIO 1: Avete capito correttamente?

① Sandro ist nicht da, aber er kommt bald zurück. ② Warum kommen Sie nicht heute Abend zum Abendessen zu mir? ③ Ich danke Ihnen, aber ich möchte nicht stören. ④ Aber ich bitte Sie, Sie stören überhaupt nicht. ⑤ Es stört euch [doch] nicht, wenn ich einen Augenblick den Fernseher einschalte? ⑥ Es ist die einzige Sendung, die ich in Frieden sehen kann.

③ Schade, dass man nicht draußen essen kann!

. . . .
. . . . . !

④ Ich bin in Rom, und ich hätte ihn gern begrüßt.

. . . .
. . . .

LEKTION 92

5 Ich glaube, dass es ungefähr zehn private Kanäle gibt.

. . . .
. . . . canali privati.

6 Ich bin ein Ingenieur, mit dem Ihr Mann [zusammen]gearbeitet hat.

. . . .
. . . .

Es tauchen mehr und mehr Ausdrücke und Strukturen auf, die zur gesprochenen Sprache gehören und die man schwer „wörtlich" übersetzen kann. Ein Tipp: Wiederholen Sie sie, indem Sie sich die Zusammenhänge merken, in denen sie gebraucht werden und wenden Sie sie so weit wie möglich selbst an. Es sind nämlich genau die Redewendungen, die das Italienische, so wie es von den Italienern/-innen gesprochen wird, „ausmachen"!

▶ Novantatreesima (93°) lezione

Un po' di musica

1 – Vi va di sentire un po' di musica? ①
2 – Con piacere, ricordo che canti e suoni la chitarra molto bene. ②
3 – Ti ringrazio, ma non esageriamo: non so suonare poi così bene.

(ANMERKUNGEN)

① **Ti va di uscire?** „Sagt es dir zu / Passt es dir / Ist es dir recht auszugehen?" **Le andrebbe un gelato?** „Wäre Ihnen ein Eis recht?" **Non mi va proprio di vedere quel film.** „Mir sagt es gar nicht zu, diesen Film zu sehen."

trecentonovantotto • 398

SOLUZIONE DELL'ESERCIZIO 2: Le parole mancanti.

❶ Pronto – C'è – per favore – non c'è ❷ Bisogna che ti mostri la terrazza di cui ti – e da cui si vede tutta Roma ❸ Peccato che non si possa cenare fuori ❹ Sono a Roma e avrei voluto salutarlo ❺ Credo che ci siano una decina di ❻ Sono un ingegnere con cui suo marito ha lavorato

Seconda ondata: 43° lezione

Dreiundneunzigste Lektion

Ein bisschen Musik

1 – Passt (Geht) es euch, ein bisschen Musik zu hören (fühlen)?
2 – Gern, ich erinnere mich [daran], dass du sehr gut singst und (die) Gitarre spielst.
3 – Ich danke dir, aber übertreiben wir nicht: Ich kann [gar] nicht (dann nicht) so gut spielen.

② Versuchen wir, die Probleme zu ermitteln, die Sie bei der Übersetzung des Wortes „spielen" haben könnten: **Suono il pianoforte.** „Ich spiele Klavier." **Quest'attrice non sa proprio recitare.** „Diese Schauspielerin kann wirklich nicht spielen." **Giochi a bridge / a ping-pong / a golf?** „Spielst du Bridge/Tischtennis/Golf?"

LEKTION 93

| 4 | Mi piace**re**bbe po**ter** suonare **mol**to più **spes**so, ma ho così **po**co **tem**po **li**bero!
| 5 | **Cre**do che ci con**ven**ga piut**tos**to ascoltare un **dis**co.
| 6 | Ne è ap**pe**na u**sci**to **u**no che **io tro**vo **mol**to **bel**lo: è **u**na rac**col**ta di **vec**chie can**zo**ni po**po**lari,
| 7 | ... a **me**no che non preferiate ascoltare **del**la **mu**sica **clas**sica. ③
| 8 | – **Co**me vu**oi** tu: **del**la **tua** compe**ten**za musi**ca**le ci si può fi**da**re ad **oc**chi **chiu**si.
| 9 | A **ques**to pro**po**sito, non c'è in **ques**ti **gior**ni un con**cer**to al **qua**le ci consiglie**res**ti di an**da**re?
| 10 | – Mi **pa**re che **pro**prio domani ci **sia** un bu**on** con**cer**to a **San**ta Cecilia, non è **ve**ro, **Clau**dia? ④
| 11 | – Non **so**no sicura che **sia** domani, ma pos**sia**mo verifi**car**lo **su**bito, ho qui la „Re**pub**blica".
| 12 | D'ac**cor**do per domani. Ma per sta**se**ra vor**rei far**vi **u**na pro**pos**ta più **fri**vola:
| 13 | **io** ho **u**na **vo**glia **mat**ta di an**da**re a ballare,
| 14 | che ne di**res**te di an**da**re in disco**te**ca?

ESERCIZIO 1: Capite queste frasi?

❶ Ci si può fidare della sua competenza? – Ma certo, ad occhi chiusi! ❷ È vero che Paolo canta molto bene? ❸ Non esageriamo... credo che ci convenga piuttosto ascoltare un disco. ❹ Ne ho appena comprato uno che mi piacerebbe farvi sentire. ❺ Ho una voglia matta di andare in discoteca: perché non venite con me?

| 4 | Ich würde gerne (Es würde mir gefallen) sehr viel öfter spielen (zu) können, aber ich habe so wenig Freizeit!
| 5 | Ich glaube, dass wir besser eine Schallplatte hören (dass es eher besser für uns sei, eine CD zu hören).
| 6 | Es ist gerade eine (davon) herausgekommen, die ich sehr schön finde: Sie ist eine Sammlung alter Volkslieder,
| 7 | ... es sei denn, dass ihr (nicht) lieber klassische Musik hören möchtet (vorziehet zu hören).
| 8 | – Wie du willst: Deiner musikalischen Kompetenz kann man mit geschlossenen Augen vertrauen.
| 9 | Apropos, gibt es (ist da) nicht in diesen Tagen ein Konzert, zu dem du uns raten würdest [hin]zugehen?
| 10 | – Mir scheint, dass es (da) gerade morgen ein gutes Konzert in Santa Cecilia gibt (sei), ist [es]) nicht wahr, Claudia?
| 11 | – Ich bin nicht sicher, ob (dass) es morgen ist (sei), aber wir können es sofort nachprüfen, ich habe die „Repubblica" hier.
| 12 | Für morgen, einverstanden. Aber für heute Abend möchte ich euch einen lockeren Vorschlag machen:
| 13 | Ich habe (eine) schreckliche (verrückte) Lust, tanzen zu gehen,
| 14 | was würdet ihr dazu sagen, in [eine] Diskothek zu gehen?

(ANMERKUNGEN)

③ **a meno che** „außer wenn, es sei denn": **meno** heißt hier nicht „weniger", sondern ist die Präposition „außer, ausgenommen". Achtung: Nach **a meno che** folgt immer der Konjunktiv.

④ **Accademia Nazionale di Santa Cecilia:** Musikakademie von Rom.

(SOLUZIONE DELL'ESERCIZIO 1: Avete capito correttamente?)

❶ Kann man seiner Kompetenz vertrauen? – Aber sicher, mit geschlossenen Augen! ❷ Ist es wahr, dass Paolo sehr gut singt? ❸ Übertreiben wir nicht ... Ich glaube, dass wir besser eine CD hören. ❹ Ich habe gerade eine gekauft, die ich euch gern anhören lassen würde. ❺ Ich habe schreckliche Lust, in eine Diskothek zu gehen: Warum kommt ihr nicht mit mir?

ESERCIZIO 2: Inserite le parole mancanti

① Es scheint mir, dass es gerade morgen ein gutes Konzert gibt.

.. ... che .... ci ...
.. ..

② Ich bin nicht sicher, ob (dass) es morgen ist.

... .

③ Gibt es nicht in diesen Tagen ein Konzert, zu dem du uns raten würdest zu gehen?

.... .' . .... giorni .. . .
.. .. ci .... di
...... ?

④ Passt es euch, alte Volkslieder zu hören?

.. ..
.... popolari?

⑤ Es sei denn, ihr hört lieber klassische Musik.

. ...
.... classica.

⑥ Was würdet ihr dazu (davon) sagen, tanzen zu gehen?

... . ?

▶ Novantaquattresima (94°) lezione

Cultura, cultura

1 – Paul, mi **sem**bra che il **tu**o ita**li**ano **si**a **mol**to miglio**ra**to!

❼ Ich würde gern sehr viel öfter Gitarre spielen können, aber ich habe so wenig Freizeit!

Mi .... poter ....
.... , ...
.... libero!

SOLUZIONE DELL'ESERCIZIO 2: Le parole mancanti.

❶ Mi pare – proprio domani – sia un buon concerto ❷ Non sono sicura che sia domani ❸ Non c'è in questi – un concerto al quale – consiglieresti – andare ❹ Vi va di sentire delle vecchie canzoni ❺ A meno che non preferiate ascoltare della musica ❻ Che ne direste di andare a ballare ❼ piacerebbe – suonare la chitarra molto più spesso – ma ho così poco tempo

Seconda ondata: 44° lezione

Vierundneunzigste Lektion

Kultur, Kultur

1 – Paul, mir scheint, dein Italienisch hat sich (sei) sehr verbessert!

2 – Faccio dei progressi, vero? Ma sai, sto studiando la „Pratica dell'Italiano" e leggo spesso dei giornali italiani. ①

3 Non voglio che il mio italiano si arrugginisca
4 e, soprattutto, mi piace tenermi al corrente dell'attualità italiana.

5 Evidentemente ci sono delle cose che non capisco: a volte trovo che il linguaggio dei giornalisti sia veramente complicato.

6 – Non hai tutti i torti, ma l'importante è che tu legga.

7 – Visto che sono qui a Roma mi piacerebbe comprare qualche rivista d'arte.

8 – Niente di più facile. Basta che tu vada in una buona libreria e troverai tutto quello di cui hai bisogno.

9 Anzi, spero che mi sia possibile farti visitare la Biblioteca di Palazzo Venezia;

10 sono sicuro che ti piacerà: ci sono moltissime opere sulla pittura, la scultura, e l'architettura.

11 – Sai che ho letto quel romanzo di cui mi avevi parlato?

12 – Spero che ti sia piaciuto. ②

13 – A dire il vero non mi è piaciuto un gran che:
14 mi sembra che l'autore abbia una visione della vita troppo pessimistica. ③

(ANMERKUNGEN)

① Sie verstehen inzwischen gut Italienisch und können sich in den verschiedensten Situationen des Alltags auf Italienisch verständigen. Sie sollten dann in diesem Lehrwerk immer wieder zurückblättern, bis Ihnen alle Lektionstexte und Übungen einfach erscheinen. Dann wird der Zeitpunkt gekommen sein, mit unserem Fortsetzungsband „Italienisch in der Praxis" zu beginnen. Er baut auf den Kenntnissen auf, die Sie bis heute assimiliert haben.

| 2 | – Ich mache Fortschritte, [nicht] wahr? Aber weißt du, ich lerne gerade [mit] „Italienisch in der Praxis", und ich lese oft italienische Zeitungen.
| 3 | Ich will nicht, dass mein Italienisch einrostet (verroste),
| 4 | und vor allem gefällt es mir, mich über die aktuellen Ereignisse Italiens (die italienische Aktualität) auf dem Laufenden zu halten.
| 5 | Zwangsläufig (Offensichtlich) gibt es einige Dinge, die ich nicht verstehe: Manchmal finde ich, dass die Sprache der Journalisten wirklich kompliziert ist (sei).
| 6 | – Du hast nicht ganz unrecht (alle Unrechte), aber das Wichtige ist, dass du liest (lesen mögest).
| 7 | – Da (Gesehen, dass) ich hier in Rom bin, würde ich gern einige Kunstzeitschriften kaufen.
| 8 | – Nichts leichter als das. Du musst nur (Es genügt, dass du) in eine gute Buchhandlung gehen (gehen mögest), und du wirst alles (das) finden, was du brauchst.
| 9 | Oder besser, ich hoffe, dass es mir möglich sein wird (sei), dir die Bibliothek des Palazzo Venezia zu zeigen (dich die Bibliothek des Palazzo Venezia besichtigen zu machen);
| 10 | ich bin sicher, dass sie dir gefallen wird: Da sind sehr viele Werke über die Malerei, die Bildhauerei und die Architektur.
| 11 | – Weißt du, dass ich den Roman gelesen habe, von dem du mir erzählt hast (hattest)?
| 12 | – Ich hoffe, dass er dir gefallen hat (habe).
| 13 | – Um die Wahrheit zu sagen, hat er mir nicht sehr gefallen:
| 14 | Mir scheint, dass der Autor eine zu pessimistische Ansicht über das Leben hat (habe).

② **Roma mi è piaciuta molto.** „Rom hat mir sehr gefallen." **Le strade della periferia non mi sono piaciute.** „Die Straßen am Stadtrand haben mir nicht gefallen." **Gli spaghetti mi sono piaciuti molto.** „Die Spaghetti haben mir sehr gut geschmeckt."

③ **Beato lui! È sempre ottimista!** „Der Glückliche! Er ist immer Optimist!"

15 – Alcuni **ti**toli **del**la **stam**pa ita**lia**na. Tra i quoti**dia**ni più dif**fu**si: il Cor**rie**re **del**la **Se**ra, La Re**pub**blica, la **Stam**pa.

16 Tra i settima**na**li di attuali**tà**: L'Es**pres**so, Pano**ra**ma, **O**ggi. Tra i settima**na**li femmi**ni**li: **Gra**zia, **A**mi**ca**. E tra i fu**met**ti, l'intramon**ta**bile Topo**li**no.

ESERCIZIO 1: Capite queste frasi?

❶ Mi sembra che il tuo italiano sia migliorato. ❷ Non voglio che si arrugginisca. ❸ Trovo che il linguaggio degli articoli politici sia troppo complicato. ❹ Non hai tutti i torti. ❺ È importante che tu legga in italiano. ❻ Niente di più facile! ❼ Sono sicura che ti piacerà: è un fumetto.

ESERCIZIO 2: Inserite le parole mancanti

❶ Ich halte mich gern auf dem Laufenden über die aktuellen Ereignisse Italiens (die italienische Aktualität).

. . . .
. . . . , ...

❷ Da ich hier in Rom bin, würde ich gern einige Kunstzeitschriften kaufen.

. . . . qui a Roma, . .
. . . .
. , ...

❸ Ich habe den Roman gelesen, von dem du mir erzählt hast.

. . . .
. . . .

quattrocentosei · 406

15 – Einige Titel der italienischen Presse. Unter den meistverbreiteten Tageszeitungen: der Corriere della Sera (Der Abendkurier), La Repubblica (Die Republik), La Stampa (Die Presse).

16 Unter den aktuellen Wochenzeitschriften: L'Espresso (Der Express), Panorama, Oggi (Heute). Unter den Wochenzeitschriften für Frauen (weiblichen Wochenzeitschriften): Grazia, Amica (Freundin). Und unter (zwischen) den Comics: die (nicht unterzukriegende) Mickey Maus (Mäuschen).

SOLUZIONE DELL'ESERCIZIO 1: Avete capito correttamente?

❶ Mir scheint, dass dein Italienisch besser geworden (verbessert) ist. ❷ Ich will nicht, dass es einrostet. ❸ Ich finde, dass die Sprache der politischen Artikel zu kompliziert ist. ❹ Du hast nicht ganz unrecht. ❺ Es ist wichtig, dass du auf Italienisch liest. ❻ Nichts leichter als das! ❼ Ich bin sicher, dass es dir gefallen wird: Es ist ein Comic.

❹ Rom hat mir sehr gefallen, aber die Straßen am Stadtrand haben mir nicht gefallen.

. . . . , ...
. . . . periferia . . . .
. . . .

LEKTION 94

⑤ Du musst nur (Es genügt, dass du) in eine gute Buchhandlung gehst (gehen mögest),

. . . . buona librerìa

⑥ und du wirst alles (das) finden, was du brauchst.

. . . .

▶ Novantacinquesima (95°) lezione

Andiamo al cinema?

1 – **O**ggi **so**no dav**ve**ro de**pres**so: mi **sen**to giù di **cor**da, non so che **fa**re...
2 – **For**se è **ques**ta pio**g**gia che ti de**pri**me.
3 – Ma non **ser**ve a **nien**te lamen**tar**si: è **me**glio che tu **es**ca, che ti dis**trag**ga... ①
4 – Io **pen**so che il mi**glior mo**do di **far**si pas**sa**re il ma**go**ne **sia** an**da**re a ve**de**re un buon film.
5 – **For**se hai ra**gio**ne. Guar**dia**mo **al**la **pa**gina **de**gli spettacoli:
6 può **dar**si che ci **sia** qual**co**sa di **buo**no. ②
7 – Che **ge**nere di film a**vres**ti **vo**glia di ve**de**re?

ANMERKUNGEN

① Hier sehen Sie den Indikativ Präsens des Verbs **distrarsi** (sich zerstreuen), das leicht unregelmäßig ist: **(io) mi distraggo, (tu) ti distrai, (lui/lei) si distrae, (noi) ci distraiamo, (voi) vi distraete, (loro) si distraggono.** Im zusammengesetzten Perfekt: **mi sono distratto** usw.

SOLUZIONE DELL'ESERCIZIO 2: Le parole mancanti.

❶ Mi piace tenermi al corrente dell'attualità italiana ❷ Visto che sono – mi piacerebbe comprare qualche rivista d'arte ❸ Ho letto il romanzo di cui mi avevi parlato ❹ Roma mi è piaciuta molto – ma le strade della – non mi sono piaciute ❺ Basta che tu vada in una ❻ e troverai tutto quello di cui hai bisogno

Seconda ondata: 45° lezione

Fünfundneunzigste Lektion

Gehen wir ins Kino?

1 – Heute bin ich wirklich deprimiert: Ich fühle mich verstimmt, ich weiß nicht, was [ich] machen [soll] ...
2 – Vielleicht ist es dieser Regen, der dich bedrückt.
3 Aber es nützt nichts, sich zu beklagen: Es wäre (ist) besser, wenn du ausgingst (dass du ausgehest), wenn du dich zerstreutest (zerstreuest) ...
4 Ich denke, die beste Art, den Kummer verschwinden zu lassen, ist (sei), einen guten Film ansehen zu gehen.
5 – Vielleicht hast du recht. Sehen wir auf der Seite der Vorstellungen [nach]:
6 Es kann sein, dass [es] (da) etwas Gutes gibt (sei).
7 – Welche Art Film hättest du Lust zu sehen?

② **può darsi che** „es kann sein / es ist möglich, dass": Diese Redewendung zieht immer den Konjunktiv nach sich. **Può darsi che sia già partito.** „Es kann sein, dass er schon abgefahren ist." Ebenso: **Mi telefonerai? – Può darsi.** „Wirst du mich anrufen? – Das ist möglich. / Das kann sein. / Vielleicht."

LEKTION 95

8	**Co**mico, dram**ma**tico, avventu**ro**so... op**pu**re un film d'auto**re**?
9	Al „Far**ne**se" **dan**no un film di quel re**gi**sta te**des**co di cui par**la**va Paul **l'**altro **ie**ri **se**ra. ③
10	– Ah no, **nien**te re**gi**sti impe**gna**ti! **Vo**glio un film **fa**cile, un **gial**lo o un **wes**tern. ④
11	– **Co**me vu**oi**. Però bi**so**gna che ti **sbri**ghi a de**ci**dere:
12	il **pros**simo spet**ta**colo co**min**cia fra mezz'**o**ra ed **io** de**tes**to **per**dere l'**i**nizio del film! ⑤
13	– **Do**ve ci met**tia**mo?
14	– Met**tia**moci da**van**ti:
15	**cre**do di a**ver** dimenti**ca**to gli oc**chia**li a **ca**sa
16	e da lon**ta**no non ci **ve**do **be**ne. ⑥ ⑦

(ANMERKUNGEN)

③ Die 3. Person Plural hat oft eine unpersönliche Bedeutung. Der folgende Satz ist fast eine feststehende Redewendung: **Che cosa danno** (oder **fanno**) **stasera alla televisione?** „Was geben (oder machen) sie heute Abend im Fernsehen?"

④ Die ersten Kriminalromane, die in Italien veröffentlicht wurden, hatten einen gelben Einband; daher der Ausdruck **un giallo** (wörtlich: „ein Gelber"), was heute einen Kriminalroman ebenso wie einen Kriminalfilm bezeichnet.

ESERCIZIO 1: Capite queste frasi?

❶ Sono depresso, mi sento giù di corda, non so cosa fare... ❷ Però lamentarsi non serve a niente: è meglio che io esca, così mi distraggo un po'. ❸ Avresti voglia di vedere un film d'autore? ❹ Ah no, niente registi impegnati! ❺ Ti piacciono i film gialli? – No, preferisco i film comici. ❻ Accidenti, credo di aver dimenticato gli occhiali a casa!

8	Komisch, dramatisch, abenteuerlich ... oder einen Autorenfilm?
9	Im „Farnese" zeigen (geben) sie einen Film von dem deutschen Regisseur, von dem Paul vorgestern Abend sprach.
10	– Ach nein, keine engagierten Regisseure! Ich will einen leichten Film, einen Krimi (Gelben) oder einen Western.
11	– Wie du willst. Es ist aber nötig, dass du dich schnell entscheidest (aber es braucht dass du beeilst zu entscheiden):
12	Der nächste Film (die nächste Vorstellung) beginnt in [einer] halben Stunde, und ich hasse es, den Anfang eines (des) Films zu verpassen!
13	– Wo setzen wir uns hin?
14	– Setzen wir uns nach vorn:
15	Ich glaube, ich habe meine Brille zu Hause vergessen (die Brille zu Hause vergessen zu haben),
16	und von Weitem (da) sehe ich nicht gut.

⑤ Achtung: **Accidenti! Ho perso il treno delle 7.40!** „Verflixt! Ich habe den Zug um 7.40 verpasst!" **Non bisogna perdere una così bella occasione!** „Eine so gute Gelegenheit darf man sich nicht entgehen lassen!" Und natürlich: **Non perdere tempo!** „Verlier keine Zeit!"

⑥ Das Gegenteil von **da lontano** ist **da vicino** „von Nahem".

⑦ **ci vedo**, „ich sehe", (Infinitiv: **vederci**, „sehen", wört. „da sehen") ist eine umgangssprachliche Form von **vedo** bzw. **vedere**. Ähnlich verhält sich **sentirci** bzw. **sentire**, „hören": **ci sento bene**; **sento bene**.

SOLUZIONE DELL'ESERCIZIO 1: Avete capito correttamente?

❶ Ich bin deprimiert, ich fühle mich verstimmt, ich weiß nicht, was ich tun soll ... ❷ Aber es nützt nichts, sich zu beklagen: Es ist besser, wenn ich ausgehe, so zerstreue ich mich ein bisschen. ❸ Hättest du Lust, einen Autorenfilm zu sehen? ❹ Ach nein, keine engagierten Regisseure. ❺ Gefallen dir Kriminalfilme? – Nein, ich ziehe komische Filme vor. ❻ Verflixt, ich glaube, meine Brille zu Hause vergessen zu haben!

ESERCIZIO 2: Inserite le parole mancanti

① Im Farnese zeigen (geben) sie einen Film, von dem Paul vorgestern Abend sprach.

.. Farnese ....
...... Paul . ' ..... ieri .... .

② Sehen wir auf der Seite der Veranstaltungen nach: Es kann sein, dass es etwas Gutes gibt.

....
.... : ... . che .. ...
....

③ Es ist nötig, dass du dich schnell entscheidest:

.... ti .... :

④ Die nächste Vorstellung beginnt in [einer] halben Stunde,

il ....
.... , ...

⑤ und ich hasse es, den Anfang des Films zu verpassen!

ed .. .. ed l' ......
... . !

⑥ Setzen wir uns nach vorn: Von Weitem (da) sehe ich nicht gut.

.... : .. .. non
.. ..

❼ Ich denke, die beste Art, den Weltschmerz verschwinden zu lassen, ist (sei), einen guten Film ansehen zu gehen.

. . . . il . . . . farsi
. . . . magone . . . .
. . . .

SOLUZIONE DELL'ESERCIZIO 2: Le parole mancanti.

❶ Al – danno il film di cui parlava – l'altro – sera ❷ Guardiamo alla pagina degli spettacoli – può darsi – ci sia qualcosa di buono ❸ Bisogna che – sbrighi a decidere ❹ prossimo spettacolo comincia fra mezz'ora ❺ io detesto perdere – inizio del film ❻ Mettiamoci davanti – da lontano – ci vedo bene ❼ Io penso che – meglior modo di – passare il – sia andare a vedere un buon film

Bestimmt merken Sie, dass Sie enorme Fortschritte machen. Fahren Sie damit fort, jeden Tag ein bisschen zu arbeiten und vergessen Sie nicht: **Chi va piano va sano e va lontano!**

Seconda ondata: 46° lezione

▶ Novantaseiesima (96°) lezione

Sport

1 — Si dice che una delle più grandi passioni degli italiani sia lo sport.
2 È facile verificarlo: basta andare un lunedì mattina in un qualsiasi ufficio.
3 Non si sentirà parlare che di vittorie e di sconfitte, di allenatori in gamba, di arbitri ingiusti.
4 — Naturalmente tutti hanno comprato il quotidiano del lunedì
5 e hanno letto avidamente i numerosi articoli sul tennis, sulla pallacanestro, sull'automobilismo, sullo sci: ①
6 — Sono un grande appassionato di calcio.
7 Per me non c'è niente di più bello di una corsa in bicicletta.
8 Sentendo frasi di questo genere, si potrebbe immaginare che le strade italiane siano invase da ciclisti dilettanti
9 e che le palestre siano piene zeppe di giovani e meno giovani atleti. ②
10 — In realtà il più delle volte le uniche attività sportive degli italiani sono:
11 andare allo stadio la domenica a vedere la partita e seguire la tappa del Giro d'Italia alla televisione.
12 Ma la vera grande passione degli sportivi italiani è il gioco del Totocalcio il sabato sera.

Sechsundneunzigste Lektion

Sport

1 – Man sagt, dass eine der größten Leidenschaften der Italiener der Sport sei.
2   Es ist leicht, das nachzuprüfen: Man muss (es genügt) nur [an] ein[em] Montagmorgen in irgendein Büro gehen.
3   Man wird [über] nichts anderes reden hören als über Siege und Niederlagen, über tüchtige Trainer (in Bein), über ungerechte Schiedsrichter.
4 – Natürlich haben alle die Montagszeitung gekauft,
5   und sie haben gierig die zahlreichen Artikel über (den) Tennis, (über den) Basketball (Ball-Korb), (über den) Automobilsport, (über den) Ski gelesen:
6 – Ich bin ein großer Fußballanhänger.
7   Für mich gibt es nichts Schöneres als ein Radrennen.
8   [Wenn man] Sätze dieser Art hört (hörend), könnte man sich vorstellen, dass die italienischen Straßen von Amateur-Radrennfahrern überflutet seien
9   und dass die Turnhallen von jungen und weniger jungen Athleten [nur] so wimmelten (randvoll seien).
10 – In Wirklichkeit sind die einzigen sportlichen Aktivitäten der Italiener meistens (die meisten Male):
11   sonntags ins Stadion zu gehen, [um] das Spiel zu sehen und die Etappe des „Giro d'Italia" am Fernseher zu verfolgen.
12   Aber die wahre große Leidenschaft der italienischen Sportliebhaber ist das Spiel des Fußballtoto am Samstagabend.

(ANMERKUNGEN)

① Weitere Sportarten sind **la pallavolo**, „Volleyball", **il nuoto**, „Schwimmen", **la pallamano**, „Handball", **la scherma**, „Fechten" und **il ciclismo**, „Radsport". Merken Sie sich auch **il basket** als Synonym für **pallacanestro**, „Basketball".

② **Questa traduzione è piena zeppa di errori.** „Diese Übersetzung wimmelt von Fehlern."

LEKTION 96

13	**Ques**to vu**ol** di**re del**le **o**re pas**sa**te a **fa**re pro**nos**tici **su**i risul**ta**ti **del**le partite del **gior**no se**guen**te...
14	... **nel**la spe**ran**za del „**tre**dici" che porte**rà** al fortu**na**to vinci**to**re **u**na **pio**ggia di mi**lio**ni. ② ③

LA VERA GRANDE PASSIONE DEGLI ITALIANI È IL GIOCO DEL TOTOCALCIO

ESERCIZIO 1: Capite queste frasi?

❶ Basta che andiate un lunedì mattina in un qualsiasi ufficio. ❷ Non sentirete parlare che dei risultati delle partite della domenica. ❸ Si potrebbe immaginare che le palestre siano piene zeppe di giovani atleti. ❹ La vera grande passione degli italiani è il gioco del Totocalcio. ❺ Tutti passano delle ore a fare pronostici nella speranza di una pioggia di milioni.

ESERCIZIO 2: Inserite le parole mancanti

❶ Man sagt, dass eine der größten Leidenschaften der Italiener der Sport sei.

. . . .
. . . .
. . . . . .

[13] Das bedeutet (will sagen), einige Stunden damit zu verbringen (einige verbrachte Stunden), Prognosen über die Resultate der Spiele des folgenden Tages abzugeben (zu machen) ...

[14] ... in der Hoffnung auf die „Dreizehn" [richtigen], die dem glücklichen Gewinner einen Millionenregen bringen wird.

(ANMERKUNGEN)

② **fare il tredici** „die dreizehn Endergebnisse richtig tippen".

③ Das Spiel **Totocalcio** wird – wie das Lotto – vom Staat verwaltet; es ist eine wöchentliche Wette um die Ergebnisse der dreizehn Fußballspiele, die am Sonntag nach Abschluss der Wette ausgetragen werden.

SOLUZIONE DELL'ESERCIZIO 1: Avete capito correttamente?

❶ Sie müssen nur an einem Montagmorgen in irgendein Büro gehen. ❷ Sie werden von nichts anderem reden hören als von den Resultaten der Sonntagsspiele. ❸ Man könnte sich vorstellen, dass die Turnhallen von jungen Athleten [nur] so wimmelten. ❹ Die wahre große Leidenschaft der Italiener ist das Spiel des Fußballtoto. ❺ Alle verbringen einige Stunden damit, Prognosen abzugeben in der Hoffnung auf einen Millionenregen.

❷ Alle haben die Montagszeitung gekauft.

. . . .

. . . tredici .

❸ Der AS Rom hat das Spiel verloren, und Paul hat die Wette gewonnen.

La Roma . . . .

. . . .

LEKTION 96

❹ Ich bin ein großer Fußballanhäger.

Sono .. ..
....

❺ Für mich gibt es nichts Schöneres als ein Radrennen.

. . . . , ...
. . . . bicicletta.

❻ Ich habe einen Artikel über (den) Basketball gelesen.

.. ..
....

▶ Novantasettesima (97°) lezione

Quando si usa il congiuntivo?

1 – Vediamo insieme qualche frase in cui l'italiano usa il congiuntivo.
2 – Credo che non sia il caso di andare a vedere questo film: è vietato ai minori di diciott'anni.
3 – Dicono che quell'attore si dia un sacco di arie.
4 – Voglio che tu venga da me senza perdere un minuto.
5 – Desidero che stiate seduti e parliate sottovoce. ①
6 – Non ti pare che Veronica somigli moltissimo a suo padre?

SOLUZIONE DELL'ESERCIZIO 2: Le parole mancanti.

❶ Si dice che una delle più grandi passioni degli italiani sia lo sport ❷ Tutti hanno comprato il quotidiano del lunedì ❸ ha perso la partita e Paul ha vinto la scommessa ❹ un grande appassionato di calcio ❺ Per me non c'è niente di più bello di una corsa in ❻ Ho letto un articolo sulla pallacanestro

Seconda ondata: 47° lezione

Siebenundneunzigste Lektion

Wann verwendet man den Konjunktiv?

1 – Betrachten wir gemeinsam einige Sätze, in denen das Italienische den Konjunktiv verwendet.
2 – Ich glaube, es ist nicht der [richtige] Moment (dass nicht sei der Fall), diesen Film anzusehen (gehen zu sehen): Er ist für Jugendliche unter achtzehn Jahren (Minderjährige von achtzehn Jahre) verboten.
3 – Man sagt (Sie sagen), dass dieser (jener) Schauspieler sehr angibt (sich einen Sack Arien gebe).
4 – Ich will, dass du, ohne eine Minute zu verlieren, zu mir kommst (kommest).
5 – Ich möchte (wünsche), dass ihr sitzen bleibt (bleibet) und leise sprecht (sprechet unter-Stimme).
6 – Scheint es dir nicht [so], als ähnele Veronica ihrem Vater sehr?

ANMERKUNGEN

① **sottovoce** „leise, halblaut, gedämpft", **voce bassa** „tiefe Stimme", aber: **a bassa voce** „mit leiser Stimme"; **voce alta** „hohe Stimme", **ad alta voce** „mit lauter Stimme".

LEKTION 97

7 – Mi dispiace che tu debba andartene così presto. ②

8 – Spero che la mia squadra di calcio ce la faccia quest'anno a passare in serie A! ③

9 – Dubito che la giuria del Premio Strega scelga proprio il suo libro. ④

10 – Accidenti! Non ho fatto in tempo ad andare in banca stamattina e ho paura che adesso sia troppo tardi! ⑤

11 – È meglio che tu rimanga a casa stasera: non vedi che muori dal sonno? ⑥

12 – È probabile che il film su cui Ida ha scritto quell'articolo esca contemporaneamente a Milano e a Napoli.

13 – È possibile che Emilia vi dia un colpo di telefono uno di questi giorni.

14 – Che fortuna che Piero stia per uscire! È possibile che mi dia un passaggio fino a piazza Argentina. ⑦

15 – Chiunque sappia qualcosa è pregato di rivolgersi alla Polizia.

(ANMERKUNGEN)

② **andarsene** (fortgehen, weggehen). Im Präsens: **me ne vado, te ne vai, se ne va, ce ne andiamo, ve ne andate, se ne vanno.** Im zusammengesetzten Perfekt: **me ne sono andato/andata** „ich bin fortgegangen", **ce ne siamo andati/andate** „ich bin fortgegangen".

③ **farcela** „etwas schaffen": **Se non ce la fai a finire, non ti preoccupare.** „Wenn du es nicht schaffst, es zu Ende zu bringen, mach dir keine Sorgen." **Non ce la faccio a sopportarlo!** „Ich bringe es nicht fertig, ihn zu ertragen! / Ich kann ihn nicht ertragen!"

④ Der **Premio Strega** ist einer der wichtigsten italienischen Literaturpreise, gestiftet von der Firma, die den **Liquore Strega** produziert.

| 7 | – Es tut mir leid, dass du so früh weggehen musst (müssest).
| 8 | – Ich hoffe, dass meine Fußballmannschaft es dieses Jahr schafft (schaffe), in die erste Liga (Serie A) zu kommen!
| 9 | – Ich bezweifle, dass die Jury des „Premio Strega" gerade sein Buch auswählt (auswähle).
| 10 | – Verflixt (Vor-/Unfälle)! Ich habe heute Morgen nicht die Zeit gehabt, zur Bank zu gehen, und ich befürchte (habe Angst), dass es jetzt zu spät ist (sei)!
| 11 | – Es ist besser, dass du heute Abend zu Hause bleibst (bleibest): Siehst du nicht, dass du todmüde bist (vor Schlaf stirbst)?
| 12 | – Es ist wahrscheinlich, dass der Film, über den Ida diesen (jenen) Artikel geschrieben hat, gleichzeitig in Mailand und in Neapel erscheint (erscheine).
| 13 | – Es ist möglich, dass Emilia euch [an] ein[em] dieser Tage anruft (eine Telefonanruf gebe).
| 14 | – Was [für ein] Glück, dass Piero dabei ist (sei) wegzugehen! Es ist möglich, dass er mich bis zur Piazza Argentina mitnimmt (eine Fahrt gebe).
| 15 | – Jeder, der [irgend] etwas weiß (wisse), wird (ist) gebeten, sich an die Polizei zu wenden.

⑤ **fare in tempo a** „es rechtzeitig schaffen": **Scusa, non ho fatto in tempo a telefonarti prima di uscire.** „Entschuldige bitte, ich habe es nicht geschafft, dich anzurufen, bevor ich wegging." **Se fate in tempo, passate a trovarci.** „Wenn ihr es schafft, kommt bei uns vorbei (vorbei, um uns zu treffen)." Aber „die Zeit haben zu" wird mit **avere il tempo di** ins Italienische übersetzt.

⑥ Hier ist der Indikativ Präsens des Verbs **morire** „sterben", das leicht unregelmäßig ist: **muoio, muori, muore, moriamo, morite, muoiono.** Beachten Sie diese Ausdrücke: **Muoio di fame/di sete/di sonno/di freddo** usw. (oder **dalla fame/dalla sete/dal sonno/dal freddo** usw.). „Ich sterbe vor Hunger/Durst/Müdigkeit/Kälte" usw.

⑦ Hier ist ein Ausdruck, den Sie sich merken sollten: **Vuole un passaggio?** „Möchten Sie, dass ich Sie ein Stück mitnehme (Wollen Sie eine Fahrt)?" **Mi darebbe un passaggio fino a via Manzoni?** „Würden Sie mich bis zur Manzoni-Straße mitnehmen?"

ESERCIZIO 1: Capite queste frasi?

① Dubito che la giuria scelga proprio il suo libro. ② Dicono che quell'attore si dia un sacco di arie. ③ Credo che non sia il caso di andare a vedere questo film: è vietato ai minori di diciott'anni. ④ È meglio che tu rimanga a casa stasera: non vedi che muori dal sonno? ⑤ È probabile che il film di cui parlava quell'articolo esca in Italia solo l'anno prossimo. ⑥ Dopo i verbi „sperare", „credere" e „pensare" in italiano si usa sempre il congiuntivo.

ESERCIZIO 2: Inserite le parole mancanti

① Es ist möglich, dass Emilia euch an einem dieser Tage anruft.

. . . . Emilia . . . .
. . . .
. . . .

② Es tut mir leid, dass du so früh weggehen musst.

Mi . . . . tu . . . . . andartene
. . . .

③ Ich will, dass du, ohne eine Minute zu verlieren, zu mir kommst.

. . . . tu . . . .
. . . .

④ Verflixt! Ich habe es heute Morgen nicht geschafft, zur Bank zu gehen, und ich befürchte, dass es jetzt zu spät ist.

. . . . ! . . . .
ad . . . . stamattina
e adesso . . . .
. . . . . !

quattrocentoventidue • 422

SOLUZIONE DELL'ESERCIZIO 1: Avete capito correttamente?

❶ Ich bezweifle, dass die Jury gerade sein Buch auswählt. ❷ Man sagt, dass dieser Schauspieler sehr angibt. ❸ Ich glaube, es ist nicht der Moment, diesen Film anzusehen: Er ist für Jugendliche unter achtzehn Jahren verboten. ❹ Es ist besser, dass du heute Abend zu Hause bleibst: Siehst du nicht, dass du todmüde bist? ❺ Es ist wahrscheinlich, dass der Film, von dem dieser Artikel berichtete (sprach), erst im nächsten Jahr in Italien erscheint (herauskommt). ❻ Nach den Verben „hoffen", „glauben" und „denken" benutzt man im Italienischen immer den Konjunktiv.

❺ Was für ein Glück, dass Piero gerade dabei ist wegzugehen:

. . . . Piero . . . . per

. . . . . . :

❻ Es ist möglich, dass er mich bis zur Piazza Argentina mitnimmt (eine Fahrt gebe).

. . . . un

. . . . piazza Argentina.

❼ Ich hoffe, dass meine Fußballmannschaft es schafft, dieses Jahr in die Serie A zu kommen (es mache vorbeizugehen)!

. . . . squadra . . . .
. . la . . . . serie A
. . . . . ' . . . . !

▶ Novantaottesima (98°) lezione

REVISIONE E NOTE

Lesen Sie noch einmal die folgenden Anmerkungen:
92. Lektion: ①, ③; 93.: ①, ②; 94.: ②; 95.: ②, ③, ⑤; 97.: ③, ⑥.

1. Zeitformen: Konjunktiv Präsens

Hier die Verben der drei regelmäßigen Konjugationsgruppen sowie die Verben **essere** und **avere**:

	parl-ARE „reden"	**prend-ERE** „nehmen"	**part-IRE** „abfahren"
(che io)	parl-i	prend-a	part-a
(che tu)	parl-i	prend-a	part-a
(che lui/lei)	parl-i	prend-a	part-a
(che noi)	parl-iamo	prend-iamo	part-iamo
(che voi)	parl-iate	prend-iate	part-iate
(che loro)	parl-ino	prend-ano	part-ano

	essere „sein"	**avere** „haben"
(che io)	sia	abbia
(che tu)	sia	abbia
(che lui/lei)	sia	abbia
(che noi)	siamo	abbiamo
(che voi)	siate	abbiate
(che loro)	siano	abbiano

> **SOLUZIONE DELL'ESERCIZIO 2: Le parole mancanti.**

❶ È possibile che – vi dia un colpo di telefono uno di questi giorni
❷ dispiace che – debba – così presto ❸ Voglio che – venga da me
senza perdere un minuto ❹ Accidenti – Non ho fatto in tempo –
andare in banca – ho paura che sia troppo tardi ❺ Che fortuna che –
stia – uscire ❻ È possibile che mi dia – passaggio fino a ❼ Spero
che la mia – di calcio ce – faccia a passare in – quest'anno

Seconda ondata: 48° lezione

Achtundneunzigste Lektion

Verben wie **finire** „beenden", die im Indikativ Präsens das Suffix
-isc- einfügen, fügen dieses auch im Konjunktiv Präsens (Gegenwart der Möglichkeitsform) ein: **che io finisca** „dass ich beende" usw.

Alle Verben, die im Indikativ Präsens unregelmäßig sind, sind es auch im Konjunktiv Präsens. Hier sind die geläufigsten: **andare** „gehen": **(che io) vada; dare** „geben": **(che io) dia; stare** „sein, stehen, sich befinden": **(che io) stia; fare** „machen": **(che io) faccia; dire** „sagen": **(che io) dica; volere** „wollen": **(che io) voglia; dovere** „müssen": **(che io) debba; potere** „können": **(che io) possa; sapere** „wissen": **(che io) sappia; bere** „trinken": **(che io) beva; piacere** „gefallen": **(che io) piaccia; scegliere** „auswählen": **(che io) scelga; uscire** „ausgehen": **(che io) esca; venire** „kommen": **(che io) venga; salire** „hinaufgehen": **(che io) salga**. Sie finden die vollständige Konjugation dieser Verben in der Tabelle der unregelmäßigen Verben am Ende dieses Buches.

2. Zeitformen: Konjunktiv Perfekt

Der Konjunktiv Perfekt wird mit dem Konjunktiv Präsens der Verben **essere** und **avere** und dem Partizip Perfekt des jeweiligen Verbs gebildet: **parlare** „sprechen": **(che io) abbia parlato; partire** „abfahren": **(che io) sia partito; essere** „sein": **(che io) sia stato; avere** „haben": **(che io) abbia avuto**.

3. Konjunktiv

Der Konjunktiv, der im Italienischen eine Art ist, seine Gedanken zu präzisieren oder zu nuancieren, wird im Italienischen häufig gebraucht. Wir haben Ihnen gerade mehrere Beispiele für seine Anwendung genannt. Man müsste weitere hinzufügen, so z. B. die Nebensätze der Absicht (Finalsätze) oder der Einräumung (Konzessivsätze) usw.

Vorerst beschränken wir uns auf eine Systematisierung der Fälle, die wir im Laufe der letzten Lektionen gesehen haben. Sie haben bemerkt, dass die Verben, die im Konjunktiv standen, immer in einem Nebensatz vorkamen, das heißt, sie hingen von einem anderen Satz ab. Genauer gesagt hing das Verb im Konjunktiv von einem Verb ab, das eine Meinung, einen Wunsch oder einen Gemütszustand ausdrückte, wobei es unwichtig war, ob dieses Verb in feststellender, verneinender oder fragender Form vorlag.

Zu diesen Verben gehören: **credere** „glauben", **pensare** „denken", **sembrare** „scheinen", **desiderare** „wünschen", **preferire** „vorziehen, lieber wollen/mögen", **volere** „wollen", **temere** „befürchten", **dubitare** „bezweifeln", **sperare** „hoffen" usw.

Wir haben auch nach unpersönlichen Ausdrücken, die aus einer Form des Verbs **essere** und einem Adjektiv bestanden, Verben im Konjunktiv vorgefunden, z. B. nach den Ausdrücken **è possibile che** „es ist möglich, dass", **è strano che** „es ist eigenartig, dass", **è meglio che** „es ist besser, dass" usw.

Und schließlich haben wir den Konjunktiv nach Verben angetroffen, die eine Notwendigkeit ausdrücken, z. B. **bisogna che**, **occorre che** „man muss" usw.

> **Credo che sia tardi.**
> „Ich glaube, dass es spät ist."
>
> **Spero che lui venga.**
> „Ich hoffe, dass er kommt."
>
> **È possibile che sia già qui.**
> „Es ist möglich, dass er schon hier ist."
>
> **Bisogna che tu vada.**
> „Du musst gehen."

4. Relativpronomina

Hier sind noch einmal die Relativpronomina (die bezüglichen Fürwörter) zusammengefasst, die Sie bisher kennengelernt haben: **che** „der, die, das", **il quale** „welcher/welches" (Mask. Singular), **la quale** „welche" (Fem. Singular), **i quali** „welche" (Mask. Plural); **le quali** „welche" (Fem. Plural), **cui** „welcher" welche, welches" (Mask./Fem. Singular/Plural), **dove** „wo".

Hier einige Beispiele für ihre Anwendung:

> **Il libro che ho comprato non mi piace.**
> „Das Buch, das ich gekauft habe, gefällt mir nicht."
>
> **L'attore che recita in quel film è bravissimo.**
> „Der Schauspieler, der in dem Film spielt, ist sehr gut."
>
> **Il concerto al quale sono stato ieri è stato magnifico. /**
> **Il concerto a cui sono stato ieri è stato magnifico.**
> „Das Konzert, bei welchem ich gestern gewesen bin, war großartig."
>
> **i concerti ai quali (a cui) sono stato**
> „die Konzerte, bei welchen ich gewesen bin"
>
> **la serata alla quale (a cui) ho partecipato**
> „die Abendveranstaltung, an der ich teilgenommen habe"
>
> **le serate alle quali (a cui) ho partecipato**
> „die Abendveranstaltungen, an denen ich teilgenommen habe"
>
> **La città dove sono nato è Roma.**
> **La città in cui sono nato è Roma.**
> „Die Stadt, wo/in der ich geboren bin, ist Rom."

Sie haben bemerkt, dass **cui** unveränderlich ist und dass ihm immer eine Präposition (**di**, **a**, **da**, **in**, **con**, **su**, **per**, **tra**, **fra**) vorangeht, während im Fall von **il quale** die Präposition mit dem Artikel verschmilzt. Das moderne Italienisch benutzt fast immer **cui**.

5. Floskeln und Redewendungen

Lesen Sie noch einmal die folgenden Redewendungen. Wie gewohnt finden Sie anschließend ihre Übersetzung:

> **Con chi parlo, scusi?**
> **Il dottor Ferulano è fuori, ma dovrebbe tornare fra poco.**

Non vorrei disturbare...
Ma le pare, nessun disturbo!
A più tardi!
Peccato!
Dipende...
Ti va di uscire stasera?
Non esageriamo!
Ho una voglia matta di andare a ballare!
Oggi mi sento giù di corda.

▶ Novantanovesima (99°) lezione

Buonasera, dottore!

1 — In Italia ci sono molti dottori, ingegneri, ragionieri, avvocati, professori,
2 — ma non c'è nessun signore!
3 — Questa battuta, sentita una volta da una signora francese, rispecchia un fatto vero: ①
4 — gli italiani, in generale, si rivolgono ad una persona dandole il suo titolo professionale,
5 — e non usando la parola „signore".
6 — Così voi direte sempre:
7 — Buongiorno, ingegnere!
8 — Come sta, dottor Paoletti?
9 — Bene, grazie, e lei, avvocato?
10 — e ancora:
11 — Arrivederla, professore! ②
12 — La formula di cortesia è, come avete visto ormai parecchie volte, il lei,

ANMERKUNGEN

① È una battuta di cattivo gusto. „Das ist ein geschmackloser Witz." (wörtlich: ein Schlag/Einfall von schlechtem Geschmack). In der Theatersprache bedeutet **dare la battuta** „das Stichwort geben".

Mit wem spreche ich, bitte? – Herr Doktor Ferulano ist außer Haus, aber er müsste bald zurückkommen. – Ich möchte nicht stören ... – Aber ich bitte Sie, Sie stören überhaupt nicht! – Bis später! – Schade! – Das kommt darauf an ... – Passt es dir, heute Abend auszugehen? – Übertreiben wir nicht! – Ich habe schreckliche Lust, tanzen zu gehen! – Heute fühle ich mich missgestimmt.

Seconda ondata: 49° lezione (revisione)

Neunundneunzigste Lektion

Guten Abend, [Herr] Doktor!

1 – In Italien gibt es viele Doktoren, Ingenieure, Buchhalter, Rechtsanwälte, Professoren,
2 aber es gibt keinen Herrn!
3 Dieser Witz, einmal von einer französischen Dame aufgefangen (gehört), spiegelt eine Tatsache wider:
4 Im Allgemeinen wenden sich die Italiener an eine Person, indem sie sie mit dem Berufstitel ansprechen (ihnen ihren Berufstitel gebend)
5 und [ohne] das Wort „signore" zu verwenden (nicht benutzend).
6 So werden Sie immer sagen:
7 – Guten Tag, Ingenieur!
8 – Wie geht's (steht's), Doktor Paoletti?
9 – Gut, danke, und Ihnen (Sie), Rechtsanwalt?
10 – Und auch (noch):
11 – Auf Wiedersehen, Professor!
12 – Die Höflichkeitsformel ist, wie Sie nun schon mehrere Male gesehen haben, das „lei".

② **Arrivederla!** „Auf Wiedersehen! (darauf, Sie wiederzusehen)": Dies ist die Höflichkeitsform der Verabschiedung. **Arrivederci!** „darauf, uns wiederzusehen" ist die freundschaftlichere Form.

13 Ma, andando in Italia, vi accorgerete presto che gli italiani si danno molto facilmente del tu:

14 spesso si danno del tu i colleghi di ufficio, gli insegnanti di una stessa scuola.

15 E qualche volta si danno del tu addirittura gli uomini politici alla televisione!

16 E, se avete meno di quarant'anni e un'aria giovane,

17 vi capiterà senz'altro, per la strada o in treno per esempio, di sentirvi rivolgere la parola con il tu! ③

18 Voi, però, date sempre del lei al cameriere del ristorante, alla commessa del negozio, all'impiegato della banca, ④

19 insomma alle persone che non conoscete e a quelle con cui avete dei rapporti formali.

ESERCIZIO 1: Capite queste frasi?

❶ In Italia, in generale, ci si rivolge ad una persona dandole il suo titolo professionale. ❷ Trovo che questa battuta sia proprio di cattivo gusto! ❸ Il dottor Scerelli è una persona importante: è meglio che tu gli dia del lei. ❹ È una cosa che ho sentito dire già parecchie volte! ❺ Mio padre dice sempre che bisogna dare del lei ai camerieri dei ristoranti, e credo proprio che abbia ragione.

13	Aber, [wenn Sie] nach Italien fahren(d), werden Sie schnell bemerken, dass die Italiener sich sehr leicht duzen (das Du geben):
14	Oft duzen sich (geben sich das Du) die Kollegen im Büro, die Lehrer derselben Schule.
15	Und manchmal duzen sich (geben sich das Du) sogar die Politiker im Fernsehen!
16	Und, wenn Sie jünger als vierzig Jahre alt sind (weniger als vierzig Jahre haben) und jung aussehen (junge Luft),
17	wird es Ihnen ohne Weiteres passieren, auf der Straße oder im Zug zum Beispiel, dass man sich mit dem Du an Sie wendet (sich mit dem Du das Wort richten zu hören)!
18	Sie jedoch wenden sich immer mit „Sie" (geben vom Sie) an den Kellner des Restaurants, die Verkäuferin des Geschäfts, den Bankangestellten,
19	also an die Personen, die Sie nicht kennen und zu denen Sie formelle Beziehungen haben.

(ANMERKUNGEN)

③ **Mi telefoni domani? – Senz'altro!** „Rufst du mich morgen an? – Ganz sicher!"

④ **però** ist, wie Sie schon gesehen haben, gleichbedeutend mit **ma** in einem Satz wie: **È tedesco, però vive in Italia da molti anni.** „Er ist Deutscher, aber er wohnt seit vielen Jahren in Italien." Aber in einem Satz wie: **D'accordo, vengo con te; ricordati, però, che alle undici devo essere a casa!** hat **però** eher die Bedeutung „jedoch": „Abgemacht, ich komme mit dir; denk jedoch daran, dass ich um elf zu Hause sein muss!" Beachten Sie auch, dass Sie **però** im Gegensatz zu **ma** auch an anderer Position als am Satzanfang vorfinden können.

(SOLUZIONE DELL'ESERCIZIO 1: Avete capito correttamente?)

❶ Im Allgemeinen wendet man sich in Italien an eine Person, indem man sie mit ihrem Berufstitel anspricht. ❷ Ich finde, dass dieser Witz wirklich geschmacklos ist! ❸ Doktor Scerelli ist eine wichtige Person: Es ist besser, wenn du ihn siezt. ❹ Das ist eine Sache, die ich schon mehrere Male gehört habe (habe sagen hören)! ❺ Mein Vater sagt immer, dass man die Kellner der Restaurants siezen muss, und ich glaube wirklich, dass er recht hat.

ESERCIZIO 2: Inserite le parole mancanti

① Wenn Sie nach Italien fahren, werden Sie (Plural) schnell bemerken, dass die Italiener sich sehr leicht duzen.

. . . . Italia, ... che . . . . del . . . .

② Wie geht es Ihnen, Doktor Rossi? – Sehr gut, danke, und Ihnen?

. . . . . , ... Rossi? – . . . . , ... , ... ?

③ Wenn Sie jünger als vierzig Jahre alt sind (weniger als vierzig Jahre haben) oder jung aussehen,

. . . . , ... , ... ,

④ passiert es Ihnen sicher, dass man sich mit dem Du an Sie wendet (sich mit dem Du angesprochen zu hören).

. . . . , ... sentirvi . . . .

▶ **Centesima (100°) lezione** [tschäntäsima]

Corrispondenza

| 1 | – **Qua**li **so**no le for**mu**le di aper**tu**ra e di chiu**su**ra di **u**na **let**tera? |
| 2 | Di**pen**de, natural**men**te, dal **ti**po di relazi**o**ne che e**sis**te tra il mit**ten**te e il destina**ta**rio. |

⑤ Oft duzen sich die Kollegen im Büro und sogar die Politiker im Fernsehen!

. . . .
. . . . . del . . . .
. . . . !

⑥ Guten Tag, Ingenieur! – Auf Wiedersehen, Professor!

. . . . , ... !
– . . . . , ... !

SOLUZIONE DELL'ESERCIZIO 2: Le parole mancanti.

❶ Quando andrete in – vi accorgerete presto – gli italiani si danno – tu molto facilmente ❷ Come sta – dottor – Bene – grazie – e lei ❸ Se avete meno di quarant'anni o un'aria giovane ❹ vi capiterà senz'altro di – rivolgere la parola con il tu ❺ Spesso i colleghi di ufficio si danno – tu e addirittura i politici alla televisione ❻ Buongiorno – ingegnere – Arrivederla – professore

Seconda ondata: 50° lezione

Hundertste Lektion

Korrespondenz

1 – Wie lauten (Welche sind) die Eröffnungs- und Schlussfloskeln eines Briefes?
2 Das hängt, natürlich, von der Art der Beziehung ab, die zwischen dem Absender und dem Empfänger besteht.

3 — Se si **scri**ve per ra**gio**ni di la**vo**ro o ad **u**na per**so**na che si cono**sce po**co, per comin**cia**re si userà:

4 Gen**ti**le Si**gno**re, E**gre**gio Si**gno**re, Gen**ti**le Diret**tri**ce, E**gre**gio Avvo**ca**to, Gen**ti**le Professo**res**sa. ① ②

5 — Ricor**da**tevi che in I**ta**lia è **mol**to scortese chia**ma**re „si**gno**re" **u**na per**so**na che ha un **ti**tolo.

6 Chiude**re**te la **vo**stra **let**tera con „Di**stin**ti salu**ti**", che è **u**na for**mu**la passe-par**tout**, o con „Cor**dia**li salu**ti**".

7 — Se in**ve**ce si **scri**ve ad **u**na per**so**na più in**ti**ma,
8 si può comin**cia**re con **Ca**ro **San**dro, Ca**ris**sima Fran**ces**ca, **Mi**o **Ca**ro, Ca**ris**sima, ecc.

9 In **que**sto **ca**so le for**mu**le di chiu**su**ra che è pos**si**bile u**sa**re **so**no **mol**to più nume**ro**se. A voi la **scel**ta:

10 **Ca**ri salu**ti**, **Ba**ci, Con **mol**to affe**tto**, Con **mol**ta simpa**ti**a, Ba**cio**ni, ecc.

11 — E se vo**le**te man**da**re gli au**gu**ri ad un a**mi**co ita**lia**no in occa**sio**ne di **u**na ricor**ren**za, po**te**te **di**re: ③

12 I mi**ei** più **ca**ri au**gu**ri di Bu**on** Complea**nno**
13 o, più semplice**men**te, Bu**on** Ono**ma**stico.
14 E, natural**men**te: Bu**on** Na**ta**le, Bu**on An**no, Bu**o**na **Pa**squa.

(ANMERKUNGEN)

① **egregio** „ausgezeichnet, vortrefflich" gilt inzwischen als eine veraltete Anredeform und wurde durch **gentile** (wört. „nett, freundlich") ersetzt; man schreibt also **Gentile Signor Bernardi**, **Gentile Professoressa Nava**, **Gentili Signori** usw.

| 3 | – Wenn man aus beruflichen Gründen schreibt oder an eine Person, die man wenig kennt, wird man für den Anfang (um anzufangen) verwenden:
| 4 | Sehr geehrter (Freundlicher) Herr, (Hoch-)Verehrter (Ausgezeichneter) Herr, Sehr geehrte (Freundliche) Direktorin, Verehrter Rechtsanwalt, Sehr geehrte Professorin.
| 5 | – Erinnern Sie sich daran, dass es in Italien sehr unhöflich ist, eine Person, die einen Titel hat, „Herr" zu nennen.
| 6 | Sie werden Ihren Brief schließen mit „Hochachtungsvoll" (Vornehme Grüße), was eine Floskel ist, die immer passt (Umrahmung), oder mit „mit freundlichen Grüßen" (herzliche Grüße).
| 7 | – Wenn man dagegen einer vertrauteren Person schreibt,
| 8 | kann man beginnen mit Lieber Sandro, Liebste (sehr liebe) Francesca, Mein Lieber, Liebste usw.
| 9 | In diesem Fall sind die Schlussformeln, die man benutzen kann (die es möglich ist zu benutzen), sehr viel zahlreicher. Sie haben die Wahl (Ihnen die Wahl):
| 10 | Liebe Grüße, Küsse, Mit viel Zuneigung, Mit viel Sympathie, Dicke Küsse usw.
| 11 | – Und wenn Sie einem italienischen Freund (die) Glückwünsche anlässlich (in Gelegenheit zu) eines Jahrestages (Wiederkehr) schicken wollen, können Sie sagen:
| 12 | Meine liebsten Glückwünsche zum (Guten) Geburtstag
| 13 | oder, einfacher, Guten Namenstag.
| 14 | Und, natürlich: Frohe (Gute) Weihnachten, Gutes [Neues] Jahr, Frohe (Gute) Ostern.

② **direttore** „Direktor", feminin: **direttrice**; **attore** „Schauspieler", **attrice**; **pittore** „Maler", **pittrice**; **dottore** „Doktor", **dottoressa**; **professore** „Professor", **professoressa**.

③ **Questo libro mi è stato regalato in occasione del mio compleanno.** „Dieses Buch wurde mir anlässlich meines Geburtstages geschenkt."

ESERCIZIO 1: Capite queste frasi?

❶ Quali sono le formule di apertura di una lettera? ❷ Ce ne sono molte: „Gentile Signore", „Egregio Professore", „Caro Sandro". ❸ E quali sono le formule per chiudere una lettera? ❹ Eccole: „Distinti saluti" o „Cordiali saluti". ❺ Oppure: „Cari saluti", „Con molta simpatia", „Bacioni". ❻ Per gli auguri potete scrivere: „I miei più cari auguri di buon compleanno".

ESERCIZIO 2: Inserite le parole mancanti

❶ Schreibt man einen Brief an eine Person, die man wenig kennt,

. . . .

. . . . ,

❷ wird man beginnen mit „Sehr geehrter (Freundlicher) Herr", und man wird schließen mit „Mit freundlichen Grüßen" (herzliche Grüße).

. . . . " . . . .

. . . . " . . . . ".

❸ Wenn man dagegen an einen Freund schreibt, wird man am Anfang sagen „Lieber Sandro" und am Schluss „Mit viel Zuneigung".

. . . . ,

all'inizio si dirà „ . . . . " e alla fine

„ . . . . ".

❹ Wenn Sie (Pl.) anlässlich eines Festes einem italienischen Freund (die) Glückwünsche schicken wollen,

. . , ... festa,

. . . .

. . . . ,

SOLUZIONE DELL'ESERCIZIO 1: Avete capito correttamente?

① Wie lauten die Eröffnungsklauseln eines Briefes? ② Es gibt viele (davon): „Sehr geehrter Herr", „Verehrter Professor", „Lieber Sandro". ③ Und wie lauten die Schlussformeln? ④ Hier sind sie: „Hochachtungsvoll" oder „Herzliche Grüße". ⑤ Oder „Liebe Grüße", „Mit viel Sympathie", „Dicke Küsse". ⑥ Als Glückwünsche (Für die Glückwünsche) können Sie schreiben „Meine liebsten Glückwünsche zum (guten) Geburtstag".

⑤ können Sie sagen: Frohe (Gute) Weihnachten, Gutes [Neues] Jahr, Guten Geburtstag.

SOLUZIONE DELL'ESERCIZIO 2: Le parole mancanti.

① Se si scrive una lettera a una persona che si conosce poco ② si comincerà con „Gentile Signore" e si chiuderà con „Cordiali saluti" ③ Se invece si scrive a un amico – „Caro Sandro" – „Con molto affetto" ④ Se – in occasione di una – volete mandare gli auguri a un amico italiano ⑤ potete dire – „Buon Natale" – „Buon Anno" – „Buon Compleanno"

Sie haben festgestellt, dass im Italienischen zahlreiche unregelmäßige Verben vorkommen, und Sie haben (vielleicht) einige Schwierigkeiten, all ihre Formen korrekt zu verwenden. Die Praxis wird Sie jedoch Stück für Stück dazu bringen, sie zu beherrschen. Um dieses Ziel schneller zu erreichen, können Sie den Übungen in unseren Lektionen weitere hinzufügen (was

▶ Centunesima (101°) lezione

Galateo italiano ①

1 – Immaginiamo che... siate a Roma per affari,
2 e una mattina il portiere dell'albergo vi porga un biglietto del direttore della filiale italiana della ditta per cui lavorate. ②
3 – „Gentile Dottore, mia moglie ed io saremmo lieti di averla a cena da noi sabato prossimo 23 (ventitré) marzo. ③
4 Nell'attesa di una sua conferma, le invio i miei più cordiali saluti. Vittorio Paoletti".
5 – Gentile, vero? Rispondete con un biglietto:

ANMERKUNGEN

① **Galateo:** Anstandsbuch (der italienische „Knigge"). Das Wort stammt von dem Titel einer Abhandlung des **Monsignore Giovanni della Casa** (1503-1556), der diese Abhandlung nach dem Namen des **Galateo Florimonte,** Bischof von Sessa, der ihm die Idee dazu geliefert hatte, benannte.

> vor allem in der „Zweiten Welle" wichtig ist): Sie können z.B. die Sätze der Dialoge in alle Zeitformen setzen, die Sie kennen: Präsens, Perfekt, Imperfekt, und warum nicht auch in den Konjunktiv?! Sie können dann anhand des grammatikalischen Anhangs am Ende dieses Lehrwerks überprüfen, ob alles richtig ist.

Seconda ondata: 51° lezione

Hunderterste Lektion

Italienisches Anstandsbuch

1 – Stellen wir uns vor, dass ... Sie sind in Geschäftsangelegenheiten (für Geschäfte) in Rom,
2 und eines Morgens reicht der Hotelportier Ihnen die (eine) Karte des Direktors der italienischen Filiale der Firma, für die Sie arbeiten.
3 – „Sehr geehrter [Herr] Doktor (Freundlicher Doktor), meine Frau und ich wären erfreut, Sie am nächsten Samstag, [dem] dreiundzwanzig[sten] März, bei uns zum Abendessen zu sehen (haben).
4 In Erwartung Ihrer Zusage (einer Ihrigen Bestätigung), sende ich Ihnen meine herzlichsten Grüße. Vittorio Paoletti."
5 Freundlich, [nicht] wahr? Sie antworten mit einer Karte:

② **porgere** „reichen, geben", ist ein sehr „gewähltes" Wort, das hauptsächlich in Redewendungen gebraucht wird, wie: **porgere la mano** „die Hand reichen", **porgere il benvenuto** „willkommen heißen". Die Redewendung **Le porgo i miei migliori saluti** entspricht dem Deutschen: „Ich sende Ihnen meine besten Grüße."

③ **lieto** „heiter, glücklich" ist ein sehr literarisches Adjektiv, das man in der gängigen Sprache nur in Redewendungen benutzt, wie: **Lieto di conoscerla!** „Ich freue mich, Sie kennenzulernen!" **Sarò lieto di incontrarla al più presto.** „Ich wäre (werde sein) glücklich, Sie so schnell wie möglich zu treffen."

| 6 | – „Gentile Dottore, **so**no fe**li**ce di accet**ta**re il **su**o in**vi**to per **sa**bato.
| 7 | Nell'at**te**sa, **por**go a lei e a **su**a **mo**glie i mi**ei** mi**glio**ri sa**lu**ti. **Jac**ques Du**pont**."
| 8 | – Il **sa**bato mat**ti**na bi**so**gna che man**dia**te dei **fio**ri **al**la si**gno**ra – ma po**te**te **an**che, se prefe**ri**te, por**tar**glieli voi **stes**si la **se**ra.
| 9 | Arri**va**te puntu**a**li, ma non in an**ti**cipo, per ca**ri**tà!
| 10 | Se circo**stan**ze impre**vis**te vi **han**no impe**di**to di arri**va**re all'**o**ra e**sat**ta, scu**sa**tevene con la pa**dro**na di **ca**sa:
| 11 | – Mi **scu**si del ri**tar**do, si**gno**ra, ho a**vu**to dei pro**ble**mi per tro**va**re un **ta**xi...
| 12 | – Ma si fi**gu**ri! E **gra**zie per le ma**gni**fiche **ro**se!
| 13 | – ... rispon**de**rà sicura**men**te lei con un sor**ri**so.
| 14 | Il **gior**no se**guen**te man**da**te **al**la si**gno**ra un bi**gliet**to di ringrazia**men**to:
| 15 | – „Gentile Si**gno**ra, la rin**gra**zio infinita**men**te per la deli**zio**sa se**ra**ta e la **ce**na squi**si**ta.
| 16 | **Spe**ro di po**ter** ricam**bia**re il **su**o in**vi**to **quan**do lei e **su**o marito passe**ran**no per Lyon. Cor**dia**li sa**lu**ti. **Jac**ques Du**pont**". ④

ESERCIZIO 1: Capite queste frasi?

❶ Il dottor Paoletti e sua moglie mi hanno invitato a casa loro sabato sera. Gentili, vero? ❷ Lei è a Roma per affari? ❸ Arrivate puntuali, ma non in anticipo, per carità, il galateo lo vieta! ❹ Stamattina il portiere dell'albergo mi ha dato un biglietto: era un invito a cena del direttore della filiale italiana della mia ditta. ❺ Spero di poter ricambiare il suo invito quando lei e sua moglie passeranno per Lione (Lyon).

|6| – „Sehr geehrter [Herr] Doktor (Freundlicher Doktor), ich bin glücklich, Ihre Einladung für Samstag anzunehmen.

|7| In Erwartung sende ich Ihnen und Ihrer Frau meine besten Grüße. Jacques Dupont."

|8| – Am Samstagmorgen müssen Sie der Gastgeberin (Dame) Blumen schicken – aber Sie können sie ihr auch am Abend selbst bringen, wenn Sie es vorziehen.

|9| Kommen Sie pünktlich an, aber nicht zu früh (im voraus), um Gottes willen!

|10| Wenn unvorhergesehene Umstände Sie [daran] gehindert haben, zur genauen Zeit (Stunde) zu kommen, entschuldigen Sie sich deswegen bei (mit) der Gastgeberin:

|11| – Entschuldigen Sie (mir) die Verspätung, [gnädige] Frau, ich habe Probleme gehabt, ein Taxi zu finden ...

|12| – Aber ich bitte Sie! Und [vielen] Dank für die wunderschönen Rosen!

|13| – ... wird sie sicher mit einem Lächeln antworten.

|14| Am nächsten Tag schicken Sie der Gastgeberin eine Dankes- karte:

|15| – „Sehr geehrte (Freundliche) Dame (Frau), ich danke Ihnen unendlich für den entzückenden Abend und das vorzügliche Essen (Abendessen).

|16| Ich hoffe, Ihre Einladung erwidern zu können, wenn Sie und Ihr Gatte (Ehemann) [mal] nach Lyon kommen (für Lyon vor- beigehen werden). Mit freundlichen Grüßen Jacques Dupont."

ANMERKUNGEN

④ Heute benutzt man eher den italienischen Namen **Lione** für „Lyon". Merken Sie sich auch die folgenden Städtenamen: **Berlino**, „Berlin"; **Parigi**, „Paris"; **Londra**, „London"; **Amburgo**, „Hamburg"; **Colonia**, „Köln"; **Monaco**, „München"; **Brema**, „Bremen".

SOLUZIONE DELL'ESERCIZIO 1: Avete capito correttamente?

❶ Doktor Paoletti und seine Frau haben mich [für] Samstagabend zu sich eingeladen. Nett, nicht wahr? ❷ Sind Sie in Geschäftsan- gelegenheiten in Rom? ❸ Kommen Sie pünktlich an, aber nicht zu früh, um Gottes willen, der Anstand verbietet das! ❹ Heute Morgen hat mir der Hotelportier eine Karte gegeben: Es war eine Einladung zum Abendessen des Direktors der italienischen Filiale meiner Fir- ma. ❺ Ich hoffe, Ihre Einladung erwidern zu können, wenn Sie und Ihre Frau nach Lyon kommen.

ESERCIZIO 2: Inserite le parole mancanti

① Meine Frau und ich wären erfreut, Sie am nächsten Samstag bei uns zum Abendessen zu sehen (zu haben).

. . . . ed . . . .
. . . .
. . . .

② In Erwartung Ihrer Zusage (einer Ihrigen Bestätigung) sende ich Ihnen meine herzlichsten Grüße.

. . . . ' . . . . una . . . . ,
. . . . . . i . . . .

③ Entschuldigen Sie (mir) die Verspätung, [gnädige] Frau, ich habe Probleme gehabt, ein Taxi zu finden.

. . . . , ... , . .
. . . .
. . . . .

④ Aber ich bitte Sie! Und [vielen] Dank für Ihre wunderschönen Rosen!

. . . . ! . . . .
. . . . !

⑤ Ich bin glücklich, Ihre Einladung anzunehmen, und ich sende Ihnen meine besten Grüße.

. . . . il . . .
. . . . . . e . . . . . . i . . . .
. . . .

⑥ Sehr geehrte (Freundliche) Dame (Frau), ich danke Ihnen unendlich für den entzückenden Abend und das vorzügliche Abendessen.

.... , ...
.... deliziosa ......
... .

SOLUZIONE DELL'ESERCIZIO 2: Le parole mancanti.

❶ Mia moglie – io saremmo lieti di averla a cena da noi sabato prossimo ❷ Nell'attesa di – sua conferma – le invio – miei più cordiali saluti ❸ Mi scusi del ritardo – signora – ho avuto dei problemi per trovare un taxi ❹ Ma si figuri – E grazie per le magnifiche rose ❺ Sono felice di accettare – suo invito – le porgo – miei migliori saluti – ❻ Gentile Signora – La ringrazio infinitamente per la – serata e la cena squisita

Seconda ondata: 52° lezione

▶ Centoduesima (102°) lezione

Ancora corrispondenza

1 – E se provassimo ad organizzare le prossime vacanze in Italia? ①
2 Parigi, 9 (nove) febbraio, Sig. Mazza, Albergo La Conchiglia, Palinuro, Salerno
3 – „Egregio Signore, vorrei prenotare una camera doppia dal tre al dieci giugno.
4 Le sarei grato se lei volesse inviarmi tutte le informazioni riguardanti la disponibilità di camere e i prezzi.
5 La pregherei, inoltre, di farmi sapere se è possibile portare il proprio cane e a quali condizioni. ②
6 Se lei avesse bisogno di una caparra, potrei inviarle un vaglia internazionale nel più breve tempo possibile.
7 In attesa di una sua risposta le porgo distinti saluti."

Hundertzweite Lektion

Weitere Korrespondenz

1 – Und wenn wir versuchten, den nächsten Urlaub in Italien zu organisieren?
2   Paris, 9. Februar, Herrn Mazza, Hotel La Conchiglia [Die Muschel], Palinuro, Salerno
3 – „Sehr geehrter (Hochverehrter) Herr, ich möchte ein Doppelzimmer vom dritten (drei) bis zum zehn[ten] Juni vorbestellen.
4   Ich wäre Ihnen dankbar, wenn Sie mir alle Informationen bezüglich der Verfügbarkeit der Zimmer und der Preise zusenden wollten.
5   Außerdem möchte ich Sie bitten, mich wissen zu lassen, ob es möglich ist, den eigenen Hund mitzubringen, und zu welchen Bedingungen.
6   Wenn Sie eine Anzahlung brauchen, könnte ich Ihnen in kürzestmöglicher Zeit eine internationale Anweisung schicken.
7   In Erwartung Ihrer Antwort (einer Ihrigen Antwort) sende ich Ihnen [meine] besten Grüße."

(ANMERKUNGEN)

① Hier lernen Sie den Konjunktiv Imperfekt kennen. Keine Sorge: Er stellt keine große Schwierigkeit dar. Mit ein bisschen Geduld werden Sie auch diese Hürde meistern! Wir zeigen Ihnen hier nur die häufigste seiner Anwendungsmöglichkeiten, und zwar in einem Satz mit **se**, z.B. **se tu mangiassi non avresti fame**, „wenn du essen würdest, hättest du keinen Hunger". Merken Sie sich die Sätze so, wie sie sind, indem Sie sie mehrmals laut lesen, und versuchen Sie dann, sie anzuwenden, sobald Sie die Möglichkeit dazu haben.

② Vergessen Sie nicht, dass man **proprio**, „eigen", verwendet, um den Besitz in unpersönlichen Sätzen auszudrücken: **Ognuno beve la propria acqua**, „Jeder trinkt sein eigenes Wasser".

8	– E se **ave**ste dimenti**ca**to qual**co**sa in al**ber**go?
9	– „Gen**ti**le Si**gno**re, lo **scor**so **giu**gno ho occu**pa**to la **stan**za **nu**mero trenta**no**ve del **su**o al**ber**go.
10	**Cre**do di a**ver** la**scia**to nell'ar**ma**dio **u**na giac**ca** di **la**na blu.
11	Le sa**rei mol**to **gra**to se po**tes**se **es**sere co**sì** gen**ti**le da spe**dir**mela.
12	Le **spe**se di spedi**zio**ne sa**ran**no, ov**vi**amente, a **mio ca**rico.
13	Ringra**zian**dola e spe**ran**do di non a**ver**la distur**ba**ta **trop**po,
14	**por**go di**stin**ti sa**lu**ti."

ESERCIZIO 1: Capite queste frasi?

❶ Se provassimo ad organizzare le prossime vacanze? ❷ Le sarei grato se volesse inviarmi tutte le informazioni riguardanti la disponibilità di camere e i prezzi. ❸ In attesa di una sua risposta le porgo distinti saluti. ❹ Credo di aver lasciato nell'armadio una giacca di lana blu. ❺ Ringraziandola e sperando di non averla disturbata troppo, porgo distinti saluti.

ESERCIZIO 2: Inserite le parole mancanti

❶ Ich möchte ein Doppelzimmer vom dritten bis zum zehnten Juni vorbestellen.

. . . .
. . . .

| 8 | – Und wenn Sie etwas im Hotel vergessen hätten?
| 9 | – „Sehr geehrter (Freundlicher) Herr, im letzten Juni habe ich das Zimmer Nummer neununddreißig Ihres Hotels belegt.
| 10 | Ich glaube, eine blaue Wolljacke im Schrank gelassen zu haben.
| 11 | Ich wäre Ihnen sehr dankbar, wenn Sie so freundlich sein könnten, sie mir zu schicken.
| 12 | Die Versandkosten werden selbstverständlich (offensichtlich) auf meine Kosten gehen.
| 13 | Indem ich Ihnen danke (Ihnen dankend) und hoffe (hoffend), Sie nicht zu sehr belästigt (gestört) zu haben,
| 14 | sende ich beste Grüße."

SOLUZIONE DELL'ESERCIZIO 1: Avete capito correttamente?

❶ Wenn wir versuchten, den nächsten Urlaub zu organisieren? ❷ Ich wäre Ihnen dankbar, wenn Sie mir alle Informationen bezüglich der Verfügbarkeit der Zimmer und der Preise zusenden wollten. ❸ In Erwartung Ihrer Antwort sende ich Ihnen die besten Grüße. ❹ Ich glaube, eine blaue Wolljacke im Schrank gelassen zu haben. ❺ Indem ich Ihnen danke und hoffe, Sie nicht zu sehr belästigt zu haben, sende ich beste Grüße.

❷ Ich möchte wissen, ob es möglich ist, den eigenen Hund mitzubringen, und zu welchen Bedingungen.

. . . .
. . . .
. . . .

❸ Ich könnte Ihnen eine internationale Anweisung in kürzestmöglicher Zeit schicken.

. . . .
. . . .
. . . .

❹ Und wenn Sie (Pl.) etwas im Hotel vergessen hätten?

. . . aveste . . . .
. . . . ?

▶ Centotreesima (103°) lezione

Come si dice?

1 – Vediamo (o rivediamo) insieme che cosa si dice in alcune situazioni in cui potreste trovarvi andando in Italia.
2   Siete in treno e nello stesso scompartimento c'è una signora.
3   Voi avete voglia di fumare una sigaretta:
4 – Signora, le dà fastidio se fumo?
5 – No, prego, faccia pure!
6 – Siete con un conoscente e ne incontrate un altro:
7 – Le presento il dottor Rossi.
8 – Molto lieto, Enrico Piccoli.

⑤ Die Versandkosten werden selbstverständlich auf meine

Kosten (auf meine Last) gehen.

. . . . di . . . . ,

. . . . , ...

> SOLUZIONE DELL'ESERCIZIO 2: Le parole mancanti.

❶ Vorrei prenotare una camera doppia dal tre al dieci giugno.
❷ Vorrei sapere se è possibile portare il proprio cane e a quali condizioni. ❸ Potrei inviarle un vaglia internazionale nel più breve tempo possibile. ❹ E se – dimenticato qualcosa in albergo? ❺ Le spese – spedizione saranno – ovviamente – a mio carico

Seconda ondata: 53° lezione

Hundertdritte Lektion

Wie sagt man?

1 – Sehen wir (oder sehen wir noch einmal) gemeinsam, was man in einigen Situationen sagt, in denen Sie sich befinden könnten, wenn Sie nach Italien fahren (gehend nach Italien).
2   Sie sind im Zug, und im selben Abteil (da) ist eine Dame.
3   Sie haben Lust, eine Zigarette zu rauchen:
4 – (Frau), stört es Sie (gibt [es] Ihnen Ärger), wenn ich rauche?
5 – Nein, bitte, tun Sie [es] nur!
6 – Sie sind mit einem Bekannten [zusammen] und treffen einen weiteren (davon):
7 – Ich stelle Ihnen (der) [Herrn] Doktor Rossi vor.
8 – Sehr erfreut, Enrico Piccoli.

LEKTION 103

9 – Qualcuno che conoscete va a passare un week-end a Venezia:
10 – Buon weekend e buon divertimento!
11 – Salutate un amico prima di partire tutti e due per le vacanze: ①
12 – Allora, buone vacanze!
13 – Grazie, altrettanto!
14 – Bussate discretamente alla porta di un superiore:
15 – Permesso?
16 – Avanti!
17 – La disturbo?
18 – No, affatto. Si accomodi!
19 – Andate al bar con un collega:
20 – Offro io! Oggi tocca a me! ②
21 – Oppure, più semplicemente:
22 – Posso offrirle qualcosa, dottore?
23 – E se il collega in questione ha fatto cadere il suo cappuccino sulla vostra giacca nuova:
24 – Ma non importa, non si preoccupi! È una cosa da nulla! ③

9 – Jemand, den Sie kennen, fährt [weg], [um] ein Wochenende in Venedig zu verbringen:
10 – Schönes (Gutes) Wochenende und viel (gutes) Spaß!
11 – Sie verabschieden sich von einem Freund, bevor Sie (alle) beide in den Urlaub fahren:
12 – Also, schöne (gute) Ferien!
13 – Danke, gleichfalls!
14 Sie klopfen diskret an die Tür eines Vorgesetzten:
15 – Gestatten Sie (Erlaubnis)?
16 – [Kommen Sie] herein!
17 – Störe ich Sie?
18 – Nein, überhaupt nicht. Setzen Sie sich!
19 – Sie gehen mit einem Kollegen in ein Café:
20 – Ich lade Sie ein (biete an)! Heute bin ich an der Reihe (berührt es mich)!
21 – Oder einfacher:
22 – Darf ich Ihnen etwas anbieten, [Herr] Doktor?
23 – Und wenn der fragliche Kollege seinen Cappuccino auf Ihre neue Jacke geschüttet (fallen gemacht) hat:
24 – Aber das macht nichts, machen Sie sich keine Sorgen! Das ist eine Kleinigkeit!

ANMERKUNGEN

① Beachten Sie diese Ausdrücke, die Sie bei Italienischsprechern hören werden: **Salutami Francesca!** „Grüß Francesca von mir (grüß mir Francesca)!" und **Mi saluti sua moglie, Professor Martinelli!** „Grüßen Sie Ihre Frau von mir (Grüßen Sie mir Ihre Frau), Herr Professor Martinelli!"

② Ebenso (beim Zahnarzt oder beim Friseur): **Tocca a lei, signora!** „Sie sind an der Reihe, [gnädige] Frau!" Und zu Hause: **Perché tocca sempre a me lavare i piatti?** „Warum bin immer ich an der Reihe, das Geschirr zu spülen (die Teller zu waschen)?"

③ **Non importa!** „Das macht nichts! (Das hat keine Bedeutung!)." Beachten Sie auch: **Non me ne importa niente!** „Das ist mir egal!", „Das macht mir nichts aus!" **Che t'importa!** „Was kümmert dich das?"

ESERCIZIO 1: Capite queste frasi?

❶ Se andate dal direttore, bussate discretamente. ❷ Questa è una situazione in cui potreste trovarvi andando in Italia. ❸ Non è un amico, è solo un conoscente. ❹ Oh, mi scusi, ho fatto cadere il caffè sulla sua giacca, mi dispiace infinitamente! ❺ Lei torna in Francia per le vacanze? Allora mi saluti sua moglie! ❻ Se nello stesso scompartimento c'è una signora, è meglio chiederle il permesso di fumare. ❼ Non me ne importa niente, hai capito?

ESERCIZIO 2: Inserite le parole mancanti

❶ Stört es Sie, wenn ich rauche? – Nein, bitte, tun Sie [es] nur!

. . . . ? – . . ,
. . . . . , ... pure!

❷ Ich stelle Ihnen Herrn Doktor Rossi vor. – Sehr erfreut, Enrico Piccoli.

. . . . Rossi. – . . . . .
. . . . . , Enrico Piccoli.

❸ Gestatten Sie (Erlaubnis)? – [Kommen Sie] herein! – Störe ich Sie? – Nein, überhaupt nicht, setzen Sie sich!

. . . . ? – . . . . . . ! – . . . . ?
– . . , ... , ... !

❹ Darf ich Ihnen etwas anbieten? – Nein, heute bin ich an der Reihe!

. . . . ? – . . ,
. . . . !

SOLUZIONE DELL'ESERCIZIO 1: Avete capito correttamente?

① Wenn Sie zum Direktor gehen, klopfen Sie diskret. ② Dies ist eine Situation, in der Sie sich befinden könnten, wenn Sie nach Italien fahren. ③ Er ist kein Freund, er ist nur ein Bekannter. ④ Oh, entschuldigen Sie, ich habe den Kaffee auf Ihre Jacke geschüttet. Das tut mir unendlich leid! ⑤ Sie fahren im Urlaub nach Frankreich zurück? Dann grüßen Sie Ihre Frau von mir! ⑥ Wenn im selben Abteil eine Dame ist, ist es besser, sie um Erlaubnis zu bitten, rauchen zu dürfen (zu rauchen). ⑦ Das ist mir egal, hast du verstanden?

⑤ Sie fahren morgen nach Capri, [Herr] Doktor Carli? Dann schöne (gute) Ferien! – Danke, gleichfalls! – Und viel (gutes) Spaß!

. . . . . . Capri . . . . . . , ... Carli?
. . . . , allora! – . . . . . . ,
. . . . ! – . . . . !

⑥ Aber das macht nichts, machen Sie sich keine Sorgen! Das ist eine Kleinigkeit!

. . . . , ... !
. . . . cosa . . . . !

SOLUZIONE DELL'ESERCIZIO 2: Le parole mancanti.

① Le dà fastidio se fumo – No – prego – faccia ② Le presento il dottor – Molto lieto ③ Permesso – Avanti – La disturbo – No – affatto – si accomodi ④ Posso offrirle qualcosa – No – oggi tocca a me ⑤ Parte per – domani – dottor – Buone vacanze – Grazie – altrettanto – E buon divertimento ⑥ Ma non importa – non Si preoccupi – È una – da nulla

Seconda ondata: 54° lezione

▶ Centoquattresima (104°) lezione

Al telefono

1 – E se vo**les**te telefo**na**re al tea**t**ro per preno**ta**re dei **pos**ti?
2   Non dimenti**ca**te che da **u**na ca**bi**na pub**b**lica **spes**so ci **vuo**le un get**to**ne telefo**ni**co.
3   Se **fa**te e ri**fa**te il **nu**mero ed è **sem**pre occu**pa**to, ab**bia**te pa**zien**za,
4   si sa, i botte**ghi**ni dei tea**t**ri **so**no **sem**pre som**mer**si di telefo**na**te.
5   Se in**ve**ce non c'è **pro**prio **li**nea, è più **gra**ve, **vuol di**re che il te**le**fono è **guas**to.
6   Final**men**te qual**cu**no vi ris**pon**de.
7 – **Co**me! Non ci **so**no più **pos**ti? Nep**pu**re **u**no strapun**ti**no?
8   Va **be**ne, pa**zien**za, me ne pre**no**ti **du**e per la setti**ma**na **pros**sima.
9 – Se la **li**nea è distur**ba**ta e voi non riu**sci**te a ca**pi**re **nien**te, po**te**te **di**re:
10 – **Scu**si, non la **sen**to **be**ne, può par**la**re più **for**te?
11   A che **o**ra ha **det**to che co**min**cia lo spet**ta**colo? Alle 20.30 (**ven**ti e **tren**ta)? **Be**ne! E a che **o**ra fi**nis**ce?
12   Mi **scu**si an**co**ra, ma c'è **mol**to ru**mo**re. **Al**le 23 (venti**tré**)? La rin**gra**zio.
13 – Se all'u**sci**ta del te**a**tro, a mezza**not**te, vo**le**te **fa**re un salu**ti**no all'a**mi**co **San**dro,
14   ma distratta**men**te **fa**te un **nu**mero per un **al**tro, scu**sa**tevi di**cen**do:
15 – Mi **scu**si, ho sba**glia**to **nu**mero!

Hundertvierte Lektion

Am Telefon

1 – Und wenn Sie das Theater anrufen möchten, um Plätze zu reservieren?
2 Vergessen Sie nicht, dass man von einer öffentlichen Kabine aus oft eine Telefonmünze braucht.
3 Wenn Sie die Nummer wählen und wieder wählen (machen und wieder machen), und sie ist immer besetzt, haben Sie Geduld (mögen Sie Geduld haben),
4 [wie] man weiß, werden die Theaterkassen immer von Anrufen überflutet.
5 Wenn dagegen wirklich keine Leitung zustande kommt (Wenn es dagegen wirklich keine Leitung gibt), ist es schwerwiegender, das bedeutet, dass das Telefon defekt ist.
6 Endlich antwortet Ihnen jemand.
7 – Wie! Es gibt keine Plätze mehr? Nicht einmal einen Notsitz?
8 In Ordnung, da kann man nichts machen, reservieren Sie mir bitte (Sie mögen mir reservieren) zwei (davon) für die nächste Woche.
9 – Wenn die Leitung gestört ist und Sie es nicht schaffen, etwas (nichts) zu verstehen, können Sie sagen:
10 – Entschuldigen Sie, ich höre Sie nicht gut, können Sie lauter (stärker) sprechen?
11 Um wie viel Uhr, haben Sie gesagt, beginnt die Vorstellung? Um 20.30 [Uhr]? Gut! Und wann endet sie?
12 Entschuldigen Sie (mich) noch [einmal], aber da ist viel Lärm. Um 23 [Uhr]? Ich danke Ihnen.
13 – Wenn Sie am Ausgang des Theaters, um Mitternacht, den Freund Sandro schnell begrüßen möchten (einen kleinen Gruß machen wollen),
14 aber zerstreuterweise eine andere Nummer wählen (eine Nummer für einen anderen machen), entschuldigen Sie sich, indem Sie sagen (sagend):
15 – Verzeihen Sie (mir), ich habe mich verwählt (die Nummer geirrt).

LEKTION 104

455 • quattrocentocinquata**cin**que

ESERCIZIO 1: Capite queste frasi?

❶ Per telefonare da una cabina pubblica spesso ci vuole un gettone. ❷ Se il numero è sempre occupato, abbiate pazienza. ❸ Non c'è linea, perché il telefono è guasto. ❹ Si sa, i botteghini sono sempre sommersi di telefonate. ❺ Finalmente qualcuno vi risponde. ❻ Se fate un numero per un altro, scusatevi dicendo: Mi scusi, ho sbagliato numero.

ESERCIZIO 2: Inserite le parole mancanti

❶ Und wenn Sie (Pl.) das Theater anrufen möchten, um Plätze zu reservieren?

. . . voleste . . . .
. . . . ?

❷ Um wie viel Uhr, haben Sie (Sing.) gesagt, beginnt die Vorstellung?

. . . .
spettacolo?

❸ Und um wie viel Uhr endet sie? Ich danke Ihnen!

. . . . ? . . . . !

❹ Wie? Es gibt keine Plätze mehr? Nicht einmal einen Notsitz?

. . . . ? . . . . ?
. . . . strapuntino?

❺ In Ordnung, da kann man nichts machen (Geduld), reservieren Sie mir bitte (Sie mögen mir reservieren) zwei (davon) für die nächste Woche.

. . . . . . , ... , ...
. . . . la settimana prossima.

SOLUZIONE DELL'ESERCIZIO 1: Avete capito correttamente?

❶ Um von einer öffentlichen Kabine aus zu wählen, braucht man oft eine Telefonmünze. ❷ Wenn die Nummer immer besetzt ist, haben Sie Geduld. ❸ Die Leitung kommt nicht zustande (Es gibt keine Leitung), weil das Telefon defekt ist. ❹ Wie man weiß, werden die Kassen immer von Anrufen überflutet. ❺ Endlich antwortet Ihnen jemand. ❻ Wenn Sie eine andere Nummer wählen (eine Nummer für einen anderen machen), entschuldigen Sie sich, indem Sie sagen (sagend): Verzeihen Sie mir, ich habe mich verwählt (ich habe die Nummer verwechselt).

❻ Entschuldigen Sie (mich), ich höre Sie nicht gut, können Sie lauter sprechen?

. . . . , ... , ... ?

SOLUZIONE DELL'ESERCIZIO 2: Le parole mancanti.

❶ E se – telefonare al teatro per prenotare dei posti ❷ A che ora ha detto che comincia lo ❸ E a che ora finisce – La ringrazio ❹ Come – Non ci sono più posti – Neppure uno ❺ Va bene – pazienza – me ne prenoti due per ❻ Mi scusi – non la sento bene – può parlare più forte

Seconda ondata: 55° lezione

▶ Centocinquesima (105°) lezione

Arrivederci!

1 – Cari amici, eccovi arrivati senza sforzo all'ultima lezione del vostro Assimil di italiano.
2 Noi speriamo che queste settimane passate in compagnia dell'italiano non siano state per voi noiose né faticose.
3 – Probabilmente, a questo punto, avete una gran voglia di andare in Italia! ①
4 È un'ottima idea! Questo vi permetterà infatti di mettere in pratica tutto quello che avete imparato fin qui.
5 – Vi accorgerete che riuscite già a sbrogliarvela abbastanza bene, ②
6 ma anche che avete ancora qualcosa da imparare!
7 – Il vostro studio infatti non è finito qui:
8 vi resta da completare, innanzitutto, la seconda ondata, la vostra fase attiva.
9 E poi, se ne avete voglia, potrete passare alla „Pratica dell'Italiano".

SENZA SFORZO!

Hundertfünfte Lektion

Auf Wiedersehen!

1 – Liebe Freunde, hier [sind] Sie [nun] ohne Mühe (Anstrengung) bei der letzten Lektion Ihres Assimil-Italienisch[-Kurses] angekommen.
2 Wir hoffen, dass diese vergangenen Wochen in Begleitung des Italienischen für Sie weder (nicht) langweilig noch anstrengend gewesen sind (seien).
3 – Wahrscheinlich haben Sie an diesem Punkt (eine) große Lust, nach Italien zu fahren!
4 Das ist eine sehr gute Idee! Dies wird es Ihnen in der Tat erlauben, alles das (jenes), was Sie bis jetzt gelernt haben, in [die] Praxis umzusetzen.
5 – Sie werden bemerken, dass Sie [es] schon schaffen, sich ziemlich gut aus der Affäre zu ziehen,
6 aber auch, dass Sie noch etwas zu lernen haben!
7 – Ihr Studium ist in der Tat hier nicht beendet:
8 Es bleibt Ihnen vor allem, die „Zweite Welle", Ihre aktive Phase, zu vervollständigen.
9 Und dann, wenn Sie Lust dazu haben, werden Sie zu „Pratica dell'Italiano" („Italienisch in der Praxis") übergehen können.

(ANMERKUNGEN)

① **grande** verliert die letzte Silbe vor Wörtern, die mit einem Konsonanten beginnen: **È proprio un gran signore!** „Das ist wirklich ein bedeutender Herr!" **Ho una gran sete.** „Ich habe (einen) großen Durst."

② **sbrogliarsela** „sich aus der Affäre ziehen (sich daraus entwirren)": **Che se la sbrogli da solo!** „Er soll sich allein aus der Affäre ziehen!"

|10| – E intanto non trascurate le occasioni di avere dei contatti con la lingua italiana:

|11| andate a vedere film italiani, ascoltate canzoni italiane,

|12| date uno sguardo, se vi capita, ai titoli dei giornali italiani che potete trovare nel vostro Paese,

|13| e – perché no? – innamoratevi di un italiano o di un'italiana!

|14| – Vi ringraziamo di averci seguito fin qui e vi diciamo „Arrivederci, a presto!".

Gli autori

ESERCIZIO 1: Capite queste frasi?

❶ Fare un viaggio in Italia vi permetterebbe di mettere in pratica tutto quello che avete imparato. ❷ Il vostro studio, però, non è finito qui. ❸ Vi resta da completare, innanzitutto, la seconda ondata. ❹ E poi, se ne avete voglia, potete restare ancora in nostra compagnia. ❺ Speriamo che queste settimane che abbiamo passate insieme non siano state troppo noiose. ❻ Forse le occasioni di innamorarsi di un italiano non sono molte: ❼ meglio continuare a studiare l'italiano con la Pratica dell'Italiano!

ESERCIZIO 2: Inserite le parole mancanti

❶ Werfen Sie (Gebt) (Pl.) einen Blick auf die Titel der Zeitungen, wenn es sich (euch) ergibt.

. . . . vi . . . .

|10| — Und vernachlässigen Sie unterdessen nicht die Gelegenheiten, Kontakte mit der italienischen Sprache zu haben:

|11| Gehen Sie [sich] italienische Filme ansehen, hören Sie italienische Lieder,

|12| werfen (geben) Sie, wenn es sich (Ihnen) ergibt, einen Blick auf die Titel der italienischen Zeitungen, die Sie in Ihrem Land finden können,

|13| und – warum nicht (nein)? – verlieben Sie sich in einen Italiener oder in eine Italienerin!

|14| — Wir danken Ihnen dafür, uns bis hierhin gefolgt zu sein, und wir sagen Ihnen „Auf Wiedersehen, bis bald!".

Die Autoren

SOLUZIONE DELL'ESERCIZIO 1: Avete capito correttamente?

❶ Eine Reise nach Italien würde es Ihnen erlauben, alles das in die Praxis umzusetzen, was Sie gelernt haben. ❷ Ihr Studium ist hier jedoch nicht beendet. ❸ Es bleibt Ihnen vor allem, die „Zweite Welle" zu vervollständigen. ❹ Und dann, wenn Sie Lust dazu haben, können Sie noch in unserer Begleitung bleiben. ❺ Wir hoffen, dass diese Wochen, die wir gemeinsam verbracht haben, nicht zu langweilig gewesen sind (sein). ❻ Vielleicht sind die Gelegenheiten, sich in einen Italiener zu verlieben, nicht zahlreich (viele): ❼ [Es ist] besser damit fortzufahren, das Italienische mit „Italienisch in der Praxis" zu lernen!

❷ Gehen Sie (Geht) [sich] italienische Filme ansehen, hören Sie (hört) italienische Lieder.

. . . . film . . . . ,
. . . .

❸ Wenn Sie nach Italien fahren (gehen) werden, werden Sie bemerken, dass Sie es schaffen, sich ziemlich gut aus der Affäre zu ziehen.

. . . . Italia, ...
. . . . sbrogliarvela
. . . .

❹ Ich glaube noch viele Dinge lernen zu müssen (zu lernen zu haben).

. . . .
. . . .

❺ Vernachlässigen Sie nicht die Gelegenheiten, Kontakte mit der italienischen Sprache zu haben.

. . . .
. . . .
. . . .

❻ Wahrscheinlich haben Sie an diesem Punkt (eine) große Lust, nach Italien zu fahren. Das ist eine sehr gute Idee!

. . . . , ... ,
. . . . . una . . . . di . . . .
Italia. . . . ' . . . . !

SOLUZIONE DELL'ESERCIZIO 2: Le parole mancanti.

❶ Date uno sguardo ai titoli dei giornali – quando – capita ❷ Andate a vedere – italiani – ascoltate canzoni italiane ❸ Se andrete in – vi accorgerete di riuscire a – abbastanza bene ❹ Credo di avere ancora molte cose da imparare ❺ Non trascurate le occasioni di avere dei contatti con la lingua italiana ❻ Probabilmente – a questo punto – avete – gran voglia – andare in – È un'ottima idea

Seconda ondata: 56° lezione (revisione)

GRAMMATIKALISCHER INDEX

Hier finden Sie alle Kapitel der 7er-Lektionen und des grammatikalischen Anhangs mit den dazugehörigen Seitenzahlen.

A
accadere 390
Adjektive 28
Alphabet 25
andare 84
appena 360
Artikel 27
avere 26, 466-467

B
bastare 200
bisogna 227

C
capitare 390
ci vuole 227
cominciare 200

D
dovere + Infinitiv 141
durare 200

E
ecco (Satzstellung) 170
essere 26, 466-467

H
Hilfsverben 26
Höflichkeitsform 170
Höflichkeitsform (Imperativ) 359

I
Imperativ 325
Imperativ (Höflichkeitsform) 359
Indefinitpronomina 391

K
Komparativ 260
Konjunktiv 425

O
Objektpronomina 168, 227
occorre 227
Ortsbestimmungen 110

P
Possessivpronomina 55, 328
potere + Infinitiv 141
Präpositionen 83
Präpositionen + Artikel 82

R
Reflexiv 199
Relativpronomina 426

S
Satzstellung (**ecco**) 170
Satzstellung (Verb im Infinitiv) 170
se + Futur I 295
si (unpersönlich und reflexiv) 391
stare per + Infinitiv 296
Substantive 27
succedere 390
Suffixe (modifizierende) 328
Superlativ 111, 260

T
Teilungsartikel 328

U
Übereinstimmung von Adjektiven und Partizipien 578
Uhrzeit 56
Unpersönliche Ausdrücke **(occorre, bisogna, ci vuole, si deve)** 227

V
Verb im Infinitiv (Satzstellung) 170
Verben, regelmäßige 55, 468-469
Verben, unregelmäßige 109, 470-478
Verben mit Stammerweiterung **-isc-** 470
Vergangenheit 480
venire 84
volere + Infinitiv 141

Z
Zeitformen
  Futur II 295
  Futur I 293
  Hypothetisches Futur 389
  Imperfekt 259
  Konditional Perfekt 359
  Konditional Präsens 357
  Konjunktiv Perfekt 424
  Konjunktiv Präsens 423
  Partizip Perfekt 141
  Plusquamperfekt 260
  Verlaufsform Präsens 198
  Zusammengesetztes Perfekt 139

GRAMMATIKALISCHER ANHANG

In diesem grammatikalischen Anhang können Sie sich noch einmal einen Gesamtüberblick über die Konjugation verschaffen. Es folgt außerdem eine Zusammenfassung der Regeln, wann sich Adjektive und Partizipien nach einem dazugehörigen Substantiv richten müssen (die „Angleichung"), und ein Exkurs zu den verschiedenen Vergangenheitsformen des Italienischen.

1. Konjugation von essere „sein" und avere „haben"

Indikativ Präsens

(io)	sono	ho
(tu)	sei	hai
(lui/lei)	è	ha
(noi)	siamo	abbiamo
(voi)	siete	avete
(loro)	sono	hanno

Imperfekt

(io)	ero	avevo
(tu)	eri	avevi
(lui/lei)	era	aveva
(noi)	eravamo	avevamo
(voi)	eravate	avevate
(loro)	erano	avevano

Futur I

(io)	sarò	avrò
(tu)	sarai	avrai
(lui/lei)	sarà	avrà
(noi)	saremo	avremo
(voi)	sarete	avrete
(loro)	saranno	avranno

Zusammengesetztes Perfekt

(io)	sono stato/a	ho avuto
(tu)	sei stato/a	hai avuto
(lui/lei)	è stato/a	ha avuto
(noi)	siamo stati/e	abbiamo avuto
(voi)	siete stati/e	avete avuto
(loro)	sono stati/e	hanno avuto

Historisches Perfekt

(io)	fui	ebbi
(tu)	fosti	avesti
(lui/lei)	fu	ebbe
(noi)	fummo	avemmo
(voi)	foste	aveste
(loro)	furono	ebbero

Konditional Präsens

(io)	sarei	avrei
(tu)	saresti	avresti
(lui/lei)	sarebbe	avrebbe
(noi)	saremmo	avremmo
(voi)	sareste	avreste
(loro)	sarebbero	avrebbero

Konjunktiv Präsens

(che io)	sia	abbia
(che tu)	sia	abbia
(che lui/lei)	sia	abbia
(che noi)	siamo	abbiamo
(che voi)	siate	abbiate
(che loro)	siano	abbiano

Konjunktiv Imperfekt

(che io)	fossi	avessi
(che tu)	fossi	avessi
(che lui/lei)	fosse	avesse
(che noi)	fossimo	avessimo
(che voi)	foste	aveste
(che loro)	fossero	avessero

Imperativ

(tu)	sii	abbi
(lui/lei)	sia	abbia
(noi)	siamo	abbiamo
(voi)	siate	abbiate
(loro)	siano	abbiano

Gerundium

	essendo	avendo

Partizip Perfekt

	stato	avuto

2. Regelmäßige Konjugation der Verben auf -are, -ere und -ire

Die drei folgenden Verben sind Beispiele für die regelmäßige Konjugation. Andere regelmäßige Verben werden gebeugt, indem Sie die Infinitiv-Endung durch die entsprechende Beugungsendung ersetzen.

	-are parlare „sprechen"	-ere ripetere „wiederholen"	-ire partire „weggehen"

Indikativ Präsens

(io)	parlo	ripeto	parto
(tu)	parli	ripeti	parti
(lui/lei)	parla	ripete	parte
(noi)	parliamo	ripetiamo	partiamo
(voi)	parlate	ripetete	partite
(loro)	parlano	ripetono	partono

Imperfekt

(io)	parlavo	ripetevo	partivo
(tu)	parlavi	ripetevi	partivi
(lui/lei)	parlava	ripeteva	partiva
(noi)	parlavamo	ripetevamo	partivamo
(voi)	parlavate	ripetevate	partivate
(loro)	parlavano	ripetevano	partivano

Futur I

(io)	parlerò	ripeterò	partirò
(tu)	parlerai	ripeterai	partirai
(lui/lei)	parlerà	ripeterà	partirà
(noi)	parleremo	ripeteremo	partiremo
(voi)	parlerete	ripeterete	partirete
(loro)	parleranno	ripeteranno	partiranno

Zusammengesetztes Perfekt

(io)	ho parlato	ho ripetuto	sono partito/a
(tu)	hai parlato	hai ripetuto	sei partito/a
(lui/lei)	ha parlato	ha ripetuto	è partito/a
(noi)	abbiamo parlato	abbiamo ripetuto	siamo partiti/e
(voi)	avete parlato	avete ripetuto	siete partiti/e
(loro)	hanno parlato	hanno ripetuto	sono partiti/e

Historisches Perfekt

(io)	parlai	ripetei	partii
(tu)	parlasti	ripetesti	partisti
(lui/lei)	parlò	ripeté	partì
(noi)	parlammo	ripetemmo	partimmo
(voi)	parlaste	ripeteste	partiste
(loro)	parlarono	ripetettero	partirono

Konditional Präsens

(io)	parlerei	ripeterei	partirei
(tu)	parleresti	ripeteresti	partiresti
(lui/lei)	parlerebbe	ripeterebbe	partirebbe
(noi)	parleremmo	ripeteremmo	partiremmo
(voi)	parlereste	ripetereste	partireste
(loro)	parlerebbero	ripeterebbero	partirebbero

Konjunktiv Präsens

(che io)	parli	ripeta	parta
(che tu)	parli	ripeta	parta
(che lui/lei)	parli	ripeta	parta
(che noi)	parliamo	ripetiamo	partiamo
(che voi)	parliate	ripetiate	partiate
(che loro)	parlino	ripetano	partano

Konjunktiv Imperfekt

(che io)	parlassi	ripetessi	partissi
(che tu)	parlassi	ripetessi	partissi
(che lui/lei)	parlasse	ripetesse	partisse
(che noi)	parlassimo	ripetessimo	partissimo
(che voi)	parlaste	ripeteste	partiste
(che loro)	parlassero	ripetessero	partissero

Imperativ

(tu)	parla	ripeti	parti
(lui/lei)	parli	ripeta	parta
(noi)	parliamo	ripetiamo	partiamo
(voi)	parlate	ripetete	partite
(loro)	parlino	ripetano	partano

Gerundium

	parlando	ripetendo	partendo

Partizip Perfekt

	parlato	ripetuto	partito

3. Stammerweiterung durch -isc-: capire „verstehen"

	Indik. Präs.	Konj. Präs.	Imperativ
(io)	capisco	capisca	
(tu)	capisci	capisca	capisci
(lui/lei)	capisce	capisca	capisca
(noi)	capiamo	capiamo	capiamo
(voi)	capite	capiate	capite
(loro)	capiscono	capiscano	capiscano

Die Verben, die dieser Gruppe angehören, sind sehr zahlreich. Hier sind einige der gebräuchlichsten:

aderire „anhaften"
agire „handeln"
attribuire „zuschreiben"
colpire „schlagen"
contribuire „beitragen"
costituire „gründen"
definire „festlegen"
digerire „verdauen"
diminuire „verkleinern"
distribuire „verteilen"
finire „beenden"
guarire „heilen"

impedire „hindern"
preferire „vorziehen"
proibire „verbieten"
pulire „reinigen"
restituire „zurückgeben"
riunire „wiedervereinigen"
sostituire „auswechseln"
spedire „schicken"
stabilire „aufstellen"
subire „erleiden"
trasferire „übertragen"
unire „vereinigen"

3. Unregelmäßige Verben

Hier finden Sie nun auch einige der häufigsten unregelmäßigen Verben. Wir geben nur die unregelmäßigen Formen an. Bei der Angabe „usw." behalten Sie den Verbstamm bei und fügen die gewünschten Beugungsendungen an.

accendere „anzünden"
Hist. Perf. **accesi, accendesti, accese, accendemmo, accendeste, accesero**
Part. Perf. **acceso**

accogliere „aufnehmen" – vgl. **cogliere**

accorgersi „bemerken"
Hist. Perf. **mi accorsi, ti accorgesti, si accorse, ci accorgemmo, vi accorgeste, si accorsero**
Part. Perf. **accorto**

aggiungere „hinzufügen" – vgl. **giungere**

andare „gehen"
- Indik. Präs. vado, vai, va, andiamo, andate, vanno
- Futur andrò, andrai usw.
- Kond. Präs. andrei, andresti usw.
- Konj. Präs. vada, vada, vada, andiamo, andiate, vadano
- Imperativ va, vada, andiamo, andate, vadano

apparire „erscheinen"
- Hist. Perf. apparvi, appariste, apparve, apparimmo, appariste, apparvero
- Part. Perf. apparso

aprire „öffnen"
- Part. Perf. aperto

bere „trinken"
- Indik. Präs. bevo, bevi, beve, beviamo, bevete, bevono
- Imperfekt bevevo, bevevi usw.
- Futur berrò, berrai usw.
- Hist. Perf. bevvi, bevesti, bevve, bevemmo, beveste, bevvero
- Kond. Präs. berrei, berresti usw.
- Konj. Präs. beva, beva, beva, beviamo, beviate, bevano
- Part. Perf. bevuto
- Gerundium bevendo

cadere „fallen"
- Futur cadrò, cadrai usw.
- Hist. Perf. caddi, cadesti, cadde, cademmo, cadeste, caddero
- Kond. Präs. cadrei, cadresti usw.

chiedere „fragen"
- Hist. Perf. chiesi, chiedesti, chiese, chiedemmo, chiedeste, chiesero
- Part. Perf. chiesto

chiudere „schließen"
- Hist. Perf. chiusi, chiudesti, chiuse, chiudemmo, chiudeste, chiusero
- Part. Perf. chiuso

cogliere „sammeln"
- Indik. Präs. colgo, cogli, coglie, cogliamo, cogliete, colgono

Hist. Perf.	**colsi, cogliesti, colse, cogliemmo, coglieste, colsero**
Konj. Präs.	**colga, colga, colga, cogliamo, cogliate, colgano**
Part. Perf.	**colto**

comporre „zusammensetzen" – vgl. **porre**

conoscere „kennen"

Hist. Perf.	**conobbi, conoscesti, conobbe, conoscemmo, conosceste, conobbero**
Part. Perf.	**conosciuto**

crescere „wachsen"

Hist. Perf.	**crebbi, crescesti, crebbe, crescemmo, cresceste, crebbero**
Part. Perf.	**cresciuto**

dare „geben"

Indik. Präs.	**do, dai, dà, diamo, date, danno**
Imperfekt	**davo, davi** usw.
Futur	**darò, darai** usw.
Hist. Perf.	**diedi, desti, diede, demmo, deste, diedero**
Kond. Präs.	**darei, daresti** usw.
Konj. Präs.	**dia, dia, dia, diamo, diate, diano**
Konj. Imperf.	**dessi, dessi, desse, dessimo, deste, dessero**
Imperativ	**da', dia, diamo, date, diano**
Part. Perf.	**dato**
Gerundium	**dando**

decidere „entscheiden"

Hist. Perf.	**decisi, decidesti, decise, decidemmo, decideste, decisero**
Part. Perf.	**deciso**

dire „sagen"

Indik. Präs.	**dico, dici, dice, diciamo, dite, dicono**
Imperfekt	**dicevo, dicevi** usw.
Futur	**dirò, dirai** usw.
Hist. Perf.	**dissi, dicesti, disse, dicemmo, diceste, dissero**
Kond. Präs.	**direi, diresti** usw.
Konj. Präs.	**dica, dica, dica, diciamo, diciate, dicano**
Konj. Imperf.	**dicessi, dicessi, dicesse, dicessimo, diceste, dicessero**

Imperativ	**di', dica, diciamo, dite, dicano**
Part. Perf.	**detto**
Gerundium	**dicendo**

disporre „verfügen" – vgl. **porre**

dividere „teilen"
Hist. Perf.	**divisi, dividesti, divise, dividemmo, divideste, divisero**
Part. Perf.	**diviso**

dovere „müssen"
Indik. Präs.	**devo, devi, deve, dobbiamo, dovete, devono**
Futur	**dovrò, dovrai** usw.
Hist. Perf.	**dovetti, dovesti, dovette, dovemmo, doveste, dovettero**
Kond. Präs.	**dovrei, dovresti** usw.
Konj. Präs.	**debba, debba, debba, dobbiamo, dobbiate, debbano**

giungere „ankommen"
Hist. Perf.	**giunsi, giungesti, giunse, giungemmo, giungeste, giunsero**
Part. Perf.	**giunto**

fare „machen"
Indik. Präs.	**faccio, fai, fa, facciamo, fate, fanno**
Imperfekt	**facevo, facevi** usw.
Futur	**farò, farai** usw.
Hist. Perf.	**feci, facesti, fece, facemmo, faceste, fecero**
Kond. Präs.	**farei, faresti** usw.
Konj. Präs.	**faccia, faccia, faccia, facciamo, facciate, facciano**
Konj. Imperf.	**facessi, facessi, facesse, facessimo, faceste, facessero**
Imperativ	**fa', faccia, facciamo, fate, facciano**
Part. Perf.	**fatto**
Gerundium	**facendo**

leggere „lesen"
Hist. Perf.	**lessi, leggesti, lesse, leggemmo, leggeste, lessero**
Part. Perf.	**letto**

mettere „setzen, stellen, legen"
- Hist. Perf. **misi, mettesti, mise, mettemmo, metteste, misero**
- Part. Perf. **messo**

muovere „bewegen"
- Hist. Perf. **mossi, movesti, mosse, movemmo, moveste, mossero**
- Part. Perf. **mosso**

piacere „gefallen"
- Indik. Präs. **piaccio, piaci, piace, piacciamo, piacete, piacciono**
- Hist. Perf. **piacqui, piacesti, piacque, piacemmo, piaceste, piacquero**
- Part. Perf. **piaciuto**

porre „setzen, stellen"
- Indik. Präs. **pongo, poni, pone, poniamo, ponete, pongono**
- Imperfekt **ponevo, ponevi** usw.
- Futur **porrò, porrai** usw.
- Hist. Perf. **posi, ponesti, pose, ponemmo, poneste, posero**
- Konj. Präs. **ponga, ponga, ponga, poniamo, poniate, pongano**
- Konj. Imperf. **ponessi, ponessi, ponesse, ponessimo, poneste, ponessero**
- Part. Perf. **posto**
- Gerundium **ponendo**

potere „können"
- Indik. Präs. **posso, puoi, può, possiamo, potete, possono**
- Futur **potrò, potrai** usw.
- Hist. Perf. **potei** oder **potetti, potesti, poté** oder **potette, potemmo, poteste, potettero**
- Kond. Präs. **potrei, potresti** usw.
- Konj. Präs. **possa, possa, possa, possiamo, possiate, possano**

prendere „nehmen"
- Hist. Perf. **presi, prendesti, prese, prendemmo, prendeste, presero**
- Part. Perf. **preso**

proporre „vorschlagen" – vgl. **porre**

proporre „vorschlagen" – vgl. **porre**

raggiungere „erreichen" – vgl. **giungere**

ridere „lachen"
Hist. Perf.	**risi, ridesti, rise, ridemmo, rideste, risero**
Part. Perf.	**riso**

rimanere „bleiben"
Indik. Präs.	**rimango, rimani, rimane, rimaniamo, rimanete, rimangono**
Futur	**rimarrò, rimarrai** usw.
Hist. Perf.	**rimasi, rimanesti, rimase, rimanemmo, rimaneste, rimasero**
Kond. Präs.	**rimarrei, rimarresti** usw.
Konj. Präs.	**rimanga, rimanga, rimanga, rimaniamo, rimaniate, rimangono**
Part. Perf.	**rimasto**

rispondere „antworten"
Hist. Perf.	**risposi, rispondesti, rispose, rispondemmo, rispondeste, risposero**
Part. Perf.	**risposto**

rivolgersi „sich wenden an" – vgl. **volgere**

rompere „zerbrechen, zerstören"
Hist. Perf.	**ruppi, rompesti, ruppe, rompemmo, rompeste, ruppero**
Part. Perf.	**rotto**

salire „hinaufsteigen"
Indik. Präs.	**salgo, sali, sale, saliamo, salite, salgono**
Konj. Präs.	**salga, salga, salga, saliamo, saliate, salgano**

sapere „wissen"
Indik. Präs.	**so, sai, sa, sappiamo, sapete, sanno**
Futur	**saprò, saprai** usw.
Hist. Perf.	**seppi, sapesti, seppe, sapemmo, sapeste, seppero**
Kond. Präs.	**saprei, sapresti** usw.
Konj. Präs.	**sappia, sappia, sappia, sappiamo, sappiate, sappiano**
Imperativ	**sappi, sappia, sappiamo, sappiate, sappiano**

scegliere „auswählen"
  Indik. Präs. **scelgo, scegli, sceglie, scegliamo, scegliete, scelgono**
  Hist. Perf.   **scelsi, scegliesti, scelse, scegliemmo, sceglieste, scelsero**
  Konj. Präs.   **scelga, scelga, scelga, scegliamo, scegliate, scelgano**
  Part. Perf.   **scelto**

scendere „hinuntergehen"
  Hist. Perf.   **scesi, scendesti, scese, scendemmo, scendeste, scesero**
  Part. Perf.   **sceso**

scrivere „schreiben"
  Hist. Perf.   **scrissi, scrivesti, scrisse, scrivemmo, scriveste, scrissero**
  Part. Perf.   **scritto**

sedere – sedersi „setzen – sich setzen"
  Indik. Präs. **mi siedo, ti siedi, si siede, ci sediamo, vi sedete, si siedono**
  Futur   **mi siederò, ti siederai** usw.
  Hist. Perf.   **mi sedei** oder **sedetti, ti sedesti, si sedé** od. **sedette, ci sedemmo, vi sedeste, si sedettero**
  Konj. Präs.   **mi sieda, ti sieda, si sieda, ci sediamo, vi sediate, si siedano**

spegnere „löschen, ausschalten"
  Indik. Präs. **spengo, spegni, spegne, spegniamo, spegnete, spengono**
  Hist. Perf.   **spensi, spegnesti, spense, spegnemmo, spegneste, spensero**
  Konj. Präs.   **spenga, spenga, spenga, spegniamo, spegniate, spengano**
  Part. Perf.   **spinto**

stare „sein, sich befinden"
  Indik. Präs. **sto, stai, sta, stiamo, state, stanno**
  Imperfekt   **stavo, stavi** usw.
  Futur   **starò, starai** usw.
  Hist. Perf.   **stetti, stesti, stette, stemmo, steste, stettero**

Kond. Präs.	**starei, staresti** usw.
Konj. Präs.	**stia, stia, stia, stiamo, stiate, stiano**
Konj. Imperf.	**stessi, stessi, stesse, stessimo, steste, stessero**
Part. Perf.	**stato**

succedere (1) „geschehen, passieren"

Hist. Perf.	**successi, succedesti, successe, succedemmo, succedeste, successero**
Part. Perf.	**successo**

succedere (2) „nachfolgen"

Hist. Perf.	**succedetti, succedesti, succedette, succedemmo, succedeste, succedettero**
Part. Perf.	**succeduto**

supporre „vermuten" – vgl. **porre**

tenere „haben, halten"

Indik. Präs.	**tengo, tieni, tiene, teniamo, tenete, tengono**
Futur	**terrò, terrai** usw.
Hist. Perf.	**tenni, tenesti, tenne, tenemmo, teneste, tennero**
Kond. Präs.	**terrei, terresti** usw.
Konj. Präs.	**tenga, tenga, tenga, teniamo, teniate, tengano**

uccidere „töten"

Hist. Perf.	**uccisi, uccidesti, uccise, uccidemmo, uccideste, uccisero**
Part. Perf.	**ucciso**

uscire „ausgehen"

Indik. Präs.	**esco, esci, esce, usciamo, uscite, escono**
Konj. Präs.	**esca, esca, esca, usciamo, usciate, escano**

vedere „sehen"

Futur	**vedrò, vedrai** usw.
Hist. Perf.	**vidi, vedesti, vide, vedemmo, vedeste, videro**
Kond. Präs.	**vedrei, vedresti** usw.
Part. Perf.	**visto**

venire „kommen"

Indik. Präs.	**vengo, vieni, viene, veniamo, venite, vengono**
Futur	**verrò, verrai** usw.
Hist. Perf.	**venni, venisti, venne, venimmo, veniste, vennero**
Kond. Präs.	**verrei, verresti** usw.
Konj. Präs.	**venga, venga, venga, veniamo, veniate, vengano**
Part. Perf.	**venuto**

vincere „gewinnen"
Hist. Perf. **vinsi, vincesti, vinse, vincemmo, vinceste, vinsero**
Part. Perf. **vinto**

volgere – volgersi „wenden – sich wenden"
Hist. Perf. **volsi, volgesti, volse, volgemmo, volgeste, volsero**
Part. Perf. **volto**

4. Übereinstimmung von Adjektiven und Partizipien

Ein wichtiger Unterschied zwischen dem Deutschen und dem Italienischen ist die Übereinstimmung von Adjektiven und Partizipien mit einem dazugehörigen Substantiv in bestimmten Fällen. Hier befinden sich oft die Fehlerquellen für Deutsche.

Wie im Deutschen richtet sich ein Adjektiv in klassischer Stellung nach dem dazugehörigen Substantiv in Genus (Geschlecht) und Numerus (Zahl), z. B. **l'uomo vecchio** „der alte Mann", **gli uomini vecchi** „die alten Männer", **la donna bella** „die schöne Frau", **le donne belle** „die schönen Frauen".

Auch wenn in einem Satz mit dem Verb **essere** „sein" das Adjektiv im Objekt steht, zeigt es durch seine Endungen die Zugehörigkeit zum Subjekt an. Im Deutschen steht an dieser Stelle dann das Adjektiv in seiner (unveränderlichen) neutralen Form:

La donna è bella. „Die Frau ist schön."
Le donne sono belle. „Die Frauen sind schön".

In einem Satz mit anderen Verben dagegen steht auch im Italienischen das Adverb:

Il bambino non dorme bene. „Das Kind schläft nicht gut."

In den zusammengesetzten Zeiten (z. B. Perfekt, Plusquamperfekt, Futur II etc.) richtet sich das Partizip Perfekt immer dann nach dem dazugehörigen Subjekt, wenn es mit dem Hilfsverb **essere** „sein" verbunden ist. Dies betrifft im Allgemeinen alle intransitiven Verben (also Verben, die kein direktes Objekt nach sich ziehen können), z. B. die Verben der Bewegung.

L'uomo è andato via. „Der Mann ist weggegangen."
La donna è andata via. „Die Frau ist weggegangen."

Gli uomini sono andati via. „Die Männer sind weggegangen."
Le donne sono andate via. „Die Frauen sind weggegangen."

Achtung vor einem „versteckten" Subjekt! Hier einige Beispiele:

Sono andato. „Ich bin gegangen." (sagt ein Mann!)
Sono andata. „Ich bin gegangen." (sagt eine Frau!)
È andato. „Er ist gegangen."
È andata. „Sie ist gegangen."
Ci sei stato? „Bist du dagewesen?" (zu einem Mann)
Ci sei stata? „Bist du dagewesen?" (zu einer Frau)

Übrigens: Einige intransitive Verben werden dennoch mit dem Hilfsverb **avere** „haben" verbunden, und zwar **abitare** „wohnen", **camminare** „laufen, gehen", **dormire** „schlafen", **nuotare** „schwimmen", **ridere** „lachen", **viaggiare** „reisen".

Ho camminato a lungo. „Ich bin lange gelaufen/gegangen."
Il bambino ha dormito bene. „Das Kind hat gut geschlafen."

Der nächste interessante Unterschied zum Deutschen ist, dass auch Partizipien, die mit dem Hilfsverb **avere** verbunden sind, sich in Genus und Numerus nach dem Subjekt richten können. Das ist immer dann der Fall, wenn das Objekt vorangestellt ist, um es zu betonen. In diesem Fall wird auch der Artikel wiederholt. Vergleichen Sie:

Ho visto l'uomo. „Ich habe den Mann gesehen."
L'uomo l'ho visto. „Den Mann, den habe ich gesehen."

Ho visto la donna. „Ich habe die Frau gesehen."
La donna l'ho vista. „Die Frau, die habe ich gesehen."

Ho visto gli uomini. „Ich habe die Männer gesehen."
Gli uomini li ho visti. „Die Männer, die habe ich gesehen."

Ho visto le donne. „Ich habe die Frauen gesehen."
Le donne le ho viste. „Die Frauen, die habe ich gesehen."

Dasselbe Phänomen tritt in Antworten auf Entscheidungsfragen auf, wenn diese in einer zusammengesetzten Zeit stehen:

Hai visto l'uomo? „Hast du den Mann gesehen?"
Sì, l'ho visto. „Ja, ich habe ihn gesehen."

Hai visto la donna? „Hast du die Frau gesehen?"
Sì, l'ho vista. „Ja, ich habe sie gesehen."

Hai visto le donne? „Hast du die Frauen gesehen?"
Sì, le ho viste. „Ja, ich habe sie gesehen."

5. Vergangenheit

Das Italienische kennt im Unterschied zum Deutschen nicht nur zwei, sondern drei Vergangenheitsformen der nahen Vergangenheit: das zusammengesetzte Perfekt (**passato prossimo**), das Imperfekt (**imperfetto**) sowie das historische Perfekt, im Italienischen **passato remoto** genannt. Wann benutzt man im Italienischen nun welche Vergangenheitsform? Als Faustregel mag man sich merken, dass alle Handlungen, die einen Handlungsverlauf ausdrücken, mit dem zusammengesetzten Perfekt formuliert werden. Für einen Zeitpunkt, also lediglich ein kleiner Ausschnitt einer Handlung in der Vergangenheit, wählt man dagegen das Imperfekt:

Ieri Francesca è stata tutto il giorno a casa.
„Francesca ist gestern den ganzen Tag zu Hause gewesen."

Ieri alle quattro Francesca era a casa.
„Gestern um vier Uhr war Francesca zu Hause."

Wenn man zwei Handlungen zueinander in Beziehung setzen will, steht diejenige Handlung im Imperfekt, die bereits begonnen hat, bevor eine andere einsetzt:

Quando Luisa è arrivata, il bambino dormiva già.
„Als Luisa angekommen ist, schlief das Kind bereits."

Mentre stavamo a casa, ha chiamato Marco.
„Als wir zu Hause waren, hat Marco angerufen."

Das **passato prossimo** (Perfekt) und das **passato remoto** (historisches Perfekt) drücken beide Handlungen aus, die in der Vergangenheit abgeschlossen wurden. Dabei ist es durchaus nicht grundsätzlich so, dass man für nahe zurückliegende Handlungen das zusammengesetzte Perfekt verwendet und für weiter zurückreichende abgeschlossene Handlungen das historische Perfekt wählt. Die Wahl hängt oft vom Geschmack des Erzählenden sowie von dessen Intention ab (will eine Geschichte erzählen oder sich gewählter ausdrücken). Auch regional ist die Entscheidung zugunsten der einen oder anderen Form unterschiedlich. Während einer mündlichen Erzählung findet in der Regel kein Wechsel zwischen diesen beiden Zeiten statt. Im folgenden Satz allerdings kann das historische Perfekt nicht alternativ eingesetzt werden:

Francesca è arrivata dieci minuti fa.
„Francesca ist vor zehn Minuten angekommen."

LITERATURHINWEISE

Sie möchten mehr über die italienische Sprache, über Land und Leute erfahren?

Dann finden Sie hierfür in der folgenden Literaturliste bestimmt das Richtige!

**Für Könner und alle,
die noch mehr aus ihrem Italienisch machen wollen**

„Italienisch in der Praxis"
Zweisprachiges Lehrbuch mit 512 Seiten, 94 Lektionen,
ca. 100 Übungen mit Lösungen, ISBN 978-3-89625-027-8.

Sie verfügen bereits über ein sehr gutes Niveau des Italienischen, beherrschen die Grundlagen der Grammatik, können Italienisch spontan und flüssig lesen und sprechen? Sie unterhalten sich zu Hause oder in Italien mit Italienischsprechern, haben bereits Konversationskurse in Italienisch belegt oder planen dies, um besser mit den Feinheiten der italienischen Umgangssprache vertraut zu werden? Sie möchten entspannt und natürlich Redewendungen benutzen, die Nuancen und Zwischentöne dieser ausdrucksstarken und melodischen Sprache besser verstehen?

Dann ist unser Assimil-Selbstlernkurs „Italienisch in der Praxis" genau das Richtige für Sie! In 94 kurzweiligen und abwechslungsreichen Lektionen präsentiert Ihnen dieser Kurs anspruchsvolle Texte quer durch die unterschiedlichsten Themenschwerpunkte des Alltagslebens: praxisnah und lebendig. Alle Dialoge werden auf den zugehörigen Audio-CDs bzw. auf der MP3-CD von Muttersprachlern gesprochen; so wird auch das Hörverständnis geschult. Am Ende des Kurses werden Sie in der Lage sein, sich in Alltagssituationen stilsicher und anspruchsvoll mit Italienern auszutauschen, und Sie werden merken: Jetzt können Sie die italienische Lebensart so richtig genießen!

Nach Abschluss des Kurses haben Sie die Niveaustufe B2–C1 des Gemeinsamen Europäischen Referenzrahmens für Sprachen erreicht, und das ganz ohne Auswendiglernen und Grammatikpauken.

Sprachführer der „Kauderwelsch"-Reihe

Strieder, Ela: **Italienisch – Wort für Wort.** Band 27.
RKH-Verlag Bielefeld 2023, ISBN 978-3-8317-6583-6.

In Italien kommt man auch ohne Italienischkenntnisse klar. Ein Blick über den Tellerrand gelingt jedoch nur schwer ohne ein freundliches Wort in der Landessprache. Wer Italienisch schon in Ansätzen beherrscht, öffnet Herzen und Türen und kann wahre Gastfreundschaft kennenlernen.

Der Kauderwelsch-Band ist ein nützlicher Begleiter für alle, die mit Basissprachkenntnissen ihr Reiseerlebnis vertiefen möchten. Gängige Redewendungen werden sinngemäß und wörtlich übersetzt. Anfänger und Einsteiger erwerben ein natürliches Sprachverständnis, einzelne Wörter lassen sich unkompliziert austauschen und Phrasen situationsbezogen anpassen. Die Grammatik wird kurz und verständlich für die Alltagskommunikation erklärt und es gibt eine Liste mit den wichtigsten Vokabeln des Grundwortschatzes. Über eingebundene QR-Codes sind Online-Aussprachebeispiele abrufbar.

Solly, Martin: **So sind sie, die Italiener.** *Die Fremdenversteher*. RKH-Verlag Bielefeld 2017, ISBN 978-3-8317-2876-3.

Geben wir es ruhig zu: Die Italiener sind manchmal seltsam. Sie essen seltsame Dinge. Sie benehmen sich seltsam. Sie sind mal zu steif und mal ein bisschen zu locker. Sie lachen über Dinge, die nicht lustig sind.

Die Fremdenversteher liefern Antworten: Knapp, bissig und voller überraschender Einsichten. Am Ende ist klar: So sind sie eben, die Italiener!

Blümke, Michael: **Italienisch Slang – das andere Italienisch.** 10. Auflage. RKH-Verlag Bielefeld 2019, ISBN 978-3-8317-6541-6.

Dolce vita, amore, mangiare … Das sind die Klischees, die die meisten mit Italien und seiner Sprache verbinden. Vielleicht mehr noch als anderswo steht Urlaub in Italien für Romantik und ein typisch mediterranes Lebensgefühl. Daher sind auch Italienisch-Sprachkurse bei uns seit Langem beliebt. Wenn man aber glaubt, dass die dort erworbenen Sprachkenntnisse ausreichen, um die Tür zum Alltagsleben der Italiener zu öffnen, wird man sich oft enttäuscht sehen.
Gerade weil die Schriftsprache in weiten Teilen des Landes etwas Künstliches darstellt, bevorzugen die Italiener eine bildhafte Umgangssprache. Sinnliches mischt sich dort mit Derbem, und überall findet man einen rustikalen Humor. Der Kauderwelsch-Band „Italienisch Slang" hilft Ihnen, diese Tür zu öffnen.

Landeskunde

Schwarz, Frank: **KulturSchock Italien.** 2. Auflage.
RKH-Verlag Bielefeld 2015, ISBN 978-3-8317-2646-2.

KulturSchock Italien ist der informative Begleiter, um Italien und seine Bewohner besser zu verstehen. Er erklärt die kulturellen Besonderheiten, die Denk- und Verhaltensweisen der Menschen und ermöglicht so die Orientierung im fremden Reisealltag. Unterhaltsam und leicht verständlich werden kulturelle Stolpersteine aus dem Weg geräumt und fundiertes Hintergrundwissen zu Geschichte, Gesellschaft, Religion und Traditionen vermittelt.

Persönliche Notizen:

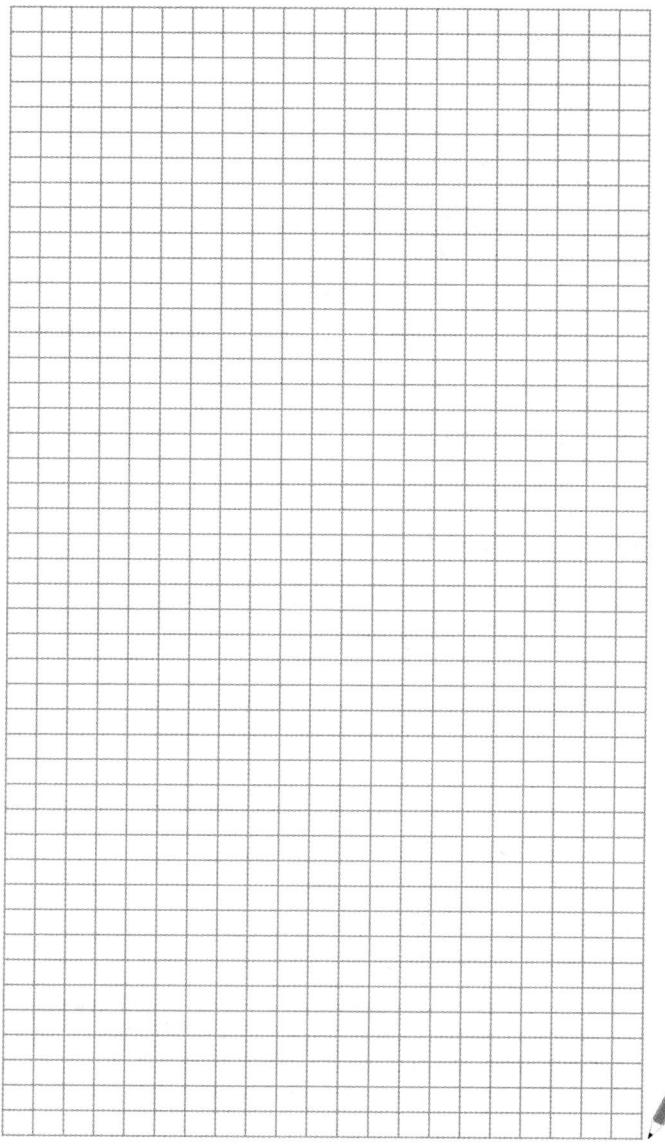

AUSSPRACHE / Kurzübersicht

	Erklärung / Beispiel	[*Lautschrift*]
e	zwischen **ä** und **e** wie in „N**e**tto";	[ä/ê]
	am Wortende eher wie in „Caf**é**"	[ê]
c	vor **a**, **o**, **u** und auch vor **h** wie **k** oder **ck**	[k]
	vor **e**, **i** wie **tsch**	[tsch]
g	vor **a**, **o**, **u** und auch vor **h** wie deutsches **g**;	[g]
	vor **e** und **i** wie das **j** in „Jeans" und „Job"	[dsch^]
gli	wie **li** in „Folie"	[lj]
gn	wie **ni** in „Pinie"	[nj]
h	WIRD NICHT AUSGESPROCHEN!	[...]
qu	immer „**Ku**h", NIE wie in „**Qu**al" [*kwal*]	[ku]
sci	wie **sch**, das **i** wird nicht ausgesprochen,	[sch]
	außer im Wort **sci** „Ski"	[schi]
s	stimmhaft wie in „Ro**s**a" zwischen zwei Vokalen und vor **b/d/g/l/m/n/r** und vor **v**;	[s]
	sonst stimmlos wie **ss/ß** (auch am Wortanfang)	[ß]
z	**dß** (stimmlos) zwischen zwei Vokalen;	[dß]
	sonst **ds** stimmhaft (siehe **s**)	[ds]

Weitere Erklärungen zur italienischen Aussprache ab Seite XIII am Anfang des Buches!

Sie können zwar mit diesem Lehrbuch allein lernen. Wir empfehlen Ihnen dennoch dringend, mit den passenden Assimil-Tonaufnahmen zu üben, denn sie gewährleisten Ihnen eine hohe Authenzität in Aussprache, Betonung und Satzmelodie.